中央编译局文库出版工作领导小组（编委会）

主　　任：贾高建
副 主 任：俞可平　魏海生　陈和平　柴方国　杨金海
委　　员：崔友平　沈红文　杨雪冬　季正聚　陈家刚
　　　　　赖海榕　郗卫东　张文成　刘明清

中央编译局文库出版工作领导小组办公室

主　　任：薛晓源
成　　员：徐向梅　苗永姝

中央编译出版社文库编辑中心编辑小组

刘明清　薛晓源　谭　洁　董　巍　贾宇琰
冯　章　曲建文　苗永姝　邓　彤　杜永明
盛菊艳　李媛媛　薛迎春　董　妍

国家"十二五"重点图书

国际共产主义运动历史文献

第39卷

主　编　王学东
副主编　戴隆斌（常务）童建挺

共产国际第五次代表大会文献（3）

本卷主编　戴隆斌

《国际共产主义运动历史文献》顾问委员会

贾高建　俞可平　顾锦屏　高　放　张中云　胡文建
宋洪训　顾家庆　洪肇龙　沈志华　杨光远

《国际共产主义运动历史文献》编辑委员会

主　　编：王学东
副 主 编：戴隆斌（常务）　童建挺
编　　委：（以姓氏笔画为序）
　　　　　王　瑾　吕瑞林　邢艳琦　许宝友　张文成　张文红
　　　　　陈新明　林德山　胡振良　姚　颖　彭萍萍　薛晓源

参加本卷译校工作的有

王尊贤　靳　燕

参加本卷编辑出版工作的有

侯天保　苗永姝　董　巍

丛书编辑统筹

苗永姝　李媛媛　董　妍

总　序

国际共产主义运动，是由以马克思主义为指导的无产阶级政党领导的国际性的无产阶级革命运动，其宗旨是推翻资产阶级统治和一切剥削制度，建立和发展社会主义制度，进而最终实现人的彻底解放，建立共产主义社会。

国际共产主义运动迄今已有一百六十多年的历史。19世纪40年代，马克思、恩格斯在创立科学社会主义理论的同时，努力把它与当时西欧无产阶级的革命实践相结合，于1847年6月创建了第一个国际性的无产阶级政党——共产主义者同盟，亲自拟定并于1848年2月公开发表了同盟纲领《共产党宣言》。这标志着国际共产主义运动的兴起。

自从共产主义者同盟建立以来，历经第一国际（国际工人协会）、第二国际、第三国际（共产国际），国际共产主义运动由小到大、由弱到强，从西方推进到东方、从欧洲扩展到全球，终于突破资本主义链条上一个又一个薄弱环节，取得了社会主义由一国到多国的胜利。二战后社会主义阵营的建立、民族解放运动的胜利进军、社会主义国家革命与建设的重大成就，为国际共产主义运动史书写了辉煌的篇章。20世纪末，由于东欧剧变、苏联解体，国际共产主义运动遭遇了严重挫折。但是，历史并没有因此而终结。由《共产党宣言》奠基的国际共产主义运动仍在曲折中前进。各资本主义国家中的共产党、工人党仍在不断探索无产阶级取得解放的道路；中国等社会主义国家仍继续高举社会主义伟大旗帜，为完善社会主义、最终实现共产主义而不懈奋斗。

国际共产主义运动一百六十多年跌宕起伏的发展历程，积累了卷帙浩繁的文献档案，留下了丰富的历史遗产。深入发掘和充分利用这些文献档案，对于我们准确地了解和把握国际共产主义运动的发展进程及各个时期的特点，科学地研究和总结国际共产主义运动丰富且宝贵的经验教训，具有极其重要的意义。特别是无产阶级国际组织，作为国际共产主义运动的重要载体，其文献档案对于国际共产主义运动史研究更是具有特殊的重要意义。

　　早在1984年春，中国国际共产主义运动史学会就发起编辑出版《国际共产主义运动史文献》。当时由中共中央编译局、中国社会科学院马列主义毛泽东思想研究所和近代史研究所、中共中央党校和中国人民大学等单位共同组建了编辑委员会。编委会商定：这套文献主要收编共产主义者同盟、第一国际、第二国际、第三国际、共产党和工人党情报局这五个国际组织已发表的全部文献档案，包括历次代表大会、代表会议和其他重要会议的记录、决议和有关文件；收编材料力求齐全；凡外国有选编完整的版本者，根据外国版本翻译；凡文件散见于外国不同出版物者，尽力搜集完整，组织力量统一编译；文件完全按照原件翻译，译文力求准确，不作修改删节，以便读者根据完整、准确的第一手材料了解这些国际组织的历史。在当时代管全国哲学社会科学基金的中国社会科学院科研局的资助下，经过编辑委员会、编译工作者和中国人民大学出版社的共同努力，这套文献于1986年开始陆续出版，截至1997年共出版了21卷。

　　到上世纪末，文献的编辑出版工作遇到了巨大困难。首先是编委会发生了重大变故，主编林基洲、副主编王颖和校纪英相继谢世；其次是出版经费难以为继。为继续出版这套文集，中国国际共产主义运动史学会多方努力，组成以会长顾锦屏为主编的新编委会，从全国哲学社会科学规划办公室争取到一笔资助，于1999—2001年又出版了两卷。此后，因缺乏经费,编辑出版工作完全陷于停顿。

  2010年,在中共中央编译局和中国国际共产主义运动史学会的鼎力支持下,中央编译出版社以这套文献申报国家出版基金项目,获得立项资助。中共中央编译局对此项目高度重视,在国家出版基金资助的基础上,给予了相应的资金支持,组建了新编委会,成立了专门机构负责文献整理和编辑工作,并将这套文献纳入"中央编译局文库"出版规划。

  经新编委会研究决定,这套文献定名为《国际共产主义运动历史文献》,在其前身《国际共产主义运动史文献》的基础上重新编辑出版。通过进一步广泛搜集资料和适当改变编辑方式,新《文献》的资料更详尽、收文更齐全。例如,在原《文献》的某些卷次中,对已出版的马克思主义经典著作中译本只列目录,不收正文,而新《文献》则全部依据最新的中译本收录,以方便读者查阅。此外,《国际共产主义运动历史文献》扩大了文献资料的搜集和选材范围,采用开放式结构,规模暂定60卷,约2500万字。

  中共中央编译局和中国国际共产主义运动史学会对这套文献的编辑出版工作给予了强有力的支持,中央编译出版社为这套文献的立项和出版做了大量艰苦细致的工作,文献的前两任编委会和编译工作者在十分困难的条件下为这套文献奠定了良好的基础,中国人民大学出版社为这套文献的重新编辑出版提供了帮助,在此一并表示衷心感谢。

《国际共产主义运动历史文献》
编辑委员会
2011年12月20日

编辑说明

共产国际第五次代表大会，于1924年6月17日—7月8日在莫斯科举行。参加大会的有49个国家的60个政党和组织的510名代表。中国李大钊、王荷波、彭述之、刘清扬等出席会议。这次大会是在资本主义摆脱战后危机而出现相对稳定的局面、无产阶级革命转入低潮的情况下召开。

会议主要讨论共产国际执委会的活动和策略的报告；关于苏联经济状况和俄共（布）党内的争论；法西斯主义；工会运动的策略等。季诺维也夫作关于共产国际执委会的活动和策略的报告。大会认为，目前正处于民主—和平主义时期，这一时期是资本主义的一个最后阶段；社会民主党已成为资产阶级的"第三"党，成为法西斯主义的一翼，社会民主党和法西斯主义是资产阶级的左右手。批驳对统一战线策略的各种曲解，强调不能仅在上层采取统一战线策略，下层的统一战线是任何时候任何地方都必需的。认为"工农政府"的口号是用革命的语言和人民群众的语言来表达的"无产阶级专政"的口号。提出现阶段共产国际活动的一项最重要的任务是各党的布尔什维克化，即把俄国布尔什维主义中过去和现在一切具有国际意义、普遍意义的东西，应用到各个支部中去。大会谴责俄共党内托洛茨基反对派及波兰、法国和德国党内某些人支持反对派的行为。认为法西斯主义是大资产阶级用以对付无产阶级的一种战斗武器；社会民主党永远不能成为无产阶级反对法西斯主义斗争中可靠同盟者。要求所有的共产党坚决抵制退出工会的倾向，并把争取民族和国际的工会统一的斗争摆到中心位置。大会就共产国际纲领、波兰问题、意大利共产党行动纲领、瑞典问题以及苏瓦林事件等问题形成决议。选出新的共产国际执行委员会，季诺维也夫仍当选为共产国际执委会主席。

共产国际第五次代表大会会议文献，是根据苏联国家出版社于1925年出版的《共产国际第五次代表大会会议速记记录》（第1册、第2册）（Пятый Всемирный Конгресс Коммунистического Интернационала 17 июня – 7июля 1924 г. Стенографический Отчет, Часть1 – 2, Государственное Издательство Москва, 1925 г）译出的。书中除译者加的译者注外，未注明的脚注为原书或者原作者加的注释，本卷主编加的注释标明为编者注。

本卷主编依据中央编译局编译马克思主义经典著作的标准对人名、地名、组织机构名、报刊名等专用名进行了统一，并对书中个别译文进行了重新校订。

目 录

共产国际第五次代表大会会议记录

  （1924年7月7—8日） ………………………………………………… 1

第三十次会议（1924年7月7日，星期一）…………………………… 3

  舒马赫及德国代表团的声明 …………………………………………… 3

  黑克尔特致结束语 ……………………………………………………… 7

  洛佐夫斯基同志作关于工会问题的总结讲话 ………………………… 13

  梁赞诺夫作关于出版马克思恩格斯著作的报告 ……………………… 29

  克拉拉·蔡特金作关于知识分子问题的报告 ………………………… 37

  皮亚特尼茨基作关于组织问题的报告 ………………………………… 71

  罗西同志就组织委员会的报告发表声明 ……………………………… 78

  皮亚特尼茨基致结束语 ………………………………………………… 79

  许勒尔作关于生产支部的报告 ………………………………………… 81

  皮亚特尼茨基作代表资格审查委员会的报告 ………………………… 91

  通过代表资格审查委员会的建议 ……………………………………… 91

第三十一次会议（1924年7月8日，星期二，上午会议）………… 92

  罗易的声明 ……………………………………………………………… 92

  曼努伊尔斯基就民族和殖民地问题作总结性发言 …………………… 93

季诺维也夫的补充说明 …………………………………… 98
佩珀就有关经济提纲问题作介绍 ………………………… 99
表决并通过经济委员会的提纲 …………………………… 102
布哈林就纲领修改问题作说明 …………………………… 103
表决并通过纲领委员会的建议 …………………………… 104
台尔曼就政治委员会的策略问题提纲修改作说明 ……… 105
讨论有关意大利的问题 …………………………………… 109
鲁特·费舍就英国委员会的决议作说明 ………………… 112
通过关于农业等问题的决议 ……………………………… 112
斯坦尼斯拉夫关于工会问题的提议 ……………………… 113
台尔曼发言呼吁重视青年问题 …………………………… 114
格施克代表德国代表团发表关于工会问题的决议的声明 …… 115
米哈·茨哈卡雅代表格鲁吉亚共产党代表团发表声明 …… 116
通过关于国际支援革命战士协会的决议 ………………… 119
通过关于挪威问题和国际工人援助会的决议 …………… 120
斯图尔特就埃及问题提出建议并获得通过 ……………… 122
瓦西里科夫以西乌克兰共产党的名义发表声明 ………… 122
选举共产国际执行委员会 ………………………………… 123
苏联工农代表的贺词、向大会和一些代表团赠送旗帜和礼品
　　以及各代表的致谢词 ………………………………… 125
季诺维也夫致闭幕词 ……………………………………… 149

共产国际第五次代表大会提纲、决议、呼吁书 …………… 157
关于共产国际执行委员会报告的决议 …………………… 159
策略问题提纲 ……………………………………………… 166
　一、国际问题 …………………………………………… 166

  二、政权问题 …………………………………………………… 170
  三、作为共产国际工作中心任务的创建群众性的共产主义
    政党问题 ……………………………………………………… 174
  四、创建群众性共产党的主要前提 ………………………………… 176
  五、在两次无产阶级革命浪潮之间 ………………………………… 178
  六、无情的反机会主义倾向斗争 …………………………………… 178
  七、阐明"极左倾向" ……………………………………………… 179
  八、关于统一战线策略 ……………………………………………… 179
  九、工农政府 ………………………………………………………… 182
  十、部分要求 ………………………………………………………… 183
  十一、民主和平主义的幻想 ………………………………………… 183
  十二、西方和东方 …………………………………………………… 184
  十三、两种前景 ……………………………………………………… 184
  十四、党的布尔什维克化和成立统一的全球共产党 …………… 185
关于世界经济状况的提纲 ……………………………………………… 192
  一、资本的进攻。危机时期仍在继续 …………………………… 192
  二、危机。世界经济的瓦解。不存在统一的行情 ……………… 193
  三、西欧的特殊危机 ……………………………………………… 195
  四、农业危机 ……………………………………………………… 197
  五、经济政策的危机 ……………………………………………… 198
  六、军事赔款问题和国际矛盾 …………………………………… 199
  七、阶级矛盾激化 ………………………………………………… 203
  八、前景和任务 …………………………………………………… 204
关于纲领问题的决定 …………………………………………………… 206
共产国际纲领（草案，共产国际第五次代表大会通过） …………… 207
  导 言 …………………………………………………………… 207

一、资本主义社会 …………………………………………… 208
　　二、解放劳动和共产主义社会 ……………………………… 216
　　三、推翻资产阶级和为共产主义而斗争 …………………… 218
　　四、通往专政之路 …………………………………………… 228
共产国际章程 …………………………………………………… 232
　　一、总　则 …………………………………………………… 234
　　二、共产国际世界代表大会 ………………………………… 235
　　三、共产国际执行委员会及其机关 ………………………… 236
　　四、扩大全会 ………………………………………………… 238
　　五、国际监督委员会 ………………………………………… 238
　　六、共产国际支部与共产国际执行委员会之间的相互关系 …… 239
关于在生产支部基础上改造党的问题的决议 ………………… 241
关于共产国际及其支部宣传活动的提纲 ……………………… 245
　　一、共产主义宣传的目的和任务 …………………………… 245
　　二、宣传领域的一般组织措施 ……………………………… 248
　　三、各支部在宣传工作领域的组织任务 …………………… 250
　　四、马克思主义宣传系统 …………………………………… 251
　　五、关于大纲和宣传方法 …………………………………… 254
　　六、马克思主义研究和写作活动的组织 …………………… 256
关于工会运动策略的提纲 ……………………………………… 258
　　一、工人运动中的转折 ……………………………………… 258
　　二、为团结而斗争 …………………………………………… 259
　　三、阿姆斯特丹国际及其左翼 ……………………………… 259
　　四、我们工作中的弱点 ……………………………………… 261
　　五、我们的近期任务 ………………………………………… 262
　　六、结　论 …………………………………………………… 265

关于德国共产党某些工会工作人员的倾向 …………… 266
关于英国的工人政府 …………………………………… 267
关于法西斯主义 ………………………………………… 272
 一、政治领域 ………………………………………… 273
 二、组织和军事领域 ………………………………… 273
中欧和巴尔干的民族问题 ……………………………… 275
 一、马其顿和色雷斯问题 …………………………… 277
 二、乌克兰问题 ……………………………………… 279
 三、南斯拉夫问题 …………………………………… 280
 四、捷克斯洛伐克问题 ……………………………… 282
 五、上西里西亚问题 ………………………………… 282
 六、白俄罗斯问题 …………………………………… 283
 七、立陶宛问题 ……………………………………… 283
 八、马扎尔人问题 …………………………………… 284
 九、特兰西瓦尼亚问题和多布罗加问题 …………… 284
 十、阿尔巴尼亚问题 ………………………………… 284
关于国际农民委员会和共产国际的相互关系 ………… 286
关于合作社的作用和共产主义者—合作社工作者
 在当前无产阶级革命时期的任务 …………………… 289
关于共产党在劳动妇女中的工作问题 ………………… 292
 一、前言 ……………………………………………… 292
 二、任务 ……………………………………………… 294
 三、组织 ……………………………………………… 295
关于青年共产国际的提纲 ……………………………… 298
 一、青年共产国际在第四次世界大会之后的发展总结 … 298
 二、青年共产国际近期的任务 ……………………… 300

关于工人阶级的体育……306

关于国际支援革命战士协会……308

关于国际工人援助会……310

关于俄罗斯问题的决议……312

  附录：俄国共产党第十三次代表会议关于争论总结和

    党内小资产阶级倾向的决议……313

关于波兰问题的决议……323

意大利共产党行动纲领……325

  政治局势……325

  前景和总策略……326

  反对法西斯主义的特殊策略……327

  宪法反对派……327

  无产阶级政党……328

  意大利社会主义党……329

  工会问题……330

  农民和其他阶层……330

  青年组织……331

  组织问题……331

关于瑞典问题的决议……333

关于挪威问题的决议……336

关于冰岛问题的决议……337

关于刊发马克思和恩格斯的文章和书信全集的决议……339

受代表大会委托、经执行委员会扩大会议批准的苏瓦林事件

  委员会的决议……340

共产国际致世界无产阶级宣言（纪念帝国主义战争10周年）

  （共产国际第五次世界代表大会1924年7月5日一致通过）……342

一 …………………………………………………………… 342
　　二 …………………………………………………………… 346
　　三 …………………………………………………………… 349
　　四 …………………………………………………………… 351
　　五 …………………………………………………………… 352
　　六 …………………………………………………………… 356
　打倒战争！打倒社会爱国主义者！ ……………………… 362
　反对白色恐怖 ……………………………………………… 370
　致意大利工人的呼吁书 …………………………………… 372
　东方国家和殖民地的各兄弟民族！ ……………………… 375
　告红军、红海军和红空军书 ……………………………… 379
　向为响应列宁号召的同志们致以兄弟般的敬意 ………… 381

附　录 …………………………………………………………… 383
　共产国际执行委员会扩大全会（简要记录） …………… 385
　　共产国际执行委员会扩大全会第一次会议
　　　（1924年7月12日，星期六） ……………………… 385
　　共产国际执行委员会扩大全会第二次会议
　　　（1924年7月13日，星期日） ……………………… 394
　图　表 ……………………………………………………… 406
　　失业状况 ………………………………………………… 406
　　英国选举 ………………………………………………… 407
　　德国选举 ………………………………………………… 408
　　法国选举 ………………………………………………… 409
　　意大利选举 ……………………………………………… 410
　　保加利亚选举 …………………………………………… 411

下喀尔巴阡的选举………………………………………………………… 412
共产国际第五次代表大会组成人员……………………………………………… 413
　　共产国际第五次世界代表大会组成人员……………………………………… 413
　　共产国际执行委员会委员……………………………………………………… 417
　　国际监察委员会………………………………………………………………… 418
　　共产国际第五次世界代表大会与会名单……………………………………… 419
共产国际第五次世界代表大会各委员会名单…………………………………… 432
　　关于列宁主义的决议起草委员会……………………………………………… 432
　　政治委员会……………………………………………………………………… 432
　　纲领委员会……………………………………………………………………… 433
　　组织委员会……………………………………………………………………… 433
　　工会委员会……………………………………………………………………… 434
　　农民委员会……………………………………………………………………… 434
　　民族和殖民地问题委员会……………………………………………………… 435
　　宣传委员会……………………………………………………………………… 436
　　妇女委员会……………………………………………………………………… 437
　　青年问题委员会………………………………………………………………… 437
　　俄罗斯委员会…………………………………………………………………… 438
　　保加利亚委员会………………………………………………………………… 438
　　意大利委员会…………………………………………………………………… 439
　　波兰委员会……………………………………………………………………… 439
　　英国委员会……………………………………………………………………… 440
　　日本委员会……………………………………………………………………… 440
　　奥地利委员会…………………………………………………………………… 441
　　斯堪的纳委员会………………………………………………………………… 441
　　苏瓦林事件委员会……………………………………………………………… 441

资格审查委员会材料 ⋯⋯⋯⋯⋯⋯⋯⋯⋯⋯⋯⋯⋯⋯⋯⋯⋯ 442
    代表证分配 ⋯⋯⋯⋯⋯⋯⋯⋯⋯⋯⋯⋯⋯⋯⋯⋯⋯⋯ 442
    各国代表资格分配 ⋯⋯⋯⋯⋯⋯⋯⋯⋯⋯⋯⋯⋯⋯⋯ 442
    只有发言权的国家 ⋯⋯⋯⋯⋯⋯⋯⋯⋯⋯⋯⋯⋯⋯⋯ 444
    获得发言权代表资格的组织 ⋯⋯⋯⋯⋯⋯⋯⋯⋯⋯⋯ 445
    澳大利亚 ⋯⋯⋯⋯⋯⋯⋯⋯⋯⋯⋯⋯⋯⋯⋯⋯⋯⋯⋯ 445
    奥地利 ⋯⋯⋯⋯⋯⋯⋯⋯⋯⋯⋯⋯⋯⋯⋯⋯⋯⋯⋯⋯ 446
    美　国 ⋯⋯⋯⋯⋯⋯⋯⋯⋯⋯⋯⋯⋯⋯⋯⋯⋯⋯⋯⋯ 448
    英　国 ⋯⋯⋯⋯⋯⋯⋯⋯⋯⋯⋯⋯⋯⋯⋯⋯⋯⋯⋯⋯ 452
    阿根廷 ⋯⋯⋯⋯⋯⋯⋯⋯⋯⋯⋯⋯⋯⋯⋯⋯⋯⋯⋯⋯ 455
    比利时 ⋯⋯⋯⋯⋯⋯⋯⋯⋯⋯⋯⋯⋯⋯⋯⋯⋯⋯⋯⋯ 457
    保加利亚 ⋯⋯⋯⋯⋯⋯⋯⋯⋯⋯⋯⋯⋯⋯⋯⋯⋯⋯⋯ 458
    巴　西 ⋯⋯⋯⋯⋯⋯⋯⋯⋯⋯⋯⋯⋯⋯⋯⋯⋯⋯⋯⋯ 461
    匈牙利 ⋯⋯⋯⋯⋯⋯⋯⋯⋯⋯⋯⋯⋯⋯⋯⋯⋯⋯⋯⋯ 462
    德　国 ⋯⋯⋯⋯⋯⋯⋯⋯⋯⋯⋯⋯⋯⋯⋯⋯⋯⋯⋯⋯ 464
    荷　兰 ⋯⋯⋯⋯⋯⋯⋯⋯⋯⋯⋯⋯⋯⋯⋯⋯⋯⋯⋯⋯ 470
    希　腊 ⋯⋯⋯⋯⋯⋯⋯⋯⋯⋯⋯⋯⋯⋯⋯⋯⋯⋯⋯⋯ 473
    丹　麦 ⋯⋯⋯⋯⋯⋯⋯⋯⋯⋯⋯⋯⋯⋯⋯⋯⋯⋯⋯⋯ 475
    埃　及 ⋯⋯⋯⋯⋯⋯⋯⋯⋯⋯⋯⋯⋯⋯⋯⋯⋯⋯⋯⋯ 477
    印　度 ⋯⋯⋯⋯⋯⋯⋯⋯⋯⋯⋯⋯⋯⋯⋯⋯⋯⋯⋯⋯ 478
    爱尔兰 ⋯⋯⋯⋯⋯⋯⋯⋯⋯⋯⋯⋯⋯⋯⋯⋯⋯⋯⋯⋯ 480
    冰　岛 ⋯⋯⋯⋯⋯⋯⋯⋯⋯⋯⋯⋯⋯⋯⋯⋯⋯⋯⋯⋯ 482
    西班牙 ⋯⋯⋯⋯⋯⋯⋯⋯⋯⋯⋯⋯⋯⋯⋯⋯⋯⋯⋯⋯ 483
    意大利 ⋯⋯⋯⋯⋯⋯⋯⋯⋯⋯⋯⋯⋯⋯⋯⋯⋯⋯⋯⋯ 486
    加拿大 ⋯⋯⋯⋯⋯⋯⋯⋯⋯⋯⋯⋯⋯⋯⋯⋯⋯⋯⋯⋯ 490
    中　国 ⋯⋯⋯⋯⋯⋯⋯⋯⋯⋯⋯⋯⋯⋯⋯⋯⋯⋯⋯⋯ 492

拉脱维亚 …………………………………………………… 494
立陶宛 ……………………………………………………… 496
国际工人援助会 …………………………………………… 499
墨西哥 ……………………………………………………… 500
蒙 古 ……………………………………………………… 502
挪 威 ……………………………………………………… 504
伊 朗 ……………………………………………………… 506
波 兰 ……………………………………………………… 508
葡萄牙 ……………………………………………………… 511
罗马尼亚 …………………………………………………… 513
土耳其 ……………………………………………………… 515
芬 兰 ……………………………………………………… 517
法 国 ……………………………………………………… 520
捷克斯洛伐克 ……………………………………………… 525
瑞 士 ……………………………………………………… 529
爱沙尼亚 …………………………………………………… 532
南斯拉夫 …………………………………………………… 534
爪 哇 ……………………………………………………… 537
个人代表资格 ……………………………………………… 539
共产国际各支部的党员数量 ……………………………… 542
向共产国际第五次代表大会致贺者名单 ………………… 544

共产国际第五次代表大会会议记录

(1924年7月7—8日)

第三十次会议

(1924年7月7日，星期一)

主席：格施克

格施克（主席）：

下面由舒马赫同志发表声明。

舒马赫及德国代表团的声明

同志们，会上的大多数人仿佛有意似的，在自己不同意某种意见的情况下，就到侧厅中去散步。作为一个有礼貌之人，我毕竟还是认为，会议记录在事后总是要读的，这里所说的话，代表大会的成员们也都会知悉。

作为开头，我谈谈如下一件事情。鲁特·费舍同志声称，仿佛我曾被取消地区委员会成员资格。这不是事实。这里就有地区委员会的成员，他们可以证明是我首先声明退出柏林地区委员会，只是后来委员会主席鲁特·费舍同志才宣称不再推举我。双方对彼此关系的解释就是如此。

接下来，鲁特·费舍同志将我的发言评价为胆怯和可怜。我要指出的是，鲁特·费舍同志在试图指点我应该如何在全体会议上说话。我则认为，我并不需要一位最高监护人，我自己能够将讲话写成我认为需要的样子，我所根据的是在德国所获得的经验，所遵循的是独立组织（工会）所制定的指示。

鲁特·费舍、季诺维也夫和洛佐夫斯基各位同志，与他们一道的还有黑克尔特，手持放大镜，四处寻找工会问题至今未能解决好这一状况的罪魁祸首。对于这个三人小组所代表的流派来说，问题的解决十分容易。上述诸人得出一致的结论，代表大会上有一个人应当处以绞刑。他们连人都已经指出来了。要是绞死某一个人，工会运动所有的争论问题都能解决，事情就极为简单了。事实上并非如此。存在着深刻的内在性质的分歧，并且有其组织、策略和我们历次代表大会决议的根源。所有的混乱状态的基础，就是红色工会国际自其建立之日起所遵循的路线。在共产国际第一、第二次代表大会以及红色工会国际成立代表大会上都指出，在某些情况下，面对工会的分裂也不应当止步不前。请你们注意这种情况：在所有各国，我们的共产党分部被吸收参加工会工作之后，它们或则建立新的工会组织，或则促进了其建立。在共产国际成立以来的5年期间报刊上所开展的运动，尽管本质上是正确的，但连续不断、坚持不懈地强调工会领袖们的过错，无可避免地必然在工人群众中引发退出工会的思潮，这里各位发言的报告人对此已经作了描述。整整5年里都反复对德国工人们说，工会领袖们全是一些货真价实的坏蛋和叛徒，所以现在要说服工人依然应当留在工会内绝非易事。对报刊的那些论战性的攻击，群众必然会有所反应。我认为对这一点必须加以确定。

现在谈谈这里提到的一个问题，我们的俄罗斯支部与阿姆斯特丹派会谈是否正确？季诺维也夫同志坚持无论如何也要恢复统一战线。鲁特·费舍同志说：原则上我们不反对与阿姆斯特丹派进行会谈，但是必须事先让群众对此做好充分准备，我比鲁特·费舍同志更进一步，认为：那些想要取消红色工会国际的人（这在俄、英会谈中已经谈到了），最终也会取消共产国际。我们一向对大家说，工会是资本主义国家生活的一角，所以我们坚持一个意见：应当利用群众斗争和革命从政治上终结资本主义国家的存在。因而我认为，在各国截掉共产主义运动的一条腿而代之以木制假肢是不能容许的。这种想法本身就不能容许，它会导致产生上述种种思潮。我认为，费舍同志并未清楚地理解，她在声称原则上不反对会谈时，自己究竟在说什么。其中别有的用意是这样：亲爱的俄罗斯同志们，与阿姆斯特丹派进行会谈吧，不过可别让工人们过快地发现这一点。这与一个姑娘这样说毫无二致：你让我怀上孩子吧，不过不要太大，好让我能将其掩藏起来。我认为这一路线是不正确的，它会在德国导致极为严重的分歧；我认为，它已经在俄罗斯导致这种局面了。

现在涉及季诺维也夫同志。首先我要指出下面这一点：他声称，似乎我劝告不要退出工会，但要帮助建立生产委员会。建议查对一下速记记录。从速记记录和我们在柏林的发言可以看到，问题是这样提的：不应当建议退出工会。提出这类口号是在犯大错误：有许多工会，退出它们只会符合官僚们的利益。我们的同志应该留在工会内，充分履行自己的义务。星期六有一位同志从座中问我：共产党员们怎么办，他们应当何去何从？我的回答是：至今仍然留在工会中的共产党员根本就不是共产党员。（"你们听听看，你们听听看！"）

我这样说是因为，要是他们表现得像共产党员应当表现的那样，他们早就被赶出工会了。很遗憾，工会中这样的共产党相当多：他们在工会会议上完全不与社会民主党的思想划清界限。不难找到这样的例子。所以我们要再说一遍：共产党员应当留下来，履行好自己的义务。但是在那些工会产生了分裂的地方，在那些未加入组织的人群还在增加的地方，则应当按照第一和第二次世界代表大会的提纲，将他们集合为一个整体；在那些地方应该建立生产委员会，以便无产阶级在自己的斗争中不仅掌握政治方面的、而且掌握组织方面的核心。持有这种意见的不单是我们。洛佐夫斯基同志应当明白，他发表在德国党的报刊上的那些文章所起的作用有如晴天霹雳。这个问题于6月26日经由柏林中央委员会讨论，结果中央和区委一致通过决议：

"柏林-勃兰登堡中央委员会坚决否定洛佐夫斯基的文章《俄罗斯工会在阿姆斯特丹国际代表大会上》中所反映出来的取消主义倾向。在目前形势下，文章中所透露出的红色工会国际与阿姆斯特丹国际融合的倾向，无异于将多年来在德国和其他国家中所进行的争取已加入改良主义工会的群众的工作化为乌有。因此，柏林-勃兰登堡委员会以最坚定的态度向第五次代表大会和执行委员会表示，坚决反对洛佐夫斯基解散红色工会国际的企图，并且希望共产国际和工会国际的代表大会作出承担相应责任的决定。

洛佐夫斯基发表意见之后，我们认为共产国际有必要对红色工会国际的积极活动家建立严格的监督。"

这就是柏林-勃兰登堡委员会所通过的决议。这个决议绝非出自我之手，因为我已经不在委员会中了，但是我完全赞成这一决议。在柏林，大家一致认为共产国际的基本思想不应该动摇，也不应该解散红色工会国际，而是应当将其锻造为世界革命的强大的载体。必须对其加以运用。取消红色工会国际是取消共产国际的开端。有些人轻率地提出这点毫无根据。他们毫无根据地认为，既然洛佐夫斯基的提纲和德国代表团的备忘录都已收回，便万事大吉了。根本不对。这样想，意味着上了一个很危险的当。对事情加以粉饰、遮掩，则意味着给共产国际帮倒忙。洛佐夫斯基同志，我们坚决抗议对我们的指责，说我们不遵守我逐字引述的法兰克福代表大会的那项决议。我们执行了那项决议，履行了我们的义务。我们知道，在本次代表大会上我们成了少数派，我们所说的话被置若罔闻，不过这种事已经发生过不止一次了，从前即已有人陷入光荣的独立，但尽管如此，最终却成为胜利者。我们希望，如果本次代表大会现在还不理解为工会而斗争的必要性的话，我们还会再次会面，有机会对所取得的成果进行分析。最后，我必须作一声明：我们正使出浑身解数反对整整一星期在这里不断遭到痛斥的倾向，然而我和自己的思想一致者——铁路工人代表丹普夫同志一道，特此声明：尽管如此，如果你们作出这样的决定，我们个人一定会将其实现视作自己的义务。

格施克（主席）：

请允许我宣读德国代表团的以下声明：

"德国代表团一致拒绝舒马赫同志在代表大会上所坚持的意见。这种意见既与法兰克福党代表大会的决议、也与共产国际的决议相矛盾。

德国代表团声明，德国党将坚定不移地不断为反对工会问题上的各种倾向而进行斗争。"

现在请黑克尔特同志致结束语。

黑克尔特致结束语

出席共产国际代表大会的独立工会代表们委托我就舒马赫同志的发言发表声明，这里在座的开姆尼茨建筑工人工会、航运工人工会、体力和脑力劳动工会和化工工会的代表绝不同意舒马赫同志刚才所说的那番话。柏林建筑工人工会的一部分人持有不同意见。这部分人所占的数量比例现在还无法确定。接下来必须声明的是，舒马赫并未得到授权在这里代表2万名柏林独立工会会员发言。这些工会在柏林建立了以埃克斯同志为首的中央联合会；在最近的一次工作委员会会议上，它们都声明不同意舒马赫的意见，这一声明是在这里也在座的施密特同志出席时作出的。这两个事实足以说明德国目前的状况。这些缺陷超不出柏林的范围，舒马赫是我们工会运动中这种缺陷的鲜明体现者。

在德国的其他地方，对这一缺陷闻所未闻。即便是在柏林，这一运动也开始大大衰退。在这方面，法兰克福党代表大会的决议发挥了影响。返回工会党团工作的同志们在很大程度上克服了反对工会的倾向。他们说，舒马赫是对的，柏林决议中有一些东西与他在这一问题的立场相一致。但是同时也不妨指出，决议中一些与他的立场相吻合的段落是他自己伪造并在一次会议上通过的，这次会议的确充满了激烈反对工会的倾向，而且通过这项决议时出席的根本不是全体同志、整个组织。如果注意到对组织产生了影响的整体环境，党组织内允许妥协并不都很成功，但可以理解。然而，既然党的负责干部机关已经清楚这必定会导致何种不幸的后果，就应该坚决与这一立场划清界限。舒马赫同志当时利用了柏林一次普通会议的决议，但不肯指出这个决议是在法兰克福代表大会之前通过的。（舒马赫从座中说："我指出过这点了。"）

舒马赫在法兰克福党代表大会后，仍然试图在自己的报纸上利用这个被法兰克福党代表大会否定了的旧决议。法兰克福代表大会之后一个月过后，他在其发布会的通函中做了同样的事情。在德国工会运动中我们已经非止一次经历过风暴，但是现在我们所经历的风暴所展示出现今的反对派代表的状况，与先前的反对派代表略有不同。德国共产主义工人党是一些在工会问题上有着自己观点的人。他们公开向我们宣称：你们的如此这般的立场是错误的，我们的意见却是这样，我们会加以坚持。至于舒马赫流派，则总是装假，从不肯直说他们想要的是什么。我必须说，舒马赫流派行事从来都不光明正大。例如：在柏林成衣匠们的一次会议上（那还是缝纫工人工会分裂之前），我发言反对分裂。当时舒马赫说：我有点儿不太明白；须知共产党就是从社会民主党分裂出来，建立新的组织的，工会的事情也应当这样。那时候他认为退出工会是适宜的。要是舒马赫有勇气坦白说出自己当时的观点，那总要比通过把他自己的决议塞给我们来为其立场辩护好一些。他对党代表大会决议的阐释方式清楚地表明这个反对派是什么货色。他们声称：我们在这个问题上遭到了失败，现在要走另一条路——这不大诚实。并不是这么回事，他们仍然坚持自己的那一套，生吞活剥地摘引法兰克福决议的一些段落为自己辩护，而那些地方却表述得不够清楚，也不完全符合目的。决议中正确的东西被抹杀，但只要找到能用来为他们的分裂策略帮忙的只言片语，都紧紧抓住不放。我想谈论舒马赫的话到此为止。

我们的德国同志对塞马尔同志的发言惊诧莫名。法国同志们都是一些可爱的人，但是看来他们认为我们对他们法国工会运动中所形成的关系全然不熟悉。我有幸出席1921年12月的工会代表会议，那次会议上不幸发生了分裂。当时我曾与许多同志交谈。他们并不怎么反对分裂。许多位高权重的同志都默不作声地看着无政府工团主义分子的所作所为，这些人刚一得知劳动总联合会要起用我们的同志的时候，就打算与改良主义者联合起来。诚然，洛佐夫斯基同志曾致电当时的代表大会，提醒防备工会的分裂，并建议要争取赢得时间；然而他的电报被置之不理。即便法国同志所做的这类实验是无可避免的，但我们始终认为，这次分裂是一个错误，并在我们的历次代表大会上对此作了强调。而法国同志在共产国际第四次代表大会上都做了些什么呢？我们不得不对他们作出让步并削弱工会国际与共产国际之间的紧密的联系。同样是在那次代表大会上，围绕着另一个问题也爆发了激烈的斗争：法国和俄罗斯的同志们要求将国际工会联合会分成一些独立的组织。我们反对所有这些倾向并不是因为我们具有特殊的气质，而是由于我们在工会问题上已经有过痛苦的经验。我们在海德堡学到了一些东西，当我们在共产国际的帮助下成功实现自己的观点时，总是感到很高兴。

季诺维也夫同志宣称，我们在工会问题上还需要关于列宁主义的教导。我丝毫也不反对，但是认为这应当及时进行并具备足够的力度。我可以在这里引用当年所做的这类教导的片断，那时候十分迫切地需要这种教导，我们都聚精会神地一心期待着。让代表大会作出判断吧，看看这是不是正确的共产主义路线，它是否与季诺维也夫现在所坚持的相一致。我指的是一月决议，其中包含着对待德国所发生的事情的态度和许多正确的地方；比如，那里一个地方谈到组织那些被开除的和其他一些人的事。其他什么人呢？这指的是那些退出或者根本没有加入组织的人。这个决议中说：

"在这种情况下必须使用多种多样的不同方式（工厂委员会，监督委员会，由被开除的人组成的平行工会，联合会，普通工人委员会，失业工人委员会，等等），不要以某种不可更改的方式或反对派的形式束缚住自己的手脚。"

这样告诉德国的同志们是有好处的：不要做有些人千方百计向你们宣传的那种蠢事；将那些没有组织起来的人重新带回工会，那时候无论是舒马赫一样的人或者类似舒马赫那样的人都不可能庆祝他们的胜利了。毫无疑问，那时候舒马赫根本不敢在莫斯科这里硬说德国工会毫无希望了。（鼓掌）

是的，那时候舒马赫根本不会说应该对工会的中央分裂做准备。我们就不会争论，同意说在这种情况下我们也做了一些卑鄙的事。（季诺维也夫："也是蠢事。"）

既然季诺维也夫同志利用了我不幸参加萨克森政府一事，那是党（顺便说一句）违背我的意愿指使我干的，既然他利用此事来表明德国同志们当时做了些什么（用以批评我们现在的立场），我准备原谅季诺维也夫同志的责难。

请允许我再次引用决议有关自下而上的统一战线的部分。

"在拒绝与改良主义工会运动的上层领导人，同时也拒绝与资产阶级和法西斯主义事实上的同盟者社会民主党领袖们进行谈判的时候，共产党人应当学会在工会中实行自下而上的统一战线，在日常斗争的基础上团结加入了工会组织和未加入工会组织的无产阶级广大群众，并吸引那些尚未与社会民主党决裂的工人阶级阶层参加这场斗争。"

那些自以为有责任教训我们的人不妨认真思考一番这段文字。现在往下看。季诺维也夫同志，请听着，看看决议中往下说了些什么：

"迄今为止对'救救工会'这个口号所作的阐释是不正确的。用老办法不可能拯救工会。为了能救它，就必须借助于工厂委员会对工会进行彻底的改造，目的是建立生产组织，并通过向其活动中注入革命的内容将改良主义排挤出去。"

季诺维也夫（从座中）：

难道这不对吗？

黑克尔特（德国）：

这种想法本身是正确的。但是由于决议中有许多不正确的东西，这就意味着助长舒马赫之类的人的声势，他们也理所当然地利用了这一点。

我最后再引用一段关于总的工会策略问题的决议：

"工会的策略和工会的口号应当由共产党人预先确定，其根据则是对工人阶级和党以及参与斗争的各种力量所面临的任务的总体和具体的评价。"

只要遵守这最后一条规则，每一个人都可以为所欲为。这就授予舒马赫以全权。

想到在我们极其危急的时刻给了我们一个这样的解释性的决议，那么，困难不仅未因之而减少，反倒增加了，这也就不足为奇了。

想一想这点就不难理解，人们在谈到工会毫无希望时都说，诸如此类的东西也并没有给我们带来什么好处。

在实质性和主要之点上，我们眼下还是同意季诺维也夫同志的看法的。我们当时认为有义务声明，这里所采用的那种过分的做法，有可能导致与力求达到的结果相反。季诺维也夫同志引用了我们的备忘录。鲁特同志在这里已经指出，它具有十分秘密的性质，总共只准备了两份，其中一份送交了法国代表团领导人，另一份送交俄国共产党中央。目前我们准备对这份备忘录中的一些内容进行修改。在其撰写之时，局势与现在略有不同。

我们想在备忘录中指出，为了在工会问题上执行季诺维也夫所确定的策略，需要事先做好准备工作。不能像晴天霹雳那样突如其来。我预感到还可能有一些类似于已经提出的那样的建议，并在我们的中央委员里谈到这点，但是同志们根本不相信。他们反对我说，季诺维也夫在红色工会国际第二次代表大会上谈到过对工会国际估计不足，说只有现在其真正的重要性才能得到恰如其分的评价。怎么可能就这样猛然间彻底改变自己的观点呢？

同志们，其实问题并不在于要让某个负责同志回心转意，而是在于要让那些你竭力争取的群众意识到并且赞同这一步骤。在执行委员会的领导下，我们在德国进行了反对自上而下的统一战线的激烈的斗争。现在却突然采取这样的步骤！党内的同志对此会难以理解。这就是需要有扎实认真的准备的原因。我们所希望影响的是些什么人呢？不是阿姆斯特丹派的领导人，而是工人。在这后一种情况下，就必须拥有办事效率高的、能够在企业中进行宣传的共产党机关。不具备这点怎么能行呢？去年我们可是工会中的重要因素，目前就不是这样了。我们没有一个好的工作机关。要建成这样的机关,还需要两三个月。

在扩大的全体会议上,我们还有机会详谈这个问题并讨论为这一步骤做准备的方式。在工会国际代表大会上我们也会涉及这个问题。我个人认为,要是共产国际明确地提出自己的任务,清晰而准确描述自己的观点,大力反对无论什么样的错误倾向——那么,工人们一定会理解它的。

不过我要坚持不懈地提醒,切勿没有必要的准备便采取某些步骤。最后我要与萨克森实验作一对比。我坚信,只要我们充分地让无产阶级做好准备,萨克森实验便会给共产国际和德国共产党带来巨大的好处。现在我们不希望在无产阶级尚未对其做好充分准备的情况下采取超前的步骤。(暴风雨般的掌声)

格施克(主席):

现在请洛佐夫斯基同志发表关于工会问题的报告的结束语。

洛佐夫斯基同志作关于工会问题的总结讲话

有些同志在此发表意见,反对我的提纲中的一个部分,在那个部分中我断言普遍的退却已经中止。他们表示反对指出在他们的国家里进攻仍在继续。不过大部分发言者看待所提出的问题都过于狭隘。应当如何理解"全面的进攻已经中止"呢?我们试将世界工人运动现今的状况与它 1922—1923 年的情况作一比较。有没有差别呢?无疑是有的。这种差别在于,当年那种无产阶级的普遍退却现在没有了,相反,在许多国家都可以看到相当重大的防卫性冲突和反攻。以 1929 年初的英国和法国以及捷克斯洛伐克等一系列国家为例,我们便可以立即看出,我的论断所根据的是对整个国际形势所作的客观分析。现在没有了资本家们的整体进攻，也没有了工人们的全面退却。在这方面过去的两年期间发生了重大的变化。我们应当确认这一无疑是可喜的、十分重要的事实，并在确定我们的路线的时候以此为出发点。

有一个问题引发了最为活跃的意见交换和热烈的辩论——这就是关于团结的问题。

需不需要改变共产国际所提出的关于争取而不是摧毁工会的口号呢？同志们，你们都看见了，我们在这里并没有分裂的公开拥护者，但是其隐蔽的拥护者、一心一意希望达到分裂的目的之人，这里可不少。他们围绕着这个问题四处活动，但又害怕直截了当加以对待，公开说出他们实际上的想法。掩饰真相不能称之为好的共产主义策略。也许，从随机应变的观点看这是好的，但我总觉得，在共产主义的代表大会上不应当耍这样的手腕。

如果舒马赫同志愿意讲出全部真相，他就应当在这里，在这个讲台上，告诉我们，他在德国都干了些什么。然而舒马赫同志是一个非常狡猾的演说家，因而他的话并不符合他所干的事：他在分裂方面做的比说的要多得多。舒马赫同志在德国准备、组织、实际进行分裂活动。而他在这里发言时所讲述的，仅仅是有关组织退会的人，有关组织那些逃离工会的人的问题。可是，同志们，为将退出工会的人组织起来，就得先做一定的工作，让他们退会。舒马赫同志忘了说，正是他和他的志同道合者们为这种退出工会的事进行宣传鼓动。舒马赫同志"忘记了"告诉我们，恰恰是他在力求增加退出工会的人的数量，是他在让这个问题尖锐化，是他竭力向独立的组织体制中灌输工人群体里所存在的对工会官僚们的厌恶情绪。舒马赫同志将对待工会运动的消极感情说成革命精神，并且渲染新的工会组织会有着远大的前途。他总是不断重复同样的那些话："建立新的组织，建立新的工会（产业工会，富有战斗性的工会，诸如此类），这才是能够让我们得救的东西。"

然而，同志们，首先在这方面必须说出真相。这个真相对德国而言就是：德国共产党内有一股相当强大的思潮，工人中有一股反对工会的思潮，德国的一些工人对工会连听都不愿意听。这在心理上可以理解，但令人不太理解的是，有那么一些共产党人，他们站在这一思潮的前列，不但不与这类现象作斗争，他们为了替工人们对组织这种本能的厌恶情绪辩护，还力求由此创立一整套理论。他们不是对这一类消极表现展开坚决的斗争，而是将这种极端负面的现象奉为原则。

舒马赫同志所提出的策略是什么呢？首先他试图寻找罪魁祸首，舒马赫同志相当成功地（应当承认这点）引用了柏林组织所通过的许多决议，并以其中那些将尽快退出工会视为最佳策略的部分做借口。可是，如果舒马赫同志承认党内不止他一个人是"糊涂蛋"这话说得对，那么，当他试图在这种糊涂的基础上制订一种新策略，他就不对了。

舒马赫同志在这里所援引的一切都是党软弱无力的象征，都是它左右摇摆的象征。是的，党内存在着一种糊涂状态，舒马赫同志在工会问题上抓住这种糊涂状态不放也就很自然了。

舒马赫同志将一大堆引文带上这个讲台，但他忘了引用法兰克福代表大会所通过的关于工会运动的决议中的某些地方，决议中说，德国共产党在共产国际的帮助下，曾一度试图构筑起防备革命的工会运动进一步瓦解的大坝。舒马赫同志太沉迷于引文了，却偏偏"忘记"了法兰克福党代表大会决议中的一个地方，那里规定，党不会允许自己的成员在工会运动中推行个人的政策。然而因为舒马赫同志在工会运动中所推行的正是个人的政策，所以他当然也就把决议中这个最重要的地方给忘掉了。不过我们不应该跟着舒马赫同志忘掉我们所通过的决议的要点吧？因此我们要提醒他和其他一些人，这项决议中有很多地方十分明确、坚定地谈到了，必须坚持在工会开展工作，每个党员都应当加入工会组织，党要与破坏、分裂工会运动的各种企图作斗争。为什么舒马赫偏偏忘记了决议中遵从共产国际所规定的路线的这些地方呢？就是因为，他希望共产国际在这个问题上执行另一条路线。舒马赫同志一直试图让共产国际离开前几次代表大会所确定的路线。他说：人们常常忘记这样的情形，即一个党员在一次国际代表大会上陷于独立，但很可能下一次代表大会偏偏会采取在前几次代表大会上居于极少数地位的人的观点。我可以向舒马赫同志保证，他永远也不会在共产国际的代表大会获得多数地位，原因很简单，就因为他力图在这里为我们构想的全部思想、全部理论中没有任何一点共产主义的东西，倒是有许多无政府主义的东西。了解拉丁美洲工会运动状况、特别是无政府工团主义思想的人都证实，在舒马赫同志的论据中，在他的论点的结构中，在他的讲话中，有着非常多的来自这种抽象思想的东西，他的看法与鲜活的现实生活毫无共同之处。

舒马赫同志甚至曾经试图"预言"，声称如果代表大会不采取他的观点，共产国际就会灭亡。到目前为止我们所看到的恰恰是相反的情形：恰恰是那些不遵从共产国际指示的党和党内的集团自己毁灭了自己，而共产国际却继续存在和发展。在共产国际存在的5年间，我们见过大量各式各样的极左和极右的思想潮流，我们也见过在革命的口号下进行斗争，但同时又企图反对共产国际的各色人等。然而这些集团和人物通常都是在社会民主党的怀抱中结束自己的政治前程，有时候甚至还更右。这就是舒马赫同志的预言丝毫也不能惊扰我们的原因。

现在在德国某些共产党人中表露出的那条路线，不仅对德国本身，而且对其余所有的国家都是很大的危险。

多恩同志是对的，他说，舒马赫同志不仅是德国的、而且也是国际的一个类型。是的，这是一种国际现象。在国际工人运动的大量群众中，总是有一些个别的集团和工人小组退出，试图建立平行工会，在反对腐蚀当今工人运动的巨大弊端的斗争中寻求治标的办法。那些脱离群众运动的人非常敏感，思想倾向凭印象出发。他们认为单单凭感觉就可以战胜庞大的改良主义组织。他们认为，离开了工会，他们就能够解决争取广大群众的重大问题。是的，这一现象具有国际性，因此也必须针对它在国际范围内进行斗争。

当我们发表反对舒马赫同志的思想的意见之时，不单是因为他和他的其他一些同志可能破坏德国的工会运动，而且更主要是因为其他国家的大大小小的舒马赫分子，也都在干着同样的事情，对我们的共产主义影响力的进一步发展和增强构成威胁。

对这种现象应当作何解释呢？其原因首先是改良主义领袖们前所未有的叛变行为，我们的党员的教育和自觉性不足，因为如果不是这样，就不会以情感代替理论，以神经错乱代替策略。

为了证明自己的混乱观点的合理性，舒马赫同志声称，其实整个事情都是洛佐夫斯基的错：是他写了一篇文章，让舒马赫同志无辜受累。鲁特·费舍同志也在这个讲台上提出了这一问题。鲁特·费舍同志也在寻找分裂的"始作俑者"。她也认为分裂的罪魁祸首和始作俑者是洛佐夫斯基。

我应当指出的是，鲁特·费舍同志运用了相当巧妙的策略：她向别人发起攻击，以代替自身的防卫。但是即便出于这种虔诚的目的，也不应该反对显而易见的事实。各种国际性的报刊上刊登了许多文章，发表了大量决定和决议，因此不能空口无凭地进行指责，必须援引一些文献。我可以引用大量的文献，从中即能证明鲁特·费舍同志对于子虚乌有的事情过分爱好。我可以指出，今年1月初德国共产党的队伍中分裂的意向趋于严重之时，我在自己的一些文章中反对出走，反对退出工会。我在这些文章中指出，这种策略与共产主义的积极性毫无共同之处，这正是群众中的消极情绪的反映，总之，这一策略必定导致工会的毁灭。这种凭印象出发的策略不可能对我们的任何一个问题提供答案，它只会给我们的改良主义敌人提供充分的行动自由,这些人借助于如此"聪明"的战略路线可以为所欲为。不过鲁特·费舍同志还向我们提出了另一种说法。她已经是第二次从这个讲台上重复这样的话了,仿佛是我提出了她所谓的"中央分裂"。按照鲁特·费舍同志的说法,洛佐夫斯基提议召开代表大会,而且似乎他还想大刀切馅饼般将整个德国的工会运动分割成54块。这个"糕点式"的传奇纯属臆造。鲁特·费舍干嘛需要这个传奇故事呢?为的就是避免回答一个主要的问题:对于造成工会的这种混乱局面,她自己的过错究竟分量有多大?

如果鲁特·费舍同志愿意说出真实情况,她就应当走上讲台宣布:"是的,在这个问题上我也有一份过错;是的,我也曾赞成分裂,我也犯过糊涂。"然而鲁特·费舍同志并没有这样做,反而走上讲台告诉大家,这一切都是洛佐夫斯基的过错。

黑克尔特同志在这点上还添加了季诺维也夫同志的罪过。原来,有罪之人就是我和季诺维也夫同志:按照鲁特·费舍和黑克尔特的说法,是我们让德国共产党产生了误解;由此便产生了最主要的混乱,由此才出现了德国工会运动的种种困难。原来如此,似乎是我们让一个真正的党步入歧途,是我们号召退出工会,似乎是我们提出在工会中跳这种双人舞蹈,以取代共产主义的策略。

然而遗憾的是,我们一些同志的说法完全与其间的事实不符。

1923年末至1924年初,德国的形势究竟如何呢?左派认为,要做左派,就意味着无论如何也得有自己的工会运动的特殊策略。然而同志们,你们这是哪来的想法,认为左派就必定意味着分裂?如果真是这样,那么工人运动中最左的就该是无政府主义的饶舌鬼们了,他们准备一天之中搞上24次分裂。我们的这些同志的错误不仅在于他们尾随各种情绪,像一句法国格言所说的那样:"我是他们的头儿,所以跟随他们迈步",接受这些情绪影响。而且最主要的是,他们还企图将群众所具有的这些朦胧的感觉固定成型，铸造为理论。于是开始谈论新的策略，谈论新的组织形式。我认为，我们的德国同志的主要错误正在于此。我们可是清楚地了解法兰克福代表大会的开会情况。我曾以共产国际执行委员会代表的身份出席这次大会，所以我可以提醒健忘的黑克尔特同志，是谁赞成、谁反对分裂。黑克尔特同志在这里对季诺维也夫同志说："您对我们的混乱状况有过错。"但是黑克尔特同志忘了说，季诺维也夫同志致法兰克福党代表大会反对分裂的信件被会上的左翼进行猛烈抨击；他也忘了说，左派的同志们在长达数星期的时间里甚至不愿意公布这封信。为什么他们不愿意公布呢？就是因为季诺维也夫同志的信反对分裂。黑克尔特同志广为旁征博引，却偏偏忘了提到这个相当重要的事实。

关于法兰克福代表大会，有一个有趣的回忆。我记得，左派不得不十分坚决地反对那些自称为极左派的人。反对这些极左派只能停留在口头上，因为关于工会工作的任何话他们都不愿意听。我对决议作了相当实质性的修改。而且我还记得，我写过大致是这样的一句话："应当将叛徒开除出工会。"对此，同志们的回答是："要将叛徒开除出工会。只有在我们置身他们之中的情况下才行，而我们并不想待在他们中间。"于是这些同志坚持将这句话从我的建议中删除。

在德国存在着许许多多困难，这当然需要理解。所有的混乱都出自极为复杂的环境。但在德国之外去寻找罪魁祸首却是错误的。如果有谁对这种分裂思想的出现更有罪责的话，那么最不可能的是共产国际和工会国际。这整个理论和实践的始作俑者应该在德国共产党本身之中去寻找。

当我们谈论争取工会的时候，十分明显，所说的并不是要争取工会官僚、工会的房屋或者工会的钱柜。但是每当我们的一些同志想要改变我们的久经检验的策略之时，他们总是说争取工会这个口号本身对他们而言还不够明确——还需要某些新的说明,诸如此类。这一类企图改变我们的基本口号的尝试应当受到坚决的回击。

我顺便向我们的德国同志提醒一句,1924年1月我在《德国工会和工厂委员会的现状和未来》一文中,曾向退出工会的拥护者们说过:"那些至今不明白为什么需要在工会中开展工作的人,应该在12个月内每天都阅读伊里奇的小册子《'左派'幼稚病》——只有这之后他们才能懂得,**为什么革命者应当在反动工会中工作。**"

有些同志简单地回避问题,然而共产党人应当完全清楚而公开地讲明这一点。我们希望,我们的德国共产党不仅仅说:"我们反对分裂",这对我们而言还不够,我们希望,德国共产党能**为团结而工作和斗争**。不过,为了能为团结而斗争,就需要结束成千上万的党员退出工会的这种状况。

拉德茨基同志不久前在柏林党组织的一次会议上举出下列事实。1923年初德国共产党柏林组织25%的党员都是工会会员,而1924年3月却只有25%留在了工会之中。其余的人出什么事了?他们和舒马赫同志一起在寻求组织的"新形式"。这样一来,单单是在柏林,就有2万名共产党员一下子离开了工会,结果我们在柏林工会运动中的影响力在很大程度上下降了。一年前我们在群众中还拥有多数的那些工会不久之前在其代表大会上表明,共产党人的影响力下降了数倍。这样工作的结果,社会民主党人便对工人们说:"你们瞧瞧共产党人,他们原来占工会会员的50%,而现在他们却只剩15%—20%了。"这能叫做列宁主义的布尔什维克的策略吗?!不,同志们,这无论如何也不是布尔什维主义,无论如何也不是共产国际的策略。

为什么在德国会有如此强烈的建立新工会的倾向呢?好像是一位来自鲁尔的同志在法兰克福代表大会上向我说明了事情的原委。他说:"在社会民主党人开除上千名工人之际,那时候新工会尚未诞生,而现在呢，当社会民主党人将5名或者10名官员开除出工会的时候，这5—10名官员便会立即着手建立新的组织，开一家自己的店。"

你们不觉得我们现有的工会官僚太多吗？他们完全按照官僚的方式对待问题，认为他们由于某种缘由置身于工会之外时，分裂也就当即开始了。

1924年初，不记得是在哪个城市了，鲁尔发生了这样一件有趣的事：一伙共产党员工会工作者要求党批准立即分裂工会。我们的组织表示反对。于是这些可怕的左倾分子退出了共产党，并且……加入了社会民主党。难道这还不够典型吗？

噢，这是非常典型的事例，所以我要提请你们加以关注。之所以我们在听到诸如"我们要新的策略"之类的呼声时，我们应当十分严肃地对待问题并查明其产生的缘由，原因正在于此。

鲁特·费舍同志说："为了实现法兰克福代表大会的决议，我们现在和将来都会竭尽全力。"那么，你们在此刻之前都做了些什么呢？你们为反对舒马赫同志而斗争。好极了，但是与舒马赫同志在一起的还有其他一些人。我在自己的报告中指出过，柏林有一个组织名叫"德国生产组织。金属工业工人分部"。这个新组织意味着什么？是谁建立的？它是柏林市金属工人工会原来的一个官员建立的。它是奉何人之命建立的呢？——是奉柏林党组织之命。我们的兄弟党为矫正自身的路线付出了巨大的努力，而需要在这次代表大会上讲出这样的事情是因为这是事实，我们兄弟般的德国党反对这类倾向的斗争还做得不够好。现在光说我们反对分裂是不够的；还应当让退出工会的同志重新回来。

这里的一位同志说：如果我们按这样的口号行事，那就会有成千上万的优秀共产党员离党而去。要说由于这个理由抽身离去的共产党员，而且还很优秀，这不免令人生疑。要是有这样的共产党，他们因为不同意世界代表大会的决议便弃党而去，那么这就并不是真正的共产党员。

也许，这些人本身都是好人——这有可能，然而无论如何，在他们身上显然还没有任何共产主义的东西。这些人也许将会成为共产主义者，但只有在党能够执行真正的共产主义路线的情况下才行。

因此，请不要虚构出一些可怕的事情，不要用这样的喊声吓唬我们："你们的策略会导致成千上万工人退会。"优秀的共产党员会留下来，而那些动摇不定的人也仍然会回来。在这种条件下抽身而去的人就不是共产党员，至少肯定不是优秀的共产党员。（掌声）

现在我想转而说：世界工会运动的团结问题。有些人针对这个问题，在这次代表大会上做了相当多的稀奇古怪的事情。

你们知道是谁在竭力让工会国际脱离共产国际并且甚而脱离工会国际本身吗？——是舒马赫同志。

舒马赫同志慷慨激昂地大喊大叫："你们，洛佐夫斯基和季诺维也夫同志，才是取消派，你们想要取消我们大家建立起来的工会国际。"

工会国际是集体劳动的产物，这毫无疑义。但是说我们想要取消它，这也毫无疑义吗？即使说得轻一点，这也是荒唐的杜撰。

舒马赫同志希望造成一种印象，似乎俄罗斯工会、共产国际和工会国际欺骗代表大会，看风使舵，不仅反对改良主义者，而且也反对各国共产党。然而舒马赫同志是一个狡猾得过了头的人，结果让自己弄巧成拙。即便是狡猾伎俩也不应当滥用。

我们都面临着一些什么样的问题？形势又是如何呢？阿姆斯特丹国际还是它一两年前的情形吗？——是还是否？对于这个问题，我们可以确定无疑地回答：阿姆斯特丹国际内已经发生了某些变化。这些变化在英国工会运动中表现得十分明显。你们也不必因为这个左派的代表们还在与右派一道投票赞成反共的决议而感到不安。不能单凭领导人们的头脑来评价工会运动。官僚们的头脑在当前的情况下就是一个晴雨表。既然我们希望将我们的策略建立在千百万人的运动之上，就应该明白，左派尽管像在哈哈镜里遭到扭曲,但仍然反映了广大群众的不满。共产主义的策略就是,随时都要善于察觉到工人群众内心深处所发生的新变化,不管这些变化在某些领导人的头脑中是否呈现出多么滑稽可笑的形式。如果从这个观点出发看待目前在阿姆斯特丹国际内所发生的变化,我们就应当承认,阿姆斯特丹国际已经不再是它从前的那种状况了。在英国,无疑有着重大的变化。1924年我们看到一个有趣的现象,一位左派人士被选为英国矿工工会的总书记。他是借助于我们的选票当选的。他获得22.7万票,与此同时他的对手则获得20万票。南威尔士矿工代表会议同样也很典型,会议代表了将近20万名工人。这次代表会议不久前表示同意加入工会国际,同意将这个问题提交即将召开的矿工联合会代表大会。

如果想要弄清世界工人运动中所发生的变化,还有一系列极为重要和有趣的现象必须予以考虑。要是我们不明白这一点,我们就不是共产党人。必须弄清楚工人群众之中发生了一些什么事情,并由此得出我们所需要的政治结论。

还有一点。当我们谈论向阿姆斯特丹国际提出某些建议的必要性时,让我们每一个人感到不安的就是下面这一点:这些建议将会如何影响各国的工人群众,可否在这些建议的基础上动员还处在我们的影响之外的越来越新的工人阶层。当反对这一建议的人就此发表议论时,让他们感到不安的是另一点:"这么说,以后我们就得和莱帕特、格拉斯曼、达拉贡纳、梅尔滕斯、茹奥等人坐到一张桌子上了?"但是,同志们,问题在于,我们在特定的时刻不得不同这些先生们坐到一桌,反正无关紧要。主要的是,让我们感到兴趣的,应当让我们感到兴趣的,就是下面这一点:我们所要提出的那些建议是否能够让我们接近目前仍然在改良主义工会中的那些工人;能不能够在我们的建议的基础上深入到改良主义的组织中去;哪怕在两三天期间冒着由于茹奥先生们的出席而遭受不快的风险,能不能将工人阶级更加广泛的好感吸引到我们一方来——这就是整个问题之所在。其余的各种问题与之相比毕竟微不足道。

请记住,这一策略的拥护者一直在谈论争取群众,而我们的反对者则喋喋不休地说,他们不高兴和茹奥交谈,仿佛我们的建议的任务就是与这些先生们结成友好同盟,以便在一起饮茶聊天。同志们,我保证,如果说有谁对这些先生们怀着很大程度的好感的话,那无疑就是我们。你们可以放心,在莫斯科任何人都不希望取消工会国际。当舒马赫同志一直防止我插手工会国际时,我终究还是可以说,我也曾多少为这个组织的建立和形成做过一些工作。工会国际的可贵并不逊于舒马赫同志。我丝毫也不认为可以取消工会国际。我们的策略恰恰会导致相反的结果:取消阿姆斯特丹国际。我对此深信不疑。如果你们以为这只不过是幻想,那就请让社会民主党人、特别是德国的社会民主党人发言。他们都是一些讲求实际的人,马上便会明白是怎么回事。《前进报》引用我的一篇文章,特别是一个地方,那里我说到阿姆斯特丹代表大会有一个问题:同谁一道前进,是同工人阶级的左翼呢,还是同资产阶级的左翼,该报写道:

"反对阿姆斯特丹国际的国际秘书处的那些人也试图影响它并利用英国工会。莫斯科的战略家们很快便会确信,他们搞错了。"

是谁搞错了,这一点我们不久便会看到,但是应该说,《前进报》比我们的许多共产党员更为敏锐。其实,我们的建议对他们有什么可怕之处呢?这并不像里恩齐同志的不恰当说法那样,是什么"团结的手腕"。不,这是我们想让世界工会运动团结起来的热切愿望的表现。(掌声)

同志们,我已经说过了,我们是马克思主义者。你们都知道,黑格尔老人早就说过,真理都是具体的。我们是马克思主义者,所以我们不知道偶像。

团结对于我们而言并非偶像。我们拥护团结是因为，它能够为共产党人扩大行动领域提供机会。（掌声）一直遭到左派批评的那些文章中所提出的建议，在社会民主党报刊引起了不安。《前进报》为此写道：

"这些统一战线的行家们的所作所为就是如此，他们就是这样对待我们的同志，这些同志的弱点在于他们对统一战线以及洛佐夫斯基一伙的爱，而这些人在俄罗斯以对无产阶级的专政为基础建立了整个工会机关。"

社会民主党机关报就我们所提出的建议作了这样的描述。这种不安的意思可以如此表述："当心莫斯科的花招"——天真无邪的英国人啊，他们想要欺骗你们，他们想要干预各国的工会运动，等等。我们面前是阿姆斯特丹国际维也纳代表大会的明确决议。这个决议说："代表大会授权自己的委员会开始与俄罗斯工会进行谈判，以便让该工会在阿姆斯特丹国际章程的基础上加入该国际。"公开提出的建议理应获得公开的政治性的回答——最广大的工人群众可以理解的回答。在这方面有着三种可能。

1. 让它见鬼去。这非常简单，无须特别费脑筋。根据一些讲话判断，博尔迪加同志倾向于这种简单然而坚决的回答。舒马赫大概也一样；还有其他一些人同样如此。但是如果我们作出这种回答，我们的对手就赢定了。

2. 可以接受阿姆斯特丹国际的建议：俄罗斯工会退出工会国际，加入阿姆斯特丹国际，承认其纲领，争取解散工会国际。阿姆斯特丹派力争办到这一点。我认为，我们的队伍中找不到任何一个人会赞成这样解决问题。俄罗斯工会是世界工会运动的有机组成部分，它不可能有独立于工会国际和共产国际的特殊的策略退出工会国际，解散工会国际——阿姆斯特丹派对此只能白日做梦，驳斥这种疯人似的胡思乱想未必有什么意义。

3. 剩下了第三种办法。对于希望破坏工会国际、迫使俄罗斯工会从中退出的阿姆斯特分子所使用的手段，我们的回答是，建议在代表按比例分配的基础上，通过召开统一的国际代表大会，恢复世界工会运动的团结。

所有这三种回答之中，哪一种更有利于国际工会运动，哪一种回答最有可能吸引广大工人群众对这个问题的注意呢？当然是第三种。为什么？就因为我们从来都拥护团结。就因为我们用以回答各种手腕的是诚恳的建议——恢复国际工会运动的团结。我要请问你们：难道这样的建议不能给各国共产党提供机会，让它们扩大对群众的影响，击退阿姆特丹派的战略性行动，围绕着我们的口号动员无产阶级的社会舆论？我敢断言，这是我们可能而且应该做出的唯一的回答。鲁特·费舍在这里对我们说："可是你们的建议是突然之间提出来的，必须让群众做好思想准备。千万不要就此通过任何决议，请给我们一个机会，以便事先让工人们对此做好思想准备。"可是对不起，鲁特·费舍同志，你们打算让群众准备什么，你们想要在什么样的主张的基础上去动员他们，你们会就这个问题对德国工人们说些什么呢，难道你们提议不要通过任何决议？

为了帮助群众做准备，自己就需要知道我们想干什么，然而你们偏偏不肯接受这个口号；这能有什么样的准备？所谓准备就成了你们准备让群众反对这一建议；最多你们也只能造成混乱。我深信，如果代表大会或者扩大的执行委员会不就这个问题通过清楚明确的决议，如果工会国际代表大会不以清楚、明确、毫不含糊的决议作出回答——那么，现在甚至在这里与会的某些代表头脑中都存在的混乱思想将变得更加严重。

我也赞成做准备工作：应当举行群众大会、各种会议，应当将问题传达到工厂。但是首先需要确切地知道我们想要些什么。否则这种准备就会在各个国家都按自己的方式进行，我们所得到的就不是统一的运动，而是国际性的混乱。（掌声）

同志们，你们现在都看到了我们是什么样的取消派了吧：我们除了取消那种缺乏任何灵活性、与共产主义毫无共同之点的所谓左派策略的思想之外，别无所求。那不是共产主义，而是十足的宗派主义，诚然，它在拉丁美洲各国相当流行，总的看来还传播到了其他一些国家。同志们，这就是争取共产主义的团结应当成为当前的口号的原因。让群众做好思想准备——无论多少，遍及全球各个角落。但是为了让这个运动能具有国际性，为了让共产主义运动不致呈现一幅人人自说自话的可悲的混乱景象，我们就应当通过一项清楚明确、毫无歧义的决议，再在该决议的框架内和基础上产生一个国际性的纲领。问题并不在于给阿姆斯特丹国际的上层人物作出回答。我们需要向国际工人运动作出回答，而这要重要得多。俄罗斯工会只能作为世界革命工会运动的一部分进行活动，它过去执行、将来也永远执行这一运动的策略。

同志们，请回忆回忆，当面临统一战线的问题时，我们已经听到过类似的话了。同样是那些同志说："怎么能同改良主义者坐到一张桌子跟前呢？你们是想取消党。"等等，等等。现在你们都知道了，这无非是因循守旧和害怕新的口号、新的斗争方法的表现。那些反对统一战线策略的人甚至不肯多费一点脑筋想一想这个问题。然而共产国际就是应当思考。当条件发生变化之时，就需要改变策略。如果我们老是停留在一个地方，我们便永远也无法战胜我们的敌人。我们的敌人可要灵活得多，他们比许许多多共产主义运动的领导人更善于适应不断变化的条件。有些同志以为，最主要的共产主义美德仅仅在于反复宣讲一些真理，而且是根据各种不同理由和毫无理由地反复宣讲。不，同志们，这并不是我们所需要的东西。共产国际应当具有灵活的策略。它应当善于采取巨大的转折行动。共产国际是革命的舵手，而掌舵的人就应当善于让机器急转弯。政治上的直线并不总是通向胜利的最短的路线。要是各国共产党不懂得这一点，它们便永远看不到胜利。在我们向阿姆斯特丹国际所提出的建议中，我们所遵循的并不是什么莫斯科的特殊利益。请注意，每一次共产国际提出什么新东西时，总是会遭到反对，总有那么一些人会说：最好还是走老路。阿姆斯特丹国际就是这方面的范例。那里安静得像墓地，既没有任何新思想，也没有任何新主意。但是我们是革命的国际党，我们应当让我们的策略适应不断变化的条件。这才是列宁主义。列宁懂得巨大转变的策略。就拿我们党的 20 年历史、我们革命的 7 年来说吧，你们都会看见，我们依靠这种善于急转舵的方法避免了多少的危险啊。我希望各个党都能深入了解这种布尔什维克式的、地道列宁主义的灵活性。不需要宗派主义，我们用不着害怕改良主义的先生们。我们与改良主义者们坐到桌旁并不是由于他们的眼睛漂亮，而是为了与他们待在一起的千百万工人，为了那不仅没有和我们在一起，甚至也没有和他们在一起的千百万工人。（叫喊声："说得对。"）

亲爱的同志们，共产国际之所以应当善于为口号选择适当的时机，向各国工人阶级提出世界工会运动团结的问题，原因就在于此。我们不应当任由分裂世界工会运动和叛卖革命的改良主义先生们垄断争取团结的斗争。任何情况下都不行！共产国际赞同国际工会运动的团结，无论如何它也要达到这一目的。（热烈的掌声）

格施克（主席）：

现在请梁赞诺夫同志发言。

梁赞诺夫作关于出版马克思恩格斯著作的报告

亲爱的同志们，我的话很简短。我发言后你们还要听取蔡特金同志的精彩报告。我不想碍事。建议代表大会通过下列决议：

"共产国际第五次代表大会赞同俄国共产党第十三次党代表大会关于必须尽快出版附有历史评论注释的马克思和恩格斯作品和书信全集的决议。只有这种版本才是对科学共产主义奠基人的应有的纪念，并且为通过历史的连续性全面研究革命马克思主义的理论和实践创造必要的前提条件。

代表大会认为，与这个作品全集的国际版本同时，有必要在共产国际的领导下着手为某些国家的无产阶级出版马克思和恩格斯的作品选集。除去马克思和恩格斯具有国际意义的最为重要的作品之外，每个这类版本都应当包含有那些论述各种问题、引起各该国无产阶级特别兴趣的作品。

代表大会提请所有加入共产国际的党以及其他各个成员，对苏联中央执行委员会马克思恩格斯研究院收集有关马克思和恩格斯的生活和活动材料的工作给予全面支持。只有在各兄弟共产党积极协助的条件下，才能够完成马克思恩格斯作品和书信全集的出版以及为联系19世纪社会主义和工人运动历史撰写他们的科学传记收集各种必要材料的巨大任务。"

现在我简单地谈谈这一决议的理由。德国委员会内围绕着罗·卢森堡的积累理论展开的纲领性争论和有趣的讨论，极其鲜明地显示出年轻一代共产党人认真钻研马克思主义的必要性。我们面临着出现一批对卢森堡理论和列宁主义了如指掌，却不懂得马克思主义基本常识的活动家的危险。争论鲜明地显示了这一点。从马克思和恩格斯的作品中摘引两三个小小片断，即足以表明在革命马克思主义的学校里还可以学到多么多的东西。

最复杂的问题是农民阶级与无产阶级之间的联系和联盟。问题在于如何将无产阶级专政变得可以让农民阶级理解和接受。这个问题早就由马克思完整地提了出来。在《雾月十八日》初版中我们可以找到一处极为精彩的地方，他在那里证明说，砸碎国家机器不但不会妨碍保持对农民阶级的政治领导，而且相反，还会创造出条件，使得"无产阶级革命成为合唱，没有这种合唱，各农民国家的革命独唱就会变成天鹅的绝唱"。

最近人们大肆谈论（也有年轻的德国马克思主义者参与），是否可以认为1848—1849年革命之前的马克思主义比革命之后更为革命？我们常常遇到一些人（德国同志们对他们十分熟悉），他们往往表现得很激进，实际上却坚持的是与所有改良主义相同的意见，也就是说，他们认为马克思在1849年之后已经有点令人生疑，并且我们越是接近他撰写《资本论》之际的那个时代，他就变得越发令人生疑。我常常有机会在高级共产主义的出版物中读到这类东西。鉴于这一切，就有必要向他们表明，马克思和恩格斯正是基于革命年代的经验，才将无产阶级专政的整个学说、革命共产主义的全部理论锤炼得更加清楚明确，根据更为充分。无产阶级专政是不是马克思学说中的一种偶然的东西，这不单对考茨基而言才是可疑之事。其实只须提一提下面一处马克思对革命共产主义作出定义的地方就够了。共产主义"就是宣布不断革命，就是无产阶级的阶级专政，这种专政是达到消灭一切阶级差别，达到消灭这些差别所由产生的一切生产关系，达到消灭和这些生产关系相适应的一切社会关系，达到改变由这些社会关系产生出来的一切观念的必然的过渡阶段"①。

对无产阶级专政的这一经典性描述，正是1848—1849年革命之后根据其经验于1850年作出的！

----

① 参见《马克思恩格斯文集》第2卷第166页。——编者注

遗憾的是，现今的年轻一代（不得不说到老的一代：对运动而言不知是幸事还是不幸，这一代终归很快即将进入坟墓）不可能好好地研究马克思主义，他们不具备这种研究的必要基础。且举数例。我在党内的老朋友梅林在1849年之前便出版了马克思和恩格斯的著作。但是这个版本很不全面，因为它被视为带有德国老社会民主党的过多的偏见。此外，梅林未能按照一个科学出版家的天职所要求的那样去做。他无法向读者保证他所出版的著作可以提供对于马克思和恩格斯智力发展过程的全面认知。他所出版的只是他的同志们愿意交由他支配的东西。在这方面他被限制在一个狭小的范围之内。只要指出这点就足够了：对于《共产党宣言》面世之前的那个时期而言，他不可能发表《德意志意识形态》，在这部著作中，马克思和恩格斯对德国知识界的各种各样的"倾向"作了批判性的描述，从极为反动的到极为革命的都有。没有这种对于资产阶级激进主义和无政府主义的各种代表人物的系统性批判，就毫无可能将无产阶级的观点与小资产阶级的观点进行比较并对前者的发展作出全面的介绍。

如此重要的手稿一直全然不为德国读者所知。根据资产阶级的各种法规，这部手稿连同其他一些都被视为伯恩施坦的财产。直到最近，经历了很大的困难，才从伯恩施坦手中得到了这些文献。多亏俄国共产党中央委员会和一些德国老朋友的协助，特别是多亏了路易莎·考茨基，我得以见识到所有这些手稿。目前我们已有了马克思和恩格斯未发表的所有主要手稿的相片。除了论述德意志意识形态的手稿之外，还有一系列属于恩格斯的手稿，写作时间在80年代，都是对他的《反杜林论》的补充。这些手稿简直成了一座名副其实的秘密宝藏。我深信，除了伯恩施坦，任何人都不知道它们，甚至考茨基也不知道。老朋友伯恩施坦对于这笔身后遗产所蕴含的意义毫无认识。只有在马克思和恩格斯的所有这些手稿全部发表的时候，我们才有可能仔细研究他们的思想的真正发展过程。

即使查一查已经出版的著作，我们也会看到，它们（尤其是恩格斯的著作）往往都经过党的中央委员会的检查。我们大家都知道，在为马克思《法兰西阶级斗争》所写的序言中，恩格斯阐述了自己对1848—1849年革命之后可能发生街垒斗争的观点。因此伯恩施坦及其朋友们时常证明说恩格斯晚年已经成为修正主义者。我找到了原文，现在就让我们看看，被删掉的究竟是些什么。恩格斯在研究街头斗争的可能性时写道：

"这是不是说，巷战在将来就不会再起什么作用了呢？决不是。这只是说，自1848年以来，各种条件对于民间战士已经变得不利得多，而对于军队则已经变得有利得多了。所以说，将来的巷战，只有当这种不利的情况有其他的因素来抵消的时候，才能达到胜利。因此，巷战今后在大规模革命初期将比在大规模革命的发展进程中要少，并且必须要用较多的兵力来进行。而这样多的兵力，正如在整个法国大革命期间以及1870年9月4日和10月31日在巴黎那样，到时候恐怕会宁愿采取公开进攻，而不采取消极的街垒战术。"①

可是他们却将事情向我们描绘成这样：似乎恩格斯放弃了一切暴力革命，放弃了一切街头斗争！

你们也都知道，马克思和恩格斯的写作遗产最有意义的部分之一是他们的往来书信。他们在自己的信件中有机会讨论各种政治问题。你们手中都有4卷这样的通信，所以知道这些信件从政治、实践和理论的观点看来是多么有意义。这些往来书信可望以不被歪曲的形态传达给无产阶级。诚然，我们都知道作过某些删节。我们也知道梅林在他为马克思传所作的序文中写了，他无条件地同意伯恩施坦所进行的各种删节。但

---

① 参见《马克思恩格斯文集》第4卷第548—549页。——编者注

是，同志们，你们看见我手中拿着的这第一卷中的大量贴入的东西，这表明马克思和恩格斯的往来书信已遭到多么严重的损坏。只有在所有这些漏落之处得到复原之时，我们才会拥有我们这两位伟大导师遗著真正科学的、未失真的、未被阉割的版本。

这些事例已经足以表明，对国际无产阶级而言，多么有必要出版马克思和恩格斯的作品全集。没有这样的版本，绝对不可能对他们的精神发展过程进行科学的研究。只有将马克思和恩格斯关于某个问题的全部论述交由整个国际无产阶级掌握的情况下，才可以确信我们已拥有为这种研究所需要的一切。

我再谈一个问题。恩格斯在马克思去世后所完成的最重要的任务之一，就是出版《资本论》的第二卷和第三卷。只有接触过马克思手稿的人，才能对年迈的恩格斯所完成的宏伟任务作出充分的评价，而且他同时还要从事"国际"的其他种种工作。但是我早已认为，我们不能满足于马克思经济著作的这个仅有的版本。

在同志们就积累理论所进行的辩论期间我曾十分满意地指出，德国无产者并未忘记在两种街垒战斗之间展开辩论。他们在这些辩论期间表现出对理论经济学的高度兴趣，在这种情况下就迫切需要自己拥有能够全面彻底说明马克思经济思想发展过程的全部文献。除了恩格斯的修改稿之外，我们还应当拥有尽可能是马克思本人写成的主要著作。如果我告诉大家，你们所熟悉的由考茨基经手出版的《剩余价值理论》仅仅比现存的手稿的一半略多，你们就会明白还可以补充的材料是何等丰富，这些材料，比如说，就能够说明卢森堡和布哈林谁对谁错的问题。附带说一句：亲爱的同志们，我在认真关注那场辩论的同时也应该说，这个问题的提出往往带有纯粹经院哲学的性质。马克思和恩格斯从不将什么理论作为自己的共产主义要求的基础，哪怕是剩余价值的理论也罢。他们在自己的共产主义纲领中所依据的，是我们亲眼目睹的正在发生并日益加速的资本主义社会的崩溃,依据的是一种信心,相信这个资本主义社会正在自己为从资本主义制度转变到共产主义制度创造各种物质的和精神的前提条件。但是为了从思想上理解资本主义发展的各种规律,对我们而言极为重要的是自己拥有马克思的全部学术著作,在这些著作中,他继承政治经济学经典作家的科学传统,试图对这些经典作家未能说明的他们那个社会的整个生产过程作出解释。从这个观点上看来,对我们而言极为重要的是出版马克思和恩格斯的作品全集,还要专门出一部马克思的经济学手稿,不加任何删节和修改,保持马克思本人所提供的原貌。

我们还面临着一项任务,就是再版那些一度出版过、现在已经全然被忘却了的文章。例如,根据传闻大家都知道的诸如《福特先生》之类的马克思作品,但是在座的人中,包括拉狄克在内,未必有人肯下功夫读完这部书。(拉狄克:"不对,我甚至还购买了这部书!")

购买是购买了,但阅读却未必阅读。而没有读完这部书的人,未能理解这部书的人,就永远无法懂得马克思在1860年作为拉萨尔主义运动的筹备者所发挥的作用。这只不过是因为,马克思如此有理有据地对各种资产阶级民主作了了断,充分显示了这种民主精神上的空虚,拉萨尔如此轻而易举地清除了资产阶级民主在工人阶层中的影响。梅林的错误之一在于,他一直未能理解这部杰出的抨击性作品本身在工人运动史上反对资产阶级民主的巨大意义。

这就是我们应当有马克思恩格斯作品和书信全集的原因,它出版2000部,在全世界各大科学图书馆都会有它的一席之地,技术上的完美程度绝不比法国和德国资产阶级经典作家的版本逊色,对整个国际无产阶级和整个国际科学界而言都堪称典型版本。

然而与此同时我们还面临着另一个其重要性不亚于此的任务。很难指望人人都读得了40卷本(卷数将不少于这个数目)。为某些国家,为德国、法国、英国，还需要出版马克思恩格斯文选。首先入选这些选集的应该是马克思和恩格斯最重要的作品，其中（从《黑格尔法哲学批判》到《共产党宣言》和《反杜林论》）可以展现他们精神发展的各个最重大的阶段。第一集就是这样，严格规定的目录，不分国家，各种版本全都一样。然而再出第二集，比如说针对德国（德国人在这方面总是居于首位），其中包含马克思和恩格斯专门论述德国以及对德国人有着特殊意义的各种问题。因而这是特地适应德国无产阶级需求的版本。为我们的法国同志也应当出版这样的版本，他们一向对马克思和恩格斯有些漫不经心。其中将包含共通的第一集中的马克思和恩格斯最重要的一些作品，然后是他们论述法国的全部文章：论述法国的历史，论述法国的各种关系，论述他们从法国历史所得出的教训，这些教训法国人并未接受，尽管这部历史是他们自己创造的。这样的版本也可以为英国人编辑出版，马克思和恩格斯曾在他们中间生活了数十年之久。须知马克思最伟大的经济著作《资本论》就是在英国使用英国的资料写成的，其中很大一部分是专门讲述英国的。除了适用于所有国家的通用文集，我们在英美版中还会提供马克思和恩格斯在50、60年代专门为美国人和英国人所写的各种文章和著作。所有这一切对英国人而言还是一个陌生的领域。为意大利，为捷克斯洛伐克，为巴尔干的斯拉夫人，为远东各国，也应当筹备出版这样的版本。中国和印度的同志们会十分欣喜地得知，马克思和恩格斯早在1850年代即已为东亚问题专门写过许多著作。我们当中的许多人都知道，马克思早在1850年就曾语带讥嘲地警告欧洲的反动派，如果他们想要从中国的社会革命中脱身，那么他们必定会在中国的长城上出现一副威严的标牌：

中华共和国

自由——平等——博爱

我们希望，欧洲的资产阶级很快就会在那里发现使用苏维埃译文、使用苏维埃术语的标牌。

现在你们都了解了在出版这第二套丛书时我们准备遵循的基本思想。

近年来，在我自愿或者被迫在党内赋闲期间，我得以收集到许多有趣的材料。如果每个党员而不仅仅是作为整体的党，都能真正竭尽所能地帮助我们增加这些收集品，我会对你们不胜感激。

你们大家都拥有各种各样的材料，每个人各自保存，这样一来，这些材料就失去了它们的作用。什么时候这些材料若能集中到诸如马克思恩格斯研究院这样的贮存库里——这就会大大有助于完成我们所面临的巨大任务。

因此我要向所有各党的党员提出一个请求：所有那些即使你们觉得索然无味、却能让我们感到兴趣的东西，都应该通过共产国际寄给马克思恩格斯研究院。

而现在，亲爱的同志们，特别是我对他们的要求比别的人更多的德国同志们，请允许我在最后向你们说几句话：

无产阶级的科学与资产阶级的科学仅仅在一个方面有所不同。资产阶级科学家以为，世界上没有什么比他们的文献资料、比他们的科学研究工作更为高级的东西了。他们看不见，在社会关系中正在发生巨大的急剧的转变，阶级斗争的发展正在开辟新的活动范围，推动新思想的发展，他们不懂得，理解整个资本主义旧社会发展过程的最好办法就是将它彻底埋葬。将来它的残余存放在各种博物馆和档案馆中，可以心平气和地对它进行解剖和分析。无产阶级科学家的情况则不同。一旦平安无事的时刻来临，出现了战斗的喘息阶段，他们可以走进自己学者的书房，从事他们的科学工作。要是武器的批判重新进入高潮，他们清楚地懂得，如果能成功地推翻资产阶级，建立无产阶级专政，那么科学必将面临最广阔的发展机会,那时候年轻的一代所能做出的事情肯定比我们大家这些老头子要多得多,老一代不管怎样努力,总要逐步退出舞台。我祝愿你们在革命工作中取得成就,但是不要忘记,没有革命的理论也就没有革命的实践。单靠两三个策略性的表述绝不会大有作为。请研究马克思和恩格斯,请帮助出版马克思恩格斯作品全集,请帮助我们收集工人运动、社会主义和共产主义方面的各种资料。(经久不息的暴风雨般的掌声)

格施克(主席):

我认为再一次宣读梁赞诺夫同志所提出的决议是多余的。让我们进行表决。谁反对?

没有任何人反对。决议一致通过。我希望每一位代表本身都能协助收集用于出版马克思恩格斯著作的资料。

现在请蔡特金同志作关于知识分子问题的报告。

克拉拉·蔡特金作关于知识分子问题的报告

同志们,很遗憾,我开始作报告之前要请求大家原谅。我目前身体不太好,因此不得不删掉我的报告中本来应该谈到的某些内容。所以你们会在其中发现一些疏漏,但我希望以后我能加以弥补。

有关知识分子的问题正出现在我们面前,千千万万的知识分子备受饥饿和贫困的折磨。在当前这个贫穷时代,这些人丧失了他们先前的理想和内心的坚定,再也无力将自己个人的感受和痛苦与伟大的历史事件联系起来并从中汲取力量。不过与造成知识界危机的知识分子贫困状况同时,我们也看到另一种现象:资产阶级文化的衰落,它正在临死前的痉挛中瑟瑟发抖。知识界的危机同时也是资本主义制度下精神工作的危机。当前我们所面临的是所有资本主义国家知识界的危机。自然，其规模和力度各有不同，但是其历史意义和趋势到处都一样。我们在苏维埃社会主义共和国内也可以看到这种危机，因为尽管那里的资本主义在政治方面已被推翻，但对共产主义的追求还处于萌芽状态，并在极其困难的情况下发生。

知识界的危机最终还是资产阶级社会精神工作和文化本身的危机。它向我们宣告，资产阶级社会再也不可能是自身文化的保卫者并将其继续发展。这种事本身便使得关于知识分子阶层的问题不再仅仅是关于知识分子的或者关于资产阶级制度的问题。它已成为无产阶级的问题，因为无产阶级的历史使命就在于进一步发展各种生产的和文化的力量，超越资产阶级制度为它们所设置的界限。为了完成这一任务，无产阶级应当对历史进化的基本力量有着清楚的了解。这一点我还会再次谈到。

知识界和精神工作的危机是一个征兆，表明资本主义经济以及建立在其基础上的国家和资产阶级社会的动荡是何等严重与无可救药。精神工作的危机不仅是资本主义行将寿终正寝的征兆，而且也是资本主义危机本身的一个部分。在苏维埃国家中，这种危机表明，在无产阶级夺取政权与利用无产阶级专政改造生产和将社会朝着共产主义方向进行思想改造之间，距离还很巨大。归根结底，精神工作危机和由此而产生的知识阶层危机都显示出，资本主义制度动摇和瓦解的业已长足发展的进程与刚刚形成的共产主义生产和文化的进程之间，距离还很巨大。

知识界的危机向我们表明，知识阶层的经济和社会地位并不是由脑力和体力劳动之间的社会对立所决定。许多人都认为，正是这种对立决定着知识阶层的命运，他们援引无产阶级的阶级地位为证。然而这是不正确的。脑力与体力劳动之间、知识分子与无产者之间的社会对立，其根源在于这一情况：脑力劳动不可能由机器代替，而且需要经过长期的职业教育。对于满足资本主义的剥削需求而言，脑力劳动者不可能像

"训练有素"的体力劳动者那样快速地培养出来。

不过，由此而产生的知识阶层与无产阶级的社会对立仅仅具有暂时的和次要的性质。比起作为脑力和体力劳动之间社会对立的基础而实际存在的那个决定性的因素来，知识阶层与无产阶级的社会对立便远远地退居次要地位了。这个决定性的因素就是人与财产之间、劳动与资本之间的对立，或者从社会观点而言，就是穷人与富人、被剥削者与剥削者之间的对立，这种社会对立在资产阶级与无产阶级的阶级对立之中有着极具历史意义的表现。脑力劳动者的命运根本不是由他们的才能的力量抑或他们受教育的漫长而疲劳的年代中所获得的知识所决定；他们的命运最终是由资本与劳动之间的对立决定的。知识分子生活在资本主义商品生产的环境里，必须服从成文和不成文的各种法律。在这个制度下，他们从文化价值的创造者逐渐变为"自由职业人生"，亦即变为"商品"的出售者，变成小手工艺人，或者说，他们作为"薪金领取者"，与无产者一样，在市场上充当的是自己唯一的商品——自身的劳动力的出卖者，为了资产阶级文化替资本家及其国家当差服役。在这种情况下，知识分子无论是自己的作品的出售者还是自己的劳动的出卖者，无论他们是小资产者还是无产者，他们都同样要服从于资本主义的市场规律。马克思早在《共产党宣言》中即已通过精彩的论点极其尖锐地指出，当今的科学家和艺术家不是别的什么人，正是商人和商品售卖者。

脑力劳动者因其经济上对于资本的从属地位，根本不像他们大多数人所相信的那样，他们都是处于与无产阶级难以克服的社会对立之中；此外，他们根本并未由紧密的内在的社会关系与资产阶级联系在一起。恰恰相反。实际上知识分子因其与资本的对立而与无产阶级联系在一起；他们与资产阶级之间存在着一道不可逾越的高墙正由于他们的作为小卖货人或者劳动力商品出售者的角色。无论他们以何种面貌在市场上出现，作为售卖者，他们无可避免地最终会被打败，而战胜他们的正是大资本家。对迫切需要的面包的忧虑，使得他们像体力劳动的无产者一样极不自由。他们所遭受的剥削和奴役无非是资本对各种劳动的剥削和奴役的一个特殊的方面而已。因此，剥削和精神工作的依附状态只有在这时候才能被消灭：资本的力量被摧毁，生产资料的私人占有制被消灭并代之以社会所有制。只有无产阶级革命这样的行动才能给知识分子提供自由，像给体力劳动者提供自由一样。知识分子的最高利益，要求他们与无产阶级一道投入战胜资本主义生产和资产阶级的阶级统治的斗争。

总的说来，这种情形尚未发生。相反，知识分子们还觉得自己与资产阶级的制度和社会牢固地联系在一起。这可以用知识阶层的发展加以解释。知识分子作为一个特殊的社会阶层，其类型属于片面接受教育的专家，他们适应资本主义生产及其劳动分工的条件，适应资产阶级社会及其社会功能划分的原子结构。脑力劳动者作为一个社会阶层的出现和发展，与资本主义生产和资产阶级的阶级制度的发展密切相关。资本主义生产起始阶段的标志是科学发现、技术改良、伟大航海家的发现。没有科学家和技术人员的发现和发明，没有善于组织安排、科学计算的商人，没有勇敢的航海家，资本主义生产的发展是不可思议的。但是，如果说科学和技术、组织和管理是资本主义生产出现必不可少的因素的话，那么，反之亦然：资本主义生产对科学尤其是自然科学的发展产生了极其巨大的影响。

化学几乎可以被视为资本主义生产的科学。由于资本主义的生产，化学从中世纪想象中的炼金术发展成为一门开辟了新的知识范围的科学。电工学和其他各种技术科学的情况也是这样。离开脑力劳动极为广泛的决定性的合作，资产阶级不可能超越封建主义的眼界提高生产。

不过，资产阶级需要知识阶层也是出于自己的政治目的，出于自己的社会统治的目的。只是借助于知识界，才得以在发展新的生产关系的基础上，将封建制度的意识形态上层建筑改造成了资产阶级社会。资产阶级作为有产阶级，已经能够在封建制度的范围内发展超过旧日统治阶层的文化，将其与知识阶层紧密地联系在一起。知识阶层成了资产阶级的先锋战士，资产阶级反对封建制度及其特权阶层（教会、贵族、专制君主）的斗争中的前驱。知识阶层锻造出精神武器，以之与上述封建奴役和剥削的代表者进行战斗。在这场斗争中，知识阶层的领袖们开始时援引的是圣经、古代的科学和艺术；后来他们的主要武器则是英国的唯理论，尤其是百科全书派的哲学。知识分子是先驱者，总是站在各种改良主义的和革命运动的最前列，由于这些运动，封建主义制度才变成了资产阶级制度。知识分子同样是最重要的社会革命流派的和农民运动的领袖。知识阶层的斗争将科学、艺术和文化从封建制度的桎梏下解放出来，将它们从封建主义统治力量的奴仆变为资产阶级的奴仆，变为资产阶级社会的革新力量。艺术和科学变成了"世俗之事"。知识分子的活动有利于资本主义的发展和摆脱束缚，有利于资产阶级的阶级统治，资产阶级随着资本主义经济的发展而变得越是强大，它的统治地位在封建主义制度的范围内越是得到巩固，这种有利的情况就越是显著，直到资产阶级最终在革命斗争中上升到统治阶级的地位。与此同时，知识分子的任务和对于进一步发展经济的重要性不断增加。而且推动意识形态上层建筑变革、建立政治权力机关的力量也在增长，这样的机关对资产阶级成为并且一直充当统治阶级是必不可少的。脑力劳动者不仅是资本主义生产方式的组织者和领导者，他们也为资产阶级的国家和国家机关、为立法和管理、为各个领域和机构提供所必需的能力，在这些方面资产阶级表现出它统治各贫穷阶级尤其是统治无产阶级的需求。

然而，资产阶级并没有根据知识阶层为资产阶级统治所发挥的历史作用对知识分子论功行赏。资产阶级忘记了，正是知识阶层创造出资产阶级自由主义和资产阶级民主的思想体系，而自由主义和民主长时间欺骗着工人，一直禁锢着他们。资产阶级之所以始终看重知识分子，只不过是因为他们能为它创造直接的剩余价值。那些不创造剩余价值而是履行其他各种社会功能的知识分子，则被资产阶级视为"非生产人员"、白吃饭的闲人。先进资产阶级的伟大经济学家亚当·斯密和李嘉图毫不怀疑这一点：在资产阶级眼中，从事生产工作的只是那些能让资本增值的人，而不是那些靠资本的收入为生的人。例如，亚当·斯密宣称："一些备受尊敬的社会阶级所做的生产工作如此之少，简直与仆役无异。"属于他与仆役相提并论的"受尊敬的社会阶级"的，他列举了国君、陆海军军官、整个军队机关、律师、医生、学者，直到歌唱家、演员、作家和芭蕾舞女演员。从这个观点出发，资产阶级从头到脚打量脑力劳动者，像看待游手好闲吃白食的低贱阶级一样。只是到了资产阶级从无产阶级身上所榨取的剩余价值极度增长的时候，资产阶级才肯破费从自己财富的盛筵上，向未直接从事生产工作、"不生产物质财富"的知识分子抛去一点残羹剩饭。历史上资产阶级对知识阶层的评价低下反映在：脑力劳动者创立了资产阶级社会的意识形态上层建筑，是统治思想的创造者，他们大部分人却在忍饥挨饿，含辛茹苦。他们不得不寻求小国之君和破落王公的庇护；他们尽管满脑袋自由思想，却不得不接受卑微的职位，甚至常常是教会的职位；他们充当家庭教师形同劳役；他们只得在女贵族的沙龙中寻觅藏身之所。英国、法国和德国的资产阶级的历史及其争取解放的斗争历史，或者准确点说，其斗士们的争取解放的斗争历史，都证明了这一点。

知识分子并未能从这种对其活动的公然蔑视中得出必要的结论。他们感觉自己并非独立于资产阶级之外的什么人，相反，却自以为是资产阶级的一部分。他们沉溺于幻想：作为"自由"职业人士，他们代表着"自由的"科学、"自由的"文化、"自由的"艺术。大部分知识分子至今仍然继续沉浸在这种幻想之中。这应作何解释呢？知识分子内部生成了自己的几个社会阶层，而且这种社会分化比通常的分为三个部分的外部划分更重要得多。具体地说就是：私人职员、国家职员和自由职业人员。知识界的上层近似于资产阶级抑或出身于资产阶级。极少数人民上升至资产阶级的地位，由于其在生产中、国家中和各文化领域中的杰出作用，这些人已进入资产阶级，与之结成了亲属关系；另一些人则仅能对此心生向往。在这些特权阶层之外，地位低于他们，存在着一个知识分子的广大阶层，这些人固然过着传统小市民的舒适生活，但同时也处于小市民的局限性之中，无论在经济方面或文化方面都是如此。地位更低的则是脑力劳动者的第三个群体，他们并没有多大的幸福和成功，正在沦为流氓无产阶级，往往与后者融合为一体。这对知识分子的命运颇具典型性：如果他无力保持资产阶级的地位，则大多数情况下都不会转入劳动无产阶级的行列，而是沦为流氓无产者。不过，无论如何，与工人阶级的生活水平和社会地位相比，知识阶层在资产阶级社会中还是居于特权地位。因此他们感觉自己与无产阶级有着某些区别。

资产阶级对利润和积累以及对国家和社会权力的追求，不可能让他们长期容忍脑力劳动者的特权地位。出于其历史本性，资产阶级必然会力求打破知识分子的特权地位。结果也就打破了它。他们打破了它，确立了脑力劳动的需求与供给之间的平衡。

在资产阶级摆脱束缚之后，文化和教育的发展总体上还会长期遭到封建制度残余的阻碍。

资产阶级为了生产和统治目的所拥有的知识分子的数量并不大。资产阶级所大量需要的是从事发展生产的科学家和技术人员，它需要更高的文化，需要各种有知识的国家奴隶，为的是从思想上论证自己的统治有理。它必须绰有余裕地拥有归自己支配的脑力劳动者。于是这就开始了一个高等学校繁荣的时期，中小学国民教育也获得前进的推动力。结果精神力量过剩，亦即相对过剩。过剩仅仅是就这个意义而言：从学校培养出来的知识分子的数量超过了资产阶级出于其利润和统治之所需。如果考虑到广大人民群众对文化的巨大需求，实际上根本谈不到过剩。现在有一支资产阶级所需要的后备军归它支配，从而压低脑力劳动的工资，恶化知识分子的处境。资产阶级充分利用了这一点。

我上面谈到过的知识分子的三个阶层的社会分化加剧，它们之间的差别也加深了。分享资产阶级的豪华、荣耀和安乐的脑力劳动者的相对数量变得越来越少，虽说其绝对数量在增加。从统计学的角度无法判定第二个和第三个群体之间数量方面的进展。以伯恩施坦为首的改良主义的先生们战前时期曾从民营和国营经济中知识分子数量的激增得出结论说，新的"中间阶层"正在发展壮大，这个阶层将会构成资产阶级反对无产阶级的可依靠力量。根据这种理论，大量的脑力劳动者都在沿着社会的阶梯上升。然而，这个观点的正确性并未经统计资料所证实。知识界不同阶层并非仅仅由他们所获得的薪水或收入的数量所决定。其中还包括别的一些东西：日常的生活方式，该知识分子靠他的工作收入所能得到的物质和文化资源。从这个标准出发，我们必然会得出结论，各不相同的国家中知识分子在各个方面的状况都已恶化。

出现了一个关于知识分子的问题。这对资产阶级而言就是墨杜萨①的头。这意味着，这个社会已经不可能继续保证脑力劳动者因其职业活动而获得与他们先前的社会地位相称的生活水平。资产阶级制度下产生知识分子问题的第一个带有群众性的典型特征，便是脑力劳动者顽固反对妇女接受高等教育、反对她们加入自由职业行列的斗争。教授、医生和其他各种为反对妇女解放而进军的人的庸俗行为的内情是什么呢？其实别无其他，就是担心来自妇女的竞争。这场斗争显示出了下列两个方

---

① 希腊神话中的怪物。原为美女，因冒犯女神雅典娜，头发变成毒蛇，面貌奇丑无比。谁被她看一眼，就立刻变成石头。后被英雄珀尔修斯杀死。——编者注

面。第一，资产阶级社会无法继续保障知识分子获得足以保持先前的家庭关系、理应享有的先前的社会地位的收入。在这些人士中，家庭已经无法为妇女提供所必需的物资和精神内容、生活的意义。第二，脑力劳动者们担心，妇女获得高等教育并进入自由职业界，会使他们自身的社会地位恶化。有事实为证。例如：在旧俄，妇女争取大学教育的斗争并非像西欧那样是男人与女人之间的斗争，而是不同的几代人之间、父亲与孩子之间的斗争，是封建专制制度的思想与年轻的资产阶级社会自由主义思想之间的斗争。现在，当关于知识分子的问题达到空前尖锐的程度的时候，重又极其激烈地爆发了战争期间几乎已经沉寂的反对妇女从事职业活动的斗争。不仅在各战败国，而且在那些所谓战胜国，都是如此。例如，在争取妇女的平等权利的斗争本来已经取得初步的巨大胜利的美国，现在那里的某些人士（教师等人）中又出现了反对扩大妇女活动范围的强烈思潮。他们说："妇女们每前进一步，对男人们而言都是退后了一步。"

资产阶级社会中知识分子问题的发展，还可以用另一种群众性的现象进行描述。大约从上世纪 80 年代开始，像瘟疫般出现了各种各样的"社会改革者"：讲坛社会主义者，土地改革者，和平主义者，伦理学研究者，新马尔萨斯主义者，性欲改革者，等等。

在英国，这些改革运动的经典类型就是"费边社"，所谓的结构社会主义，在工党队伍中也得到鼓吹，其知识分子成员尤其热衷于此。在所有的资本主义国家，这些知识分子改革者都对工人贵族产生了影响，他们的思想表现出工人运动的机会主义和改良主义。

尽管这些知识分子改革者的纲领各异，但他们彼此之间在有一点上却完全一致：他们的改革都不触及资产阶级制度的基础，都不废除私有制，因而也不废除阶级的统治。不过这些绅士们需要一个推行他们的改革的基础。于是，我们就可以确认从这些社会改革者通向帝国主义和他们希望缓和的阶级矛盾的一条发展直线。关于帝国主义，著名的英国帝国主义者塞西尔·罗得斯有一个独特的说法："要么是帝国主义，要么是革命。"的确，情况就是如此。资产阶级的"改革家"们竭力推行自己的改革以避免发生革命，然而，上帝保佑，万万不能以资本的神圣不可侵犯的利润和资产阶级的统治地位为代价——这些先生们必须为自己的改革寻求另外的基础。他们在国外找到了这个基础——剥削殖民地和半殖民地的人民；对这些国家的人民进行残酷的非人的掠夺和奴役带来了超额利润，资本家从中扔出一点残羹剩饭作为宗主国的社会改革和对工会的让步。社会改革者成为保卫帝国的斗士还有另一个原因。这就是对自己的身家性命的关切。许多知识分子在自己的"祖国"的疆域之内已经无法觅得与他们的"等级"相应的足够的薪金。殖民地中却向他们展现了光辉的前程和受人景仰的功名利禄，足以保障丰厚的收入、巨大的荣誉和经历种种奇遇。在这种情况下，恰恰是知识分子成了帝国主义的狂热捍卫者和急先锋，也就不足为奇了。从更夫到部长，从乡村小学教师到大学教授，从匿名的报社记者到从事研究的学者——所有这些人全都发现了帝国主义，并且充当其先锋，"屈尊"走向民众。

正如从前知识分子曾是资产阶级思想意识的创造者那样，如今他们的新一代亦已成为帝国主义思想意识的创造者，为殖民政策的种种矛盾和惨祸辩护的浅薄的种族理论的说教者；知识分子业已成为帝国主义最狂热的宣传者和组织者，对殖民地、半殖民地人民的实际剥削和奴役的最残忍的引导者。这些知识分子在此种卑鄙的勾当中一方面显示了资本原始积累时期征服者的残忍和粗暴，另一方面也显示了"高等种族"现代文明人举止习惯的诸般高雅。

与重工业和金融资本一起，各国的知识界为军国主义、为世界大战的爆发及其持续承担着最大的责任。与大资产阶级和改革者阵营的社会叛徒们一样，鼓吹"光大祖国"的知识分子周身沾满了四年大屠杀的鲜血。作为帝国主义思想的体现者，他们用谎言欺骗群众；这使得所有的所谓文明国家的军事竞赛成为可能。他们制造了不幸的群众性的狂热心态，在这种心态的影响下，民众忍受住了多年的战争。历史报应的结果表现在，大概没有别的哪个阶层比知识阶层遭到世界大战后果的影响更为严重。因为他们为其胜利祈祷过的大国中没有一个成为世界大战的胜利者。唯一的胜利者是各国的大资产阶级，而被战胜者（无论在战胜国还是在被战胜国）实际上都是无产阶级和小市民，因而也就是知识分子。中小资产阶级遭到大资产阶级剥夺的同时，这种剥夺也与无产阶级的赤贫化交织在一起。在所有这些因素的影响下，知识分子的状况大大恶化了。他们陷入了名副其实的极度贫困。其外部特征是：生活无保障，职业和工资变化无常，极不稳定；长期失业；工资下降——如果说不是在所有的国家和各个职业都绝对下降的话，但无论如何，与生活费用相比那也是到处都相对下降了；不得不从一个职业转到另一个职业，并且常常抛开一个知识分子钻研多年的职业；不得不在工厂、商业圈子，直至餐馆业，总之在极为五花八门的部门寻求兼职，唯独不是在脑力劳动部门；没有能力按照自己的"等级"和"社会地位"让自己的孩子接受教育，甚至不能为他们提供足够的饮食——总而言之，知识阶层正在跌落到无产阶级的行列之中。

同志们，我不打算在这里以数字和事实证明这一切了。但是我要指出，知识阶层的极度贫困是一个国际现象。当然，这在德国表现得最为严重，因为战争的后果在这里被战败的结果进一步加剧了。但是没有什么比将知识分子触目惊心的贫困完全归咎于战败国的宿命更为错误的了。各种事实与此相悖。第一，有如下述：在德国，遍及知识界的贫困恰恰是早在战前资本主义经济极度繁荣、政治实力达到顶峰的时期即已开始。早在战前这里即已众所周知，年轻的工程师、技术人员、化学家所挣得的工资少于业务高度熟练的工人。早在战前知识分子和有些文化的人即已大量过剩,他们找不到工作,或者至少是找不到稳定的工作,被迫挨饿。而且还有个事实也否定了对知识阶层贫困的民族主义解释,法西斯分子和改良主义者借助于这种解释企图煽动沙文主义的狂热。在"战胜国"法国,我们也看见同样的现象。这里知识分子的工资同样大大下降,低于熟练工人工资的事极为常见。在德国,人们作为协约国压力下特别耻辱的后果指出,德国大学生中出现了一个所谓工读大学生的类型,也就是那些为了糊口迫不得已借助于体力劳动挣外快的大学生。这类大学生的数目1922—1923年冬季学期在9所大学中达到53%,而据另外的资料,甚至多达60%。在战争赔款的各种财宝纷纷到来的法国,某些生产部门已出现相对的增长,但是那里的情况又如何呢?法国同样有着大量的而且不断增加的"工读大学生",他们为了额外挣一点钱糊口,受雇充当街道清洁工、饭馆客店的伙计或者屠宰场的清扫工人,甚至充当妇女服装作坊女工们的竞争对手,缝制内衣和家用布品,如此等等。

但还不止于此。知识分子危机同样在各战胜国中最大、最富裕的美国爆发,虽说形式较缓和,情况也与欧洲有所不同。美国的知识分子危机起初是在战后大规模的经济危机中显现出来,承受后在经济开始高涨时有所减弱。然而有征兆表明它并未彻底消失,随着新的经济危机临近,它也开始变得尖锐了起来。同时我们不应忘记美国所具有的特殊条件。在美国,工程师、技术人员等大部分人都分享企业家的利润,因而在失业的困难日子里还能保住自己的某些东西。那里对所谓自由职业所提供的教育与文化古老的欧洲国家全然不同。学校并不是由国家垄断,没有我们这里的那种尊卑贵贱隔绝现象,入学比我们这里容易,教学也安排得不一样,所以能够脑力和体力劳动兼顾,也可以临时辍学,改为从事其他的工作。一言以蔽之,这里的"高等"教育不那么片面。在企业中,体力和脑力劳动之间并没有划分出严格的界限。相反,知识分子大多数情况下都会干某种体力活。所以在美国由智力工作转换的体力工作或者相反都相当容易。此外，还应当关注美国人通常对待劳动的态度。对他们而言，劳动是收入的来源，而究竟属于何种劳动则是次要的事情。因此在美国与欧洲以尊卑贵贱定位不同，资产阶级圈子中并不认为知识分子暂时跳槽从事体力劳动就有损社会地位的尊严，只要这种劳动能为他提供生活费用就行。在中南美洲，知识阶层境况的恶化正导致采取针对受过科学和技术方面教育的欧洲移民的措施。准许这些人入境的条件变得更为繁难。这样我们完全可以认为，知识阶层的危机已经席卷所有的资本主义国家。看来，这种危机在英国最为轻微，虽说该国"新穷人"的数量也大为增加。在英国的知识分子问题上，还必须考虑到资本主义经济从剥削殖民地所获得的帮补。英国资产阶级在大殖民地国家中所获取的超额利润，在一定程度上以利息等方式也惠及中等资产阶级，同时还帮助另一些知识分子在危机期间维持生计。尽管如此，即便在英国，知识阶层的危机也仍然在发展，不乏一直失业或者不经常就业的知识分子，尤其是在生产和商业部门；工资与生活费用不相适应也让人有着切身的感受。

遗憾的是，我今天的报告条件很不合适，以致我甚至无法简略地涉及殖民地各国的知识分子问题。希望以后我能有机会弥补这一缺憾。

知识阶层的危机导致了知识分子卷入政治。当前在所有的资本主义国家，小市民阶层在迄今空前的巨大程度上参与政治，而知识阶层也与其一道参与。知识分子正从社会改革转而投入政治斗争。他们所期待的社会关系的根本变革，已经不是来自资产阶级的通情达理和远见卓识，而是来自政治斗争，来自夺取国家政权，在某些情况下还来自建立专政。知识分子阶层参与政治的最强烈的表现形式是法西斯主义。法西斯主义在各国的体现者正是知识分子，不仅如此，在大多数情况下知识分子还是法西斯思想体系的创立者。这种思想体系是帝国主义思想体系的继续，是国家和社会的掺和剂。

法西斯主义从小市民阶层和知识分子阶层最广大群众的日益加剧的贫困化中获得自己的社会基础。法西斯主义的纲领杂七杂八、变幻多端，实行这样的纲领解决不了导致法西斯主义面世的任何一个经济和社会矛盾，因为它始终不触动各种社会矛盾的根源——生产资料私有制，因而也不触动资本主义的剥削。资产阶级未必能加大对中小资产阶级的经济剥削。这种剥削本来即已达到了极限。但是现在通过法西斯主义，资产阶级从政治上剥削这些阶层。它把作为非法统治手段的法西斯主义归并到自己的种种合法的统治手段之中，并在某些情况下容忍法西斯主义建立其专政并将自己宣布为国家的合法政权。最主要的是，资产阶级希望从中寻求庇护，以避免无产阶级的侵害。单是这一情况即已表明，法西主义与资本主义之间并无原则上的区别；意大利就是一个例子。知识界曾是资本主义制度第一个意识形态先锋，也曾手持武器保卫这一制度。现在以法西斯主义者为代表的知识阶层则是资产阶级最后的战斗队，更不必说改良主义者了，不过那些人的一部分也变成了法西斯主义者。

与法西斯主义同时，吸引知识分子参与政治还导致另一个结果，也是一种群众性的现象。这就是资产阶级和平主义。与法西斯主义一样，它也是从知识界的社会改良主义运动中产生的。不过，它所依靠的并不是那些广为贫困化了的民众阶层，其代表者主要是一些个人和由不同的民众阶层组成的小集团，包括资产阶级的某些人士。例如，大托拉斯的竞争对手——小工厂主和商人等便可以归入其中。然后是眼界已超越将军们的军营世界观的外交官们、作家们和来自高官阶层的一些人，他们同样超过了同僚们的眼界。其次，是天主教人士——他们代表这一思想体系的超国家利益。最后，是早先一代知识分子中具有自由和平主义意味的人，这些人目睹战争来临，军国主义无力解决各种政治问题，但他们却从中寻觅对自身业已破灭的幻想的鼓励，这为他们提供了在国际代表会议和宴会上与"世袭敌人"称兄道弟的理由。和平主义具有纯粹的资产阶级性质。它为了达到自己的目的，继续相信理性的力量，相信理性的说教，否定暴力和斗争，特别是无产阶级的革命的阶级斗争和争取专政的斗争。它思想的不彻底性每一步都为现实所揭穿。我举一个例子。众所周知，和平主义者是国际联盟的热烈拥护者。而国际联盟如果不是丑角，不是和平主义和帝国主义，不是和平主义好听的空话和帝国主义的实际的大杂烩，又是什么？从和平主义的这种资产阶级性质出发，我们便可以清清楚楚地看出，某些资产者和改良主义者寄予极大希望的和平民主浪潮，由于其自身的种种矛盾和前后的不一致，无可避免地必定会成为泡影。它会像和平主义本身一样，落得个同等的结局。和平主义和民主的好听的空话只能听从大资产阶级和金融资本的口令。

知识阶层的危机是具有极其重大历史意义的征兆。其中蕴藏着资本主义社会范围内精神工作的危机。其最典型的外部特征就是荒废、衰落、贫困化，甚至对科学研究机构的破坏。在除去美国之外的所有国家，科学家都发出了请求帮助和拯救濒于消亡的科学研究机构的呼声。这些研究机构依靠所提供的经费无法生存，更谈不到进一步的发展和振兴。同样处于萎缩和消失中的还有科学博物馆、图书馆、收藏业以及（这也很典型）科学图书出版业。与科研机构衰落的同时（其中首先遭殃的是所谓人文科学）另一个时刻正在到来。研究人员负担过重，从而过早地感到过度疲劳和身心衰竭，如果不额外兼职，不为物质的需求费心劳神，便越来越无法投身于自己的学术工作。成长中的一代科学家数量不断减少，他们的选择成了最糟糕的选择，升迁完全以财富为标准，而不是凭借才能和本领。形成了一类"工人编外副教授"，而教授与嫁妆一起获得自己的职衔已成为众所周知的现象。在这方面许多人也断言，这类可悲的现象仅限于德国，原因在于战败。然而与这有一点相矛盾：关于帮助被荒废的、趋于消亡的研究机构的呼声甚至出自法国和英国。自然，深受研究工作的衰落之害的都是大学、综合高等技术学校、各类高等教育机构和成长中的一代知识分子。

这是资产阶级文化衰落的征兆。这些征兆有如夜间的火炬，映照出了生产资料私有制以及建立在其基础之上的资产阶级统治的后果。资本主义生产在一定程度上是生产力发展所需要的一种历史性的方式。但是现在资本主义的生产关系已经不能促进技术、科学、艺术和整个资产阶级文化进一步的发展，反而成了进步的桎梏，对进步极为有害。这甚至也表现在资本主义利润的需求仍然发挥着一定促进作用的领域，具体地说就是技术领域。早在战前即已可以看到，资本主义正在变成技术发展的拦路石。尤其是在大企业和托拉斯的竞争方面。在欧洲各国和美国，大托拉斯收买专利和发明的目的不是为了使用，而纯粹是为了不让这些发明为竞争对手所利用。这是一个众所周知的事实。由于某些原因，这些托拉斯认为实际运用该项发明对自己不利。它们的这种行为清楚地说明了资本主义制度下横亘在利润的需求与社会的需求之间的鸿沟。社会高度关注的是发送和减轻劳动条件，提高生产率。但是，如果某些大资本家的利润的需求反对这样做，那就没有了对进行技术改进、减轻劳动的刺激因素。谁能知道，有多少天才的发明家对社会无益地死去，同时他们的发现和他们的思想成果却甚至变得不为人所知！资本家不肯考虑劳动保护的要求，他们不肯为了工人的安全和卫生而实行技术改进，如果这些改进不能为他们带来巨大的利润的话。在资本主义制度下，人的生命已变得更加廉价。

科学，尤其是自然科学，如今已成为技术的事实上的奴仆。巴黎的雅内教授在他反对蔑视科学的公开抗议书中表达得很恰当。他写道："工厂凌驾于伟人祠之上，威胁着将其压为齑粉。"我还可以指出资产阶级统治的另一个后果。科学被分解为许多专门的细小领域；全部用到各个大的领域的情况越来越少，能通晓并非专门的、而是广泛的认知领域的科学家越来越少。著名的化学家贝特洛说："以我为代表的最后的化学家即将逝去。"我作为外行，不打算评判这种说法是否正确，年轻一代化学家们是否超越了他。当然，一些个别的成果还是巨大的，有分量的，但是处处都令人感觉到能发挥统摄作用的思想的不足。

下面这个特点值得一提。现今科学技术在三个方面的作用最为强烈，这些领域并不是生产生活资料，而是制造杀人工具。这就是：用于战争的毒气的生产，军用航空，建造潜艇、水雷和歼击舰。这是对资产阶级社会中"科学的目的本身"具有说服力的例证。与精密科学相比，人文科学如今已完全被置于次要地位。在法国这个经典的热爱人文科学和古希腊罗马文化的国家，正在发生显著的转变。由于胜利之故，法国正从食利者和银行家的国家变为工业国。与帝国主义的统治和重工业的兴盛一起，我们看见的是引人注目的对自然科学和实用技术的偏爱。诸如奥拉尔、苏舍尔等法国的科学巨擘都纷纷遗憾地指出对抽象科学的兴趣异常低落。在这方面，法国现在正朝着德国在1870年战争之后的方向发展。对人文科学的这种否定态度足以令人感到吃惊。其实资产阶级社会像需要资产阶级制度和国家的首倡者一样需要这些学科的代表人物。然而当前资产阶级感到自身的阶级统治风雨飘摇，所以更多的是寄望于机关枪和马鞭子，而不是寄望于教授。

当前资产阶级的文化尽管在某些领域取得了令人惊叹的成就，却不能将自然科学和人文科学的成果联系而为一个完整的有机的世界观，与生活相接近，充当社会能量的源泉。当资产阶级的科学试图窥探一番某些研究范围之外的景象时，却惊讶地看到眼前是一片空虚，除了抓住疲惫而冷漠的相对主义抑或踏上神秘主义的松散土壤之外，再也找不到救赎之道。

当资产阶级还是先进的革命阶级之时，它曾试图找到自己在整个宇宙观中、在包罗万象的哲学中历史存在的意义。如今资产阶级科学已经不能推动哲学前进了。它只会无动于衷、空洞无物地摹仿古典哲学的各种体系，没有热情和意义地修补折中主义的漏洞，这是一种肤浅、空泛、时髦的哲学，是以讽刺小品文的写法为资产阶级的假绅士们胡诌而成的。资产阶级已经没有了共同的世界观，用来向自己尤其是向无产阶级证明自身作为统治阶级和通向高级文化的领路人存在的权利。资产阶级已经不可能再信仰什么，不过它也不需要再认知什么了。这种认知极其有害，以致资产阶级无法忍受哲学的镜子中所映照出的自己本来面目的影像。资产阶级越来越爱以宗教的假象亦即以业已消亡或者毫无生命力的各种文化滑稽可笑的思想代替原先的哲学。

在知识界中特别强烈地显示出资产阶级文化的衰落以及随之而产生的各种现象。知识分子失去了自身思想、活动和希望的强烈的刺激因素，便在往昔时代的阴影中，在神秘主义和佛教之类的信仰中，在有意无意之间、在睡梦与无眠之间、在科学与招摇撞骗之间，在神智学、招魂术等等之中，寻觅藏身之所，从资产阶级文明跃入或多或少都带有宗派性质的农民之类的群体。

在艺术中我们也可以看到类似的发展过程。艺术已经不是巨大的共同感受的艺术表现形式，因而也不是教育民众的强有力的手段了。艺术已成了有利可图的买卖，可以获取丰厚回报的资本主义企业。因此美术家就必须根据公众的需求选择自己的主题。诗人和作家就必须考虑图书市场。艺术的各个领域的情况全都如此。这就产生了有如获利丰厚的资本主义企业般的伪艺术。资产阶级社会培育庸才，为了获利而建立各种教育机构，不仅为有才华之人、而且也为无能之辈敞开大门。这个社会借助于饥饿迫使禀赋极高的人们将自己的才华用于为俗不可耐、蒙昧无知之辈效劳。这个资产阶级社会同时也通过上自不学无术的暴发户、下至愚昧落后的群众制造对虚假艺术的需求。资本主义的企业主们不仅剥削艺术家和伪艺术家,而且剥削公众。在所有的资本主义国家,各种门类的虚假艺术中最能赚钱的项目当数绘画、雕塑、文学和音乐(歌唱)中的色情作品。资产阶级企业主剥削艺术家之肆无忌惮,与工厂之剥削无产者毫无二致。像食品制造厂老板贩卖食之无益、有时甚而有害的"代用品"一样,画商也恬不知耻地向公众推销各种次货和赝品。

且举一例,以说明如今的艺术与生活和民众的感受鲜有关联的情形。战争是可怕的感受,对许多人来说是最为可怕的感受。然而,它在艺术的任何一个领域、在任何一个国家都没有创造出真正宏伟的作品。当然,巴比塞的《火线》像马蒂内的《夜晚》一样震撼人心。但这并不是其中蕴含着全部可怕的历史意义和帝国主义大屠杀的荒谬行径的作品。只有唯一一件具有真正世界历史规模的文献,不过并不是在科学和艺术领域,而是在政治领域之内。这就是俄国的无产阶级革命。它是千百万人最大的共同感受的事件,它是由这千百万人对自由和文明的意志,对共产主义思想的信念创造出来的,它向我们指出了从目前可悲的现实通向光辉的未来的道路。资产阶级已经没有如像指引前程的指路星那样的乐观愉快的思想了。因此资产阶级制度下的艺术也就空洞无物,不能反映出生命的力量。艺术家们由于缺乏重大的内容,便急于寻找新的形式和风格。然而不可能凭空臆造出将艺术与广大群众、与劳动人民联系起来的形式。新的无往而不胜的形式产生自新的思想。结果这种对新的形式和风格的摸索造成了资产阶级艺术各种形式的瓦解。这反映出了资产阶级思想和文化的瓦解。形式和风格像季节性的时装式样一般不断变换,却没有一种能够令人满意;真正的艺术作品始终不见踪影。并没有足以产生艺术感受的内容。艺术家们觉得,广大群众对过去一个时期的艺术的态度是否定的。他们力求重新将艺术与生活有机地联系起来。与此同时他们却忘记了,他们所借鉴的那些形式正是旧有的与民众有着联系并为大众所理解的神奇思想的象征。在个人主义盛行的当代,这些形式难以理解，让艺术更加脱离民众。人们在其中所看见的是空洞无聊的游戏，个人的随心所欲，有时则是平庸无能。

对资产阶级文化当前的状况而言，特别能说明问题的是在一个领域的衰落，这个领域将科学、技术和艺术的成果，一句话，将整个文化的成果结合起来，在一个人身上加以体现。我们指的是教育领域。教育学作为一门科学，已经取得了极为巨大的成就。它依靠人文和自然科学的主要成果，同时明白艺术大有助益。然而资产阶级制度阻碍着这些成就的实现。在资产阶级制度里，教育处于无产阶级与资产阶级之间的阶级对立的旗帜之下。其目的不是教育人，而是对不同阶级的人进行特别技能的训练。学校现在并不是教育的工具，而是训练场。学校的全部工作，教师的教育和报酬，教科书，等等——所有这一切全都带着阶级对抗的烙印。这会以最残酷的方式在未来一代身上遭到报复。这种教育不是在发展、而是在强迫改变孩子的天性。青年人最大的精神宝藏一直被遗忘，极其珍贵的文化财富正趋于毁灭。教育领域的种种缺陷和阻碍在所谓的国民教育中仍然继续存在，而且资产阶级国家或者某些个别的人士是否推行这种教育反正都一样，这些人怀着美好的愿望，以为他们能够用资产阶级教育的碎土块填平两个阶级之间的鸿沟，诱使工人们脱离革命的阶级斗争，进入资产阶级牧师和学校教师的温文尔雅的文化围栏。国民教育的衰落以陷入出卖灵魂的资本主义报刊的泥沼告终。这是资产阶级文化瓦解最令人厌恶的特征之一。

同志们，资产阶级制度已经丧失了其存在的权利。我所约略描述的状况的历史意义就在于此。资产阶级制度让千千万万文化工作者的物质生存成为问题，从而放弃了文化和社会进步担当者的任务。此外，也揭穿了资产阶级社会和知识界的一大谎言：科学和艺术、整个文化都是"目的本身"亦即社会的目的。资产阶级社会需要这个谎言，以便在它单纯追求发财致富所造成的令人厌恶的现实这一点上欺骗自己。不过知识分子也需要这个谎言，为的是避开自身生存的种种尖锐矛盾，遁入幻想的世界。事情所关系到的，不仅仅是他们的意愿、知识和技能这一方面与他们处境的可怜和局促这另一个方面之间的迥然不同。也不仅仅是他们的教育和精神工作的理想这个方面，与他们的活动成果这另一个方面之间的巨大冲突。看来，脑力劳动者们应当从对于这些事实的认识之中汲取力量，为反对资产阶级制度而奋勇斗争，将脑力劳动以及其他各种劳动从资本主义的枷锁下拯救出来，也让自己从物质和精神的痛苦中得到解放。然而，我们所看到的是相反的情形。知识分子不遗余力地回避一种认识：应当开始争取他们的解放了。他们不但不与无产阶级肩并肩地进行斗争，还不肯正确评价无产阶级的革命任务。他们对待无产阶级的态度，像他们的整个社会状况一样，具有双重性。知识分子的上层人士摆出一副贵族姿态，像看待畜群一般居高临下地看待受苦受难、备受剥削的无产者们。他们仇恨揭竿而起的无产者，有如仇恨敌人，有如仇恨以其"粗暴的拳头"威胁着要扼杀科学技术的"野蛮人"。原来还生活在中产阶级或小资产阶级环境中、如今已处于无产阶级水平的脑力劳动者的广大阶层，开始领悟到自身处境的原因和自己的利益与剥削行为、与从事剥削的大资产阶级的利益互不相容。然而即便是这个阶层也只能违反其意志缓慢地接近于这种意识。很多人仍然沉湎于幻想：他们属于特权阶层，与无产阶级毫无共同之处。这些人怀着分裂的心理，带着精神上的内心斗争，被现实逐渐推进革命阵营。当然，他们仍会不止一次地重新离开战士的行列，但尽管如此，我们也不应当否定他们的同盟者身份，蔑视他们。无产阶级对待知识阶层的态度也并不具有一贯性的特点。无产者仇视知识分子，一如仇视工厂里的生产指挥者和驱使人干活者，仇视国家的宪兵、警察和法官。另一方面，无产者却又赞赏知识分子精神上的优越，赞赏其知识、其能言善辩、其"美妙"的风度。与此同时，无产者常常为这样一点看不起知识分子：他们本来能够以他们的知识与资本家进行胜利的斗争，但是由于胆怯和自负却拒绝这种斗争。

　　对于苦难的知识分子，共产国际乃是"伟大的人民代言人"，它坚定不移地捍卫所有被剥削、被压迫的民众各阶层的利益，反对大资产阶级。此外，共产国际懂得知识分子的重要性，他们是无产阶级夺取政权的斗争中可能的同盟者。不过，我们也不必过高估计这种重要性。知识分子的心理和阶级地位告诉我们，知识分子作为一个整体，并不会像当年他们之于资产阶级那样，成为革命的排头兵和先进部队。知识分子永远也不会成为劳动群众的革命先锋。然而，尽管如此，我们还是不应当对其作为同盟者的重要性估计不足。知识分子可以对我们有所裨益，不仅因为其数量众多，而且更重要的是他们对广大的其他非无产阶级阶层尤其是对农民、小市民等有着强大的影响力。知识分子由于其在生产和国家层面上的功能，可以在革命斗争中为我们效力。

　　在夺取政权的斗争中成为我们的同盟者的知识分子愈多，工贼—大学生之类的反革命组织便会愈加变得不可能。一旦知识分子的广大群众懂得，在无产阶级推翻资产阶级和夺取政权的斗争中同样会决定他们的命运，反对无产阶级的整个国家政权机关就会停止正常地发挥功能。知识分子对于瓦解资本主义制度可以获得异乎寻常的意义。

　　同志们，作为共产党员，我们也应当看到超越现今的事情。在今天的同盟者身上，在夺取政权的同盟者身上，我们也应当重视夺权之后我们所需要的他们的那些优点。对于知识分子我们应当注意这一点，从这个观点出发，就应当努力将他们吸引到我们的斗争中来。对于夺权之后进行和发展生产异常重要的是，要拥有足够的科学技术力量。俄国革命已经向我们表明了这一点。还必须考虑到另外一个更为重要的因素。在无产阶级夺取政权之后，我们不仅应当继续进行生产，而且应当在生产中实行适合于共产主义的转变。在无产阶级专政下，资本主义的残余越多，这种转变就越难完成。经济要向共产主义转变，只有这种转变是由充满共产主义精神的人来完成时，才可能发生。经济将会获得另外的目标和另外的内容，这时候它已经不是以资本主义的利润、而是以需求为目标。这时候便显示出了共产主义思想的决定性作用。因为只有在共产主义世界观的基础上，经济的转变才可能有正确的方针和方向。尽管可能不得不对还继续存在的资本主义作出一些让步，但必须（这是最重要的）坚持实现共产主义伟大目标的方向。在建设的过渡时期，知识分子作为革命无产阶级在改造社会的事业中的合作者，他们的帮助对于自然资源不太丰富的国家，例如德国，以及对于那些被资本主义邻国封锁和孤立的农业国，可能特别宝贵。

不过，同志们，引起我们注意的这个问题还有着更加重要的意义。共产主义所追求的不仅仅是建立新的生产体系，而且也力求在新生产的基础上建立新的意识形态上层建筑。它在将生产关系革命化的同时，还应当彻底改变整个社会上层建筑中的社会关系。这就意味着在人们之间的各种关系中都发生转变，这就意味着整个意识形态上层建筑都应当充满共产主义精神。这个任务让我们又回到我在报告一开始便提到的那个问题，回到历史发展的主要力量之间、意识形态上层建筑与生产基础之间的相互关系的问题。这个上层建筑只有在我们有了意识到自身目标的明确的新世界观的情况下才可能以共产主义精神建立起来。有一种设想完全不符合马克思主义的观点：单单是从资本主义生产过渡到共产主义生产，就会自动地自然而然地创造出共产主义世界观、共产主义的意识形态上层建筑。在这方面会发生相互作用。意识形态上层建筑中向共产主义发展、共产主义新文化的建立，不可能自动地、通过意识形态和生产方式的连续交替得到实现，而是在它们积极的相互作用中，在它们直接的共处之中，在生产对思想经常性的积极影响（反之亦然）中，才可能实现。

正在马克思主义旗帜下进行斗争的无产阶级，已经将这一原则作为自己在权力和政治领域的指路明星。我们迄今在这一领域无论是理念上还是实践中、在进一步发展马克思和恩格斯的见解方面所取得的最成熟的成果，就是列宁的国家理论。不过，虽然马克思和恩格斯的历史唯物主义为我们提供了将斗争也转移到其他各领域的基础以作为争取建立新世界观的斗争，但这一点至今仍未做到。然而必须做到这一点。当然，我们之中任何人都不会否认，资产阶级意识形态的瓦解乃是资本主义生产瓦解的表现。我们之中任何人也同样不会否认，新的世界观只能在革命化的生产的基础上发展成熟。但资产阶级意识形态的瓦解及其被共产主义世界观所取代，只有在同样的资产阶级意识形态的基础上才有可能发生。革命的新世界观要取代资产阶级意识形态只能在与这种意识形态进行持续不懈的斗争中进行，只有这样，革命的世界观才能取得统治地位。因此，夺取政权之后革命的意识形态的发展具有很大的意义。

第三国际面临着第二国际以最可耻的方式弃置不顾的任务。第二国际拒绝与资产阶级意识形态进行真正的斗争。它宣称文化的广阔领域是中立的。首先，它拒绝与宗教领域的资产阶级意识形态进行斗争，宣称宗教是私人的事情。这种拒绝为完整的世界观进行斗争的做法导致了什么后果呢？第二国际怀着宿命的想法指望这样的前景：随着资本主义生产的被推翻和代之以共产主义生产，作为上层建筑的共产主义意识形态便会自动地建立起来。第二国际认为，有朝一日无产阶级新的文化和意识形态就有充分把握地自动产生，它们会像熟透的果子一样从树上掉到无产阶级的手中。这个国际并不认为需要以培育无产阶级意识形态加速历史的发展，不认为需要促使应该采摘新文化果实的人们趋于成熟。这就导致了不幸的后果。在第二国际的每一个角落，在它那公开的和绝对隐秘的毛孔里，都继续充斥着资产阶级的意识形态；这种意识形态使得大部分社会民主党丧失了本来可以而且应该成为革命的强大因素的内在思想力量。这个国际同样让自己丧失了在知识分子一些阶层中进行宣传的手段，这些阶层由于自己的精神和职业利益已处于与资产阶级意识形态最尖锐的矛盾之中。第二国际阻碍了社会主义作为一种世界观、作为一种社会观念成为个人和广大群众生活中的创造性力量，亦即成为能"改变世界"的一种社会能量。第二国际在世界大战之初垮台，是社会主义意识形态对资产阶级意识形态的公开投降。自那时候以来，改良主义的历史只能证明，第二国际已彻底放弃了战胜资产阶级意识形态并以革命无产阶级的意识形态取而代之的任务。

  同志们，在这个领域中共产国际应当开展认真的有计划的工作。它不能一直充当资产阶级文化和精神生活危机的无动于衷的看客，不能袖手旁观。而应该赋予这一负面的危机以正面的内容。资产阶级文化瓦解的混乱而盲目的进程应当由争取革命无产阶级意识形态的自觉而强有力的斗争所取代。我们的这个任务清楚地表明了作为我们的同盟者的知识分子的重要性。知识分子在战胜资产阶级意识形态并以共产主义世界观取而代之的过程中，可以给予我们极为宝贵的帮助。这使得我们不得不在为无产阶级革命而斗争的过程中寻求与知识分子的合作。但是为此我们也应当针对知识分子的资产阶级思想展开最坚决无情的斗争。我们在知识分子中开展宣传最大的、最重要的条件和基础就是宣传共产主义，将其作为一项原则，作为唯一的一种世界观，对任何资产阶级思想都不作丝毫让步。我们应当向知识分子展示共产主义，一方面将其视作确定不移而严格有序的无产阶级革命战斗的思想，另一方面又将视人富有创造性的思想。我们应当向知识分子阐明，为了能够重新建设和创造，共产主义必须进行破坏。我们应当向知识分子阐明，只有共产主义消灭生产资料私有制和资产阶级的阶级统治，才是代表知识分子的利益。但是我们也不应当对知识分子的贫困视而不见，我们必须大力捍卫他们的不违背历史发展进程的各种要求。不过，同时我们也应当坚决强调，大资产阶级和脑力劳动者利益的对立不容许进行足以缓解知识分子贫困状况的认真的改革，尤其不可能在资本主义的范围内解决精神工作的危机本身。共产党人最坚决地拒绝任何一种出于知识分子利己主义利益的带有小团体和帮派性质的政策，比如排除妇女的竞争之类。这样的政策与力求消灭一切等级制度和阶级的共产主义精神尖锐地矛盾。

在我们争取知识分子的宣传中，我们应当利用他们这个阶层中的各种社会矛盾以及他们的民族定位，我们应当深化这后一点，了解清楚，证明当今革命的无产阶级由于有着牢固的国际团结，所以是唯一的能够真正执行民族政策的阶级。我们应当向知识分子们解释清楚，民族问题只有作为国际革命阶级斗争的一部分，只有在无产阶级夺得政权并确立了自己的专政后建立一个国家之时，才有可能获得解决。

共产党对作为一个社会阶层的知识分子的态度就应当建立在这个基础之上。共产党人应当将自己在知识界的宣传限定为一个任务：在他们中间结交大规模政治行动的战友，根据情况，也可能是战斗联盟的盟友。但是我们必须最坚决地反对知识分子充斥共产党的情况。其实也未必需要担心会出现这种充斥的事。知识分子大量涌进共产党，可能会完全扭曲共产党的性质，增强资产阶级化和机会主义的倾向。不过这绝不意味着共产党就应该以帮派之见对知识关上大门。共产党应当接受那些确乎当之无愧、我们确信其已经同将他们与无产阶级隔绝的因素决裂的知识分子入党，换句话说，这些人不仅要看到无产阶级的苦难，同情他们，而且也要理解砸碎旧世界、建设新世界的英勇革命战士们的历史作用。在这种情况下我们就能够确信，这些知识分子将会参与无产阶级的各种战斗，并且在它遭遇种种无可避免的失败之时也始终毫不动摇地忠于它。对待已经加入我们党的知识分子，我们不应当一味吹捧，盲目赞赏，不加任何批评，但也不应当奉行让他们拼命干体力活的政策。这不仅是针对夺取政权之前的时期中我们的所作所为而言，而且在更大的程度上是针对随后的时期。

在夺取政权的斗争期间，无产阶级将会不止一次有机会证实，知识分子一般说来是非常容易动摇的不可靠的同盟者。如果无产阶级尚未取得彻底的决定性的胜利，知识分子还会一再投入反革命阵营。夺取政权之后，知识分子中也会有许多"现实的共产党人"和"理想的民主党人"，他们刻板地宣称自己是"立足于事实"。另一个问题是，这些先生们的忠诚能够持续多久。我们必须考虑到这一点，万一日后无产阶级的阶级统治被推翻之时知识分子从革命阵营临阵脱逃，我们也就不会感到失望了。在严峻的过渡时期，大多数知识分子未必会成为思想英雄，更有可能的是，他们表现出自己是一些最微不足道和滑稽可笑派头的"现实政治家"。然而，同志们，尽管如此，我们却不应该忘记革命的无产阶级在哪些方面应当感谢某些知识分子，同时也不应该忘记，革命期间会造就一批认识明确、态度坚定地拥护共产主义的知识分子干部。这些知识分子将会给予无产阶级极为宝贵的帮助，这不仅仅是就他们会蔑视各种危险和牺牲与无产阶级一道斗争和建设这一方面而言。他们的行为和活动将会成为知识分子广大阶层的榜样。不必有大量脑力劳动者成为共产党员，这种情况也可能发生（像已经和尚未夺取政权之前那样）。希望为无产阶级和历史进步服务的知识分子可以加入同情者的组织，并在其中找到自己的社会活动领域（国际工人援助会，新俄罗斯之友，共产主义科学与艺术情报局，无产阶级作家协会，等等）。

我们掌握有夺取政权之后无产阶级与知识分子的关系的历史例证。在慕尼黑苏维埃共和国，起初有许多知识分子表现得大肆张扬并引起混乱。然而，这场革命遭到血腥镇压之后，他们大多数人都逃跑了，甚或变成了敌人。不过我们不会忘记，在慕尼黑也有一些知识分子领袖遭受了极大的牺牲。他们之中一些人在战斗中阵亡了，另一些人至今还在监狱中受折磨或者被流放。为了慕尼黑苏维埃共和国而斗争并且牺牲的革命幻想家兰道尔、自觉的共产党人莱维讷——他们两人都是知识分子。

匈牙利苏维埃共和国在其存在的131天期间，充分体验到了知识分子作为同盟者的不可靠和自由散漫。它遭遇了知识分子所具有的尖锐危机。这种危机的主要原因是，协约国瓜分了匈牙利，割去了它许多块领土。在哈布斯堡王朝统治下的匈牙利，士绅们（地方上的贵族）将国家当作自己的或多或少"受过教育"的孩子们的训练营。担任各种各样国家职务的贵族知识分子的数量极其巨大。所以现在这些臭绅士要求被大大肢解了的国家同样为他们提供与先前一样的"体面的"薪俸。这其中也夹杂着与匈牙利资本主义一道发展的资产阶级出身和贵族出身的知识分子之间的矛盾。匈牙利知识分子已经备受当时日益加剧的经济危机的折磨。起初他们信誓旦旦地保证要为恢复哈布斯堡王朝而斗争。资产阶级革命之后，他们却飞快地投向卡罗易共和国一方，最终于苏维埃共和国建立以后，又投奔了它。在最后一次行动中，民族定位尤其起到了决定性的作用。知识分子希望恢复先前的匈牙利。极富典型意义的是，每当苏维埃共和国出现巩固和征兆时，承认它的知识分子的人数便增多，甚至在军官阶层中也是如此。苏维埃共和国覆灭之后，知识界的各色人等都充当了革命无产阶级的最卑鄙、最残酷无情的起诉人、法官和刽子手等角色。他们以最令人气愤和毫不留情的方式对无产阶级进行迫害。他们的行列中产生了一些"醒悟了的马扎尔人"。但是也不应该忘记，知识分子曾是匈牙利苏维埃共和国的领袖，在被压迫被剥削的工农群众面前高举共和国的旗帜。他们为了苏维埃共和国而斗争、挨饿、流血。他们为它而牺牲，成为可耻的秘密杀害和非人的残酷折磨的牺牲品。另一些人至今仍然在监狱和流放中受苦受难。匈牙利苏维埃共和国的知识分子领袖们，乃是为世界无产阶级革命和共产国际而奋斗的最优秀、最忠诚的战士。

从知识分子对无产阶级的态度的观点看来，更富教益、更加重要得多的当然是苏联的无产阶级专政时代。在苏维埃俄罗斯，专政给予棘手的知识分子问题第一次具有决定性意义的打击。建立了苏维埃制度，生产资料被宣布为社会所有。包括知识分子在内的全体劳动者从资产阶级的政治统治下解放了出来，基本上也确立了不依赖于资产阶级的经济独立。资产阶级制度下禁锢脑力劳动者和纯粹精神工作的枷锁也已解除。然而临近这一根本性转变之际，还历史地存在着一个严峻而艰难的过渡时期，对于包括知识分子在内的所有的人而言，还有种种艰辛、痛苦和牺牲。这方面，主要的表现是资产阶级思想对知识分子的影响。他们对待苏维埃制度和共产主义的态度，并不是建立在对于无产阶级专政给他们所带来的符合理想的伟大成就的清楚理解之上，而是建立在对于丧失了的特权地位的惋惜之上，虽说这种地位对很多知识分子而言是幻想多于实际。

在先前的俄罗斯，一部分知识分子在社会和文化条件方面确实享有一定的特权地位，这我现在就不准备详谈了。这种特权地位与沙皇制度对社会和精神生活的镇压交织在一起。书刊检查、监狱、西伯利亚等等以最残酷的方式迫害精神工作的各个领域。因此大多数知识分子都持反对立场。在某种程度上，知识分子的社会出身对此也有促进作用。许多知识分子出身于小市民、家道破落的贵族和上级神职人员。知识界产生了反对沙皇制度斗争中的领袖人物，也产生了反对年轻的俄国资产阶级所需要的帝国主义的倡导者和先行者。不过，从知识分子的队伍中也出现了小资产阶级民主政治的一些领袖。一部分知识分子并不满足于此，他们不仅追求资产阶级革命，而且将社会革命宣布为自己的目标。当然，社会革命党人、孟什维克等只是在得到贫苦农民支持的无产阶级认真地开展社会革命并将其变为现实之前才为社会革命而斗争；其后，社会革命党人、孟什维克等便与大多数知识分子一道投入了反革命阵营。

起初，知识分子在需要他们工作的各个地方都暗中对抗苏维埃制度。他们之中的一些人常常引用国外报刊上反对布尔什维主义和无产阶级专政的最恶毒和卑劣的诬蔑和谎言。知识分子作为反革命的特务和间谍在苏维埃俄罗斯从事秘密活动，并且在资本主义国家开展反对苏维埃俄罗斯的运动。结果苏维埃政权不得不对一些犯罪分子动用专政的惩罚之剑；它没为让关于艺术、科学自由之类的花言巧语欺骗自己，没有同意蠢人们所说的政治自由，那很可能会变成罪犯们的自由。它必须采取坚决的无情的革命自卫行动。

自然，知识分子在夺取政权后最初一个时期的敌对行为严重影响了无产阶级对他们的态度。工农群众中还存在着对四体不勤之人的深切憎恨，知识分子被不加区别地与地主和资本家一样对待。知识分子在革命初期的动摇和敌对行为更是火上浇油。最后，还有一个因素：担心知识分子由于其精神层面的优势可能发展成为新的统治阶层。俄罗斯的知识分子问题与官僚制度问题交织在一起，与这二者同时还存在着民众缺乏文化的事实，这就使得上述担心更为加剧。因此很容易解释，何以无产阶级对待脑力劳动代表人物的态度上会出现偏离共产主义正确路线的现象，何以有人会企图将知识分子开除出教育机构和政治生活，将他们视作一个特殊的、几近于低劣和危险的阶层。曾经发生这样的情况：不让知识分子的孩子上学，禁止知识分子从事自身的职业，将知识分子开除出党，而所有这一切都仅仅是因为，他们是知识分子。当然，这只不过是一些个别的现象。不过，这也是一些典型的特征。它们与苏维埃政权在知识分子问题方面总体上所遵循的一贯政策相矛盾。苏维埃政权为自己所提出的目标并不是与知识分子划清阶级界限，而是根据他们的才能和专业将他们吸收到新制度建设者的队伍中来。为了防止知识阶层发展为新的统治阶级的危险，苏维埃政权所采取的行动是提高广大群众的文化水平，尤其是为无产阶级的"知识阶层"提供接受教育和技术培训的广泛机会。当然，无产阶级知识分子不可能神话般地一举造就。普通和职业教育都需要一定时间。还必须考虑到，如果在短时期内对青年无产者的教育过分集中，尤其是在目前所具备的条件下和正当他们忙于党的工作之际——那么由于让他们负担过重、过早殚精竭虑，我们便会失去最宝贵的一批精神工作方面的力量。苏维埃政府力求避免这种危险。它懂得，对无产阶级和知识分子实行种姓制的隔离并不符合共产主义原则。共产主义所追求的并不是建立新的种姓制度，而是消灭所有的种姓和阶级。为知识分子设立当代型的特别居住区同样在政治上是不明智的。这种隔离区会在我们的队伍之外造就一些暗中对抗者和隐秘的敌人。

让知识分子参与我们的共产主义建设，这就提出了一些重要的问题。比如，关于脑力和体力劳动的社会评价和酬劳的问题。根据共产主义的普遍性定义，每一种劳动，只要它是社会所必需的和有益的，都有权获得同样的社会报酬。这样，一个知识分子和一个无产者的收入应当是均等的，也就是说，要大力地快速地提高体力劳动的报酬。不过，过渡时期的经济必须厉行节约。这就对无论脑力还是体力劳动的报酬都提出了十分严格的限制。知识界对此很难容忍。一个不愿意受新经济政策支配的知识分子所得的报酬，往往还低于一个技术熟练的工人。我认为，苏维埃共和国的政策应当努力保障脑力和体力劳动者的生活条件，使之能够最大限度提高我们建设的生产率。在这种情况下，知识阶层的状况不应当具有新经济政策的性质，伤害无产阶级的公平感。无论对知识分子还是无产者都必须加以提醒，在当前情况下他们的劳动报酬根本不是其社会评价的表现。低的工资可以与最高的社会评价同时出现。在现今的历史情况下，由于其高傲和贫苦，知识分子不得不放弃别的一些文化需求，甚至某些必不可少的基本需要。有一种想法可能会让他们对此感到轻松一些：迅速地大量创造文化和物质的财富应当是他们自身的事情。在经济和文化领域精力充沛地忘我地工作，决定着他们的命运，将能让他们的接班者在温暖和光明中生活；意识到这一美好的未来，应该能够激发当今的一代人自豪而乐意地忍受目前的种种困窘。

也出现了一个关于全民教育、职业培训、艺术和科学的相对重要性的问题。我认为在这方面苏维埃共和国的政策是完全正确的。这种政策看清了，重心无疑应该是提高民众普遍的文化水平。广大劳动群众的教育和文化——这才是职业教育应当建立在其上的强大、健康和可靠的根基。这样的根基能够保障为职业的、科学和艺术的教育"挑选"出最有能力的人；挑选时不以出身以及其他一些条件为转移。

结果脑力和体力劳动者之间不会再有"受过教育"和"未受教育"的对立，便会为科学和艺术的繁荣兴盛奠定基础。广大群众对科学和艺术的才能的理解力日益提高，结果他们自身也推动了科学与艺术的发展。对国民教育和更高级的新文化的建设各种问题具有特别重要的意义的是为了共同的工作而进行共同的教育。这将极大地促使脑力和体力劳动者之间的矛盾的消失，让他们具有紧密团结和相互依存的意识。它将使得从一类劳动转变为另一类劳动成为可能的事。它将以团结和伙伴关系使他们结成一个整体。遗憾的是，充分实现这种全面、协调的群众教育遇到了各种各样的困难。它已在原则上得到承认，但实施起来却苦于能理解这一原则的教师和教育工作人员的不足，更不必说其他各种困难了。

正是这种状况表明，马克思是何等的正确，他在与施蒂纳的辩论中指出，实现共产主义需要数十年之久，不仅必须建立新的社会关系，而且必须造就能改造社会关系的新人。列宁也曾不止一次地指出过这一点。对他而言，实现共产主义就是组织起来了的群众的首创精神。这种首创精神显现在有计划的教育和群众的自我教育的过程之中。实现共产主义进程中的群众的首创精神，只有在脑力和体力劳动者全面的计划的合作的情况下才有可能。而这种合作需要有新的方式，这些方式并没有现成的样子，而是只能在实践中逐步制定出来。因此我们应当对劳动、教育、日常生活等方面新的社会方式的各种萌芽和富有生命力的表现，给予极大的关注。因此也需要警惕地进行监督，让无产阶级革命所释放出来的各种力量发展成为符合共产主义精神的现实。列宁设想这种监督权由脑力和体力劳动者、理论家和实践家们掌握，这些人掌握着事情的全面知识，认真关注历史进程的发展和向他们呈现出的各种问题。在苏维埃俄罗斯的建设中，知识阶层与无产阶级的合作大概要比其他国家在无产阶级革命后的进展更为迅速；同样，知识分子危机的克服在苏联大约也要更快一些。现在知识界的广大阶层已经是苏维埃制度的忠诚拥护者，并且业已决定与苏维埃政府共同工作。

在这方面产生影响的还有一种情况：对资产阶级思想的迷恋在沙皇俄国从来就没有像在西欧国家和美国那样牢固的根基和那样强大的影响力。因此知识界的反对立场在这里具有强烈的社会趋向。这方面的表现就是俄罗斯文学；它在世界文学中备受尊崇的地位正是基于其强烈的社会性质。

是什么将具有现实主义的社会批判精神的俄罗斯文学与其他国家的文学区别开来呢？正是俄罗斯知识分子的思考和追求中的这种社会因素，该因素赋予知识分子的行动以革命的力量和激情。战前俄罗斯文学中的社会和革命因素的最高艺术表现就是托尔斯泰的作品，尽管其中也混杂着一些反动的东西。

很可能，随着时间的流逝，这一传统只会加强，将有利于我们的建设和克服精神文化的危机。遗憾的是，我在这里不可能详细地探讨有关特殊的无产阶级科学、文化和艺术的问题，这是一个非常复杂的问题。我要与列宁和托洛茨基一起，坚决地声明：无产阶级文化不可以按照特殊的公式粗制滥造。

苏维埃政府已经向我们表明，在无产阶专政下反对精神生活和文化的危机，即便是在我们目前的贫困状态下，都能做到一些什么事情。如果将苏联教育人民委员部的预算与资本主义各国用于教育目的的支出相比较，并且注意到我们有限的资金，那么就会发现，任何一个资本主义国家都没有对文化目标给予哪怕接近于像苏联这样的高度重视。在无产阶级专政下，科学、艺术和文化并非服务于资本主义暴利的目的，而是目的本身。因此苏联政府拨出大量资金用于科学考察、科学实验、卫生措施，用于艺术目的，总之，用于各种有助于创造新的、更高级的意识形态上层建筑的文化创举。

同志们，我们都知道，苏联支出大量的资金用于这些目的，在这方面堪称全世界革命无产阶级的楷模和榜样。受到争取一个更好的社会制度的努力所推动的、由共产党所领导的劳动群众，肩负着巨大的责任、操心、劳作、困苦和牺牲的重担。伟大的共产主义革命思想给予他们这样做的力量，激发了用于建设和保卫苏维埃共和国的巨大精力。在这里，在苏维埃共和国出现了资产阶级社会在其文化方面不可能做到的事情，确切地说就是：劳动、科学和艺术有机地融合成一个统一的社会进程。其中每一个个体都有幸参与共同的事业。这一过程的快速进展，将由被里哈德·瓦格纳视之为历史发展的目标的人来实现。他写道："历史的目标就是强有力的美好的人；革命赋予他们力量，艺术赋予他们美。"未来的人就是这样造就的。他们的身上不会留下无产阶级的痕迹，他们将是肉体和精神的力量完全协调一致、全面发展之人的一种纯洁的类型。我们要加速让这一时刻早早的到来，实现里哈德·瓦格纳在美好时刻所领悟的想法：革命的力量之于艺术美的产生，为这种美开辟道路。我们也应当从这一观点出发看待知识界的精神工作的危机。

知识阶级可怕的难以忍受的贫困迫使其与革命的无产阶级结成同盟。知识阶层不自主地慢慢地认同了这一点。然而我们共产党人懂得历史发展的进程，因而自己希望做到历史的客观进程迫使人们不得不做的事情。所以我们服从时代的要求并不是像知识分子那样出于迫不得已，不是违心地，不是说"我们应该"，而是心甘情愿，怀着战斗的决心，说"我们希望！"

（长时间的暴风雨般的掌声）

格施克（主席）：

明天报告人和发言人之间的时间是这样分配的：

纲领委员会……5分钟

瓦尔加的提纲……10分钟

策略问题的提纲……10分钟

农业问题的提纲……3分钟

民族问题委员会……5分钟

俄罗斯委员会……2分钟

英国委员会……3分钟

意大利委员会……5分钟

工会委员会……2分钟

青年委员会……3分钟

然后是选举；接下来是主席团建议你们通过决议：代表大会未作出最后决定的所有问题都交由扩大的全会讨论。

季诺维也夫同志致闭幕词后，代表大会即将闭幕。

皮亚特尼茨基作关于组织问题的报告

共产国际第四次代表大会责成执行委员会将第三和第四次代表大会所有的组织决议、第二次代表大会上所通过的共产国际补充章程收集到一起。在共产国际执行委员会组织局的扩大会议上，通过并公布了章程草案，第五次代表大会组织委员会便以之作为基础。经过几组的讨论之后，组织委员会一致通过了略作修改的章程，刊登在代表大会第18号公报上。从第二次代表大会所通过的章程中保留下来的只有三条：第2、第10和第3条。对最后一条所作的补充是："每一个国家中可能只有一个共产党能加入共产国际。"

旧章程关于工会的第8条和关于各党在执行委员会中的代表的第14条被悉数删除，因为第四次代表大会对于共产国际与工会国际之间新的相互关系已经做出了规定。从前工会参加共产国际的代表大会，现在加入了工会国际的工会参加工会国际的代表大会，而为了保持共产国际与工会国际之间的联系则建立了一个行动委员会。

同样是第四次代表大会取消了各个党选派代表参加共产国际执行委员会的制度，决定代之以由代表大会本身选举执行委员会，这在第四次代表大会上已经得到贯彻执行。第五次代表大会上也会同样这样做。新章程的第1、7、8、9、11、12、14、16、17、22、33、34和35条，系由旧章程的各条修订而成。第4、5、6、13、15、18、19、20、21、23、24、25、26、27、28、29、30、31和32各条重新改写。用于起草上列19个章节的材料为：用于接受各党加入共产国际的第21条，第二次代表大会关于共产党在无产阶级革命中的作用的提纲，第三和第四次代表大会的组织决定。

组织委员会决定让第二次代表大会所通过的旧章程的引言保留当时所通过的原状，尽管引言中的许多内容对于共产国际纲领较之对于章程更为合适。不过这个引言对每一个人都清楚地表明，共产国际是马克思和恩格斯直接领导的光荣的第一国际的合法继承者。引言的第一部分由第一国际章程的摘录组成，而下面我将要引用的两个段落则表明，第二国际背叛了第一国际的遗训，只有共产国际宣布自己是第一国际的事业的继承者和完成者："1889年在巴黎成立的第二国际保证继承第一国际的事业，却在1914年世界大屠杀开始时彻底失败。第二国际寿终正寝，它受到机会主义的损害，被投靠资产阶级的领袖们夺去了生命。第三国际1919年3月成立于俄罗斯苏维埃联邦社会主义共和国的首都莫斯科市，它向全世界庄严宣告将保证继承并完成第一国际工人协会所开始的事业。"

现在谈谈新章程的一些章节。旧章节第1条说："新的国际工人协会是为了组织各国无产者的共同行动而建立的。无产者们所追求的是一个相同的目标：推翻资本主义，建立无产阶级专政和国际苏维埃共和国，以彻底消灭阶级和实现社会主义，这是共产主义社会的第一个阶段。"

组织委员会认为，如果新的国际工人协会不仅联合各国无产者，而且将各国共产党联合成一个统一的无产阶级的党，那会更为正确，因为世界最重要的那些国家中都有共产党，而共产党国际则会无条件地成为全世界的共产党。

第二次代表大会上通过旧章程的引言时曾说："实际上，共产主义国际应当在事实上真正成为统一的世界性的共产党，在各个国家活动的党则是它的一个支部。"当时曾经说过：共产国际必须真正成为世界性的党，而在这短短的时期中，这已经实现了4/5。

在就季诺维也夫同志关于共产国际执行委员会的活动和策略的报告所进行的讨论中，很多人都谈到了共产党要争取工人阶级的大多数和在农民最贫穷的阶层中开展工作的事。组织委员会认为需要在第1条中加入：共产国际"为将工人阶级的大多数和农民阶级的广大阶层争取到共产主义的原则和目标方面来而斗争"。

这样，我们今天所建议的章程第1条便因为作了上述修改而不同于旧章程中第1条的表述。

正如我在上面已经谈过的那样，第4、第5和第6条是章程的新内容。对此我想着重地谈一谈。旧章程中完全来指出谁可以成为共产党员和共产国际成员。每个党都力求自行确定这一点，因此便出现了分歧。组织委员会完全采纳了列宁同志在我俄国社会民主工党第二次代表大会上提出的对章程第1条所作的著名表述："任何一个承认党（共产党和共产国际）的纲领和章程、作为党组织的成员的人，都可以成为党员"，等等。

由于本次代表大会是在各共产党布尔什维克化的旗帜下举行的，我们规定党的布尔什维克化的基础是工厂等中的党支部。因此我们在第5条中说，企业中的支部是党组织的基础和依据，在该企业中工作的全体党员都应当加入其中。

组织委员会认为有必要更准确地表述应当如何建设党的组织，所以现在的章程的第6条讲明共产国际和各个建立在民主集中制的基本原则之上，并且确定了这个民主集中制的含义是什么。第6条中也强调，党组织的决议党员务必贯彻执行，对问题进行讨论只能在相应的党组织通过决议之前进行。

我们不能仅仅局限于对机关的选举制作出一些指示，因为许多共产党都是非法的，所以章程第6条的最后一段为这些非法的共产党作出了一些破例的规定。

这三条都应当纳入所有加入共产国际的共产党的章程之内。

根据先前的章程，代表大会每年都要召开。组织委员会建议从现在起代表大会两年召开一次。在章程的第七条中确切的说明，世界代表大会根据每个党的党员人数和该国的政治重要性，规定每个支部出席代表大会的拥有表决权的代表名额，自第二次代表大会以来，许多党从合法变成了非法，党员人数因此而大大减少，所以在每次代表大会上都需要确定每个党的表决权和代表证的数量。

章程中增添了关于扩大的全体会议的新的一条（第 26 条）。只是在第三次代表大会之后，才开始召开加入共产国际的各党的代表参加的共产国际扩大的执行委员会。这些扩大的全会比代表大会的工作效率更高，他们不像代表大会那样人数众多，可以更方便迅速地召开，也有足够的权威，因为所有的党全都与会了。召开全会是为了解决共产国际所面临的最重要问题。根据章程，扩大的全会今后应当每六个月召开一次。

还加入了关于国际监督委员会的新的一条，第四次代表大会决定责成两个支部（法国和德国支部）组建监督委员会。然而该委员会在第四次和第五次代表大会的间隔期间始终一次也不曾召开。这样的机构很有必要，因此我们设立了第 27 条，规定了国际监督委员会的功能，并建议国际监督委员会由代表大会直接选举。

根据原章程的第 13 条，各党之间最重要的政治交往都通过执行委员会进行，紧急情况下才允许例外。目前的章程第 30 条中说："共产国际各支部，特别彼此毗邻的各国支部，应在组织上和情报交换方面保持密切联系，互派代表参加代表会议和代表大会，也可以通过互相交换合适的领导力量。"上述代表的报告的副本应当送交共产国际，而代表的交换应当征得共产国际的同意。此外，诸如巴尔干和斯堪的纳维亚各国支部，在斗争中有着政治上的共同性，经共产国际执行委员会同意，可以结成联盟，在共产国际执行委员会监督下开展工作。

第 31 条规定各支部有义务向共产国际定期缴纳提成款。

第四次代表大会上作出决议：各个支部的党代表大会只能在世界代表大会之后召开。章程第 32 条赋予各支部在取得共产国际执行委员会同意的任何时候召开代表大会的权利。第 33 条规定，共产党员未经本国中央委员会同意不能出国，来人应当经中央委员会同意加入他们到达国的共产党。反之，来人未获党中央同意，不得被他们到达国的共产党接受入党。

现在谈谈对委员会所提出的修改意见。意大利同志建议从第1条中删除这样的语句：共产国际"为争取工人阶级的大多数而斗争"，代之以这样的语句：共产国际"为争取工人阶级的广大群众而斗争"。投票赞成这种修改的只有意大利同志。

他们提出对第4条加入："通过个别入党的方式接受党员"。这种修改同样遭到拒绝，因为如果希望入党的人满足第四条的要求，那么他们个别的或者集体的入党并无差别。

对于阐释民立集中制的第6条，意大利同志提出增补意见：不允许在党内组建有着自身报刊和组织的派别。组织委员会原则上不反对这一修改，但是，一方面也不适合这一条，另一方面向第五次代表大会提出的策略问题决议中的有一条已经清楚明确地谈到了这一点。

对于讲述每个共产党在世界代表大会上拥有的表决权数量的第7条，意大利同志建议将措词改为这样："每一个党有多少交纳党费的党员，就获得世界代表大会上多少表决权。"

投票赞成这一修改意见的也只有意大利同志。要是这样的修改被通过，那就会在世界代表大会上出现这样的情况：比如，爱沙尼亚同志们将会拥有比南斯拉夫更多的代表和表决权，然而南斯拉夫和爱沙尼亚在政治上的重要性根本就不一样。

在南斯拉夫党被迫转入地下之后，它失去大量党员，但是南斯拉夫的政治重要性并未改变。

意大利的同志们建议整个取消这个章程中的第17条，其中讲的是接纳一些党和组织以同情者的资格加入共产国际，有发言权而无表决权，这些同志声称他们的建议的理由是，已经再也没有可以作为同情者接纳的党了。组织委员会并未同意他们的意见。在英国工党中可能形成一个左翼，它可能接近共产国际，从本党中分裂出来。中国的国民党左派和殖民地国家的许多党不可能立即都作为享有平等权利的成员被接纳进共产国际，但是随着时间的推移，他们都可能成为很好的共产主义的党。

有一位意大利同志以自己的名义提出建议共产国际执行委员会的书记们只能从共产国际执行委员会委员的名额中选举；他的第二个修订意见则是：共产国际执行委员会的特派员也应当是共产国际执行委员会的委员。两条修改的意见都被以同样的理由否决：共产国际执行委员会为自己的代表负责，共产国际执行委员会也为自己的工作对代表大会负责，因此共产国际执行委员会应当有权选择那些它认为适合的同志做书记和特派员。

末了，意大利同志们的最后一条修改意见是：党龄短于两年的同志不能担任共产国际执行委员会和一个国家的共产党的中央委员，委员会对此也予以否决，因为各国共产党的历次代表大会都可自身规定入选中央委员会的任随什么样的党龄。至于共产国际执行委员会委员所需的党龄，则共产国际执行委员是由代表大会选举的，而对代表大会而言，章程的条款并非一定要执行，因为章程在每一次代表大会上都可能更改。尽管意大利同志们的修改意见被拒绝了，他们仍然宣布他会投票赞成这个章程。

第8条讲的是非常代表大会的召开，美国代表团就此建议作如下更改："代表大会根据共产国际上次代表大会三分之一的而不是章程中所说的二分之一与会的建议即可召开。"这一修改意见被否决。

我请求一致通过现在这个章程。

格施克（主席）：

现在请罗西同志就组织委员会的报告发表声明。

罗西同志就组织委员会的报告发表声明

我曾以意大利代表团左派成员的名义向委员会提出几点修改和补充意见，均被否决。泰拉奇尼和皮奇尼为其中一些意见做了辩护。表决期间我们投了弃权票。

我不愿意将这些意见提交全会，也不要求对其进行投票表决。现在我只想指出我们分歧的主要之点，这也可以算是表决时的某种声明。

我们当时建议将第1条中现有的措词："为了争取工人阶级的大多数"代之以下列说法："为了争取工人阶级的最广大阶层"。这里有些人说，草案中现有的说法是借用自列宁在第二次代表大会上所提出的提纲。我们当时指出有必要对这一点进行讨论，但认为组织委员会无权讨论这个问题，然而委员会却一直通过了草案中现有的表述。我认为自己有责任提醒，在后来所发表的一封信件中，列宁后悔在第三次代表大会上对右派作出了太大的让步。这里所谈到的那个论结也是这种让步的其中之一。"争取大多数"这个术语迁就了机会主义者的统计学上的解释。季诺维也夫曾在他的报告中就这一点与古拉进行了争论。

我们还提出增加一个段落，内容是禁止在党内组建派别。那些被指责从事派别的人，一定会为来自于反对这种倾向的同志的支持而感到高兴。委员会一致否决了我们的建议，声称在章程中加入类似的"限制"，意味着阻碍共产国际执行委员会在它认为需要时在一些党内建立派别。我们不能容许来自上级机关的派别活动就是合法的这种思想。这是一种造成混乱的因素。

此外我们还曾建议删去认可建立同情党的第17条。应当认为反对同情党的存在，因为考虑到这无论对本国的党和共产国际都会带来损害。的确，这可以给一种想法提供口实：同一个国家里可能有两个党，两党都追随共产国际；这样一来，共产党和机会主义政党都将处于同一个水平。这是与认可每一个国家只能有唯一一个革命政党——共产党相矛盾的。

我这里未列举的其他一些建议中，还有一条我们所提出的建议，它涉及的是：各国中央委员会和共产国际执行委员会的成员必须具有在已加入共产国际的党内至少两年的党龄。皮亚特尼茨基和委员会都反对，他们说，这类条款会妨碍挑选不具备这种条件的同志进入我们的机关。这是对的。任何章程都会规定一些众所周知的方式和界限。章程中的任何标准都可以用于否定其对立面。

我再说一遍这个简短的声明仅仅具有对投票表决表态的意义。我们将会投票赞成委员会提出的章程，因为在我们看来，共产国际的章程应当获得一致通过……（最后数行在速记记录中缺失）

格施克（主席）：

现在请皮亚特尼茨基同志致结束语。

皮亚特尼茨基致结束语

我认为不必对罗西同志代表意大利代表团左翼所发表的声明的各点逐一作出回答。我在自己的报告中已经讲述了，组织委员不采纳意大利同志们的建议时所持有的是何种见解。我只着重探讨三个问题。

第一，罗西同志指责组织委员会，说它否决意大利同志们关于不允许在共产党内建立派别，似乎是因为章程的这类条款会"限制"执行委员会在需要时建立这类派别的可能性。

我翻阅过组织委员会七月一日的记录，当时逐项讨论章程，意大利同志提出了对第6条关于派别的修改意见。我表示反对他们的建议，并以下面的方式说明了理由：

"可以谈论不允许在共产国际内建立派别的事情，不过往往有这样的情况：共产国际执行委员会一国支部内的一个流派，反对另一个流派（例如，在挪威反对特兰美尔派，在法国反对苏瓦林，在德国反对右派）。"这里与法国同志所提出的那些指责有什么共同之点吗？

第10条的结尾部分相当清楚明确地规定，每一个国家只能有一个共产党。意大利同志们担心，同一个国家里可能有两个党（革命的党和机会主义的党），全都追随共产国际，也享有同等的权利，这种担心根本不值一驳，即便一直与意大利共产党并肩前进的第三国际派（意大利社会党的共产主义左翼），也不曾拥有与意大利共产党同等的权利（他们没有与共产党人联合仅仅是因为，共产国际执行委员会希望他们在适当的时机退出社会党并带走尽可能多的工人）。在共产国际执行委员会扩大的全会上和共产国际代表大会上，第三国际派仅仅享有发言权，而无表决权。

罗西同志向组织委员会建议，在第三条中增加一个条款：代表大会无权将在共产主义运动中不足两年党龄的同志选入执行委员会。代表大会可以将它认为合适的人选入执行委员会。任何章程也不能对代表大会规定什么事情，因为代表大会有权更改章程。组织委员会尚未来得及报请代表大会批准，关于共产国际执行委员会报告的决议中即规定：党代表大会不是应当在共产国际代表大会之后，而是应当在任何时候都可以召开——结果，章程草案的两条都应当进行修改。

各个支部的每一次党代表大会都有权将其认为合适的人选入自己的中央委员会。如果意大利同志希望为他们的中央委员会选举加上党龄，就让他们在意大利共产党的代表大会上提出这样的建议好了。在组织委员会中，罗西同志的建议被全票对一票加以否决。

格施克（主席）：

现在请许勒尔同志作关于生产支部的报告。

许勒尔作关于生产支部的报告

同志们！第五次代表大会的中心任务是各国共产党的布尔什维克化和在生产支部的基础上对他们进行改组。第三次世界代表大会之后，在这个问题上还充满了混乱，即便第四次代表大会之后，除了青年共产国际和德国共产党之外，几乎共产国际的所有支部在这方面都仍然很消极；现在各党都在研究这些问题，不仅从理论上而且在实践中进行研究。德国事件极其显著地向各党表明，采取社会民主党以往那些组织群众的方法和形成吸引这些群众投入斗争，只有作出极大的努力才有可能。当前所有的党都已清楚，迫切地需要建立生产支部并在其基础上改组党，这个问题因而也提上世界代表大会的议事日程。毫无疑问，我们在一些党的数量上已经是群众性的党了。但是，还不能将他们称为真正布尔什维克化的群众性的党。难道群众性的党的概念仅仅具有数量上的意义？不，共产主义群众性的党只有在这一时候才能对这一称号当之无愧：其时它对无产阶级广大群众可以施加深刻而持久的影响，在各种问题上和日常的斗争中与工人群众有着最紧密的联系，已经成为他们无可争辩的领导人。在先前的社会民主党的组织形式还存在的情况下，这样的共产主义群众性的党绝无可能。

社会民主党在其全部活动中都奉行在资本主义的范围内实行改革的方针，在这方面同样要为议会做好事，因而它的建制便以地域划分为基础。然而工人群众反对资产阶级的斗争、革命的斗争是在企业中展开的，共产党也应该在那里扎根。一个革命的战斗的党总是扎根于企业，以工人群众本身为基础。按区域建立的地方组织容易沾染空谈革命的习气。如果深入了解我们一些党的地方组织的生活，就会发现大多数情况下他们之中存在着十分严重的小团体习气的残余，很少与无产阶级的现实斗争发生直接的联系。在生产支部的基础上改组党，将组织的基础转移到企业，这就迫使每一个党员和整个党组织竭尽自己的全部力量，直接面对阶级敌人。这样，党内便会充满一种新的精神，真正无产阶级的富有战斗性的党的精神。

革命的矛盾和斗争变得越尖锐，企业变成无产阶级和共产党的决定性斗争舞台这一点就会越加清楚明确。资产阶级的进攻直接发生在那里，进行防卫性斗争的工人也集结在那里，那里常常爆发大规模的罢工和群众性的同盟歇业；那里出现了无产阶级的百人队，为反对法西斯主义而斗争；那里爆发了争取确立对生产的监督的斗争，在革命斗争决定性的时刻夺取工厂便会获得巨大的意义。德国党争取监督生产的斗争永远也不可能拥有牢固的群众基础，因为党不肯建立坚强有力的支部，哪怕在最大的生产部门也是如此。可以有充分根据地说，如果意大利党里有支部，在意大利所发生的夺取工厂的活动一定会获得更好的效果。至今的情形仍然常常都是，在发生最大的罢工、同盟歇业和企业中的斗争的时刻，党对这些活动并不具备决定性的影响。而之所以出现这种情形，就是因为党未能拥有生产支部作为基础。工会工作的情况也完全一样。争取得到工会的问题，在很大程度上就是生产支部的问题。

近年来我们在某些地方已经感受到了这一切，而且在革命实验的典型国家——德国，为此付出了高昂的代价。由此只能得出一个结论：终于必须着手党在组织方面的布尔什维克化了，摒弃社会民主党的詹姆斯，建立真正的共产党。列宁的名言——"每一个企业都应当成为共产党的堡垒"①，必须在最短的时间内付诸实现。我们应当以最大的努力着手在生产支部的基础上对党进行改组。

---

① 参见《列宁全集》中文第2版第7卷第10页。引文有出入。原话为"每个工厂都应当成为我们的堡垒"。——编者注

不过在这方面我们首先应当清楚那些已经显露出的错误认识。首先出现一个问题：生产支部是否仅仅是原来就有的党的机关的补充，它们只能称之为党的建设的表面上的改变呢，抑或它们还要求对整个党的建制进行根本性的深刻的改变？对这个问题应当作出直接而明确的回答，在这方面的任何含糊、任何误解都极为有害。报纸上和党所通过的决议都常常说：建立新的组织形式时不应当"破坏"旧有的党组织，不可对其作出实质性的改变和进行根本性的重新安排。同志们，总有一些人爱在墙上自己画鬼，然后却又被它吓住。比如，常常有些人爱谈论破坏以及诸如此类的华而不实的悲惨事情。自然，问题并不在于要破坏原有的党组织。这种抗拒背后隐藏着的是拒绝对先前的党的建构进行实质性的根本改变。翻译成普通的语言，那意思就是，党内的同志们认为可以在保留旧的党的建构的同时接受新的组织形式。这有什么意义吗？没有。这种想法经不起批评，应当大力加以否定。建立布尔什维主义的生产支部，与此同时又保留社会民主党的建构，这是不可能的事。共产国际要求实行根本性的变革。这种变革自然应当有计划地、细致地进行，有时还须逐步地进行。我们必须注意让党组织的变革成为根本性的、深入扎实的和原则性的变革。

上述错误认识以这种或者那种形式在许多党内都表现出来。比如，英国的党代表大会决定建立生产支部，但并不对先前的党组织进行根本性的改变。

在法国，长时期内把事情都设想成这样：党组织有着两种基本的生产支部和地方组织，同时却不赋予生产支部接收党员和收取党费的权利。法国的同志们今天向我们宣称，他们认为这是一种过渡性的形式，而令我非常高兴的是，我能够在这里证实，法国同志们已经与我们步调一致地前进，并且是我们的观点的很好的捍卫者。不过有一段时间他们曾经采取错误的立场。

在意大利，党也认为，在建立生产支部的同时，它不应当破除旧有的组织形式。

捷克斯洛伐克党清楚明确地宣称，原先的组织形式已经深深地扎根，成为了传统，因而不能更改。党的代表会议研究生产支部的问题时通过了一项决议，其中包含有下面这一点：

"终归需要建立生产支部，但在其初期不应当破坏已经与无产阶级血肉相连的旧有的组织形式，要完全放弃这些组织形式，只能是在新的组织形式通过考验并具备完善的性质的时候。"

随后代表大会作出决定，在一个很长的时期（作为一个阶段）内都只是建立生产小团体；实际上在所有这些情况下也都这样做了。党仍然以先前的基层组织（基层小组、分部等）为基础。那些名之曰生产支部的机构并没有充当组织基础，只是普通的生产小团体，亦即在那里工作的成员们的不完善的联合体，仅为自己提出了有限的在企业中的宣传任务和工作，不享有党的任何组织权利。但在此事中最令人感兴趣的还是，某些党竟然心安理得、无动于衷的将这种做法称之为"实现执行委员会的一月决议"。漏掉了一个细节：这样建立起来的生产支部实际上并不是那么一回事，而旧组织原则也并未改变。其他方面也都符合执行委员会的一月决议。较之这么样的贯彻决议，我们宁肯看到公开拒绝这些决议。因为，什么也没有得到贯彻，只不过是助长关于新的组织建设的概念的混乱。因此我们不应当在这方面做任何的让步。生产支部是党组织的基础，它在各处都应该变成这样。党组织应当以生产支部为基础进行根本性的改组。重组本身是一个需付出巨大努力、劳动和精力的过程。我们的捷克党的同志们在世界代表大会之前将这次改革想象成一个漫长的过渡阶段的连续过程。他们看到的前景是，生产小团体还会存在一个长久的时期（1—2年），其后接着的才会是生产支部阶段。这正如他们的决议中所说，新的组织形式必须借助与生产小团体扎根于无产阶级和党员群众，只有在这些小团体证明自身的存在是正确合理的时候才有可能过渡到生产支部。与此同时，他们还强调，在生产支部的基础上进行改组需要很大数量的党务工作人员，而党现在并没有这样的人，只能从头开始培养。

应该说，捷克同志在那之前歪曲了有计划地过渡的完全正确的思想，真相一点也不剩。国际经验说明，用这样的方法永远也建立不了生产支部。如果将一些恶劣的代用品硬塞给工人群众以取代新的组织形式，这些组织形式怎能在他们中扎根？如果生产小团体并不具有党组织的各种权利和义务，没有牢固的内在的凝聚剂，他们怎么能存在1—2年，完成生产支部所面临的各种任务？尤其是，德国的经验表明，这一类小团体是不可能有长久的生命力的，只能可怜巴巴地勉强混日子。生产支部只有在其成为党组织真正的基础并且获得各种权利和义务的情况下，才能获得生命力。要是捷克的同志们以缺乏有经验的党务工作者为由，不放心给予生产支部各种权利和义务，他们就想错了，大大低估了党员群众和无产阶级中所具备的强大能量，以为党内群众的力量不足，然而实际上过错仅仅在于党的上层人物的态度消极。如果说有什么足以释放出党内至今沉睡于党员群众中、隐藏在原先的组织形式背后的新力量，那正是在生产支部的原则上改革组织；这种可以吸引企业里的每个党员、每个工人参与工作、完成党的任务的组织改革，将会激发出大量的新生力量，在短期内从那些至今未引人瞩目的同志中培养出非常优秀的党务人员。我们要十分坚决地声明，在这种拖延某些过渡阶段并且不把这次改革视作时间有限和极其有限的真正具有转折性质的过渡阶段的情况下，以生产支部为基础的改革是不可能实现的。

简单点说，对改组的意义估计不足。与先前的社会民主党的组织形式相比较，它的确标志着一场革命，标志着一次转折，在难度和意义上都不亚于共产国际的其他历次转折。比如，在很长一个时期里让党内群众逐步了解第三次世界代表大会上所发生的对待群众方面的进步时，都向同志们说了些什么呢？自然，这个过程中也有一些过渡阶段，但他们的时间有限，所以党本身（出于时间上的考虑）必须缩短这个期限，而不是加以拖延。生产支部一旦建立，当即就将其变成党组织真正的基础，我们认为这是必要的，而且要强调这一点。

我这就回答许多国家发生的关于接受生产支部成员以及他们的登记和会费收取问题。

这个问题与上面提到的问题相类似，因此我们的回答是这样：自然，他们可以而且一定要提出来。那些还没授予生产支部这种权利的党，应当尽快地赋予它们这些任务和权利。

关于过渡形式的问题使我们紧接着面临一个**街道支部**的问题：到头来事情一片混乱，人们也糊里糊涂，这足以说明问题之难和传统观念的顽固。街道支部的问题和生产支部的问题一样，常常被人们视为一个原则性的问题。常常会发表这样一种观点（很遗憾是在德国党内），作为党组织基础的有两种形式——生产支部和街道支部。对待街道支部甚至还犯了错误。执行委员会一月决议谈到街道支部的时候仅仅指的是党员个人，按照其工作地点他们不可能直接联合而为生产支部（例如，无产阶级的家庭主妇、家庭职员、单干的知识分子，等等），往往出现这样的情况：将失业的党员和在那些没有别的党员的企业中工作的党员也都归入街道支部，我们在1924年5月的德国党的提纲中就看到这种转形。在捷克党内，街道支部干脆被视为先前的地方组织，只不过有着另外一个名称而已（参见3月5日该党中央致地区组织的信件）。

与此相反，我们首先应当确定，生产支部的问题而不是街道支部的问题具有原则性的意义。原则上必不可少的是生产支部，根本不是街道支部。我们应当争取建立类似于俄罗斯那样的党组织。在那里，绝大多数党员都被直接容纳在支部里。这样的支部到处都有——工厂、车间、铁路、轮船、经济实体、办事部门、政府机关，等等，等等。不直接隶属于支部的少量党员（不涉及农民问题）则向支部登记或者被市委、县委用于从事某些工作。我们原则上争取建立的某些组织就是这样；这是完全彻底建立在生产支部之上的组织，按照工作地点组建，深深扎根于群众之中。自然，为此就需要具备一系列前提条件，其中两点至为重要：

1. 首先，党的社会构成应当是这样："首先城市党员"的绝大多数可以直接由生产支部容纳，换句话说，党内必须具备无产阶级的大多数、无产阶级的坚强核心。

2. 共产党支部的组织必须拥有足够的力量和足够深厚的根基。

如果两个前提中一个都不具备，则将所有的党员登记在生产支部可能会产生不良后果；这些党员事实上会使生产支部人满为患，所得到的并不是生产支部，而是先前的地方组织故态复萌。为此我们必须力争在自己的工作中创造这两个前提条件。这尤其与社会构成有关。仔细观察我们党的社会构成，我们便会发现，在许多情况下它都还不够完善。比如，美国和加拿大的代表在组织委员会中声称，他们党的大多数党员都吸收自手工业者和零散的在各种企业中工作的人员。我们都知道意大利党的情况也是如此，该党的城市党员的比例更小。这样，在以生产支部为基础的改组的过程中，我们的任务便是将党组织的重心转移至工业企业，再从这里转移至大工业企业，力争在党内构成无产阶级的多数，而在其中又构成吸收自最大最重要企业的大工厂的无产者核心。这个问题在吸收党员的实际过程中必须加以注意。杂乱无章地吸收党员是不能容许的，应该首先在企业中吸收，将主要的注意力集中于最大的工业地区，大工业以及具有决定性意义的最大的工厂和企业。不能事先规定期限，什么时候各党都要达成这一目标，什么时候他们可以放弃过渡形式、街道支部等等。对于不同的党，这个期限也有所不同。一些党达到目的要早一些，另一些党则要晚一些。这取决于某个地区、某个党，各不相同，结果一个党可能在有一些大工业区放弃街道支部早一些，在另一些地区晚一些。于是我们便看到，街道支部仅具有过渡形式的作用。在组织委员会里它们被叫做"躲不开的一劫"。这在党员成分构成和党组织的一定时期、一定状况下是躲不开的一劫。既然我们已经弄清了街道支部的真正性质，我们就应当明白，它们根本不能被视为与生产支部并列的党组织的基础。街道支部并不是党组织的基础。这可以说是为少数最不重要的一部分党员建立党组织的一个附带的分支。同时也应当指出，街道支部并不是此类组织的唯一形式，还可能有另外一些团结不在企业中工作的党员的形式。

  这个问题之所以对我们有着巨大的意义是因为，在实践中它极其重要。当然建立街道支部比生产支部要容易一些。许多党员熟悉了以支部为基础的新的组织形式，听说了生产支部和街道支部之后，首先抓住街道支部并且错误地将它们与生产支部等量齐观，都视为党组织的基础，亦即实际上看不起生产支部这一组织，将其置于大大的靠后的地位。这样一来，保守主义和竭力保持旧的组织形式的传统的观念逐渐渗入新的组织形式。对此必须加以阻止。街道支部一刻也不应当让注意力脱离企业和生产支部。它们仅具有次要的意义。主要的是生产支部。我们的注意力应当紧盯企业，我们应当在那里开展工作，我们应当在那里建立生产支部，党则应当在生产支部的基础上进行改组。改组的思路就是这样，我们都很清楚，这种思路应当决定改组的整个实践活动。改组应当由党根据详细、严格制订的计划在预定的期限内进行。德国党可以作为这方面的榜样。它为改组规定了四个月的期限，为了完成个别特别困难的局部性任务，则期限为五个月。我们觉得这个期限很合适，并且认为其他一些党——中欧和西欧的党可以效法德国党的榜样。

当然，党应该就整个党组织的改组作出指示，但是注意力首先仍然应当集中在工业地区，在那些地方又要集中注意力于最主要的工业中心。在每一个城市，市委的注意力都应当集中于最重要的市区的改组进程。确定了登记的办法，党员在哪些企业工作之后，就应当在市区委和市委的帮助下在那里建立生产支部。它们被赋予一定的任务，它们承担起一定的工作，在需要的地方建立街道支部。街道支部和生产支部联合而为支部群。生产支部立即便按它们所在的地点加入到了当地的地方组织之中，服从于地方组织并与其建立起最紧密的联系。可以举行生产支部党员与地方组织党员的全体大会；生产支部的代表立即便会吸收参加地方组织工作人员的会议并成为党委的成员（甚至在它们尚未加入地方组织的情况下也可以）。在这个阶段，党员仍然是按它们的居住地点、而不是按工作地点加以组织的。他们按居住地点向地方组织交纳党费。这个阶段对德国党而言可以持续两个月左右。我认为，这个时间对其他一些党也都足够了。例外自然也可能有，但是我们仍须提出具体的期限，并且制定出共同的规定。在这个期限之内，可以完成所必需的全部准备工作，以便按工作地点登记党员，移交征集党费的事务，将党的各种权利和义务整个交给各支部。这些事情办完之后，生产支部就算建立起来了，党员和党的工作人员的会议就是在生产支部的基础上召开了，根据执行委员会的一月提纲，应由这些支部改选市区委会和市委。自下而上的改组就应当这样连续不断地进行。

同时，当然也不应当死死抓住常规不放。在许多情况下，大工业企业则在大多数情况下，生产支部都能够完成自己的各种任务，应当立即向其移交所有的组织功能。我们要强调这一点，并且认为对那些最大企业中的支部，而且总的说来所有的支部，都必须尽快地这样做。

自然，改组要求中央委员会和其他各级党的机关异常紧张地进行工作。每个党的组织局最近数月都应该将此当做首要任务，将自己的绝大部分精力都用到这个方面。必须认真对待世界代表大会的各项决议。中央委员会必须制定出特别的指示并向各区委派出指导员。制定全面的切合实际的指示，通过报刊广泛而及时地介绍这方面工作的经验和成就，都有助于改组的工作。共产国际执行委员会本月则应当领导这项工作，以更加详细的切合实际的指点补充先前的指示。

同志们，我们面临着重大的任务。在组织形式和工作方面正在发生根本性的变革。在这一领域与旧有的社会民主党的形式和方法决裂，其困难和痛苦不亚于其他领域。然而，这并不应该吓倒我们。决议不应该成为一纸空文。组织委员会建议批准一月的各项决定并提出一项特别决议。如果党能贯彻这项决议，如果它能在最近期间实现以上所指出的任务的具有决定意义的部分，这将是共产国际向前迈出的强有力的一步，其后果我们甚至暂时还无法领悟。诸如德国党、法国党和青年共产国际，也已着手进行改组，他们已经取得了极其重大和良好的效果，深深扎根于群众之中，具备了战斗的性质。

全面改组的结果，应该并且一定会建成真正的布尔什维克化的党，布尔什维克化的富有战斗性的党。既然我们的欧洲各党和美国党即将建立在生产支部之上，这就会成为无产阶级未来胜利的最大的保障。

因此各党都应该不要浪费时间，摒除各种不足，坚决着手努力贯彻第五次世界代表大会即将通过的关于改组问题的决议。

格施克（主席）：

组织委员会内关于提纲和章程意见完全一致。谁反对章程和关于生产委员会的提纲？一个人也没有。一致通过。

现在请皮亚特尼茨基同志作代表资格审查委员会的报告。

皮亚特尼茨基作代表资格审查委员会的报告

宣读代表资格审查委员会的报告，并提出下列建议：

1. 第五次代表大会责成共产国际执行委员会根据第 7 条（第四部分）重新研究第三次代表大会关于参加共产国际的各党之间表决权分配的决定并向第六次代表大会提出相应的修改。

2. 将按照不同国家整理出的代表问卷调查方面的材料附入代表资格审查委员会的报告。

通过代表资格审查委员会的建议

格施克（主席）：

我提议进行表决。谁反对资格审查委员会的建议？一个人也没有。一致通过。

（会议休会）

第三十一次会议

(1924年7月8日,星期二,上午会议)

主席:柯拉罗夫、怀恩科普

柯拉罗夫(主席):

我宣布会议开幕,正如你们所记得的那样,民族问题的几位报告人还没有发表结束语。他们当时为自己保留了在提交决议的同时再做此事的权利;我现在就请他们发言。先请罗易同志发言。

罗易的声明

曼努伊尔斯基同志在委员会中声称,俄国共产党中央委员会要他发言批判我的观点,这种情况迫使我发言为我所说的话辩护。主席团现在改变了顺序,让我先发言,而曼努伊尔斯基则在我之后再讲话。在这种条件下我看不出现在发表意见的必要,因为我对开初在自己的报告中所讲述的话没有什么可补充的。因此我只能向代表大会声明,如果不给我提供对曼努伊尔斯基同志反对我的发言作出回应的机会,那么我就根本不打算就这个问题在这里发表意见了。

柯拉罗夫(主席):

罗易同志的要求毫无理由。现在辩论已经结束。罗易同志获得发言权先于曼努伊尔斯基同志,因为曼努伊尔斯基是主要报告人,应当让他作总结性的发言。

现在请曼努伊尔斯基同志发言。

曼努伊尔斯基就民族和殖民地问题作总结性发言

同志们,我利用致结束语的机会,对民族和殖民地问题委员会的工作作一简短的报告。委员会分为五个组,与不同典型的国家感到关切的问题相对应:

a. 殖民地组,

b. 远东组,

c. 近东组,

d. 巴尔干和中欧组,

e. 黑人组。

所有的实际措施在决议中均已载明,我以委员会的名义提议将这些决议转交执行委员会扩大的全体会议进行认真的审查和研究,然后再以第五次代表大会的名义加以批准。

现在我谈谈就民族和殖民地问题所开展的辩论有关联的某些结论。辩论期间,无论是在全体会议上还是委员会中,我们都不得不指出存在着某些倾向,其本质我已经在自己的主旨报告中作了说明。首先,我要着重分析罗易同志的错误,他的见解无疑反映了民族问题方面的虚无主义理论的影响。罗易同志在同我的争论中提出了三个主要的论点。

第一个论点:1923年我们不仅没有看到民族运动的高涨,反而发现了它的衰落和全面萧条。是这样的吗?上述论断与事实相矛盾。正是在过去的1923年中,土耳其的革命运动具备了土耳其革命节节胜利的性质,这反映在一系列反对欧洲帝国主义的顺利的战争之中。土耳其在这个时期经历了典型的民族资产阶级革命。我们在埃及也看到了同样的现象。面对这些事实，难道可以否认民族运动的存在，并且证明所有的现存民族运动以及那些处于潜在状态的民族运动已事先注定了未老先衰？我们认为，罗易同志抨击这些事实，无疑陷入了某种主观主义。

罗易同志的第二个论点。罗易同志在发言中说，民族运动的第一阶段已经结束，取而代之的是殖民地中尖锐的阶级冲突的时期正在到来。

同志们请注意，这里所说的根本不是生产力的发展已经造成了深刻的阶级矛盾的某个殖民地国家可能会发生这种阶级冲突，而恰恰是所有被帝国主义奴役的国家中足以说明殖民地运动状况的一种典型现象。

我举出阿尔及利亚作为具体的例子。在阿尔及利亚，1923年发生了8次罢工。这几次罢工参加的人数达800人。大多数情况下，这些罢工的参加都是小作坊的工人。卷入与剥削者的阶级冲突的800名工人，在有着数百万殖民地群众的阿尔及利亚，他们能改变总的社会环境吗？将这种罢工当做斗争和社会冲突的嘈杂声，这，说轻一点，实在是患了某种政治性的色盲。当然，发生在阿尔及利亚的8次罢工是一件对于欧洲无产阶级具有极大政治意义的事例。很久以前德国的激进分子雅各比曾经说过，在德国组织第一个工会就其政治后果而言，将会比萨多瓦会战具有更大的意义。对这些罢工的意义估计不足应是一种错误。但是根据它们便得出普遍性的结论，硬说当前历史阶段殖民地民族运动的发展已经瓦解，却是不正确的。在罗易同志所写的殖民地问题的提纲中，他自己也不得不确认，在非洲的许多殖民地中民族运动还不存在，殖民地的被压迫群众不但尚未达到阶级斗争的阶段，而且尚未走上民族觉醒的道路。

罗易同志的第三个论断：他在确定共产国际对待殖民地民众的自决权的态度时，建议考虑什么阶段是这个自决权的体现者。布哈林同志曾经试图以劳动人民的自决权替换民族自决权的问题。但是布哈林同志至少是对欧洲概括自己的论点，那里的社会关系已经得到很大程度的发展。然而当罗易同志现在试图将这样的定义照搬到殖民地国家的时候，他却犯了一个比我们许多人在第八次党代表大会所犯的严重得多的错误。马克思当年在奥普战争最激烈时致恩格斯的信中即曾辛辣地嘲笑过这种民族虚无主义。我手边没有确切的引文，但我想凭记忆加以引述。

马克思写道：昨天总委员会内发生了一场关于当前军事形势的辩论。正如可以预料的那样，辩论涉及了民族问题。"青年法兰西"的代表为这样一个观点辩护：民族不是别的什么，无非是一种陈腐的偏见，它们应当被公社所取代，公社的组织者则应是堪称模范的法兰西民族。当我开始发言时说，我们的朋友拉法格在消灭了民族之后向大会致词要使用法语，亦即使用十分之九的听众都不懂的那种语言的时候，英国人大笑不止。①

马克思的这一席话，一些同志特别是罗易同志应当牢记，他们总想把已经处于当前发展阶段的劳动群众变成自决权的体现者。关于社会和民族的因素在阶级和民族斗争中的相互关系问题是一个极其复杂的问题，需要领导人们具有敏锐的政治嗅觉。我认为，我们各国的共产党支部在确定这两种因素的正确比例时，在对某种斗争因素过高估计或估计不足方面还会不止一次地产生严重的错误。我们所面临的未来的阶级搏斗可能会为我们的各个党造成极为复杂的环境。它们面前可能出现一个问题：阶级斗争和社会革命的利益会不会与民族自决权的原则发生矛盾？为了说明我的想法，我给你们举一个具体的例子。革命前，俄国共产党大力捍卫芬兰脱离俄罗斯帝国的权利。而在十月革命中我们夺取了政权之后，我们就面临一个问题：我们是否应当支持这种脱离工农的俄

---

① 参见《马克思恩格斯全集》中文第1版第31卷第230—231页。——编者注

罗斯的权利？同志们，你们都明白，在这种条件下芬兰的脱离便意味着，那个区域中大量的无产阶级民众便会脱离无产阶专政的制度，事实上进入了资产阶级国家的阵营。看起来，我们似乎应当反对芬兰的分离。我们在那个时代所面对的是盛行的资产阶级大俄罗斯民族主义，它把芬兰的分离被视为违背祖国的利益。

如果我们在这个时刻拒绝芬兰的分离权，我们便会在定居于沙皇帝国的所有民族中激起对年轻的工农政权的不信任。出于革命整体的利益，出于在我们这个巨大国家里巩固无产阶级专政的利益，我们有意识地作出了这一牺牲。

我们的各兄弟党也可能遇到这种情况。这方面，当然需要它们采取很大的政治灵活性，以便不至于牺牲革命的利益，并且在被压迫民族中建立对无产阶级的信任。

我接下来想谈谈克赖比希同志的错误。克赖比希同志在这里的讲台上一再肯定地说，在德国的波希米亚不存在任何分离主义运动。克赖比希同志自问，我们是否应当支持每一个民族的分离权？这个问题无疑很有意思，所以我准备略加分析。如果克赖比希同志熟悉民族问题上的俄罗斯学派，那么他就会知道，在我们的许多民族问题理论家中，尤其是在斯大林同志那里，都可以找到对这个问题的答案。当然，我们不能支持随便一个什么样的民族就去分离——一切都取决于具体的历史环境，取决于一个国家民族运动所处的阶段。不过由此便得出结论，认为大国的共产党就应当反对分离，却是错误的。革命前我们在乌克兰并没有深刻的分离主义运动，尽管如此，为了与大俄罗斯沙文主义作斗争，我们俄国共产党一直大力捍卫乌克兰的分离权，在与乌克兰的民族主义者的合作中遭到大俄罗斯沙文主义自发势力的指责。不过我们并不害怕这种指责。克赖比希同志说，提出已加入捷克国家的民族的分离权这一口号，我们便在事实上将民族问题的解决推迟到了社会革命之时，因为我们的口号不可能在当今资产阶级国家的范围内实现。他说，我们应当立足于具体的历史状况，马克思就是这样教导我们的。我已经在自己的报告中指出过了，马尔科维奇同志在反对我们的南斯拉夫同志时也举出了类似的理由。在解决历史问题时立足于具体的历史状况是什么意思呢？这就意味着在解决这一问题时，将战争和暴力过程中所形成资产阶级国家的边界作为出发点。然而这恰恰是奥地利学派奥托·鲍威尔和伦纳对民族问题的提法。我们那些来自奥地利社会民主党队伍中的捷克同志犯下这一传统性的错误并非偶然。

再谈谈我们的波兰同志的立场。在波兰委员会的会议上，瓦尔斯基同志责备我，说我过高估计了德国问题在波兰的意义，因为在波兰的任何一个村社中德国居民都不占有多数。瓦尔斯基同志似乎完全忘记了围绕着上西里西亚问题所进行的那场尖锐的民族斗争。波兰真的不存在德国问题吗？在1921年3月20日的全民公决期间，卡托维兹的27000名投票人中4000人表示拥护波兰，其余的人拥护德国；在柯尼希舒特的42000投票人中，31000人表示拥护德国。总的来说，上西里西亚三分之二的选票都赞同自己归属于德国。同志们，请不要忘记，这整个全民公决都是在协约国的残酷专政下进行的，当局想方设法让问题的解决有利于波兰。我必须开诚布公地说，瓦尔斯基同志在解决民族问题时比资产阶级民主主义者尼蒂离开正确的革命立场更远，此人在其轰动一时的《没有和平的欧洲》一书中倒看出了德国问题在波兰与德国的关系中的重要性。

最后，同志们，我还想着重分析一下另一个问题，它对于我们兄弟的巴尔干和中欧各党具有很大的意义。你们都知道，我们的这些有着多民族成员的党都是服从一个中心的组织。这些服从一个中心的党所接受的民族问题方面的一个共同的纲领，会不会与构成各该国的共产党的一个个民族支部产生矛盾呢？

我给你们举一个具体的例子。假设有捷克人、斯洛伐克人、德意志人的共产党人加入的捷克斯洛伐克共产党通过了一个承认直到分离的自决权的民族问题纲领。这是否意味着捷克人共产党人或者德意志人共产党人无论如何都应当坚持居住着捷克斯洛伐克人或者德意志人的领土与现今的捷克斯洛伐克国家相分离呢？根本不是。相反，斯洛伐克人和德意志人共产党人首先应当与本民族资产阶级的沙文主义作斗争。所以，纲领的问题是服从一个中心的各党的共同问题，需要与宣传的方式区分开来。同时我们也看到，有些地方的被压迫民族的支部总爱倾向于以分离权的名义侵害服从一个中心的共产党的组织本身。我给你们举出加里西亚共产党人作为例子。加里西亚同志们的自治主义倾向极为严重。他们倾向于将国家的相互关系的一般性定义照搬到党内性质的相互关系。这包含着很大的危险。在中欧支部所提出的决议的最初方案中列入了一条，有可能被解释为乌克兰同志试图建立一个由乌共（布）中央、东加里西亚、霍尔姆地区、波德利亚什和喀尔巴阡罗斯等支部组成的独特的乌克兰共产主义国际。委员会里的部分同志抨击这一条款，以充分的理由将其作了更改。我们认为，党内不能容许双重领导，不能建立两个中心——在华沙和在基辅。乌克兰的同志们最终同意了委员会大多数人的意见。

既然我谈到了这种昙花一现的错误，我就想提醒在其他兄弟党内也可能发生这种危险。

同志们，为了端正我们共产国际各支部的民族问题路线所必须提出的共同意见就是这样一些。通过齐心协力的共同努力，路线一定会得到矫正，我们对此深信不疑。

季诺维也夫的补充说明

我认为有必要往记录中补充以下的说明。

我在自己的结束语里引用了蔡特金同志关于工农政府的发言中的一

处地方。蔡特金同志给了我一份经过校正的她的发言的速记记录,我在其中看到,我当时引用的那份未经校正的材料不太准确。从校正过的文本中我看到,我们同克拉拉同志对这个问题的观点上的分歧比我当初设想的要小得多。

佩珀就有关经济提纲问题作介绍

受政治委员会的委托,我应当在这里作一个有关经济提纲问题的介绍。委员会以瓦尔加同志的提纲为基础,在委员会小组会上进行了仔细的审议,作了认真的修改,然后一致通过了这份提纲。

我们只不过是在四点上有一些分歧。

首先,出现了一个德国问题。德国代表就这个问题所发表的意见尤其多,其建议涉及两个方面:第一,他们力求对德国的局势作出清楚而准确的描述;第二,他们试图让有些地方的用语变得缓和一些,那些地方讲的是德国资产阶级与法国、英国资产阶级的关系以及它承受它们的竞争的能力。其实我们现在可以宣布,我们现有的关于德国的提纲是十分具体和准确的。其次,我们讨论了一个问题:我们可不可以肯定地说,现在已经再也没有统一的资本主义经济了。经过长时间的讨论之后,我们同意了瓦尔加同志在这方面的正确阐述,但是我们使相应的地方变得更为准确,说成了:战后不再有统一的世界资本主义经济。与此同时,也有一种性质相反的倾向,其表现是美国和英国力图将欧洲变为殖民地。

第三个也是最重要的问题是,总的革命前景在提纲中论述得是否充分和准确。委员会的共同意见可归结为,提纲是一部严肃认真的有价值的著作,但是许多地方我们还必须讲得更为具体。我想简要地讲述一下添加到其中的这方面的实质性的修改。

第一处修改与开头有关,我们去掉了标题:《资本主义的危机抑或振兴?》，采用了下面这种表述：《资本主义的进攻。危机时期在继续》。这些话更清楚明确地表达了我们对当前形势的基本理解。第二处重要的修改关系到第 4 条，提纲中那里的说法是："资产阶级的暂时胜利"。这个地方我们以这样的方式将其变得委婉一些："资产阶级向革命无产阶级进攻的成效"。接下来是对第 4 条的修改，现在是这样说的：

> "诚然，资产阶级的进攻为某些资本主义国家和资本家集团提供了暂时缓一口气的机会，但是这种缓解同时也使得不同的资本主义国家或资本家集团之间的矛盾变得更加尖锐。"

我认为，这里全都讲得够清楚的了。

接下来，是赔款问题方面的修改，那里最初是这样说的："关于赔款的问题仍然未获解决"。我们以如下方式修改了这个地方：

> "关于赔款的问题像此前一样未获解决"。

随后在第 31 条中我们作了这样的重要补充："剩下的唯一抉择是：帝国主义战争或者无产阶级革命"。

关于美国的危机问题，提纲中说：

> "美国的危急时期，其开端已显而易见"。瓦尔加同志向我们讲述了一些重要的新资料，所以我们对这条建议作了修改：美国的危机"已经以异乎寻常的力量爆发……"

然后是第 39 条中的一处极为重要的修改，那里最初说的是："资本主义的当代危机现在是否已经会导致……资产阶级的衰亡。"

这个问题需要表述得更清楚一些，因此我们便写上了：

> "资本主义没落时期的现今阶段是否即将导致资产阶级被推翻，抑或导致其

阶级统治的新一轮相当长期的相对的巩固……"

这对于使提纲更加确切而言是一处十分重要的修改。我们不给人留下任何疑问的是，没落时期必将导致资产阶级被推翻，我们留下的只是一个公开的问题：资本主义阶级在总的衰落时期的现今阶段是否会发生崩溃。

我们所审议的最后一个问题是：第三次代表大会以来，总的形势变得更加紧张了还是依然如故。

我们得出的结论是，资本主义经济的衰退在许多极为重要的资产阶级国家大大地向前发展了。

应当说，整个说来瓦尔加同志的提纲对于阐明全世界的经济极有价值，但德国同志们所表现出的热切关注也大大地促使提纲获得了更为清晰和鲜明的表述，革命的前景更加确切和具体地显示了出来。

还在提纲完篇之后，对于我们对世界经济的理解出现了一个很小的但不无意义的批评，那是鲍里斯的文章中阐述的。该文从整体上考察了世界经济的状况。分析了1823年开始的整个世界的生产率，从而得出结论：自战争以来不仅生产能力提高了，而且世界的总产量也增加了。鲍里斯同志确认了自世界大战以来资本主义实力的增长。实质上他同意了希法亭的看法，不同于后者的仅仅是对世界革命到来的主观信念，我且引述该文的几个论点：

"德国共产党应当引导德国无产阶级投入争取专政、争取建立社会主义经济的斗争。这是它的任务。社会主义的基础是发达的生产力——这在德国已经具备。

他有着共产主义经济的基础。现代化学能够做到分解原子。下一步的目标不仅是在实验室内了解原子，而且要应用于工业的需求……

只有无产阶级有能力运用还隐匿于未来深处的所有的发现。不过，也有可能它们在资本主义时代即会出现。这样的发现足以导致生产力的迅猛发展，一举粉碎资本主义的枷锁。

世界生产率的提高根本不能像希法亭所认为的那样证明资本主义的振兴，他仅仅指出现在德国的无产阶级革命的时刻已经来临，这个时刻稍迟一些在法国也会到来，然后很快便会在世界范围内到来。"

鲍里斯没有考虑帝国主义和世界大战，只是注意到资本主义的普遍的高度发展。能将我们引向胜利的并不是资本主义的危机，并不是帝国的衰落，而是这个闻所未闻的新发现：原子的分解。鲍里斯同志为无产阶级提供的最主要的任务是原子分解，而我们的提纲所提出的则是摧毁资产阶级。

实际上，对我们的提纲的这一批评是绝无仅有的。

最终，我们的提纲中包含了瓦尔加同志和德国代表团共同的成果，反映了整个政治委员会全体一致的意见。如果我们在某种程度上将上述对共产党国际基本态度的批评归咎于德国代表团，德国同志们必定会感到极大的委屈。我要指出，该提纲也是德国同志中的左派创造活动的产物，从其文本中可以看出，德国代表团与鲍里斯同志的观点毫无共同之处。我说这话是因为，有些同志为那篇文章，为鲍里斯同志的愚蠢行为而指责德国的代表们。德国代表团对这些愚蠢的做法根本不负有责任。德国同志们仍坚持我们的提纲的观点。他们不仅一致同意这个提纲，而且参加了它的修订工作。

我代表一致通过了本提纲的政治委员会将其提交代表大会，希望它能获得通过。

表决并通过经济委员会的提纲

怀恩科普（主席）：

我们现在开始表决经济委员会的提纲，请反对的人举手。谁也不反对。提纲通过。

现在请布哈林同志就纲领问题发言。

布哈林就纲领修改问题作说明

我可能只占用 5 分钟。纲领委员会的工作过程是这样的。我们接受了来自关于纲领的讨论和专门小组会议及一些小委员会的各种各样的修改意见；总共作了将近 50 处修改，不过总的说来全部仅仅具有次要的意义。我从纲领委员会所采纳的现有修改中举出下列几点：首先，我们删去了关于红色武装干涉的那个段落，尽管大多数同志并未提出针对这一段落的理论上的反对意见。其次，更重要的修改在于显著地压缩了战术战略部分。我们提出了我们的战略依据：党的作用，一般性论据，以及我们的策略路线的确定。统一战线的进一步发展像工农政府的口号一样，我们均予以删除。

我认为，我们所采取的最具有实质性的修改就这样一些。大部分代表团都能够在这个纲领的基础上团结起来。重要的是，所有这些论点都具备了，仅仅需要将它们加以整理，进行文字上的加工。这只是编辑技术性的工作，将由专门委员会去完成，所以我认为，我们现在已经可以对草案进行表决了。

我再重复一遍我在自己的第一次发言中已经说过的话：这个草案应当以代表大会的名义提交给各支部作为讨论的基础，因此我提议通过下列决议：

"1. 代表大会同意将纲领委员会所制订的纲要作为各支部进行讨论的基础。

2. 编辑委员会应当根据委员会的决定，确定这个纲要的最终版本。

3. 代表大会委托执行委员会分设一个常务纲领委员会，再由它在最近期间连同有关材料一起公布纲要,并举行和利用国际性的讨论。

4. 纲要的最终形式应在下一次代表大会上予以通过。"

这样,我们便建议委任两个编辑委员会。一个应当尽快在总体上将整个纲要定稿,我认为代表大会现在就应该将其设立起来。我们建议由下列人员组成:基本草案的两位作者——布哈林和塔尔海默,德国代表团的一位代表。为什么是德国代表团呢?纯粹是出于技术性的考虑。我们现在就已经需要拥有两种语言的基本文本:俄语的和德语的,因而便需要有一位德国同志。至于翻译成其他各种语言,我认为将来执行委员会可以挑选一些同志负责译成他们的语言——法语、意大利语等等。这一点极为重要。经验向我们表明,几乎所有的译文,从德语的译文开始都很糟糕,近乎毫无用处。因此我请求代表大会接受这个建议并选出这样一个委员会。至于另一个常设委员会,我认为可以委托执行委员会加以任命,我们未来还有两年时间用于进行讨论,只有下一次代表大会才会通过定稿的纲领。

最后我希望,下一次代表大会之前所有的支部都能对纲领草案有着自己的明确的观点。

已经引起了重视,所以各支部都一定会展开热烈的讨论。我对此寄以希望,我的发言就此结束。

表决并通过纲领委员会的建议

怀恩科普(主席):

我们现在就开始表决布哈林同志所提出的纲领委员会的建议,同时也表决由布哈林同志代表纲领委员会所谈到的那个编辑委员会的组成人选。我们所要表决的委员会组成人员是布哈林、塔尔海默两位同志和德国代表团的一名代表。

对这些建议有反对意见吗？没有。全部通过。现在由台尔曼同志作关于政治提纲的发言。

台尔曼就政治委员会的策略问题提纲修改作说明

同志们，政治委员会当时应当讨论两个关于策略问题的指导性提纲草案：一个是俄国党提出的，另一个是博尔迪加同志提出的。小组委员会明确表示赞成采用俄国党的纲要作为基础，并且确定博尔迪加同志的提纲在许多地方与它相当接近，在委员会的讨论中都发挥了作用。在国际形势的判定上，在对待政权问题的态度上，在各共产党的组织基础上，还存在诸如统一战线、工人政府、局部要求、各党的布尔什维克化和关于共产国际最重要的一些支部的具体任务等问题方面，我们的看法都完全一致，甚至在细微之处也是如此。在博尔迪加同志的提纲中仅仅多少加点不明确的地方，几处其他的细微差别；后来左派意大利同志从原则上否定工农政府作为争取无产阶级专政的斗争中的宣传口号的意义。我要强调的是，在讨论许多要点，特别是涉及统一战线在不同的国家中的运用问题的时候，委员会的全体成员尽管观点分歧，都力求达成协议。

为了不超过分配给我的 10 分钟，我只打算着重分析政治委员会对策略提纲的文本所提出的 38 处修改意见中的几处最重要的修改。

对第一部分（国际形势）第二项作了如下的重要补充，它牵涉到德国，由于是专家的结论而对德国共产党具有极为重要的意义：

"尽管在德国由于对专家方案的宣传，也出现了加强民主和平主义幻想和巩固作为这一政策载体的社会民主党阵地的趋势，然而与此同时，也令人感觉到截然相反的趋势,与这种趋势有联系的是统治阶级在德国社会民主党的帮助下,为了推行专家方案,实行比此前更加公开和残酷的剥削和镇压革命运动的政策。"

原有的从"在德国……"等词语开始到"无产阶级参加……"等词语被删除。

此处补充获一致通过。

在国际形势问题方面有关德国的补充如下:"但依旧始终如一地是一个共同参与德国资产阶级国家管理的政党,并以某种形式参与巩固资产阶级对无产阶级的专政。"

接下来,在第2条中删去了一个地方,从词语"每一种民主"到词语"冒充",而代之以:

"每个民主国家都在不同程度地公开武装起来,以防同另一个'友好民主国家'发生无法调和的帝国主义冲突。"

委员会的意见是,这种表述更清晰地表达了资本帝国主义国家的资产阶级民主的观点,更明确地强调了资本主义矛盾的不可调和。

在同一段中往词语"很明显"之后加入了下面一番话:

"帝国主义的和平条约,鲁尔州的占领已经表明,它是战争的继续,只不过是以另外的方式;和平条约无法疗治战争造成的创伤。战争的后果无法以资本主义的方式来根除。"

这个段落同样毫无异议地一致获得通过。分析政权问题的地方的各种条款也进行了一些修改;由于对这些条款作了更好的表述,原有的一些不大的分歧得到了消除。

我之所以在这里对这些修改加以删略,是因为我看不出有什么必要向你们报告所有的修辞方面以及诸如此类形式上的变动。我只提一提最重要的地方。

第4节中第7行往下，关于民族问题，"毫无意义"一词后面加上"和机会主义的错误观点"。委员会的成员们提出，各国共产党并不总是正确地运用第二次世界代表大会的提纲。比如，波兰党和捷克斯洛伐克党的一些同志都曾奋起反对民族问题上的非共产主义的错误观点。因此，对这个问题还需要进行某些更加明确的说明。

第一段末谈的是极左思潮，那里加上了：

"随机应变不应用于使用机会主义方法。"

在讨论关于统一战线的提纲的过程中，德国代表团提出了一些修改意见，因为它根据1923年的以及此前所发生的各种条件的经验，深信对这个问题的表述必须十分明确，萨克森的可悲经验尤其证明了这一点。委员会发现，第四次代表大会关于统一战线策略的提纲的表述在某些国家作了不正确的解释。我们在不同的一些地方作了某些修辞和策略性的修改。委员会小组会议并没有全部满足德国代表团的愿望，但是终归作了许多修改。

第二段倒数第二行的原文是："统一战线策略过去是现在仍然是完全、绝对正确和必要的"，删去了"绝对"这个词。

在同一段中，顺数第3行，讲的是自下而上的统一战线策略，同时也讲到与高层的会谈，强调的是"足够"一词。

接下来，关于工农政府的一段中说："工农政府的口号向来是、仍然是一种最好的简练而准确的表述"，对"仍然是"一词作了删除。德国代表团起初建议对这个地方作彻底的更改，将"最好的"一词换成"很好的"。

第八部分讲的是两种前景，根据代表团的不同观点，承认事态的激化有可能发生，在发展速度缓慢的情况下使得共产党可以在较短的时期内克服各种阻碍。决定在这部分中增添一段话：

"无论如何，即使在事情发展得更加缓慢的情况下，共产国际作为群众性的和决不妥协的无产阶级革命共产党，也应当将群众团结在自己周围，让他们为夺权的革命斗争做好准备。"

在讲述各党的布尔什维克化并建立统一的世界共产党那个段落中，补充了这样一些话（第 2 部分倒数第 4 行）："达到目的并同时"；往下，在另外一段第 4 条之后加入第 5 条：

"它应当在资产阶级军队中开展坚持不懈和定期的宣传和组织工作。"

最后，在讲述最重要的一些支部的具体任务的地方，加入了关于英国的一个专门的段落，因为英国会发挥革命性的作用，这在季诺维也夫同志根据议会日程第一项所作的报告中已加以确认。该国正在形成革命的环境，因此我们添加了特别的一个段落，指出：鉴于英国党所面临的任务，有的局势应当加以利用。

关于法国的补充是：

"法国的重工业无论在帝国主义的意义上还是对于内政关系而言，都具有越来越大的意义。法国共产党应当进行反对重工业日益增强的影响的斗争，首先是进行反对贯彻专家计划的斗争，并在同德国共产党紧密联盟的情况下进行斗争。"

在关于捷克斯洛伐克的那个部分里，删去了讲述工会工作中应当本着共产国际和工会国际的精神，执行统一的无保留的策略。

如果说也暴露出了一些明显的矛盾的话，那么我们终归曾力图对草案作一些显著的改进，至少我们对第四次代表大会关于策略的提纲作了改进，做到了让统一战线的表述完全明确无误；在关于工人政府的问题上考虑到了我们在德国所获得沉痛的经验，阐明了工农政府是争取无产阶级专政的斗争的一种宣传口号，在讨论共产党在无产阶级革命中的作用时，我们面临着一些重要的任务，即便某个国家的发展速度比我们所希望的要缓慢。我们采用了一部分博尔迪加的提纲，并且表示了一种愿望，希望各个党在这一策略的基础上能够相对于革命的理论而言，在实践中履行自己的义务。

讨论有关意大利的问题

博尔迪加（意大利）：

意大利代表团拟定了一个关于策略的提纲草案，将在《公报》上发表，它符合意大利"左派"在策略问题上的一贯主张。

不过左派将投赞成季诺维也夫的方案，它与第四次代表大会的决议相比，大大地接近了我们的观点。

我们完全接受草案的大部分，只是对关于统一战线的一章、关于工人政府的口号的某些论述以及另外仅具有次要意义的几处地方提出了一些修正意见。

我们同意关于极端假左派分子的倾向的那些话，因为他们根本上与意大利左派事实上所采取的观点毫不相干。

我们的同意不仅是从纪律的原则出发，我们还让这种同意也具有抗议的意义，我们坚决反对存心夸大我们与共产国际大多数人的观点上的分歧。

怀恩科普（主席）：

意大利委员会召开了4次会议仔细了解意大利问题，终于为意大利共产党制定出了一个除去意大利左派集团之外大家都能接受的共同的行动纲领。

我们十分满意地注意到博尔迪加同志所作的关于纪律的声明。不幸的是，左派集团不愿意进行我们所希望的亲密合作。其次，我们发现有必要让意大利共产党与不久之前被意大利极端主义党开除的第三国际集团立即合并。

我们认为，共产国际应当为此向工人阶级发出号召，向他们说明这种合并绝对必要，因为它是极端主义党解体的开端，同时也是所有的革命力量集中到意大利共产党周围的开端。

另一方面，由于意大利左派拒绝进入意大利共产党领导机关，我们认为完全有必要致信该党，以共产国际的名义说明，意大利左派所进行的反对共产国际的斗争已经为期数年，同时常常坚持形式主义纪律的观点。

这份文件应在执行委员会的扩大全会上制定并通过。现在我们需要审查的是一个文件，即委员会所通过的行动纲领；另外两个文件则要在执行委员会的扩大全会上制定并付诸表决。

我们希望我们能与执行委员会的扩大全会共同讨论意大利党左派集团的各种倾向，委员会的大多数人（如果不说是全体一致的话）都认为，关于意大利各派相互关系的普遍认识是不准确的。这种认识可能让工人党员甚至全党产生误解。我们认为，所谓左倾无非是一种力求放弃工作的思潮，本身应当受到谴责。我们希望向执行委员会的扩大全会证明，这种放弃的思潮实际上有违革命的利益。我们的这次讨论将在执行委员会的扩大全会上进行。如果我们能说服双方，那会很有好处。如果扩大的全会能够制定一项可以解决党内危机的决议，我们会对此感到非常高兴。我认为，有了委员会一致同意的决议之后（请你们认真注意这一点）意大利问题的解决就主要取决于左派同志们的行为，取决于他们认为应该如何对待共产国际的策略、对待委员会所通过的各种决议。

同志们，我认为，讨论最终会导致我们遵守纪律，不仅是表面上遵守，而且发自左派内心的遵守，他们也会准确地执行已通过的各种决议。

还应当注意到各个派别的要求，其中也包括左派。我们认为需要制定有关合并条件和党的领导机关人员组成的指示。因此事情关系到需要发布各派代表比例的总的指示。所有的派别都要保证以共产国际指示的精神参加投票。

委员会的全部建议就是如此。

我希望，这是意大利共产党内业已存在数年并且具有颇为尖锐性质的危机应有的解决办法。

埃尔科利（意大利）：

意大利共产党中央集团接受意大利委员会所制定的政治纲领。至于对待意大利社会党的策略问题，我们认为，意大利共产党应当向自己提出争取跟着社会党人走的群众的任务，有了这样一个目标，我们基本上就不可能拒绝任何一种策略手段。

然而，考虑到在意大利已形成的局面，我们集团得出一种看法：六月份扩大的执行委员会所通过的建议即便以意大利委员会所指出的形式也不可能在争取社会党的群众方面有什么帮助，这种争取不应该依照共产国际迄今所奉行的路线来进行，而是应该既按照先前所存在的关系所提示我们的方式，也按照如今仍在发展的政治危机所提示我们的方式来进行。

我要再次声明，这一部分决议如果得到通过的话，将会成为引导意大利党多数派沿着共产国际路线前进的严重阻碍。

中央集团将投票赞成委员会所制定的纲领并保证无条件地加以执行。

至于合并，中央集团请求代表大会对于让第三国际流派进入党的政治局的问题明确地表态。

怀恩科普（荷兰）：

我们应当批准意大利委员会一致通过的关于纲领问题的报告。谁反对批准这个报告？决议获得一致通过。现在请鲁特·费舍同志代表英国委员会作报告。

鲁特·费舍就英国委员会的决议作说明

我的报告只占用一分钟，我仅仅说一说下列几点：英国委员会已经制定出了关于对待工人政府和在工党中的实际任务的策略问题的决议，这一策略不单是写在纸上，而且意味着在英国开展良好工作的一个真正的开端。谈及德国、法国和捷克斯洛伐克的一段，我们增添了关于英国本身工作问题的一条。我们大家都深信，英国的运动对于共产国际有着巨大的意义，并且希望，共产国际所给予英国的关注将会促进那里在广大群众中真正展开一场共产主义的革命运动。

怀恩科普（主席）：

现在我们举手表决英国委员会的决议。谁反对？一个人也没有。一致通过。

（柯拉罗夫同志坐上主席座位）

通过关于农业等问题的决议

柯拉罗夫（主席）：

我想向大家报告委员会一致通过的关于农业问题的决议；决议已经

分发给你们了。在这个问题上委员会内没有大的分歧，因为所有的委员都完全同意代表大会的在提纲中表明并且先前已经获得通过的总的路线。

仅仅就个别的条款产生了局部的争论，而且均已由一致通过的总的决议所解决。

我建议你们像委员会所做的那样，一致投票赞成这项决议。

（决议获得一致通过）

已经是委员会结束自己的工作之后的事了，有一位代表提议对第5条作下列补充：

"各国共产党应当关注农业工人的组织。"

既然这里真正关系到的是共产党的职责问题，我认为，这个补充无论在代表大会方面或委员会方面都不会遭到反对。

（补充被接受）

俄罗斯委员会讨论了归它审议的问题，同样一致通过了已经提交并分发给你们的决议。对决议的文本仅仅提出了一些很小的修改意见，主要具有形式上的意义。

我以委员会的名义建议大家像委员会所做的那样，一致通过这项决议。

（决议获得一致通过）

议事日程上是斯坦尼斯拉夫同志关于工会问题的报告。斯坦尼斯拉夫同志，请您发言。

斯坦尼斯拉夫关于工会问题的提议

请允许我以波兰、法国、英国、美国、俄罗斯和巴尔干各代表团的名义提出下面一项提议：

"共产国际第五次世界代表大会同意经各代表团表决并由洛佐夫斯基提交的关于工会问题的提纲。提纲的定稿,代表大会责成由洛佐夫斯基、拉德茨基、多恩、科恩等同志、一名英国同志、一名意大利同志和一名巴尔干同志组成的委员会,根据相应的代表团的指示予以完成。

第五次世界代表大会将提纲的第4部分提交执行委员会扩大全会,责成它仔细审议与国际工会联合会维也纳代表大会有关的问题,并作出相应的领导指示。"

其次是另一个提议:

"共产国际第五次世界代表大会声明,威廉·舒马赫以及所有在工会问题上赞同他的人的立场以及他们在工会运动内部的活动,与共产国际世界代表大会的决议背道而驰。第五次世界代表大会谴责上述同志们的立场和活动,这些活动导致工人退出工会,从而给革命造成危害。第五次世界代表大会向所有退出工会的工人发出呼吁,要求他们重新返回工会,此外也建议所有的工人都加入工会组织。第五次世界代表大会指出,工会是团结所有被剥削者的地方,共产党人应当在其中开展自己的革命教育和宣传工作。退出工会不外乎是从革命斗争的战场上临阵脱逃,将无产阶级交到敌人的手中。"

柯拉罗夫(主席):

我建议对所提出的提议进行表决。(提议被通过)

柯拉罗夫(主席):

现在请台尔曼同志发言。

台尔曼发言呼吁重视青年问题

同志们,青年委员会内显示出一种可悲的现象,应该在世界代表大会上予以宣布:第三国际的各国共产党对青年运动没有表现足够的关注，未将其视作革命无产阶级的先锋，不关心他们理论和实践方面的培训工作。从委员会内得知，有一些支部的代表不认为需要关注青年中的运动问题，这种情况甚至在那些青年投入反对机会主义的斗争比成年人还早的国家也都存在。

现在所提出的草案对军队和军事机关中的青年工作给予了特别的关注，格外仔细地分析研究了关于国内战争的实际准备和企业中的支部及其工作等问题。结果发现，在企业中工作的共产党员并不支持革命，没有意识到在反对军国主义的工作中实际帮助青年的必要性。在瑞典，党倾向于反对青年是因为，青年们试图关注世界代表大会的决议。在捷克斯洛伐克，党没有意识到为了无产阶级革命的利益，多么需要转向企业中的支部。在这项工作中青年完全是单打独斗。

委员会希望，各个党能更深切地关注青年们准备武装起义的实际工作，为他们提供积极的帮助，支持他们的工作干劲，支持他们的热心和激情，那样我们才会有在革命斗争培养出的年轻一代，得到真正的列宁主义者、革命的先锋和战士。

柯拉罗夫（主席）：

现在请格施克同志代表德国代表团发表关于工会问题的决议的声明。

格施克代表德国代表团发表关于工会问题的决议的声明

德国代表团希望对关于工会的决议第4条作出如下声明：

"德国代表团认为所提出的各种措施在当前是不适宜的。代表团认为，为了顺利实行这些措施，必须在工人群众中开展广泛的准备工作，向他们讲清问题。

德国代表团仍然同意将问题提交执行委员会扩大全会，希望会上更深入地弄清德国代表团的立场，这样它在贯彻执行委员会的建议时就不单是出于遵守纪律，而且是满怀着信念。

德国代表团坚决否定企图将这一声明说成俄罗斯和德国两个代表之间对工会和工会运动团结的观点上的原则分歧的任何尝试。德国代表团将为维护工会工作的真正共产主义路线的斗争贡献全部力量。"

柯拉罗夫（主席）：

现在对决议进行表决。谁赞成？谁反对？没有任何人。决议获得通过。

柯拉罗夫（主席）：

主席团提议委托布哈林和塔尔海默两位同志代表共产国际向工会国际祝贺它于今天晚上开幕。（提议获得通过）

柯拉罗夫（主席）：

关于民族问题的决议由于技术性的原因还无法分发给各代表团。只好像我们在类似的情况下已经这样做过的那样，将这一决议交给扩大的执行委员会，责成它以代表大会的名义对其进行表决。

米哈·茨哈卡雅代表格鲁吉亚共产党代表团发表声明

（他在主席台上受到整个主席团和全场许多代表团热烈的鼓掌欢迎）

的确，是一个特殊的情况使我能从这个崇高的讲台上发言，占用共产国际第五次代表大会几分钟的注意力。

亲爱的同志们，整个有组织的劳动人类的代表们……我们的格鲁吉亚共产党代表团委托我向共产国际第五次代表大会发表如下声明。

几天之前我们的苏维埃报刊上出现了一则报道，说被人民赶出了格鲁吉亚、现今与其同伙正在巴黎和其他协约国首都苟且偷安的格鲁吉亚孟什维克的著名领袖诺伊·饶尔丹尼亚先生，向他的志同道合者们发出号召称，**必须通过武装起义的途径推翻苏维埃政权**……文件的原件是在不久之前于梯弗里斯被捕的贝尼·奇希基什维利处找到并破译的，此人当年是格鲁吉亚著名的孟什维克，现在则是外来的挑拨离间的奸细，彭加勒、休斯和协约国其他暴虐之徒的间谍。大概很快其他从西欧潜入格鲁吉亚实行武装起义的"英雄们"也会在梯弗里斯落入我们著名的肃反委员会之手，因为他们再也无处藏身。人民永远再也不会跟他们走了……格鲁吉亚的农民和工人在1918—1920年期间在孟什维克先生们手下已经受够了他们和他们的主子——西欧帝国主义者的罪，不会再次在选择朋友时犯错误了。

现在，亲爱的同志们，请允许我在这里宣读另外一个刚刚收到的来自日内瓦的文件。这是从当地社会改良主义者的《劳动》日报上剪下来的两栏文字，说的是另一个格鲁吉亚孟什维克"领袖"在一次大学宴会上的讲话。他就是当年列宁格勒第一届苏维埃期间的著名人物，也是斯托雷平时代的杜马活动家，后来在格鲁吉亚工人和农民的怒吼中与诺伊·饶尔丹尼亚一道可耻地出逃的卡洛斯（只是不清楚，他本来名叫"尼古拉"，为何却成了"卡洛斯"？）·齐赫泽。我不打算宣读全部材料来打扰你们了，我只是陈述一下其实质性的简略的内容。让共产国际第五次代表大会除了饶尔丹尼亚先生致同谋者的呼吁书之外，也了解了解这些侨居国外的孟什维克先生们，在受到为武装干涉格鲁吉亚苏维埃社会主义共和国和整个苏联进行宣传的指责时，是如何替自己辩解的……

齐赫泽先生在这次讲话中，面对脑满肠肥的瑞士资产者抒发一通关于神话般的"金羊毛"时期封建遗老们的格鲁吉亚的爱国主义情怀之后，着重指出格鲁吉亚对于觊觎巴库石油的协约国帝国主义者们的战略意义。当然，与此同时齐赫泽先生还使用孟什维克、白卫军和黑帮分子所炮制的那套陈旧谎言点缀自己的讲话，说什么美好的国家遭到破坏，格鲁吉亚的工人农民正在受难，"红军和来自莫斯科的布尔什维克践踏了他们的自由"等等诸如此类的胡言乱语，这个第二国际破产了的成员在犯罪现场被我们逮了个正着。可怜巴巴的孟什维克骗子手齐赫泽想要骗谁呢？与自己的战友饶尔丹尼亚先生相反，他在这次讲话中逐字逐句地说了下面一番话："有人指责我们，似乎我们在呼唤干涉，呼唤战争。这是布尔什维克的谎言、欺骗和伪造，我们并没有想过这样的事情。"我们（格鲁吉亚的孟什维克）是温顺的羔羊，第二国际的和平主义者。当然，如果主人下令，如果休斯从美国打来电话，彭加勒盼咐自己的秘书从部长的仆人室中找到格鲁吉亚的孟什维克——策列铁里、契恒凯里、叶夫根尼乌斯、格格奇柯利等先生，还有为首的饶尔丹尼亚和齐赫泽，与他们商谈一下继续从事从美丽的格鲁吉亚开始对苏联进行武装干涉的工作，顺带弄清楚在巴黎、日内瓦和其他协约国首都的这些武装干涉辩护人每月的预算……噢，这是另外一件事情了。

  这证实了我在上面所提到的饶尔丹尼亚先生的号召书。解释已成为多余。请看格鲁吉亚的孟什维主义（总的说来，昔日整个俄国的孟什维主义）已经变成了多么可怜的两面派！他们与第二国际的其他成员，诸如考茨基、王德威尔得、列诺得尔、龙格、韩德逊、斯诺登、麦克唐纳以及其他一些全世界工人阶级和劳动人民的叛徒一道，像过去那样出卖和背叛工人阶级及其革命的事业。

  打倒黄色的第二国际！

  打倒社会主义和革命的叛徒！

  打倒格鲁吉亚孟什维克的先生们——饶尔丹尼亚、齐赫泽、策列铁里、阿卡基·契恒凯里、叶夫根尼·格格奇柯利和他们那些在寇松、休斯、彭加勒、墨索里尼的金色阴沟里弄得满身肮脏的走狗们！

  打倒白色的国际社会民主党——万恶的孟什维主义！

（在喧腾的掌声、然后又转变成一片欢呼声中，米哈·茨哈卡雅同志从讲台返回自己在代表团的座位。）

通过关于国际支援革命战士协会的决议

佩斯特科夫斯基（波兰）：

支援革命者委员会结束了自己的工作，建议通过如下决议：

"由一些俄罗斯同志首倡的国际支援革命者组织的工作在第四次代表大会上即已得到阐述，会议承认这项工作是必要的，并鼓励其进一步发展。从那时候以来，国际反革命势力增强了，随之而来的是对工人和农民的骇人听闻的残酷迫害。无产阶级的组织，诸如工会、工人报刊、俱乐部、合作社等等，经常遭到来自世界资产阶级及其仆从法西斯匪帮的迫害。

无产阶级革命最积极的战士们未经审判和侦查即被杀害。他们仅仅因为稍微被怀疑参与革命运动、哪怕是同情共产主义就成千上万地遭到逮捕。在大多数情况下，被捕者都遭遇可怕的对待，直至严刑拷打。法庭调查期间的刑讯折磨已经成为大多数资产阶级'民主'国家的司空见惯的现象。监狱制度就是对被捕者个人肉体和精神的闻所未闻的迫害。资产阶级司法到处都是十足的装模作样，其中连资产阶级法律的基本要素也遭到践踏。

反动势力的这种肆无忌惮打破了国际工人阶级和劳动农民所有的'民主'幻想，有助于巩固全体劳动者的国际团结。这种国际团结的增进具体表现在国际支援革命者组织的迅猛发展和成功活动上。

国际支援革命者协会①是一个非常的组织，它将向被捕的革命战士及其家人、还有牺牲了的战士的家人提供物质、精神和法律援助作为自己的目的。

国际支援革命者协会的队伍中包括广大的工人、农民、职员群众，不分其所属的党派；它团结所有在资产阶级剥削或民族压迫的桎梏下受苦受难的人以

---

① 即国际支援革命战士协会。——编者注

及所有渴望劳动者战胜资产阶级的人。

因此国际支援革命者协会随着其活动的发展,已成为统一战线非常重要的工具之一,因为在其增进国际团结的具体工作中,它组织起越来越多的新的力量,让它们参与无产阶级的革命斗争。此外,国际支援革命者协会的工作的重要政治意义还在于,这个组织乃是无产阶级军队的支柱,不仅在军队胜利进军的时候,而且在它退却的时刻都是如此。国际支援革命者协会让革命战士们感到同志式的同情的气氛,支持他们继续斗争的精神和意志。

共产国际第五次代表大会希望国际支援革命者协会进一步发展和巩固,提请所有的共产党和加入共产国际的组织遵循下列各点:

1. 各国共产党应当采取各种措施支持国际支援革命者协会,要求在本国组织这一协会的分部,让自己的成员保证最积极地参加支援这个分部。

2. 党的报刊应在自己的文章中对国际支援革命战士协会鼓动宣传帮助革命斗士的工作予以关注。

3. 第五次代表大会支持共产国际执行委员会宣布3月18日(巴黎公社纪念日)为国际支援革命者日的决定,要求所有的共产党给予关注,让这个日子像其他革命节日一样圆满地进行。

在开展党的各种运动时,也应该记住国际支援革命者协会。

总结国际支援革命者协会的活动时,代表大会特别满意地指出,国际支援革命者协会在苏维埃共和国联盟的工作尤其富有成果。"

柯拉罗夫(主席):

我们现在进行表决。谁反对这一决议?没有谁。决议通过。

通过关于挪威问题和国际工人援助会的决议

布哈林(苏联):

一场重大斗争的结果随即产生分裂,其后挪威的特兰美尔分子便趋于全面破产。他们之中出现了重新加入共产国际队伍的强烈趋向。运动中有许多理智的无产阶级分子不顾首领们的抗拒,力求与共产国际接近。在群众大会上、各种会议上和地区组织中都通过了一系列决议,宣布忠诚于共产国际。诸如特兰美尔之类的领导人的社会民主主义以及某种程度上的工团主义方针,在挪威工人运动历史上发生的最大一次斗争期间遭到了揭露。尽管总的说来整个运动失败了,但我们的党却获得了巨大的威望。现在我们应当利用既有的局势,将更广泛的挪威工人群众吸引到我们一方来。

我以俄罗斯、德国和法国代表团的名义,建议第五次世界代表大会通过下列决议。

"现今的挪威工党首领们的反共立场阻碍了该党加入第三国际各党的行列。然而,第五次代表大会得知,该党内有许多忠诚的无产阶级革命分子,他们希望也应该成为共产国际的成员。

第五次代表大会责成执行委员会竭尽所能,将挪威工党的真正无产阶级的革命分子吸收加入共产国际的队伍。

德国代表团代表:台尔曼

法国代表团代表:路易·塞利耶

俄罗斯代表团代表:布哈林。"

我建议一致通过这项决议。

柯拉罗夫(主席):

现在我们对布哈林同志的提议进行表决。谁反对?一个人也没有。一致通过。

国际工人援助会的决议已以各种语言分发,让我们这就进行表决。有反对这项决议的意见吗?没有。一致通过。

斯图尔特就埃及问题提出建议并获得通过

斯图尔特（英国）：

今年3月在埃及，在扎克卢勒帕夏掌权的日子里，11位我们的共产党员同志被捕，至今仍在监狱中受折磨。根据一系列法律条款，他们被控犯有图谋推翻埃及现政权等罪行。我仅仅向大家引用起诉书中的一个小小的片断。

"他们要求废黜作为宪法准则的国王，代之以共产主义社会，宣称实现他们的意图能够导致最好的结果。怀着这种目的，他们组织一个名叫'埃及共产党'的党派，并以支部的形式加入了他们同意其条件的第三国际。该党遵照共产国际的指示开展工作，企图以威胁和暴力方式废黜国王和没收私人财产。他们在工人、小农和其他公民中进行各种宣传鼓动；此种行为应当受到法律的惩处……"

我们建议第五次代表大会支持埃及共产党对这些逮捕和监禁的抗议，但我们不能仅限于此，而是期望共产国际采取比普通的抗议更多的行动。我们要求我们所有的支部将逮捕和监禁我们的同志这一事实变作具有现实意义的战斗口号，尽可能在各国采取一系列针对埃及领事馆的请愿和示威游行行动。

我以主席团的名义请求共产国际代表大会通过这项决议并竭尽全力使之在全世界范围内得到贯彻执行。

（决议获得一致通过）

瓦西里科夫以西乌克兰共产党的名义发表声明

我想以西乌克兰共产党的名义发表下列声明：

"我们在关于民族问题的提纲中使用'自治'一词,是想赋予它一种含义,这样的含义在决议文本中根据我们的建议业已被赋予,曼努伊尔斯基代表民族委员会所作的报告中亦已得到表达。

至于中央派为这个词所赋予的意义上的自治,我们无论从前或现在都是反对这样的自治的。在这个问题上,我们不仅与曼努伊尔斯基同志没有分歧,相反,在阐释我们决议中这个概念的内涵时,我们团结一致地一道进行了工作。我们关于组织问题的观点在波兰共产党第二次代表大会以及西乌克兰共产党第五次代表会议的决议中都作了十分明确的表述,现在在民族和殖民地问题委员会的决议中也获得了一致的赞同。

我们在这里听了曼努伊尔斯基同志的那番完全不确切的说明感到格外难过,他声称我们在委员会里与他存在着意见分歧。

曼努伊尔斯基同志指责我们说,西乌克兰的工农群众与反映了这些群众情绪的我们共产党一起,渴望立即并入苏维埃乌克兰。而我们自己则认为,这种力求尽可能快地脱离资本主义国家,加入苏维埃社会主义共和国的意愿是一个可喜的和值得肯定的事实。我们为我们能够在我们的工农群众中造成这样一种倾向感到自豪,并且希望我们所有的兄弟党在他们国家也能造成同样的倾向。世界革命胜利的保障就在于此。"

选举共产国际执行委员会

柯拉罗夫(主席):

现在我们转向议事日程的最后一项——选举执行委员会。

主席团设立了一个由9名与各代表团保持密切接触的成员组成的委员会。该委员会意见一致地制定出了一份候选人名单,这就提供给大家。

这个名单已获得各代表团的普遍同意,所以该委员会一致予以推荐。

同志们！我们需要进行三次表决。首先，根据所通过的议程，我们对执行委员会主席的候选人进行表决，然后表决执行委员会本身和监察委员会的成员，最后再表决执行委员会的驻地。

现在我们进行第一项表决。委员会一致推荐选举季诺维也夫同志为执行委员会主席。（暴风雨般的掌声）

我提请进行表决。

（关于选举季诺维也夫同志为执行委员会主席的提议获得一致通过。）

现在我们进行第二项表决，也就是表决执行委员会的44名委员、96名候补委员和监察委员会的17名委员的名单。

（柯拉罗夫同志宣读执行委员会委员、候补委员和监察委员会委员的名单。）

沃尔夫（美国）：

佩内隆同志不仅以阿根廷的名义、而且以全拉丁美洲的名义获得提名。

柯拉罗夫（主席）：

现在将名单提交表决。

（名单获得一致通过。暴风雨般的掌声。）

现在将执行委员会的驻地提交表决。委员会建议将其仍然设在红色莫斯科。

（暴风雨般的掌声。提议获得一致通过。）

闭幕之前，代表大会要听取几份祝词并接受一些俄罗斯工人代表团的礼品。

苏联工农代表的贺词、向大会和一些代表团赠送旗帜和礼品以及各代表的致谢词

别洛库罗夫（苏联）：

同志们，我代表列宁格勒波罗的海造船和机械工厂的工人和职员向共产国际第五次代表大会献上一艘分舰队的驱逐舰模型，请转交给汉堡工人（掌声）。我们向他们送上这份礼品，是因为他们举行了反对资产阶级和孟什维克叛徒的光荣起义。同志们，这艘驱逐舰被命名为"第三共产主义国际号"。（掌声）来自德国的共产国际代表和出席这次代表大会的全世界的所有代表们！我们的红旗上写着，现在口头转告你们：我们同你们站在一起，我们支持你们。（掌声）我们各国的无产阶级是第三共产主义国际战斗先锋队领导下的一个统一、友爱、团结的大家庭。国际的总司令部——第三共产主义国际万岁！在第五次代表大会上贯彻它的思想万岁！在全世界都建立苏维埃共和国联盟！（乌啦声，掌声。）

迈因策尔（汉堡）：

我代表汉堡工人向列宁格勒工人表示感谢，他们去年对十月事件尤其是汉堡的斗争表现了强烈的关注。从这一点我们看到了俄罗斯和德国工人之间不断急速加强的团结，看到兄弟般的好感正在发展成为紧密团结的联盟。我们认为，我们证实俄罗斯工人对德国革命所寄予的希望的时日已经不远了。我们接受你们的礼物并不是将它视作对我们所做的事情的奖励，而只是看作你们对我们在十月里履行了我们的义务的一种承认，而且如果说我们未曾取得胜利的话，那么此事怪只怪你们大家都很清楚的那些情况。我希望，我们很快便能取得这种胜利，无论在德国还是在全世界都是如此。

德国革命万岁！世界革命万岁！

（掌声）

卡普捷林（代表莫斯科省农业公社）：

同志们，我们从霍季科沃的乡下来到这里。我们来到了世界代表大会，同志们，我是个农民，我说不来好听的话，像有知识的人那样，或者像城里人那样。（掌声）可是，同志们，我要用自己的普普通通的话说：举行反对资产阶级的革命吧！我们农民永远都会帮助你们的。我们要同你们一起为革命而斗争。同志们，我们应当起义反对资产阶级。打倒资产阶级！全世界的共产党和苏维埃政权万岁！全世界反对资产阶级的革命万岁！（掌声）

莫罗佐娃（代表雅罗斯拉夫省的农民）：

同志们，请你们原谅我，我是一个来自最底层、来自群众中间的农民，也许，我给你们讲不出很漂亮的话，但是为了你们的到来，为了你们的亲切，为了你们的关心，我要向你们衷心地说一声俄罗斯的谢谢。我们俄罗斯农民随时都高兴地看到苏维埃的创举，看到苏维埃政权的进步，等待着全世界都成为共产主义王国、我们大家合在一起的时刻。我们大家都支持你们，大家都同你们在一起，我们不会离开你们半步。（掌声）

柯拉罗夫（主席）：

我以代表大会的名义讲几句话，作为对俄罗斯农民代表的回答。

同志们，对于共产党人而言，最美好的事情就是在反对资产阶级和地主的斗争中最有力量。俄罗斯农民过去有、现在也有强有力的拳头，依靠它，他们推翻了俄国地主、俄国资本家们的政权，建立了工农的国家。因此，代表大会认为世界上最美好的事物不是他们的言词，而是他们所做的实事，代表大会将会效法俄罗斯工人农民的榜样。

同志们，白俄罗斯少年先锋队代表团向德国的无产阶级儿童赠送一面旗帜。

林克（德国）：

白俄罗斯儿童亲手交给我的这面旗帜，我既代表德国代表团，也代表千千万万德国工人的孩子接受下来。我们不能向你们转达德国儿童对你们表示感谢的话，但是我们能感觉到他们想要向自己年轻的白俄罗斯同志要说的那些话。我们只说一点：德国党、德国共青团将会尽一切努力，吸引德国的儿童参与反对笼罩在家庭中的反动势力的斗争。在争取共产主义的斗争中，德国儿童在自己的至亲家人中遭遇到最强大的反对者。德国党认为自己有义务对自己的孩子表现出俄罗斯党对他们的孩子所表现的那种热切的关注，它在那些孩子身上看到了未来一代严肃认真的战士。德国党代表团和青年团向白俄罗斯儿童们宣布，德国的儿童们将会站到红旗下，发出呼号："少先队员，时刻准备着！"将会与共产党手挽着手投入争取世界革命的斗争。（掌声）

柯拉罗夫（主席）：

红色普列斯尼亚的金属工业工人向上西里西亚的工人赠旗。

列别杰夫（代表红色普列斯尼亚的金属工业工人）：

同志们，请允许我代表红色普列斯尼亚的金属工业工人将这面钢制的旗帜交给第三共产主义国际第五次代表大会，请大会转交给上西里西亚的金属工人。

同志们！在交给我这面钢旗时，工人们说，他们相信这面旗帜既不致遭到妥协分子、也不致遭到德国资产阶级的践踏；他们希望它将骄傲地飘扬在上西里西亚的街垒上空。（掌声）红色普列斯尼亚金属工业工人们委托我转达，他们会等待着这面旗帜能返回红色普列斯尼亚，但那时它已经披满了上西里西亚工人斗争的英勇战斗的荣耀。（掌声）

红色普列斯尼亚金属工业工人不仅警惕而敏锐地注视着德国工人的英勇斗争，而且同样警惕而敏锐地注视着全世界无产阶级与他们的压迫者嗜血成性的资产阶级所进行的英勇斗争。同志们，我们希望这面旗帜在世界无产阶级革命的所有红色战斗旗帜中占有荣耀的地位。上西里西亚的工人万岁！德国和全世界的工人万岁！世界革命的领导者和舵手共产主义国际第五次代表大会万岁！（掌声）

梅利舍夫（代表团第二代表）：

我说几句话问候全世界无产阶级的代表们。我是一个上了年纪的工人，经历了许多事情；从1904年起我就体验了坐牢的滋味。随后在1905年又吃了皮鞭的苦头，1906年我们不得不在仅仅有一把手枪的情况下参加斗争，同时面对我们的却是大炮。所有这一切我们都经受过来了。于是，现在我们看到了共产国际的工作，读了报，知道在西方，总之在国外，我们的工人们正在进行斗争。当我们知道优势在工人们一方的时候，我们心里高兴极了。如果优势在资产阶级一方，我们就很伤心。恳请西方无产阶级的代表向其他国家的工人们转告，不管我们经受了多少困难，我们永远同他们齐心协力。我再也说不出什么了。

米洛拉多夫（同一代表团的代表）：

同志们，红色普列斯尼亚金属工业工人将这面旗帜交给上西里西亚的工人时，也把指示金属工业工人应该走向的道路的那个地方的地址交给他们。（宣读地址）

勒瓦尔（上西里西亚）：

红色普列斯尼亚的同志们，你们将这面旗帜交给上西里西来的革命工人。上西里西亚无论在政治上还是在民族方面都是最受压迫的地方之一。多少个世纪里上西里西亚的工人都受压迫。到了最近几年我们的工人举起了起义的旗帜。我们把自己的旗帜紧紧地握在手里。今年5月1日的街道游行期间，警察和法西斯分子迎着我们上来。我们举旗的工人中3人牺牲，6人重伤，但他们举着的旗帜始终不松手。他们也拾起有些人失手掉落的旗帜，结果这些旗帜我们都保存了下来。

我们请你们相信，今后上西里西亚的无产阶级（采煤工人、金属工人、铁路工人和其他所有的工人、工人们的妻子、青年甚至上西里西亚的农民）全都会在你们的红旗之下进行斗争。我们决不会交出这面旗帜。请你们相信，我们的敌人只有跨过我们的尸体才能将这面旗帜夺走。我们要向你们说，我们在取得胜利后把这面旗帜归还你们的时刻已经不远了。（掌声）但那时候我们要告诉我们的工人，我们之所以取得这一胜利是因为，在我们的斗争中你们所给予我们的不仅是这面旗帜，而且有你们布尔什维克的实践，有你们的革命传统。你们的布尔什维克道路会成为我们的道路，只有沿着这条道路前进，至今仍在遭受压迫的上西里西亚的工人和农民才能取得胜利。我们被法西斯分子四面包围。一方面，白卫军的波兰包围我们，另一方面，白卫军的捷克斯洛伐克包围我们；我们被一条长长的法西斯走廊与德国的革命中心隔离开来。但是我们要说：这样的时刻一定会到来，届时我们会举着你们的旗帜，进军法西斯主义的布雷斯劳和柏林，在那里竖立起这面旗帜；我们要将工人们派到波兰的内地、栋布罗瓦盆地内地，与波兰的无产阶级在争取无产阶级专政的斗争中联合起来。我们要把矿山和工厂集合在你们的旗帜之下，我们要建立各国人民的大家庭，全世界无产阶级的大家庭。

苏维埃俄罗斯的无产阶级万岁！社会革命万岁！波兰和整个世界联

盟的无产阶级专政万岁！

罗先科（红色普列斯尼亚"杜克斯"工厂）：

请允许我代表国营第一工厂、空军之友协会和工厂各组织的全体工人，向共产主义国际第五次代表大会致敬。

我们厂的工人全神贯注地关心着代表大会的工作。为纪念我厂工人与第五次代表大会的团结，请允许我们给代表大会献上这件微薄的礼物：一架飞机——它是一架侦察战斗机，海军歼击机的伴侣。这个天空的主宰和海洋的主宰紧密结合，我们就有希望战胜敌人。

我们厂的工人表示，在第三共产主义国际需要转入进攻的决定性时刻，我们将会24小时都不住手地干活，以便生产出千百架这样的飞机（掌声），摧毁资本主义的堡垒。

共产主义国际第五次代表大会万岁！全世界的无产阶级革命万岁！

柯拉罗夫（主席）：

扎里科夫同志代表莫斯科河南岸区的工人向波兰共产党献旗。

扎里科夫（代表莫斯科河南岸区的工人）：

第五次代表大会的代表们！7月5日乌里扬诺夫列宁铁路（原梁赞乌拉尔铁路）的铁路工人1200人集会，在全体大会上听取了关于国际形势的报告。铁路工人们特别注意地倾听了波兰无产阶级进行斗争的情况，以及波兰资产阶级对波兰工人阶级所犯下的残忍罪行。工人们听了这个消息极为愤怒，通过了抗议的决议，愤怒抗议资产阶级的行径。工人们以递交便条的方式表示赞成通过一项决议，建议波兰共产党尽快带领工人农民对抗波兰资产阶级所进行的镇压。我们的铁路员工同志委托自己的代表团向波兰共产党献上这面旗帜，我们将它交给我们的波兰共产党员同志，为的是让波兰同志们在这面旗帜下尽快消灭本国的资产阶级，尽快加入我们的苏维埃社会主义共和国联盟。

斯特凡斯基（波兰）：

亲爱的同志们！我代表波兰工人和波兰共产党，请你们接受热烈的问候。我们波兰革命者曾经同你们一起蹲过沙皇的监狱；我们许多人都同你们一起经历了国内战争，为保卫俄国革命而工作。只是在这场革命胜利之后我们才回到了波兰，为的是在那里同本国的资产阶级进行斗争。同志们，我们答应你们，永远不从手中放弃这面旗帜，直到这面旗帜在华沙的皇家城堡上高高飘扬。（掌声）

同志们，我们不顾一次次遭到镇压，一直在前进。你们从电报中都知道，尽管一再遭到镇压，我们仍然在艰难的不合法条件下参与社会生活和工人运动的各种行动。电报给我们传来消息说，栋布罗瓦盆地四分之三的无产阶级选票都投给了我们。这证明了我们党尽管遭遇重重阻碍，却保持着与工人群众的联系，工人群众信任我们党，知道我们党会带领他们投入同资产阶级进行最后的决定性的战斗。

俄国革命万岁！世界革命万岁；无产阶级在全世界的胜利万岁！（掌声）

柯拉罗夫（主席）：

红色普列斯尼亚铁路员工同志们向法国的铁路员工赠旗。

马卡罗夫（代表红色普列斯尼亚铁路员工）：

亲爱的同志们，世界无产阶级的代表们，两万名红色普列斯尼亚铁路运输工人向你们致以热烈的问候，并祝愿全世界的无产阶级早日获得胜利。（掌声）

亲爱的同志们，战斗的红色普列斯尼亚铁路运输工人现在将这面革命的红旗赠送给他们的父辈曾牺牲在巴黎城的街垒上的法国工人，并且希望在不久的将来我们的红色机车不仅能够开到波兰和拉脱维亚，而且能够环绕整个地球。（掌声）

亲爱的同志们，我们无产阶级的心感到，我们世界革命的司令部在这里开会，革命将从这里流传到全世界。我们两万名工人向法国的工人们宣誓，一旦听到号召，我们全部都会像一个人一样挺身而出。（掌声）任何什么也阻止不了我们，我们一定会来支援你们。同志们，请允许我高呼：

世界革命的司令部、共产主义国际第五次代表大会万岁！全世界的革命万岁！

多加多夫（代表红色普列斯尼亚铁路员工）：

红色普列斯尼亚和莫斯科的铁路员工在赠送这面旗的时候，嘱托我把红色普列斯尼亚铁路员工的这个地址交给你们。（宣读地址）

塞马尔（法国）：

我怀着十分激动的心情，代表法国的革命铁路员工收下红色普列斯尼亚工人送给我们的这面旗帜。

我以团结在统一劳工总联合会中的七万名铁路员工的名义说话，他们在战争期间向曾率先高举起义的旗帜，可是被社会民主党的叛徒们从我们手中夺走并且彻底撕毁了。

我以这些革命的铁路员工的名义向你们表示，你们所授予我们的这面旗帜，我们会举着它走遍法国的各个城市，让它表示对这些地方反对法国资产阶级的斗争的支持和增援。

我要向我们的铁路员工联合会建议，将这面旗帜轮流授予各个组织，让它们在反对法国资本主义的斗争中发挥出最大的积极性，直到我们像俄罗斯的同志们获得解放那样从我国的资产阶级统治下获得解放，完成无产阶级革命，建立无产阶级专政。

俄国革命万岁！世界革命万岁！

柯拉罗夫（主席）：

伊万诺夫同志代表罗戈日区的工人向共产主义国际献旗。

伊万诺夫（代表罗戈日区的工人）：

同志们！请允许我代表西蒙诺夫和罗戈日的联合区几家俄罗斯电缆厂的工人们向你们致敬。我们向你们献上这件礼品，你们已经看到了，这是一些电力照明用的导线。同志们，你们大家在这里谈论、讨论策略问题，如何把统一战线焊接起来的问题。同志们，你们现在需要把这根电线焊接起来。（掌声）同志们，请记住弗拉基米尔·列宁是如何焊接的。他焊接得很牢。现在谁也无法把这个焊点熔解开来。同志们，现在你们也需要把各个末端焊接起来，不过并不是像我所做的那样进行冷焊而是热焊，就是需要用整个的心、整个心灵进行焊接。同志们，这些电线就是世界革命的象征。（掌声）

共产主义的第三国际万岁！（掌声）

柯拉罗夫（主席）：

哈莫夫尼克区的工人们向印度的工人赠旗。

马尔科夫（代表哈莫夫尼克区的工人）：

同志们！请允许我代表哈莫夫尼克区的工人，特别是代表橡胶工业"红色橡胶"工厂和纺织工业"红色玫瑰"的工人，向共产主义第三国际世界代表大会致敬。

同志们，工人们嘱托我向你们表示问候，同时也问候受压迫的印度工人农民，并且把这面红旗送给他们。

同志们，俄罗斯工人痛心地注视着英国资产阶级的帝国主义行径，东方的被压迫群众正在他们的压迫下呻吟。

俄罗斯工人在沙皇制度时期全都（尤其是少部分人）体验过在帝国主义的统治下是多么艰难困苦。我们把这面红旗赠给印度的工人，是想表达一种信心，相信他们一定会把全印度的三亿工人农民团结到这面红旗之下。

亲爱的同志们，我们深信，目前正群情激昂的被压迫的东方，对于工党政府妥协政策统治之下的被压迫的东方群众，最终会摆脱目前束缚着他们的妥协政策的种种禁锢。我们坚信，这面红旗所写的那些口号不会成为荒漠中的呼声，被压迫的东方革命的工人农民会像一个人一样在这面旗帜下一致奋起，有朝一日我们会得知它在孟买的革命战线上迎风飘扬。

共产国际万岁！世界革命万岁！东方受压迫的工人农民万岁！

布伊斯基（代表沃洛科拉姆斯克县一些偏僻乡村的农民）：

同志们，这张不起眼的纸条是沃洛科拉姆斯克县一些偏僻乡村的农民嘱托我提交共产主义国际代表大会的。我不宣读了，这就交给主席团。

因为很难记住给印度工人们的这个地址，我们就把它印到了普通的布料上，好让我们的代表更便于在衣服里子的口袋里携带。（掌声）

穆罕默德·阿里（印度）：

印度无产阶级在自己的争取解放党的斗争中至今仍是孤身奋战。我们到现在也没有群众性的共产主义的党能够领导这场战争，并将其与世界无产阶级的斗争连结成一体。

向印度无产阶级赠送这面旗帜会更清楚地表明，东方的劳动群众只应该寄希望于西方无产阶级的革命斗争，已取得革命胜利的先锋队俄罗斯的无产阶级是生计无着陷于贫困的群众的唯一可靠的同盟者。

这件礼物对印度的无产阶级而言，就是在他们反对帝国主义和资本主义双重压迫的艰巨斗争中希望的源泉。

在饥饿的痛苦中还坚持罢工4个月之久的孟买工人现在知道了，他们在自己的斗争中并不孤单，俄罗斯的无产阶级和全世界的无产阶级都同他们在一起。

同志们，我们东方有一个习俗，对于朋友的馈赠要以同样的或者更贵重的礼品回赠。遵从这一习俗，印度无产阶级只能在那时候才能向俄罗斯无产阶级回赠自己的礼物：届时他们已经推翻了帝国主义和资产阶级，向俄罗斯和全世界的无产阶级伸出自己的手。

俄国革命万岁！世界革命万岁！

谢多娃（代表"罗莎·卢森堡"工厂工人）：

同志们，请允许我代表"罗莎·卢森堡"工厂的3000名工人向共产主义国际第五次代表大会致敬，就是第二国际缺乏勇气回答"罗莎·卢森堡和卡尔·李卜克内西在哪里？"这一询问中所说的卢森堡。这个工厂从前是法国资本家日罗的，现在名叫罗莎·卢森堡工厂。同志们，第二国际无法回答罗莎·卢森堡在哪里，因为他们用自己沾满鲜血的双手扼杀了这些革命战士。但是罗莎·卢森堡和卡尔·李卜克内西仍然活在俄罗斯革命工人们的心中。我们知道，围绕着革命战士的这一象征，千千万万的人正在组织起来。我们知道，龙格、王德威尔得和假正经的麦克唐纳之流随时准备着，一旦需要让工人阶级走上街垒投入斗争时，就将其出卖。但是我们坚信共产主义国际第五次革命代表大会在这里以列宁主义武装好自己，汲取俄国革命的经验之后，一定会把列宁主义的

火花传遍世界各国，这些火花就会点燃世界革命的火焰。我们对此深信不疑。（掌声）

接下来，同志们，因为我们厂从前归资本家日罗所有，所以我们交给共产国际的法国代表这个地址（我就不宣读了），并且把这个织机梭送给法国同志们，让他们给日罗先生织一件白色的尸衣。（掌声）让日罗先生之流别想、别希望还能回到我们这里夺走工厂。我们不仅学会了痛打资产者，而且学会了建设工厂，安排好生产。法国同志们仔细考察了我们的厂子，他们看到了我们的托儿所，参观了卧室等等。他们确信，我们不仅会痛打资产者，而且善于建设国民经济。他们参观之后说，我们工作的很正确，他们要劝告自己的工人同志按照这种方法工作。同志们，我再说一遍，我们赠送你们这个梭子，是想让你们用它来给日罗先生织尸衣，让他休想再回到我们的工厂。（掌声）

全欧洲亲爱的同志们，第五次代表大会的代表们，请允许我以哈莫夫尼克区的名义、以妇女们的名义向你们致敬。请允许我作为一个老工人与你们交流。我是一个很早之前就进厂的女工，在30年期间经历了许多事情。我们工人当年尽听见的是些什么话呢？我们从资本家和他们的爪牙嘴里听到的只是：快祈祷吧，要不世界末日就快到了，你们这些工人就要倒霉了。我们都是些没有文化的工人，就害怕了。我也在想：圣母保佑呀，让我活到世界末日吧。（掌声）现在呢，同志们，我眼前看见的什么呢？真是太高兴了，我倒是活到世界末日了，只是谁没有活到呢，同志们？我们那些资产者没有活到，而不是工人们。（掌声）

同志们，请允许向你们在座的所有人致敬。我们请求你们，向你们的全体工人们问好。共产主义国际第五次代表大会万岁！打倒资产阶级！工人阶级万岁！（掌声）

柯拉罗夫（主席）：

现在请索科尔尼基工人代表发言，向保加利亚共产党致敬并献旗。

沙罗（代表索科尔尼基工人）：

同志们，请允许以索科尔尼基区工人的名义向你们致敬。我们十分关注第五次代表大会的工作，看到卡尔·马克思和伊里奇的共同旗帜下，工作还齐心协力地进行。

同志们，我们知道你们会回到各个地方，第五次代表大会的各种决议都会由你们坚定不移地贯彻执行。我们到这里来是为了你们在第五次代表大会上所做的齐心协力地工作对你们表示感谢，并且代表我们的工人向我们忠诚的兄弟般的保加利亚共产党献旗。（掌声）

同志们，我们坚信，我们忠诚的兄弟般的保加利亚共产党将会坚决地将所有的保加利亚工人团结在我们的革命红旗之下。世界上所有的资产阶级都像我们推翻的日子已经不远了。颤抖吧，全世界的资产阶级！判决书已经给你们下了。执行这一判决的时刻快到了。我们的索科尔尼基区的工人向大家保证，一旦接到世界各党的号召，我们一定会万众一心挺身保卫世界革命。

世界革命万岁！共产国际第五次代表大会万岁！

（季米特洛夫同志接受旗帜并以保加利亚工人的名义作答。）

柯拉罗夫（主席）：

巴乌曼区的工人们向鲁尔的工人们赠旗。

奇波罗（代表巴乌曼区的工人）：

亲爱的同志们，巴乌曼区的男女工人们都知道，鲁尔的工人们处在特殊的环境里——法国资本家和德国资本家从四个方向压迫他们。

我们知道，现今他们那里掌权的是法国和英国资本主义的一帮匪徒、武装强盗。不过我们也知道，鲁尔的男女工人们还坚定地进行着他们的斗争，我们巴乌曼区的男女工人警惕地注视着每一步进展，并且保证，在鲁尔工人们需要的任何时刻，我们都会来到他们所保护的这面旗帜面前。让斯特来斯曼们、王德威尔得们和麦克唐纳们这帮武装强盗和匪徒们知道，他们是不可饶恕的。男女工人们嘱托我高呼：沿着列宁的脚步向共产主义革命的胜利前进！列宁主义万岁！无产阶级的共产主义万岁！

朗格尔（哈雷—梅泽堡）：

我们以鲁尔工人的名义为所送的旗帜向俄罗斯工人表示感谢。

以革命的往昔而扬名的鲁尔无产阶级，一定会在斗争中保持这面旗帜白璧无瑕，高举着它直至最后胜利。

柯拉罗夫（主席）：

莫斯科电影厂的工人向英国共产党献旗。

该厂代表：

同志们，请允许我代表莫斯科市红色普列斯尼亚苏联电影厂的工人和职员，向共产国际第五次代表大会特别是英国共产党表示祝贺，今天我们还要将我们的一面红旗和我们的地址送给英国共产党。旗上和地址上我们都写着同样的想法：依靠列宁主义，在共产国际的领导下为无产阶级专政而奋斗！（掌声）

这就是我们对英国共产党的祝愿和请求。我们不想加入目前在英国有没有可能发生共产主义革命的讨论，我们提出这个口号是希望他们将全部力量用于在党内建立坚强的钢铁般的共产主义纪律，瓦解充当资产阶级思想工具的第二国际，瓦解资本主义军队，夺取资产阶级的军备以武装自己，战胜资本主义政府。我们不知道现在能否办到这一点，所以不想讨论这个问题。我们希望英国党将英国工人阶级置于自己的影响之下，推翻英国资产阶级；如果可能的话，就在伦敦召开共产主义国际第六次代表大会。（掌声）我们最优秀的俄国共产党的代表会去到那里，与英国共产党一起，准能推翻全世界的资本主义政权。（掌声）

英国共产党万岁！共产国际万岁！国际革命万岁！

斯图尔特（英国）：

我十分高兴地代表英国共产党接过对面红旗的警卫工作。我们怀着特别愉快的心情发现，它是由电源工作者送给我们的。在共产国际所进行的各种宣传工作中，借助于影片进行宣传可能会发挥最大的潜力。我作为英国共产党的代表感到特别高兴的是，电影工作者将这面党旗赠给了现存的所有国家中最帝国主义的国家。也许，正是电影能帮助我们掌握处于英帝国主义铁蹄之下的东方劳动者最广大的群众，也许，正是通过这一途径我们能够让他们相信，我们的道路是所有的人的唯一道路，是与西方无产阶级一道斗争的共同道路。

很高兴代表英国的无产阶级、代表英国共产党接受这面旗帜，我希望，我们能够对于你们、对于我们都倍感光荣地在我们反对帝国主义的共同斗争中一直高举着它。

莫斯科的电影工人万岁！电影宣传在全世界的推广万岁！共产主义国际万岁！

柯拉罗夫（主席）：

红色普列斯尼亚的工人向意大利共产党献旗。

食品工人（红色普列斯尼亚）：

同志们，请允许我代表红色普列斯尼亚的食品工人向共产主义国际第五次代表大会致敬，并且祝贺你们胜利地完成了你们的各项工作（掌声）。

同志们，我们知道意大利现在存在着法西斯主义，工人们处境艰难，他们在法西斯主义的枷锁下受折磨。但是，让意大利的工人同志们放心吧——我们莫斯科的工人听到我们的共产国际的第一声号召，便会前去帮助意大利工人在我们的布尔什维克化的列宁主义的共产国际的坚强领导下，意大利的工人一定会（我们对此深信不疑）摔掉法西斯主义的枷锁，在罗马竖起红旗。让这面旗帜作为团结的象征吧。请意大利工人们相信，我们莫斯科的工人一旦听到共产国际的召唤，就会保卫意大利的工人。

意大利尽快革命万岁！打倒法西斯主义！全世界的革命万岁！布尔什维克化的列宁主义的共产国际万岁！

（恩尼奥接受旗帜并代表意大利工人致答词。）

纺织工人（红色普列斯尼亚）：

同志们，请允许我代表红色普列斯尼亚区纺织工业的工人向共产主义国际第五次代表大会致敬。

与此同时，同志们，请允许红色普列斯尼亚纺织工人代表团向法国革命劳动联合会赠旗。（掌声）

同志们，红色普列斯尼亚的纺织工人在将这面旗帜交给法国共产党的代表时完全相信，这面旗帜会完整地送交法国革命劳工联合会，千百万法国劳动者将会集合到这面旗帜下，结成紧密团结的战线，高举这面旗帜去推翻法国的资产阶级。

第三共产主义国际万岁！法国工人万岁！（掌声）

蒙穆索（法国）：

在俄罗斯无产阶级出于信任将革命的红旗授予共产国际各支部的时刻，我们今天收到这面旗帜特别感动。

我们代表法国无产阶级，为俄罗斯工人所给予我们的信任对他们表示感谢。

我们深刻地理解这件礼品的意义。你们所授予的红旗向我们表明，动摇和叛变的时期已经过去，各革命组织应当无愧于第三国际，革命战士应当带领国际无产阶级投入战斗，打败以社会民主党人和无政府改良主义者为代表的资产阶级先锋队，推翻资产阶级政权，建立无产阶级专政。

我们也不会忘记，我们要承担起责任并且以法国无产阶级的名义宣誓，无论是在退却或胜利的时刻，我们都要为这面红旗争光，而且我们知道我们在国内战争结束之前必须高举这面旗帜，摒除我们前进道路上的反革命势力的种种咒骂和卑鄙行为。

我们将会勇敢而自豪地进行斗争，战胜一切阻碍，重新将这面旗帜竖立在已经被战胜的沙皇制度的宫殿里。

俄罗斯无产阶级万岁！国际革命万岁！世界无产阶级万岁！（热烈的掌声）

第一印花厂工人：

同志们，我代表第一印花厂的 2600 名工人给日本代表团送来了礼物。同志们，我们以津德尔工厂工人的名义向你们致以热烈的问候，向共产主义国际第五次代表大会致敬。我们等待着你们万众一心投入同资产阶级的斗争，我们好响应你们的号召。

日本的代表同志们，我们送给你们这面旗帜。你们要忠于它，举着它去保卫无产阶级。只要你们一声召唤，我们就会来援助你们。

国际革命万岁！共产主义国际万岁！（掌声）

片山潜（日本）：

同志们！交给我这面旗帜是为了转交给日本的革命工人和共产党员。日本工人一向勇敢地情绪高昂地为反对本国的帝国主义政府而斗争，不怕种种迫害，直至对他们采取谋杀手段。这面旗帜在斗争中会对他们起到支持和鼓舞作用，时刻让他们想到俄罗斯工人农民的英勇榜样。

俄国革命万岁！共产国际万岁！俄罗斯和远东的工人万岁！世界革命万岁！

缝纫工人（红色普列斯尼亚）：

同志们，请允许我代表红色普列斯尼亚的 4000 名缝纫工人向共产主义国际第五次代表大会致敬。他们要我把这面旗帜通过法国代表团交给法国的工人们。

法国的工人同志们，我们的旗帜上写的是，我们是最早举起争取共产主义的旗帜的人。你们也赶快行动吧！我们等待着你们加入苏维埃社会主义共和国联盟的行列。

同志们，写这个口号并不是偶然的，写它有着确定的目的。它是想说，你们稍微有点落后于我们的共产主义运动。同志们，我们现在提醒你们，你们都应该加入已经开创的事业的队伍，将它继续进行下去。

同志们，仅仅两天之前出现了一个具有历史意义的时刻：我们接受了一面曾经在法国公社的街垒上飘扬过的旗帜，一面法国工人的鲜血染红了的旗帜。

同志们，这面交给我们、我们怀着深深的崇敬之情接受下来的旗帜提示着我，你们会在不久的将来在我们今天所交给你们的旗帜下胜利地推翻本国的资产阶级,再带着它来到这里,表明你们的正确,能够将它牢牢地握在手里。

共产主义第五次代表大会万岁!世界革命万岁!(掌声)

缝纫工人:

各国的共产党员同志们,我们是红色普列斯尼亚的缝纫工人,我们向共产主义国际第五次代表大会致敬。我们知道,第一颗共产主义的火星是在法国点燃的。我们深信,世界性的共产主义的熊熊大火燃烧起来的时刻已经不远了,这些旗帜将会在地球上的每一个角落迎风飘扬。

世界革命的司令部——第三共产主义国际万岁!全世界的工人农民万岁!

女工:

全世界来到这里开会的同志们,我想说几句话。我今年48岁了。我是为纪念列宁逝世入的党。我在机床上干活的时间很长了,我想过如何解放工人阶级,就想到只有共产党才能解放工人阶级。各国人民都加入共产党的队伍吧,都赶快推翻本国的资本主义,让整个地球上到处都搞共产主义。同志们,全世界的妇女都要效法我们的榜样,加入争取所有劳动者获得解放的战士的行列。

全世界的共产主义万岁!

柯拉罗夫(主席):

现在由福斯卡夫发言作答。

福斯卡夫(法国):

同志们,我代表法国无产阶级和缝纫工业大量男女工人,向莫斯科的工人表示感谢，感谢他们为这一类干活辛苦、遭受残酷剥削的劳动者制作了精美的礼品。共产主义国际很早即已走上了必须在妇女中开展工作的道路，它清楚地懂得，没有这项工作，没有妇女的参与，我们连一个国家都得不到。

我们在俄罗斯看见我们的希望得到出色的体现，因而变得更为坚强，回到法国之后，我们要热烈地继续进行宣传，将法国的劳动群众团结到这面红旗周围，让昔日1789年革命和公社的英雄形象在他们面前再现，使这面红旗在法国所有的劳动者心目中变得神圣不可侵犯。

共产主义国际万岁！俄罗斯无产阶级万岁！法国无产阶级万岁！

克鲁利科夫（代表纯农业、农民地区的农民）：

我们是纯农业、农民地区的代表，我们那个地区生活着多达12000庄稼人，差不多一半人实行了合作化，加入了农业和信贷的互助组织，我们受委托来到这里宣布，在7月6日国际合作社节的庆祝大会上，居住在这些合作社所在地区的全体公民通过决议——委托我在这里向共产主义国际第五次代表大会表示问候，并且请将我们的问候转达给全世界的工人和农民，告诉他们，要他们赶快团结起来同资本家和地主进行斗争。

现在我们那个地区已经走上同私营商业进行斗争的道路。我们希望，很快就能在我们的地区结束这场斗争。现在我们地区的居民完全相信，他们只有在工农苏维埃政权的庇护下才能自由、和平地劳动，因为最近三年来他们已经深信可以大规模把农业提高到一个文明的水平。

此外，我还是受到委托，请问外国代表们能不能赏光访问我们地区。我们一定会隆重欢迎你们，和你们进行同志般的交谈，以便在发生革命的情况下只要共产国际提出要求，我们就会贡献出自己的全部产品。（掌声）

农民：

同志们，请允许我代表12000庄稼人补充前面那位同志所说的话。我要鼓起勇气毫无隐瞒地代表社会主义国家的全体农民、代表千百万居民说话，要让农民和工人和所有劳动居民紧紧地团结在一起。那时候我们就能用共同的力量把已经开创的事业进行到底。我们要说：请继续我们所开创的事业；我们随时准备着和你们分担，尽可能地帮助你们。我们没能给你们赠送任何东西，因为我们是庄稼人。但是我们请你们到我们那里去做客，尝尝我们的面包和盐，我们答应你们，一有机会我们就帮助你们彻底实现共产国际的口号。（掌声）

俄罗斯共产主义青年团莫斯科代表会议代表：

同志们，俄罗斯共产主义青年团省团委目前团结着63000名青年和团员，特向共产国际第五次代表大会致敬。（掌声）

同志们，我们在致敬的代表大会上讨论许多问题。占首要地位的是我们党在俄罗斯的工作和党的第八次代表大会决议的问题。听取雅罗斯拉夫斯基同志的报告之后，我们通过了一项决议，认为俄共中央多数派至今所执行的路线是正确的。这一路线的正确性已为共产国际代表大会所肯定。同志们，我们知道年轻的和年老的近卫军之间不可能有任何隔阂，只要我们能利用我们的俄国共产党在其20年间所积累的全部经验，我们年轻的共青团员就能节节胜利，走向革命，保卫国家。与此同时我们还指出，我们的共青团员应当更努力地研究政治问题，而不是研究至今他们所从事的群众文化工作。我们一直能够将孟什维克与共产党人区别开来。如果孟什维克混进我们中间，我们会给予回击。我们也一定能够很好地战胜富农和耐普曼。但是在最近的辩论期间我们发现，一部分我们的党员不善于明辨我们所存在的分歧。所以代表大会说：要沿着列宁主义的道路前进，要以列宁主义的精神进行教育；必须加强教育工作。我们向共产国际第五次代表大会致敬，希望你们实现代表大会所通过的各项决议。我们所期待你们的只要一件事：尽快在西欧开展革命，我们支持你们。

柯拉罗夫（主席）：

莫斯科河南岸区工人向美国工人赠旗。

工人（代表莫斯科国营电站团结职工）：

同志们，请允许我代表莫斯科国营电站团结一致的职工向共产主义国际第五次代表大会致敬。我们向世界革命的司令部致敬，希望共产国际不要放弃自己的阵地，不要退出它们，而是要继续和深化自己在各方面的事业。

我非常高兴能在这里看见聚集一堂的全世界的代表们，他们所从事的是讨论涉及劳动者利益的重要问题，而不是琢磨如何挑动民族之间的情绪，那种事从来就对我们有害，对资产阶级有利。

我们把这面旗帜送给美国的同志们，我们希望将两个半球联合起来。我们电站的职工希望，我的这面旗帜到了那个大陆，能够在那里像闪电一样点燃革命的火焰。

我还受到嘱托再次证实我们早先对共产国际所作的承诺：我们时刻准备着一听到要求，就立即出动，在需要的时刻保卫全世界的被压迫者，无论他们是工人还是农民。

我们把这面旗帜面交美国同志，我们希望他们能够办到我们希望他们去做的事情。请允许我宣读我们的委托书。（宣读）

多恩（美国）：

美国代表团代表美国共产党接受这面来自莫斯科红色电力工人的美

好的旗帜。这面旗对我们而言就是联接已经获得解放的俄罗斯工人和美国工人阶级的纽带，美国的工人阶级还面临着争取自由的长期斗争。美国共产党将永远崇敬这面旗帜。在失败的时刻，它会成为我们获得新的力量和希望的源泉；在胜利的时刻，它会骄傲地飘扬在我们的上方。它将永远提醒美国共产党负有不可违背的职责，这一职责就是组织，鼓舞和带领美国工人阶级进行反对美国资产阶级的斗争，对其实施致命的打击，没有这种打击世界革命就不可能完成。

莫斯科的红色电力工人万岁！美国革命万岁！世界革命万岁！

印刷工人（红色普列斯尼亚）：

同志们，我代表红色普列斯尼亚的印刷工人向世界革命的司令部——共产国际和第五次代表大会致敬。同志们，红色普列斯尼亚的红色印刷工人将这面战斗的旗帜交给德国的印刷工人，坚信（不仅我们年轻人，连老年人也都相信）这面旗帜将成为欧洲革命期间最先飘扬在欧洲街垒上的旗帜之一。

德国的印刷工人同志们，我们印刷工人是先进的。我们印刷工人应当意识到，同资产阶级的斗争、同资本主义的斗争必定是无情的。不能存在任何幻想，任何和解，任何模棱两可，任何妥协。只要记住我们的世界领袖、亲爱的伊里奇的遗训，我们就能够取得共产主义的胜利。同志们，交给你们这面旗帜时我们坚信，你们一定会坚定地保卫它，直到取得最后的胜利。这里有一句引人注目的口号："让统治阶级面对共产主义革命发抖吧。"（掌声）但是你们，德国的印刷工人同志们，取代这个口号的应该是宣告：没有资产阶级的统治阶级，只有无产阶级的统治阶级。（掌声）

德国的印刷工人万岁！共产主义国际万岁！列宁主义万岁！（掌声）

同志们，红色普列斯尼亚的印刷工人赠送给德国印刷工人这面旗帜，将它作为工人阶级团结的象征。我还受到嘱托，把我们的地址交给德国的印刷工人，以此表达一种信心，相信德国工人阶级推翻本国的资产阶级，升起共产主义旗帜的日子已经为时不远了。团结一致的像排铸机一般坚不可摧的共产党万岁！世界革命的司令部——第三共产主义国际万岁！

坎德尔（德国）：

我代表德国革命的印刷工人接受革命的红色普列斯尼亚区的这面旗帜。早在1905年就曾经为了无产阶级的事业献出过鲜血和生命的工人们送给我们这面旗帜这个事实，促使我们革命的印刷工人加倍努力投入斗争。共产国际的前五次代表大会都在俄罗斯召开。德国党并不满足于共产国际才拥有地球的六分之一，它认为，共产主义政权不可避免地应当在全欧洲的工业地区建立，然后遍及全世界。德国党清楚地意识到自己的任务，正着手进行艰巨的斗争。它再也不会像十月那样让俄罗斯无产阶级失望了。

在新的领导下，德国共产党一定能够完成共产国际向它提出的各种任务，在困难而艰苦的斗争时刻，红色普列斯尼亚区的旗帜不仅带来了问候，不仅是团结的象征，德国和俄罗斯无产阶级群众内外联盟的象征——不，同志们，在这个时刻，它还会成为我们节节胜利的红色百人队的战斗旗帜！（经久不息的暴风雨般的掌声）

柯拉罗夫（主席）：

奥列霍沃-祖耶沃的工人向法国工人赠旗。

工人：

同志们，请允许我代表奥列霍沃-祖耶沃的男女工人向共产主义国际第五次代表大会致敬,并且将这面旗帜面交法国共产党,希望它能在不久的将来像俄罗斯工人曾经做过的那样,将这面旗帜高高地竖立起来。这面旗帜在全世界大放光彩的时刻已经为时不远了。

共产国际第五次代表大会万岁!(掌声)

雷诺(法国):

同志们,我代表法国代表团和法国工人,想在收下这面旗帜的时刻,在这里强调这件礼物的巨大意义。

俄罗斯无产阶级的这件礼物会告诉法国劳动者们,从今往后对他们而言已没有别的斗争的象征,没有别的党,只有这一个标志和这一个党:这个党已经带领俄罗斯工人取得了胜利,而且在不远的将来会给所有的国家带来世界革命的胜利,创造新的人类,新的胜利劳动的社会。(热烈的掌声)

柯拉罗夫(主席):

现在请季诺维也夫同志致闭幕词。

(代表们起立,高唱《国际歌》。)

季诺维也夫致闭幕词

同志们,请允许我首先和你们一起看看第二国际代表人物王德威尔得一篇文章的摘录。数日之前我得到王德威尔得先生的那篇文章,题目是:《两张照片》。

王德威尔得先生是这样写的。1914年8月初,在维也纳召开了第二国际第十次代表大会;现在,经过10年之后,该国际中央局的代表会议同样在维也纳召开。王德威尔得注意到两张照片。一张照的是第二国际，中央局 1914 年的组成人员。王德威尔得说明了他在这张照片上都找出了谁。这些人是：一位国家首脑——帝国总统艾伯特，3 位前任和现任部长：英国的麦克唐纳，丹麦的斯陶宁格，瑞典的布兰亭；最后，还有 7 位各国政府成员：法国的盖得，捷克斯洛伐克的涅梅茨，奥地利的斯卡勒，德国的考茨基（他也当过部长），比利时的王德威尔得，等等。

1914 年的中央局组成人员中，同时也是该国际中央局现今的组成人员的，除去王德威尔得之外，还有捷克斯洛伐克的苏库普，保加利亚的萨基佐夫和荷兰的特鲁尔斯特拉。

另一张照片拍的是 1904 年阿姆斯特丹代表大会的成员。照片上与普列汉诺夫在一起的，我们看到的是代表片山潜，现在他已是共产党员和共产国际执行委员会委员。

同志们，我认为，我们在共产主义国际中应当感到高兴的是，**我们的会议与王德威尔得向你们所描绘的情形是完全另一种景象**。的确，可以认为，通向资产阶级政府首脑或者部长的最佳途径就是经过第二国际执行委员会的锻炼。

我们不应当对我们会议上所充满的那种热情、那些情谊估计不足。今天我看会场里有许多俄罗斯、德国的工人和其他一些国家的工人，他们大概参加过不止一次战斗，今天目睹各国无产阶级队伍的相互友爱和友好交往，无不热泪盈眶，这一切我们都在这里见证了。

我觉得，我们在这里所看到的那些代表团，那些代表一个工厂的工人向另一个工厂的工人致敬，代表一个支部向另一个支部的代表致敬，代表一个地区、一个工人运动中心向另一些地区和中心致敬的代表团，绝不是一种偶然的现象。只有第二国际才可能和应该是这种情形！这样的相互友爱的场面，这样的深情厚谊，在第二国际里是不可能想象的。这就是我们所知道的第三国际，这就是我们所希望看到的第三国际。

一个向我们致意的工人（我觉得他甚至是一个非党员工人）今天说，很遗憾，他只会说俄语，因此不是所有的人都能听懂他的话：请像列宁做过的那样去做这件事情；他把布尔什维克党凝聚得如此之紧密，结果今天这个党像一块坚不可摧的钢锭一样矗立在我们面前。这是一位金属工业工人，所以他像工人常常做的那样，从生产过程中举例；他用这样的例子描述自己的思想，他说，我们金属工业工人有热焊也有冷焊。列宁教导我们要用热焊，共产主义国际就应当把自己的组织用热焊焊接起来。

同志们，我认为在本次代表大会上，尽管我们当然有着种种错误和缺点，但是我们大家全都希望进行炽热的焊接。我觉得，我们已经将我们的国际用热焊焊接成了列宁所教导我们的那样，像工人阶级的利益所要求我们的那样。同志们，这才是最重要的事情。我们会犯这样或者那样的错误，这并不那么可怕：我们加以纠正就是了。国际工人运动的经验会帮助我们纠正它们。最重要的是，我们的国际不是第二国际的那种情形；麦克斯·阿德勒谈到第二国际时说，它没有心灵。最重要的是我恰恰是在进行热焊，我们所做的一切都是用心灵在做，我们所说的话真正是发自斗争中的工人阶级的心灵，是什么就是什么，他们有弱点也有优势。这才是最主要的。我觉得，同志们，我们大家在这里是连同我的缺点和优点一起对这件事情进行考虑并且真正地加以完成的。

非党员工人中的另一位同志在这里用两段话表述了俄罗斯工人阶级的整个心情。他说：

"我们俄罗斯工人从前一直处于非常艰难地境地；我们只能用很糟糕的左轮手枪同重炮作斗争；我们处在极其危险的状况；现在我们正怀着最大的关切注视着国际无产阶级的斗争。

当我们看到国际无产阶级在某个地方战胜了资产阶级的时候，我们全都笑逐颜开；当我们看到资产阶级取得胜利的时候，俄罗斯工人的头顷刻间便低垂了下来；但是我们坚决相信，不管怎样，最终的胜利一定属于你们和我们。"

俄罗斯工人阶级和世界工人阶级的最优秀部分满怀着的这种国际团结的真挚感情，可不可以比这位非党工人所说的那样更为简练、鲜明和得体地加以表达呢？**我们的代表大会上所有这些难忘的瞬间都是我们工作的重要组成部分，其重要性不亚于提纲**，因为如果提纲之中缺乏心灵，如果我们不是用热焊将其焊接起来，如果像另一位工人所说，列宁主义的火花不能在我们之间闪耀，如果它们不能点燃国际无产阶级内心各种最美好、纯洁、革命的东西，那么提纲只不过是一纸空文。

我们的代表大会的总结是什么样呢？据我看，最重要的是我们重又聚会在一起，经过一年半的最残酷的反动势力肆虐之后**重又联合了起来。我们全都深信，我们的力量并没有被摧毁，我们的力量增加了**。

第二，我们的工作在于纠正、清除我们的统一战线策略中的各种机会主义倾向。这是一个重要的方面。这是我们的武器，它应当是清洁的，闪闪发光的，以便我们能够将共产主义的策略适用到它能把我们导致真正的胜利的程度。

第三项成就是**让共产国际对所谓"民主和平主义"阶段做好了准备**。我们应当清楚地了解当今的国际形势，从而不至于盲目地上战场，让我们的领导班子——工人阶级的头脑能够完成自身的历史使命。

我们的工作的第四个也是最重要的一个方面的内容，**是党的布尔什维克化的工作**。这实质上是第五次世界代表大会的口号。它目前是未来数月，也许数年的基本口号。对于这点的良好愿望我们是有的。我们大家都希望建成真正布尔什维克化的党。但是这方面的困难往往很大。各国工人运动的传统各不相同。我们的运动中的机会主义往往还根深蒂固。这是我们队伍中的资产阶级思想的残余。这里的事情不仅仅在于意志薄弱，因为这些倾向就产生自我们所生活的环境。我们生活在资产阶级社会与之息息相关的资产阶级思想的残余就来自这里，机会主义就来自这里。

我们的工作的第五个重要之点是**重申"走向群众"的口号**。就实质而言，这完全是一件简单的事情，这听起来很简单，但是这个口号是我们先前的各种口号中最重要的一个。对于我们旧有的"走向群众"的口号，我们要补充一点："通过党的布尔什维化走向群众。"

这个口号至为重要，这是代表大会说的。我们必须使它变得与全世界的工人息息相关。我们的代表大会上的**代表 44% 是工人。代表大会就是各个共产党的精英中的精英的会议**。既然我们在这个国际共产主义的代表大会上拥有 44% 的工人（不算俄罗斯代表团，它肯定还会使这个比例增加），那么我们就可以说：这仍然不够，但这终归表明了共产主义国际的政治面貌如何。

我们必须从群众本身当中锻炼出新的领袖人物。除了工人阶级本身，谁也不能带领国际工人阶级走向胜利。能做到这点的只有工厂工人中的优秀分子，他们应当被吸收进领导班子，尽管他们还有各种缺点，有时候甚至还有偏见，但是他们有我们所熟悉的真正工人的钢铁般的拳头，因为他们是负有战胜资产阶级历史使命的唯一阶级。

我们将沿着这条道路走下去。我们将要求所有共产党的领导层中要有尽可能多的真正的工人，要让我们各党的所有中央机关中凡是需要的地方都刮起新鲜的风。

我们是通过各种途径成长的，我们是通过青年组织成长的，这已为本次代表大会所证实。我们也通过工会国际成长。我们通过农民国际获得新生力量，这是一个纯粹的共产主义组织，但也团结了农民中的各种革命力量。

这样的道路已经完全清晰可见：通过它我们可以聚集我们所有的力量，将它们焊接成一个拳头，对资产阶级实施决定性的打击。我们将通过青年组织、通过工会国际、通过远东和近东各党、通过各民族团体不断地成长，这些民族团体从人数上看还微不足道，但对我们有着巨大的意义；我们也将通过农民国际成长。这是一条条溪流，它们会汇聚成为无产阶级革命节节胜利的强大的洪流。

我想提一提为**纪念宣战 10 周年而举行的示威游行周**，以结束我的发言。我们大家都想成为列宁主义者。列宁关于战争的学说是列宁主义最重要的组成部分之一。我现在并不准备详谈这一学说，但是你们都知道，它已经成为国际化的学说了。现在所说的问题是，我们应当利用一切机会表明，我们希望成为国际性的列宁主义的党。我们现在可以根据这次反战示威游行期间的表现来评价我们党的真正成就，这是我们的抗议周，我们对资产阶级和社会民主党反革命领导人的仇恨周。我认为，各地方的同志一定会竭尽一切努力开展这次国际示威游行，使之成为共产主义国际一次真正声势浩大的示威行动。（暴风雨般的经久不息的掌声。全体代表高唱《国际歌》。）

柯拉罗夫（主席）：

同志们，首先请允许我以代表大会的名义，先要感谢俄国共产党的俄罗斯代表团，并通过它感谢所有的俄罗斯工人和农民，感谢他们对我们的代表大会所给予的兄弟般的充满革命情谊的殷勤接待（掌声）。我们一分钟都不应该忘记，没有苏维埃俄罗斯工人农民的胜利，我们的代表大会很难在地球上找到一个角落，让我们相聚一堂并讨论世界革命的迫切问题。

第二，我也要以代表大会的名义，对代表大会的所有工作人员和全体技术人员表示谢意（掌声），感谢他们的辛勤劳动，是他们协助大会顺利地开展工作。

最后，请允许我祝愿你们，同志们，顺利返回自己的国家，为贯彻执行代表大会所通过的决议倾注满腔的革命热情,发扬顽强精神和意志力,俄罗斯的工人和农民正是这样进行斗争并且走向胜利的。(掌声)

我宣布共产主义国际第五次世界代表大会闭幕。

(会议闭幕)

共产国际第五次代表大会提纲、决议、呼吁书

关于共产国际执行委员会报告的决议

共产国际第五次大会**完全**赞同执行委员会在第四次大会之后的活动,并且指出,执行委员会正确而坚强的领导,对于共产国际几乎在世界各地,在同为争取其专政而斗争的资本的疯狂进攻的斗争中壮大力量起了很大的促进作用。

过去的一年半时间内,诸如保加利亚、意大利、德国、波兰、芬兰、罗马尼亚、南斯拉夫、西班牙、日本、印度等大多数资本主义国家,早已开始的资本的进攻,已经到了疯狂进攻革命无产阶级的地步。甚至在法国,迫害罢工工人和大量逮捕共产党员已成常态,捷克斯洛伐克有针对共产党人的非常法律,奥地利有法西斯主义分子的血腥勾当,挪威则是已经持续数月的警察袭击、有阶级性的司法制度变本加厉以及成立白卫军来同工人阶级斗争。

共产主义运动在经受这些残酷的袭击时,并非没有严重的伤亡、重大的错误和失误,然而没有哪个国家的资本能够打败共产主义先锋队的组织,切断它同无产阶级群众的联系。甚至在意大利,不断地共产主义的根除,也丝毫没有削弱哪怕在议会选举期间它对群众的影响。在保加利亚,在对共产党员领导下自卫的工农群众进行血腥镇压之后,这些群众在选举时重新团结在共产党的旗帜下。在德国,革命运动遭到严重的失败、又加上危险的内部危机之后,在极其残酷的迫害之后,共产党迅速紧密地团结起来,建立起坚强的领导班子,以选举中获得375万选票的辉煌胜利,显示了自己空前增强的革命实力和坚不可摧。同样,法国和捷克斯洛伐克共产党人在选举中的胜利，证明共产党人对群众的影响有了一定的增强。

在这些伟大的阶级战斗期间，执行委员会采取了一系列至关重要的步骤，这些步骤对于正确领导共产国际的各支部具有决定性的意义。大会特别指出如下事实：

1. 1923年春天在埃森和法兰克福召开的国际代表会议上，执行委员会正确地表述了欧洲无产阶级有力的革命准备的实际任务，首先是德国共产党由于鲁尔区被占领而出现的实际任务。

2. 8月群众性革命运动的发展，提醒有利于德国关键性夺权斗争的形势已经临近；当时执行委员会的做法完全正确，它要求党立即确定**直接夺取政权**的任务，保证为此目的尽可能向**德国共产党**提供援助，并动员其他许多支部为德国革命提供有力的支持。

3. 在德国十月投降之后，几乎未经斗争，**投降是由于**社会民主党领袖的出卖和共产党领导层的无能为力，执行委员会在德国党内强大的左的思潮的促使和德国左派的支持下，采取了一个完全正确和必要的步骤，谴责了德国中央委员会的机会主义行为，首先是其在萨克森的政府实验期间歪曲统一战线的策略。执行委员会从中得出了正确的政治和组织结论，进行了坚决而无情的反对机会主义的斗争。

4. 此前执行委员会根据左翼的观点，不仅批评了德国共产党莱比锡党组织的机会主义倾向，而且早在十月之前就曾经两次给在莱比锡成立的党中央委员会充实了左翼反对派的代表。如今，在组委会的协助下，左翼和中派合并为统一的联盟对付右翼，党的领导权交给了这个集团，相信党员群众会赞同和批准这一去除政治上破产的右翼的行动，这种相信得到了证实。执行委员会的这些坚决的行动，一方面有助于德国共产党去除由于内部纷争对它形成威胁的分裂危险，另一方面也根除了德国党危机蔓延成为整个共产国际危机的可能性，这种蔓延趋势在不坚定分子屡屡出现的惊慌失措情绪下可能成为事实。在这方面，德国工人阶级和德共也有一份功劳，他们尽最大的努力坚持不懈地坚决根除种种右的倾向，他们在共产国际的支持下，在自己身上找到了经受如此严重危机的力量，没有垂头丧气，没有削弱自己队伍的战斗力。

5. 鉴于在执行统一战线策略中发现的远远超过预计的右倾危险，执行委员会极其果断地拒绝机会主义表现、任何从这一策略中作出比鼓动和动员群众的革命方法更大的企图，拒绝任何将工农政府的口号不是用于鼓动无产阶级专政、而是用于成立资产阶级民主联盟的企图。同样，执行委员会同对社会民主党的机会主义看法相反，强调它的资产阶级左翼的真正实质。

6. 根据德国事件在党组织建设方面的教训，执行委员会在德国和其他国家着手在企业成立作为党组织基础的党支部。这些措施的结果，是有些国家的工厂支部系统开始顺利地发展。

7. 保加利亚党的领袖在对待六月国家政变的立场中暴露出短视的机会主义消极。执行委员会针锋相对地当即通过公开的相当有力的批评，力图让党走上认真准备、以对付一旦发生可能的反革命新进攻的道路。然而与此同时，未能在相当程度上让党的领袖坚信执行委员会立场的正确性。他们在有了失败的教训后，把这一立场作为纲领的基础，保加利亚共产党据此重新紧密团结起来，甩掉了业已腐朽的右翼。

8. 法国的情况也是如此，共产党在执行委员会的协助和中央委员会大多数的支持下，清除了相当大一部分机会主义赘瘤，其结果是实现了党的团结。

挪威遇到了极大的困难，该国共产党人在党的机会主义工作中，属于组织得不好的少数，本应进行艰巨的派别斗争，经常面临被毫不客气的、敌视共产主义的领袖们抛弃的危险。当挪威工人党机会主义领袖的极端自负变成对共产国际决议的一贯抵制、而德国十月失败后又成了厚颜无耻的临阵脱逃时，终止这种假共产主义就绝对必要了。尽管可以预料，一旦挪威工人党与共产国际决裂，这个党的一部分优秀的无产阶级分子会一度追随自己的反共领袖，执行委员会仍然必须要求挪威工人党代表大会清楚地表态：是赞成还是反对同共产国际精诚合作。这样做的后果，是党的分裂和挪威成立了独立的共产党。半年的时间内，挪威共产党以它的活动、首先是以自己参加工人阶级的重大战斗，为自己赢得了革命的群众性政党的威信。

执行委员会还给挪威的共产国际敌人的斗争在瑞典引起的反响给予应有的回击，这种反响表现在右倾分子挑衅性发言中并助长了惊慌的情绪。

9. 波兰共产党在共产国际执行委员会的积极协助下，在该党1923年的第二次党代表大会上通过决议，这些决议为扩大和巩固党的影响奠定了布尔什维克基础。党的领袖们在自己的实际活动中，特别是在十月的群众斗争期间，没有表现出真正的革命积极性。在俄国问题和德国问题上，波兰中央都支持右翼，并试图压制自己队伍里任何来自左翼的批评。

10. 捷克斯洛伐克共产党并非没有机会主义的错误和倾向，这也表现在对于第四次大会关于统一战线和工人政府问题的决议的诠释上。机会主义的动摇和谬误，也表现在党对于俄国问题和德国问题的态度上。尽管党在某些领域也展现了高度的积极性，然而它未能将议会里的发言和无产阶级的群众运动联系在一起，未能相应地让无产阶级对未来的革命战斗做好准备。

11. 匈牙利的群众运动表明，形势已经成熟到了成立和建设共产党的地步。匈牙利共产党人的任务是搞好党的组织，以及为了顺利开展这项工作，加快业已开始的取消派别斗争的工作。

12. 英国党和美国党内，在关于统一战线和中央委员会对"劳工党"（美国也叫"第三党"）领袖的态度上也表现出右倾。执行委员会让英美两国同志相信必须重新考虑自己的看法。盎格鲁-萨克森国家革命运动的独特而崭新的问题，已经经过执行委员会数次仔细的分析，将来还需要共产国际给予更多的关注。

13. 执行委员会还协助克服极"左"的倾向。意大利共产党的一部分仍然有非马克思主义的教条主义的表现，这种教条主义拒绝在策略体系中考虑到具体现实情况，从而削弱了党随机应变的能力。

意大利共产党应当毫无条件地承认共产国际的策略基础，如果它愿意解决自身变成群众性政党的问题的话。第三共产国际同意大利共产党的联合将有助于消除引起意大利共产党和共产国际之间的分歧的问题。

14. 在某些国家的**工会工作**中，在更加整齐划一和更加紧张的意义上取得了成绩（主要是在法国）；英国的成绩更大。德国去年冬天出现了工会中共产党员和同情者集体逃离，是由反工会的情绪所引起的，原因是工会改良主义官僚的行为。由于共产党在相当长一段时间内并未对这一危险的倾向果断地进行抵制，执行委员会都以最坚决的方式予以反对，直至法兰克福党代表大会决议在共产国际执行委员会的大力支持下制止了这一灾难性的现象，这使情绪发生了有利于革命的工会工作的根本改变。

15. 执行委员会不止一次地建议各支部在半无产阶级和小资产阶级中间阶层中间进行宣传，以便去掉法西斯主义脚下的土壤。在德国，共产党通过这个途径大获成功，而在意大利则几乎一无所获。

16. 执行委员会以最坚决的方式促使所有各支部进行经常性的积极鼓动，以便争取贫农群众支持无产阶级革命。为此目的，将鼓动口号"工人政府"扩大为"工农政府"口号。创建农民国际这一至关重要的倡议，是在执行委员会的积极协助下实现的。发展独立的共产党土地政策，无疑将是最近各支部的一项至关重要的任务。

17. 在民族问题上，执行委员会不止一次有理由责怪各支部（对他们说来这个问题具有特别重要的意义）贯彻第二次大会决议不能令人满意。列宁主义的一个重要原则——绝对要求共产党员坚决而积极地支持民族自决权（**分离，成立独立国家**），尚未在共产国际所有各支部得到应有的运用。

18. 除了赢得农民群众和被压迫少数民族的同情而外，执行委员会在其指示中不断强调控制殖民地人民和东方各民族的革命解放运动、吸引他们同资本主义国家的革命无产阶级结为同盟的重要性。为此不仅需要加强执行委员会同东方民族解放运动的直接联系，而且需要各帝国主义国家支部同这些国家的殖民地更加紧密的联系，首先是每个国家反对资产阶级的帝国主义殖民政策的不倦而无情的斗争。在这方面，各国共产党的工作都还很差。

在军队工作方面，共产国际执行委员会得以会同青年国际执行委员会进行杰出的实际准备（鲁尔州）；与此同时，那些正在同最强大的帝国主义势力进行斗争的支部，往往忘记了列宁关于反战斗争的指示，执行委员会只得要求他们遵守秩序。

这条路线，也只有执行委员会坚持的这条**列宁的战略、策略和组织**路线，今后应当成为共产国际执行委员会的指针。

布尔什维克共产党应当执行这一指针，忠实地遵循列宁的遗志，并同时考虑到每个国家的具体情况。

所有这些都已开始。许多支部的领导机关、组织和个别成员的积极性尽管缓慢、却在不断地提高。优秀的党现在已经处处表现出真正的革命主动性、顽强的毅力和战斗能力、高超的随机应变能力以及真正革命战斗组织的自觉的铁的纪律。

今后还必须不倦地、坚定不移地、有计划地发育这些布尔什维克化的萌芽。对于共产党和共产国际的领导革命作用的认识，应当根深蒂固地渗入到每个党组织、每个党员的骨髓,以便使这种共产主义战斗团结的意识变为坚不可摧的信念和忠诚,从而使党和布尔什维克组织团结起来,使共产国际变成克敌制胜的世界政党。

目前,为了成为世界政党,共产国际尚有许多不足之处。大会提醒各支部,他们应当比过去更加积极地协助共产国际的进一步发展,方法是经常提供信息和消息,参与国际问题的解决,以及让自己的优秀党员加入执行委员会。

经验表明,往往不能在世界大会之后召开本国的党代表大会。因此大会取消了与此有关的决定。然而,所有各国的党代表大会(无论是定期召开还是紧急召开的)只能在执行委员会同意的情况下方可召开。

代表大会责成执行委员会比以往更加严格地要求各支部和所有的党的领导人遵守铁的纪律。代表大会指出,在某些情况下,执行委员会因为顾及一些功勋卓著的同志的威信,反对违反纪律的现象时不够坚强有力:**代表大会授予执行委员会全权,必要时可坚决采取行动,不惜采取极端措施。**

每个国家和每个共产党组织,都必须从事将共产国际团结成为一个统一的世界党的工作。

共产国际通过此项决议时,经验更加丰富,它正以更高的积极性、斗志和必胜的信心面对未来的战斗。

策略问题提纲

一、国际问题

1. "民主和平主义时期"

在观察当前国际政治形势时，引人注目的是某种民主和平主义时期的开端。共产国际第五次世界大会曾经预言资本主义世界政治中这一曲折的来临，大会召开时，全球的资产阶级反动达到了自己的顶点。

所出现的资产阶级世界政治的进展当前有如下特点：

在**英国**，上台执政的是以第二国际领袖为首的所谓工人政府。在**法国**，在议会取胜的是所谓的"左翼集团"，实际上本届法国政府的一个组成部分是"社会主义"党，第二国际的最主要政党之一。尽管在德国由于对专家方案的宣传，也出现了加强民主和平主义幻想和巩固作为这一政策载体的社会民主党阵地的趋势，然而与此同时，也令人感觉到截然相反的趋势，与这种趋势有联系的是统治阶级在德国社会民主党的帮助下，为了推行专家方案，实行比此前更加公开和残酷的剥削和镇压革命运动的政策。德国社会民主党尽管有些表面的变化，依然是一个参与国家管理的资产阶级政党，并且以某种方式参与巩固资产阶级对无产阶级的专政。在**美国**，获胜的是帝国主义屈尊俯就到干预欧洲事务和准备支持所谓的专家鉴定结论的那个派别。美国方兴未艾的争取成立"第三党"（小资产阶级政党）的运动，也意味着美国政治中朝着"民主和平主义时期"方向的某种变化。在**日本**，"民主资产阶级"正要上台，替换执政的封建党。不久前日本政府的更换也解释为"民主"与和平主义的胜利。在**丹麦**执政的，是由著名的第二国际代表领导的所谓"工人政府"。在**比利时**，即将到来的选举可能让比利时"工人党"的领袖上台执政，他们实际上至今都是不管部的部长。**奥地利**的社会民主党取得了重大的选举胜利，它实际上是资本主义制度的支柱之一。在**捷克斯洛伐克**、**波兰**以及部分巴尔干国家，资产阶级完全依附于协约国的帝国主义大国，反映出发生在英法两国的变革的影响。

2. 国际政治当前阶段的真正意义

实际上所发生的事情，决不是"资本主义秩序"在"民主"和"和平"基础上的稳定的开始。这仅仅是全球资本主义反动派更加紧张的一种伪装形式，而且正在准备对人民搞新的欺骗。

"民主和平主义时期"不仅没有导致、也不可能导致裁军，而且恰恰相反，军备正以疯狂的速度继续增加。秘密外交的阴谋比过去任何时候都更加猖獗。每个民主国家都在不同程度地公开武装起来，以防同另一个"友好民主国家"发生无法调和的帝国主义冲突。

美日帝国主义之间的主要冲突丝毫没有消除。必将不可避免地导致帝国主义战争爆发的这一冲突，其动力仍然在继续起作用。

英法帝国主义集团之间的利益矛盾，丝毫没有因为"民主制度"在哪个国家获胜而消弭。变化的仅仅是竞争的形式，而不是实质。

对殖民地和半殖民地国家的掠夺，依然是"进步"和"文明"的不言而喻的前提条件。

3. 专家的结论

所谓的专家结论是当代"和平主义"和"民主制度"的基本信条。实际上专家的结论旨在掠夺德国的劳动人民，总之是昔日相互敌对的国家的帝国主义者以牺牲劳动人民来调整自己事情的企图。占领鲁尔并未给法帝国主义者带来所期待的结果。更加明目张胆的掠夺的企图并未成功。"解决"占领问题的唯一途径，是时间更加拖长、以"民主和平主义的词句"做掩饰的掠夺。目前，协约国的帝国主义者就是采取这种办法，他们受到最感兴趣的德国资产阶级和为他们效劳的社会民主党的支持。如今整个国际反革命社会民主党都同意的专家结论，实际上是当代最可耻的文件。这不仅是套在德国劳动者脖子上、而且是套在一系列其他国家劳动者脖子上的绞索。社会民主党对专家结论的支持，是同支持帝国主义战争一样的对劳动者事业的背叛，因为专家的结论是战争的继续，只不过以另外的手段罢了。

专家结论即便开始坚决贯彻，那也绝对消灭不了世界帝国主义各个集团之间的利益矛盾。现在越是试图在纸面上调和这些利益，不久之后他们的矛盾就会以更大的力量在实际上爆发。

4. 苏联的国际地位

世界上唯一始终不渝和彻底继续执行和平政策的国家就是苏联。第一个得胜的无产阶级革命的国家，受到资产阶级敌人来自四面八方的包围，坚定而英勇地奉行真正和平的政策。过去，苏维埃社会主义共和国联盟在很大程度上得以巩固自己的国际地位。国内福利的增长；来自国际工人阶级内一切正直和自觉部分的支持，使苏联受到某些世界大国法律上的承认。然而，完全不能排除：正是"和平民主时代"可能意味着第一个无产阶级国家的新困难。毫无疑问，"民主国家"中最阴险狡诈的部分，眼下正想方设法在国际政治中建立反苏统一战线，试图让胜利的无产阶级革命屈膝投降，迫使它偿清旧债，无论以专家结论的形式还是其他形式。

不应忘记，"民主和平主义时代"是资本主义最后阶段之一。国际资产阶级的处境越是艰难和矛盾，他们对苏联的直接军事冒险就越有可能。而社会民主党人参与目前的"民主政府"，只会增加此类军事冒险的危险性。社会民主党的反革命领袖在其对苏维埃政权的无限仇视和敌意中，比某些明目张胆的资产者还更快地决意进行军事冒险。全世界工人阶级应当对此做好准备：眼下在"民主和平主义"招牌下工作的国际反动派建立这样的反苏统一战线的企图有可能得逞。全世界的工人将忘我地为反对统治阶级这样的政策而斗争，并将竭尽全力，在锁链的链条合拢之前斩断这条锁链。

5. 社会民主党的国际政策

反革命国际社会民主党于1914年8月被迫扔掉面具，公开支持"本国"的资产阶级，如今继续执行同样的国外政策，只是以稍微更加隐蔽的方式而已。在所有社会民主党乃是一支可观力量的国家，资产阶级都一如既往地支持"本国"的帝国主义分子，以关于民主及和平主义的词句来掩饰这一叛卖的政策。毫无疑问，社会民主党的领袖们是当今最热心的政治领路人：（1）专家结论和（2）准备在国际舞台上孤立苏联，甚至国际资本公开讨伐世界上第一次无产阶级革命。与此同时，为了麻痹群众的警惕性，反革命社会民主党的领袖在自己的大会上说一些所谓通过总罢工来开展反战斗争的假话等等。

在资产阶级政治领袖和反革命社会民主党人之间有一个分工。前者制造"民主和平主义"的假象,后者则全力增强劳动阶级中的"民主和平主义"幻想。

二、政权问题

1. 资产阶级制度的折裂

资产阶级制度一度转危为安,尽管第一次世界帝国主义战争在其末期引发了群众自发不满情绪的大爆炸。国际无产阶级的力量组织性不够,国际无产阶级政变的政党组织性不够,因此无产阶级革命在帝国主义战争末期不可能胜利。然而第一次世界大战还是引发了深刻的动荡。这次战争的后果还将在今后若干年内表现出来;它的社会政治结果至今尚未充分地显现出来。

帝国主义的和平条约,鲁尔州的占领已经表明,它是战争的继续,只不过是以另外的方式;和平条约无法疗治战争造成的创伤。战争的后果无法以资本主义的方式来根除。无论如何,第一次帝国主义战争的结果,是资本主义制度不仅在经济上、而且在政治上受到了破坏和动摇。资本主义不牢靠的征兆,在纯政治的舞台上有时比在经济领域还表现得更加明显。一系列国家政府的不断迅速更换,就是这种征兆之一。在许多国家,政权问题以帝国主义战争之前从未有过的形式出现在日程上。

2. 世界资产阶级的两条政治路线

帝国主义战争之后的最近几年,部分地在战前,世界资产阶级的两条政治路线就已经变得十分清楚:一条是公开反动的政治路线,另一条是民主改革的政治路线。前者最明显的体现是彭加勒，后者最明显的体现是劳合-乔治。在革命危机酝酿成熟的年代，世界资产阶级领袖这两种政治路线的出现绝非偶然。当脚下的土地在摇晃、资产阶级牢固统治的"正常时期"已成往昔、革命事件显然迫近和无产阶级政变的力量在壮大的时候，统治阶级领袖中间不可避免地应当出现两种政策体系：一种是试图在革命力量成长壮大之前，以野蛮恶毒的公开征伐来对付他们；另外一种较有远见的政策，则是力图通过微小的让步、收买工人阶级的上层，总之是通过"民主"、和平主义和改良主义，使力量对比发生有利于资产阶级的变化。

3. 社会民主党和法西斯主义之间

资产阶级已经不能以过去的方式来统治了。这是无产阶级革命缓慢的、然而是明显的发展的征兆之一。资产阶级时而求助于法西斯主义，时而又求助于社会民主党。在两种情况下，资产阶级都力图掩饰自己统治的资本主义性质，赋予或多或少的"人民特点"。法西斯主义分子（墨索里尼执政的早期）和社会民主党人（诺斯克执政的早期）都在需要的时候为资产阶级服务，如公开的反革命战斗组织、武装匪帮、暴徒猛烈攻击日益壮大的无产阶级政变军队。与此同时，资产阶级试图借助法西斯主义和社会革命党进行社会力量的改组，制造小资产阶级政治胜利、"人民"参与执政的假象。

4. 作为资产阶级"第三党"的社会民主党

在美国，因创建资产阶级"第三党"（小资产阶级）而喧嚣一时。在欧洲，社会民主党在一定的意义上成为资产阶级的"第三党"。这点在英国尤其明显，英国除了先前轮流执政的两个古典的资产阶级政党而外，如今所谓的工人党成了执政因素，它实际上奉行近似于资产阶级一翼的政策。毫无疑问，英国工人党的社会民主党领袖们如今在若干年内都将以某种组合的方式参与英国资产阶级执政。

同样毫无疑问的是，法国、英国和一系列其他国家，第二国际的领袖们扮演着像资产阶级部长那样的角色，实际上是某个"民主资产阶级"派别的领袖。

社会民主党实际上早就经历着从工人运动右翼变为资产阶级左翼的过程，有些地方则变成法西斯主义派别。因此，从历史的角度而言，所谓"法西斯主义对社会民主党人的胜利"的说法是错误的。法西斯主义和社会民主党（因为说的是二者的领导阶层）就是受到第一次世界大战和劳动人民反对资本主义的最初战斗伤害的现代资本主义的右手和左手。

5. 社会民主党重新执政

战争期间和战争之后，我们已经看到在一系列国家执政的第二国际领袖们。战争期间吸引社会民主党人参与执政，可以解释为帝国主义者将"本国"工人上层同其他国家的工人运动对立起来的粗略的实际需要。

当前，一系列国家的资产阶级再度吸引社会民主党领袖们参与执政。这是在没有战争的"正常时代"发生的事情。正因如此，这一现象说明资产阶级统治的不稳定，也说明目前的"正常时代"实际上包含着就资产阶级而言大量的不正常现象，并且隐含着资产阶级的严重危机。

6. 白色恐怖和"工人政府"之间

尽管资本主义制度表面上十分巩固，实际上它的强大力量正在一点一点地蚀掉。局势极不稳定。议会制已经过时。在旧有的议会制的废墟上，资产阶级已经越来越难以创建多少稳定的局势。不久前法德两国的选举结果令人信服地证明了这一点。在两个资产阶级议会（欧洲的首要国家）——在巴黎和柏林目前不存在稳定的大多数。资产阶级必将左右摇摆，时而搞白色恐怖，时而试图依靠所谓的"工人政府"。

可能近几年我们就可以看到所谓的"工人政府"，不是在一两个国家，而是在一系列国家。这些"工人政府"将是革命无产阶级夺权斗争以及目前在资产阶级中必然出现的动摇所派生出来的。客观地说，这些所谓的"工人政府"只能在一个意义上说是前进的一步，那就是它们将证明资本主义制度的持续瓦解以及统治阶级政策中缺少完整性。在这个意义上，当前麦克唐纳的反革命"工人政府"（实际上是自由主义政府）就历史意义而言是进步的。然而，真正的无产阶级革命拥护者的任务，自然不应当是颂扬这样的"工人政府"，而是招募无产阶级部队进行毫不妥协的革命斗争，并努力尽快跨过所谓的"工人政府"，走向无产阶级专政的胜利。

7. 民主和平主义时代的客观意义和可能前景

所经历的独特的民主和平主义时期之客观意义，在于资产阶级已经不能用老办法来统治了。这个"时代"是资本主义制度不稳固的体现，是其衰落、业已开始的按下降线发展的体现。

目前的"民主和平主义政府"如同还能建立起来的相似类型的政

府一样，不仅不会执行真正爱好和平的政策，而且恰恰相反，自己就会迅速法西斯主义化。阶级斗争不仅不会停下来，而且会在"民主"和"和平主义"的范围内更加炽烈地爆发。制度的更替（民主——法西斯主义——民主）将更加损坏风雨飘摇的资本主义的基础。每次这样的更替都会使人民大众具有更加丰富的政治经验，更强的斗争决心，与此同时，资产阶级和讨好它的社会民主党领袖在每次这样的更替之后都会筋疲力尽，更加道德败坏，丧失对自己和自己政策的信心。

无产阶级革命力量也将就此壮大起来，直至取得决定性的胜利。

三、作为共产国际工作中心任务的创建群众性的共产主义政党问题

1. 资本主义危机和主观因素

世界帝国主义战争结束时，世界资产阶级并未战败，主要是因为我们当时在最重要的国家内没有群众性的共产党，它能够组织革命、能够带领自发地起来反对战争罪犯的群众投入战斗。多亏这个，资本主义才得到了某种喘息的机会。

在资本主义没有社会民主党的支持的情况下已经无法统治，在资本主义危机越来越不可救药、尽管是持续很久的情况下，无产阶级队伍及其共产主义先锋队（党）的"主观因素"即组织程度，就是整个历史时代的中心问题。

2. 口号"到群众中去！"

共产国际第三次世界大会提出的口号"到群众中去！"完全继续有

效。共产国际以往获得的成绩不过是最初的成就。个别支部的成绩尚未得到巩固。如果我们在争取群众的事业中不往前走，我们就很可能倒退。

3. 争取大多数

第三次大会和第四次大会谈到争取大多数问题时，是这样说的：

"……第三次世界代表大会的基本指示仍然完全有效：'争取在工人阶级的大多数人当中扩大共产主义的影响，并领导这个阶级的主要部分投入到斗争中去。'"①

如今，比第三次大会期间更需要承认，在现有资本主义社会不稳定的平衡中，可能完全出其不意地（因为大罢工、殖民地起义、新的一场战争或者甚至因为议会危机）发生严重的危机。然而，正是因此，主观因素，即工人阶级及其先锋队的觉悟程度、对斗争的准备和组织性，就具有巨大的意义。

控制美国和欧洲工人阶级的大多数，这就是共产国际过去和现在的任务。

在殖民地和半殖民地国家，共产国际面临如下两项任务：

（1）创建代表无产阶级的共同利益的共产党的核心；共产国际第五次世界大会完全确认第三次和第四次大会的表述。它一方面坚决指出右翼的不正确倾向，他们要求事先争取大多数劳动群众，认为只要共产党人没有争取到几乎99%的劳动者，就谈不上任何实质性的革命战役；另一方面，第五次世界大会也否定"极左翼"的错误，他们至今不懂

---

① 参见《国际共产主义运动历史文献》中央编译出版社2012年版第35卷第560页。——编者注

得具有决定性的全球历史性意义的"到群众中去！"的口号，他们有时候搞错，以为共产党可以是无产阶级"恐怖主义少数党"，认为共产党在没有成为群众性政党之前，可以在任何时候带领群众投入战斗。

（2）全力支持反对帝国主义的民族革命运动，要做这一运动的先锋队，并在民族运动中唤起和加强社会运动。①

四、创建群众性共产党的主要前提

这些前提是：

（1）党在工厂党支部的基础上的组织建设

绝大部分欧洲共产党至今保留着旧的、借自社会民主党的组织建设原则。这是那个把党当作附属的选举机器的时代的残余。只要这个党没有企业本身的党支部（这也指青年组织、妇女组织等等）作为自己的基础，就谈不上创建像样的群众性的牢固的党组织。这不仅是个组织问题，也是深刻的政治问题。一个共产党，只要在工厂中没有牢固的基础，只要每个大企业没有成为共产党的城堡，它就无法带领无产阶级群众投入战斗并战胜资产阶级。

（2）工会内部正确的共产主义工作

工会中具有分支机构的共产主义派别的设立（可以的地方就合法设立，不行的地方就非法设立），不是在口头上、而是在实际上的经常性的、顽强的、持续多年的占领工会的斗争——以争取其中工会的统一而加紧工作来对付社会民主党领袖分裂和退出工会的挑拨活动的斗争，这也是创建群众性的共产党的首要前提之一。

---

① 参见《国际共产主义运动历史文献》中央编译出版社2012年版第35卷第560—561页。——编者注

(3) 创建工厂工会委员会运动

工厂工会委员会运动是无产阶级组织的新形式，从中将逐渐发展出新的、真正革命的工会，这种形式在有利的条件下将是成立工人代表苏维埃的萌芽。凡是未能在本国掀起真正的工厂工会委员会运动并在现有的运动中赢得较大影响的共产党，不能认为是认真的群众性的共产党。

(4) 对农民的正确政策

不仅在农业国和半农业国，而且在典型的工业国，第一次世界大战后造成的危机都使相当一部分农民阶层对于共产党人的革命思想比战前更加敏感。无产阶级如果多年都不奉行使一些农民阶层保持中立、而把另一些农民阶层争取到自己这边来的政策，就不可能胜利并建成苏维埃制度。凡是想成为群众性革命党派的共产党，都不会局限于关于农民问题的"提纲"，而应当善于确立无产阶级先锋队与农民阶级的优秀部分之间活跃的关系。这种关系（它对于和军队的关系也有巨大的意义，军队从农民中征兵最多）可以主要通过工人确立起来。必须形成这样一种制度：凡是共产党员具有很大影响的工厂的革命工人，应当经常派大型代表团到乡下去，为此募集必要的物质资源，等等。对农民问题不够关心，是我们队伍里的社会民主主义残余。不能在农民中开展革命工作的共产党，不能看成是认真提出夺取政权的群众性共产党。不言而喻，这时我们的支部仍然是马克思主义的工人党，而不是"工农党"。

(5) 民族问题上的正确政策

第一次帝国主义战争之后重新瓜分世界的结果，在一系列国家加强了民族压迫，造成了国家各自为政的局面。在欧洲的一系列国家积聚了可以引爆资产阶级统治的大量燃料。共产党人在民族问题上的正确政策在第二次世界大会的提纲中已有详细论述，这是争取群众和准备胜利革命的政策的重要组成部分之一。至今许多共产党所特有的民族政策上的虚无主义和机会主义错误，是这些党最薄弱的问题，如果他们摆脱不了这个弱点,就永远也无法完成自己的历史任务。正确地完成这五条指出的任务,是创建群众性共产党最起码的先决条件。不能正确完成这些任务,就无法认真地谈论共产主义政策的其他问题。

五、在两次无产阶级革命浪潮之间

近年来开始出现新的革命浪潮有扩大的迹象。德国开始了新的革命战斗,保加利亚和波兰的起义,许多国家的经济大罢工,都说明新的革命事件迫在眉睫。

正是两次革命或者两次革命高潮之间的时代,多半会出现机会主义的右倾和偏向激进言词掩盖起来的消极的以及孟什维克主义的"极左倾"。

六、无情的反机会主义倾向斗争

共产国际第四次大会和第五次大会之间的这个时期表明,共产主义运动中的右倾倾向之严重已经超出预料。共产国际的许多支部都来自社会民主党内,带来了某些尚未清除的社会民主党传统的残余。随着共产国际的党成为群众性政党,右倾可能具有特别危险的性质。

第五次大会彻底弄清,上一个时期在某些至关重要的工人运动国家,右倾代表人物试图完全歪曲统一战线和工农政府的策略,将这一策略解释为紧密的政治同盟、"所有工人政党"的有机联盟,也就是共产党人与社会民主党人的政治联盟。共产国际认为,统一战线策略的主要目的是同反革命的社会民主党领袖作斗争,将社会民主党的工人从这些反革命领袖的影响下解放出来,而右倾的代表人物却试图将这一策略解释为同社会民主党人的联盟。

共产国际第五次大会坚决谴责这一小资产阶级倾向,断然拒绝共产国际某些支部中那种对统一战线策略的歪曲,并且声明,将同这一同共产国际决定根本相反的政策进行无情的斗争。

七、阐明"极左倾向"

作为俄国革命无产阶级运动的布尔什维主义,不仅是在反对孟什维克主义和中央集权制的无情斗争中、而且是在同反对"极左"倾向的斗争中形成的。共产国际作为国际布尔什维克组织,从其存在的初期就不仅同右倾机会主义、而且同往往仅仅是机会主义的反面的"极左"倾向进行了毫不留情的斗争。在第四次大会和第五次大会之间这个时期,"极左"倾向在关于反动工会工作的问题上特别危险地表现出来。让共产党员退出工会的运动对于共产主义具有极大的危险。反革命社会民主党人希望摆脱工会里的共产党员,只要共产国际一再不对这些只会对反革命社会民主党人有利的倾向进行坚决的反击,我们就永远无法创建真正的布尔什维克政党。

"极左"倾向也表现在"原则上"反对机动灵活的策略,尤其是不懂得统一战线策略、不愿意实际执行这一策略,或者只承认经济领域的统一战线策略、而不承认政治领域的统一战线策略,等等。随机应变不应用于使用机会主义方法。

共产国际在对右倾机会主义倾向进行无情斗争的同时,应该经常讲清同创建善于随机应变的群众性共产党思想敌对的"极左"倾向的错误和危害。

八、关于统一战线策略

尽管右翼巨大的机会主义错误和对统一战线策略的歪曲——几乎导

致共产党的直接退化，共产国际在第四次大会和第五次大会之间对统一战线策略的运用总的说来无疑是有益的，帮助我们在通往将许多共产国际支部变成群众性党派的道路上有所进步。

当共产党在许多主要国家还处于少数、社会民主党由于历史情况的巧合还带领着相当一部分无产阶级群众、资本的进攻还在以某种方式持续、工人阶级尚未鼓足力气组织像样的保卫战的时候，统一战线策略曾经是而且仍然是绝对正确和必需的。

共产国际已经不止一次指出的运用统一战线策略的经验仍然有效；显而易见，仅仅靠一般性的定义已经不行了，当前共产党往往不善于运用所谓的统一战线策略，于是这个策略就有变成机会主义策略和修正主义来源的危险。

统一战线策略仅仅是整个时期对群众进行宣传和革命动员的方法。任何将这个策略解释为同反革命社会民主党的政治联盟的企图，都是共产国际拒不接受的机会主义。

统一战线的革命策略仅仅在一种情况下可以得到正确的应用，那就是每个单独支部充分认识到这一策略的全部危险性，不是机械地领会公式，给自己提出争取、组织群众进行争取今日确定的目标和局部性要求的斗争，并且集中自己的力量，经常以革命为目标，目的在于将大多数无产阶级的决定性阶层吸引到斗争中来，以便准备过渡到对资产阶级的进攻。

1. 必须随时随地从下面运用统一战线策略，也许手持武器的决定性战斗是少有的例外，到那时革命工人共产党员只得手持武器，同那些由于自己不觉悟同我们搏斗的无产阶级集团作战。然而即便在这些绝无仅有的时刻，也必须竭尽所能，实现自下而上地同不跟共产党员走的工人的团结一致。俄国革命和德国革命斗争的经验表明，这是可以做到的。

2. 自下而上的团结统一并同时与上层谈判，这个方式必须经常在那些社会民主党依然是一支可观力量的国家使用。这些同上层的谈判不应剥夺党的共产主义的独立性。而且这里采取统一战线策略的基础，也应当是自下而上的团结一致。同社会民主党的官方机构打交道（公开信等）不应成为陈规旧套。最重要的是事先在工人群众（包括社会民主党的工人群众）中营造有利于某次行动或者某种斗争开始的情绪，然后再同社会民主党的官方机构打交道，以便让他们面临工人阶级中某种情绪的既成事实，一旦他们拒绝支持斗争，就在群众面前揭穿他们。

不言而喻，共产党在谈判的任何时刻都应当保持完全和绝对的独立性，绝对保持自己的"共产主义面孔"。为此同社会民主党上层的一切谈判均应公开进行，而且共产党员应当竭尽所能，使工人群众的注意力都集中到这些谈判上来。

3. 共产国际坚决反对**仅仅**这种**针对上层**的统一战线方法。

自下而上的统一战线策略，也就是在共产党领导下工厂、工厂委员会、工会、一个工厂中心或者整个州、整个职业、全国等的工人共产党员和工人社会民主党员以及非党员的团结，具有极大的意义。

不言而喻，运用统一战线策略，可以而且应当根据每个国家和每个时期的具体情况而有所变化。不加区别和公式化地采取这一策略，将使得这个策略失去任何意义，并使之走向反面。

在策略方法具体化的过程中，应当估计到有关国家的全部条件，它的结构以及有关支部，而且重点应当放在建立同极其重要的劳动人民各阶层（无产者、农民、农村无产者）的联系上，应当吸引他们参加斗争。

统一战线策略，过去和现在都是革命的方式，而不是和平演化的方式。统一战线策略，过去和现在都是受到敌人四面八方包围的共产主义先锋队在其首先是反对叛卖的反革命社会民主党领袖的斗争中的革命战略手段的策略，而决不是同这些领袖结盟的策略。统一战线策略，过去和现在都是逐渐把社会民主党工人和无党派工人中的优秀部分吸引到我们这边来的策略，而决不是把我们的目标降低到无党派工人的认识水平的策略。

九、工农政府

共产国际过去和现在的理解中的"工农政府"口号，都是从上述对统一战线策略的理解中得出的结论。上个时期，共产国际的机会主义分子也试图曲解"工农政府"的口号，将其解释为"资产阶级民主框架内的政府"、同社会民主党的政治联盟。共产国际第五次世界大会坚决否定了这种解释。在共产国际看来，"工农政府"的口号就是译成革命语言、人民大众语言的"无产阶级专政"。"工农政府"的口号诞生于俄国革命的经验中，它只能是鼓动和动员群众以革命的办法推翻资产阶级和建立苏维埃政权的方式。为了建立真正的工人政府或者工农政府，必须首先推翻资产阶级，如今世界各地的政权，除苏联以外，都归资产阶级所有。推翻资产阶级，使之不能为害，镇压它的反抗并为真正的工农政府创造前提，只能通过无产阶级带领农民优秀部分的武装起义、劳动人民在国内革命战争中的胜利。

"工农政府"的口号，过去和现在都是大众、广大劳动阶层容易接受的最好的简明扼要的表述。

目前，社会民主党领袖越来越受聘在政府中与资产阶级合作，而仍然跟着社会民主党走的广大工人阶层则越来越穷，造成了一种在许多情况下对于我们实施统一战线和"工农政府"策略特别有利的局面。

如果正好在那个官方的社会民主党成了资产阶级的"第三个"政府党、而社会民主党领袖越来越多地加入政府与资产阶级的合作，如果我们在这个时期巧妙地实施统一战线的策略，将相当一部分社会民主党普通工人群众吸引过来，同我们一起进行经济上、然后是政治上的战斗，这就会造成特别有利的局势，以便消除反革命社会民主党领袖的影响，把相当一部分劳动者阶层拉到共产主义这边来。

对共产党人说来，"工农政府"的口号绝不是议会协议和与社会民主党组合的策略。恰恰相反，共产党人的议会活动也应当用以揭露社会民主党的反革命作用，并向广大劳动群众讲清资产阶级成立的所谓"工人政府"的虚假、背叛性质，它们实际上是自由主义的资产阶级政府。

十、部分要求

共产国际的策略不仅不排除，而且恰恰相反，其前提就是在我们的鼓动和政策中提出部分要求。只是这里必须指出三点：

我们提出的部分要求应当是迫切的，也就是说应当是可以指望得到广大劳动群众的支持。

这些要求应当符合革命发展路线。

这些要求应当总是同终极目标联系在一起的；我们应当从局部要求走向共同要求，从局部要求到最终给出社会主义革命的整个要求系统。

当改良主义者提出局部性要求而不是无产阶级革命时，共产党人提出部分要求，旨在更加顺利地准备无产阶级革命。共产党人为局部性要求的整个鼓动，都是最紧密地将每个这样的要求同革命政变纲领联系在一起，特别是在资产阶级制度发生危机的时候。

十一、民主和平主义的幻想

由于当前的国际形势，某些劳动阶层中不可避免地出现民主和平主义的幻想。社会民主党领袖竭尽所能地再度唤起这种幻想。

同这种幻想作斗争是共产党人最近一个时期至关重要的任务之一，决不排除运用统一战线策略。恰恰相反，正是娴熟地运用统一战线策略（吸引广大社会民主党工人阶层参与和共产党人一起进行的经济斗争，并提出最起码的、然而是目前的民主政府和"工人政府"无法满足的政治要求）可以成为最好的消除民主和平主义幻想的方法。

运用统一战线策略，只有在一种条件下方可顺利进行，那就是除非民主和平主义幻想尚未渗透到我们自己的队伍，除非共产党人将看到运用统一战线策略和"工农政府"的口号的全部危险性，这是共产国际多次指出的。

十二、西方和东方

共产国际是个世界革命组织。与此同时，由于一系列情况，共产国际的注意力太向西方倾斜。必须比此前更加关注广义的东方。在印度、中国、土耳其上一个时期成立了共产主义运动的第一个支部。所有这些国家都开始了工人广泛的经济斗争。共产国际应当特别注意这个运动，与此同时，共产国际应当全面支持一切被压迫民族的运动，以第二次世界大会决议的精神，牢记这些运动都是那场伟大解放运动的主要组成部分之一，而且这场运动只会将不仅欧洲、而且世界范围内的革命引向胜利。

十三、两种前景

国际革命的时代开始了。它的整个发展速度以及某个大陆或者某个国家革命事件的发展速度，无法准确地预见到。整个形势是有两种可能的前景:(1)不排除无产阶级革命更加缓慢和漫长和(2)另一方面,资本主义的土壤里布满了地雷,资本主义的矛盾总的说来发展得极其迅速,以致在某个国家,结局可能在很短暂的时间内就会出现。

共产国际应当把自己的策略建立在两种前景皆有可能之上。共产国际策略的机动性也应当在善于迅速地适应已经改变了的速度。无论如何,即使在事情发展得更加缓慢的情况下,共产国际作为群众性的和决不妥协的无产阶级革命共产党,也应当将群众团结在自己周围,让他们为夺权的革命斗争做好准备。

十四、党的布尔什维克化和成立统一的全球共产党

共产国际当前活动时期的最重要任务,是共产国际各支部的布尔什维克化。这个口号决不应当理解为机械地将俄国布尔什维克党的整个经验照搬到其他各党。真正布尔什维克党的主要特点如下:

(1)党应当是真正群众性的政党,也就是在合法和不合法的情况下,它都应当善于同工人群众保持最紧密的不可分割的联系,并且充当他们的需要和期望的表达者。

(2)它应当具有机动能力,即它的策略不应当是教条主义和宗派主义的,党应当善于使用一切战略手段来对付敌人,这些手段使得它此时可以仍然不改变自己的观点和原则。我们党派的主要错误是他们往往不明白这个道理。

(3)它应当本质上是个革命的、马克思主义的政党,不倦地走向目标,在任何情况下都尽最大努力使无产阶级对资产阶级的胜利时刻提前到来。

(4)它应当是个统一的政党,不允许派别、流派和集团的存在的坚如磐石的政党。

（5）它应当在资产阶级军队中开展坚持不懈和定期的宣传和组织工作。

党的布尔什维克化，就意味着将俄国布尔什维主义中过去和现在国际的和具有普遍意义的东西移植到我们的各支部来。

只有当共产国际的主要支部都真正变成布尔什维克党，共产国际才能不是在口头上、而是在实际上变成统一的、满怀列宁主义思想的全世界的布尔什维克党。

以下是共产国际至关重要的几个支部的任务。

1. 英国

由于目前的世界局势，英国及其属地在当代的国际问题上起着首要的作用。因此英国共产党的作用也特别提高了。把英国共产党培养成能够尽到自己的职责，是共产国际的一项极其重要的任务。英国共产党在对工人政府的态度上表现出某些意识形态和策略方面的倾向。在即将来临的时期，英国共产党应当将自己的精力集中在如下问题上：

（1）支持和促进工人党左翼的进一步发展，使之变成工人党真正革命的一翼，并在工会少数派运动中加紧进行工作。

（2）对所谓的"麦克唐纳工人政府"进行斗争，向群众讲清它的资产阶级和与工人敌对的性质。

（3）在一切可能的改选和即将到来的选举运动中执行清楚明确的共产主义路线。

（4）这样来进行经济斗争：将主要力量集中在建立自下而上的统一战线机关（罢工委员会、工厂委员会等），并向工人群众讲清这场经济斗争的政治意义。

（5）英国共产党应当开展积极的运动，以便在企业和工会中成立行动委员会，旨在向所谓的"工人政府"施加压力，并且争取完成所谓"工人政府"纲领中他们并未完成的部分，也就是：铁路和矿井的社会化，提高失业救济金，修建工人住房，等等。只有揭穿"工人政府"在工人阶级迫切需要方面的叛卖行为，并试图将广大工人群众吸引到争取达到这些目的的斗争中来，英国共产党才能消除工人群众中关于所谓"工人政府"的幻想。

（6）英国共产党应当认为建立同殖民地的联系、支持殖民地国家民族革命运动、关于军国主义和海上霸权主义问题、关于裁军、关于英国对苏联、帝国主义法国、专家方案具有特别的意义。

（7）接下来英国共产党应当开始特别仔细的工作，以便让失业者服从自己的影响。

（8）英国共产党应当特别重视党的内部组织、从工人阶级队伍中吸收新党员、建立工厂支部、党员的共产主义教育以及向党员群众介绍国际工人运动。

2. 法国

大会高兴地注意到法国共产党获得的很大成绩，他们将可疑分子赶出自己的队伍，成了真正的无产阶级政党。然而与此同时，大会指出兄弟的法国党开展如下工作的极端必要性：

（1）成立真正的党机关，否则共产党就无法存在。

（2）党在巴黎之外的国家工业中心、在不久前选举显示社会党人还影响很大的最大工业中心的认真工作。巴黎无疑对国家具有最大的意义，然而，在将其他至关重要的工业中心吸收到自己这边来之前，无产阶级革命的胜利就无从谈起。

（3）在广大农民阶层中间认真的群众工作。

(4) 以应有的方式执行统一战线策略。法国社会党人领袖不敢公开进入赫里欧政府，然而事实上他们是这个政府的组成部分。由此决定了我们在这个国家鼓动的变更依然完全属于统一战线策略的范围之内。

(5) 党应当特别注意在工厂成立党支部，否则就没有群众性的共产党。

(6) 在工人中间招募新党员的工作。塞纳省应当给自己提出最近拥有不少于25000名党员的任务。这样的招募运动应当在全国进行。

(7) 党应当竭尽全力，在国内掀起对成立工厂委员会有利的群众运动。

(8) 党应当战胜右倾情绪的残余，并使党在共产国际的旗帜下联合起来，在中央建立起真正的、工作能力强的核心。无论左翼和原来"中派"之间有怎样的摩擦，均应停止。整个党应当成为一个共产国际的左翼。

(9) 必须巩固法国共产党的国际联系，首先是建立同德国共产党之间长期的不间断的关系。

法国的重工业无论在帝国主义的意义上还是对于内政关系而言，都具有越来越大的意义。法国共产党应当进行反对重工业日益增强的影响的斗争，首先是进行反对贯彻专家计划的斗争，并在同德国共产党紧密联盟的情况下进行斗争。

(10) 必须加快统一劳动联盟所有至今尚未入党的成熟的共产主义分子入党的进程。

(11) 统一劳动联盟的领袖应当在反对无政府主义和老派庸俗工团主义的斗争中持较为明确的立场。在这场斗争中，联盟在涉及共产主义的根本问题上保持"中立"的错误理论没有一席之地。

(12) 一刻也不能忘记，无论法国共产党和统一劳动联盟取得了怎样的成绩，党和革命工会都尚未真正把群众争取过来，尚未在组织上巩固自己的影响，因此也尚未成为真正的法国无产阶级先锋队。

（13）"工农政府"的口号在当代法国依然是特别合适的。根据共产国际第五次大会的决定进行的鼓动，应当成为法国共产党全部鼓动的核心。

3. 德国

德国革命的主要前景，依然是1923年秋天共产国际执行委员会所指出的那样。可能"民主和平主义"在英法两国的胜利暂时赋予德国资产阶级和德国社会民主党某种力量。"民主和平主义"的幻想从英法两国也可能波及到德国。英国的麦克唐纳政府和法国的赫里欧政府暂时举起了德国社会民主党的议会招牌，甚至直接去践行。这一切都使德国的局势复杂化了，并造成了更加持久地发展的机会。然而，德国资产阶级和德国社会民主党的国际地位大体上仍然没有希望，尽管他们三次背叛"祖国"的利益，赞许专家的结论等等。内部危机可能很快加剧。最近的阶级大战证明了这一点。

党的危机消除了。但是为了保证消除危机和不会产生新的危险，目前的党中央委员会应当能够：

（1）以铁的手腕坚决回击一切退出社会民主党工会的趋势，迫使每个党员认真地执行共产国际和法兰克福党代表大会在工会问题上的策略；在工厂党支部的基础上坚决有力地进行党的改组；这将在党需要进行非法工作时给党带来很大的好处。

（2）坚决无情地进行斗争，反对竭力在激进主义的面具下将理论上的修正主义和孟什维克倾向带进党内的倾向。

（3）善于坚决有力地贯彻共产国际在农民问题上的路线。

（4）善于坚决有力地贯彻共产国际在民族问题上的路线。

（5）善于在议会工作中将不妥协的共产主义原则性和尖锐性与求实进取的精神结合起来。

（6）给予工厂委员会运动较之迄今为止更多的关心。

共产国际执行委员会和所有的兄弟支部一样，应当给予德国共产党中央委员会以无限的支持。党在这种情况下能够更轻松地战胜带来如此巨大危害、某些地方还能复苏的右倾。

4. 捷克斯洛伐克

在德国发展到了自己逻辑的结局并因此暴露出自己无能为力的右倾，捷克斯洛伐克党内过去和现在也有。如果说这些倾向没有达到像在德国那样破产的地步，那仅仅是因为捷克斯洛伐克的政治生活节奏较为缓慢。顺便说一句，共产国际存在的目的，就是为了让一些支部从另一些支部的错误中学习，不再重犯这些错误。在目前情况下，应当这样做的是捷克斯洛伐克党。捷克斯洛伐克共产党绝大多数都是优秀的无产阶级分子，然而却至今尚无法成为真正的布尔什维克党。必须：

（1）首先端正党的理论路线。

（2）承认布拉格党代表大会和最近一次布伦代表会议中的错误。

（3）让全党明白，仅仅让群众参加还不够，必须带领他们参与局部性的革命行动，并且让他们在思想上和组织上为进行决定性斗争做好准备。

（4）在执行统一战线策略中同右倾倾向作斗争，完全站在第五次大会决议的基础上，并坚决贯彻这一决议。

（6）在农民工作中发挥较大的积极性。

（7）使民族纲领和要求强化的民族政策具有清晰的列宁精神。

（8）按照革命议会主义的精神开展议会活动。

(9) 活跃中央委员会的工作，使领导工作更加经常、更加紧张和更加有力。

(10) 从最优秀的工人中间向中央委员会注入新的力量。

(11) 同志式地、毫无成见地对待第四次大会上出现的少数派，特别是青年联盟。

关于世界经济状况的提纲

一、资本的进攻。危机时期仍在继续

1. 在通过了关于世界局势的最后提纲的第三次大会和第五次大会之间这个时期，资产阶级几乎在每个地方都顺利地发起了对无产阶级的进攻。为了安抚造反的群众，资产阶级勾结社会民主党领袖在战争结束后向无产阶级作出的让步，在社会民主党领袖和工会领袖的支持下又统统收回。各地无产阶级的生活水平都在下降；大多数国家实际上已经取消八小时工作制；企业中又恢复了不受限制的资本家统治。

2. 各国资产阶级的斗争方式各不相同。机会主义领袖在广大无产阶级群众中仍然享有威望，而且广大无产阶级群众仍然抱有幻想的国家，他们以为在资本主义的框架内，通过诸如罢工和议会民主等通常的和平手段即可改善自己的处境，那里使用同盟歇业、法律和法令等民主外衣来遮掩资产阶级专政。但即使在这些国家（挪威、英国等）由于阶级矛盾的加剧，资产阶级专政的方式也更加激烈。长期的失业和通货膨胀耗尽了工会的战斗储备。面临着越来越抱团成为康采恩等等的企业家，原先孤立与和平的斗争方式必将绝对地无能为力，即使工会民主派真诚地希望斗争。在英国、丹麦、澳大利亚等国，局势的困难迫使资产阶级完全信任政府或者部分信任"工人党"的领袖，通过改良主义的"工人党"领导人实行资产阶级专政。

3. 在工人运动具有革命形式、社会民主党领袖这些列宁正确地称之为资产阶级代理人的影响无力控制工人阶级的国家,资产阶级诉诸恐怖手段。诸如在保加利亚和西班牙搞普通的军事政变;资产阶级利用被它搞破产的中产阶级进行反对无产阶级的斗争(意大利的法西斯主义);或者把这两种途径合并起来,如德国所发生的事情。法西斯主义和社会民主党,最终都是同样的统治阶级用以对付革命无产阶级的工具。保加利亚社会民主党公开与军官集团结盟,参加反对革命无产阶级和贫农的斗争。在意大利和美国等其他国家,改良主义的领袖装出同法西斯主义斗争的样子,实际上与法西斯主义一起同革命无产阶级斗争(意大利的达拉贡纳和墨索里尼,萨克森和图林根的社会民主党共同镇压无产阶级,普鲁士的大联合,龚帕斯和美国军团在美国)。

4. 资本进攻革命无产阶级的成功,美国的高度发展,英国的失业率下降,德国、奥地利和波兰货币的暂时稳定,都成了社会民主党人这些资产阶级走狗宣布资本主义克服危机、开始新的上升时期的理由。他们以此为依据,宣布共产党所要求的那些革命斗争方式都是不正确的。社会民主党人断言,无产阶级的状况可以通过和平手段来得到改善。然而,对近三年来经济发展和目前世界资本主义情况的深刻分析表明,共产国际第三次大会的主要路线是正确的。世界资本主义在某些资本主义大国的崩溃十分明显。诚然,资本主义的进攻可能给某些资本主义国家带来暂时的缓解,然而这种缓解又同时加剧了各个资本主义国家之间或者各个资本家集团之间的矛盾。改革派所谓资本主义处于上升期、因而无产阶级的状况可以在资本主义的框架内通过和平手段得到改善的论断是不正确的。

二、危机。世界经济的瓦解。不存在统一的行情

5. 在一个"正常的资本主义社会",资本主义国家的商品生产每

十年增长的百分比都比人口的增长快得多。从行情的意义上来说，1923年的生产是整个战后时期主要资本主义国家行情较高的一年，美国已经勉强达到战前的水平。当代资本主义最有代表性的制铁业和钢铁工业尚未达到战前的生产定额。尤其是世界资本主义的老中心欧洲，一切生产都远远落后于战前的水平。战争期间大为增长的生产机构，如今相当一部分无所事事。作为实际财富典型增长方式的建筑活动，在整个欧洲几乎陷于停顿。

6. 如果就全部资本主义国家而言，总的说来目前的失业率不比三年前低。如果说有些国家的失业率低的话，那么其他国家的失业率就高。这已经不是原有意义上的"劳动后备军"，而是注定经常失业的大军，并且甚至在上升时期也无法完全消散。

7. 战后，资本主义世界经济一体化已不复存在。苏维埃俄国，地球的六分之一，已彻底排除在资本主义之外。有些资本主义国家，包括巴尔干化的欧洲小国，以极端的保护关税政策和进出口禁令给相互之间的经济交往制造困难。世界资本主义经济的均势受到很大破坏。一系列国家经常或者暂时地消费多生产少。资本主义世界经济的重心越来越移至美国。黄金源源不断地流向美国。欧洲国家的黄金储备减少到了恢复金币已成为几乎不可能的事情。金币被纸币取而代之，纸币的贬值已不受任何限制，借贷资本可以自由地从一个资本主义国家流进流出另外一个资本主义国家。英国的利率水平为3%，德国为50%。全面不信任已经逼近"正常资本主义"较为巩固和容易看见的条件的地方。生产和核算都受到交易所游戏和投机的控制。

8. 这个时期美国搞的孤立的上升行情是行情不均衡进程的最好例子。好转的最初苗头早在1921年中期即已出现。这个势头逐渐加强，1923年4月达到最高点。从此行情十分缓慢地下降，如果不算暂时好转的话，而在1924年4月底，最终的转折来临。种种迹象表明，良好的美国行情已经走到了尽头。危机就在眼前。

美国的高行情是实实在在的。同战前相比，生产大大增加，达到最高点时，实际上没有失业现象。出现了较高的积累，表现为生产部门的增加、大量的建筑活动、汽车数量神话般的增加等等。

9. 然而美国的这一高行情完完全全局限于美国。只有英国的殖民地稍稍参与其中。它仅仅依靠国内市场的容量，而且建筑活动起了重要的作用，因为需要填补建筑活动在战争期间的空白。高行情同其余资本主义世界所发生的事情毫无关系。进口削减了。行情最高时，国内市场的容量大到了美国1923年春天4个月的时间内拥有了外贸入超。然而，欧洲商品的加紧进口和美国在国际市场上的行情疲软，都不足以将欧洲也卷入这次高行情。

三、西欧的特殊危机

10. 美国的高行情对欧洲说来，几乎是无声无息地就过去了。危机时期在欧洲的影响太大，以致完全压制住了高行情阶段。这可以用欧洲工业国家所经历的特别危机来解释。

危机首先来自那些从前提供原料和粮食、进口工业产品的国家的工业化；来自相互闭关锁国的国家，其目的是为了保障自己本国工业的国内市场。这就妨碍工业国为自己的出口产品寻找销售市场，并引起经常性的销售危机和失业。失业反过来又减少国内市场的容量。于是，欧洲经济就在绝境中勉强度日，无法走出危机。

11. 英国这个国家，拥有本国最不起眼的农业基础并且最需要出口本国工业商品，以便能够进口它所必需的原料和粮食。因此，这里的危机时期就反映在无法克服的出口工业——纺织工业、机械制造业、造船工业等等的危机上。尽管官方的失业数字已经长期经常下降，但这个数字仍然超过百万。实际上要高出好几十万。失业主要集中在出口工业。诚然，英国资产阶级的努力、它所缴纳的高额税金带来了预算的平衡，并恢复了英国货币市场在世界经济中的领导地位；然而，任何一项经济政策措施都无法克服出口工业的危机。这些工业部门的工资下降到比战前低得多的水平，也丝毫改变不了局面。1923年的好转大部分是由于德国、法国和比利时因占领鲁尔削减重工业生产的结果。

12. 法国因危机蒙受的损失比欧洲其他工业国家轻。它有一个特别有保障的本国工业市场：它那些遭到毁坏的州的恢复。它只能步履艰难地在本国人口停止增长的情况下，弥补它在战争中所遭受到的巨大的人员损失。因此，法国没有严重的失业现象。恰恰相反，外国工人能在这里找到工作。然而，恢复实际上靠的是受到通货膨胀剥夺的阶层、国债不断增加和法郎贬值五分之一。这就证明了法国的经济状况很不好。经济基础无法承受庞大的上层建筑（夺取霸权的斗争）。

13. 德国在此期间搞出了一系列特殊的危机。1921年的抛售行情之后，是1922年春天的第一次稳定危机。此后是通货膨胀的行情。占领鲁尔使最重要的工业州陷于瘫痪。1923年春天因鲁尔反抗而引起的人为稳定也不过是昙花一现。由彻底的货币危机取而代之，但是货币危机甚至没有任何提振作用。德国资产阶级，首先是重工业，长期利用通货膨胀来掠夺中产阶级，将实际工资降到最低，直至因此引起的社会危机，也就是农民拒绝向城市供应粮食、流通中的停滞、群众自发的绝望的爆发迫使资产阶级造出新的货币。借助对无产阶级的暴力镇压，试图通过靠无产阶级来稳定马克。这一稳定带来了严重的危机，资本家经常利用危机来反对无产阶级。他们利用无产阶级十月的状况来巩固自己的阵地，停止生产，大量解雇工人，清除企业里的革命分子。至年底一半以上的工人失业，或者断断续续地上班。资本家以延长工作时间和降低工资来奖赏自己，以此来补偿因通货膨胀而日益降低的利润。

1924年头几个月，似乎靠无产阶级在资本主义土壤上恢复德国经济的尝试和稳定货币方面都受到欢迎。稳定货币终止了剥夺中产阶层的进程并且改善了工人、工作者在整个工作日内的经济状况。这暂时增加了国内市场有支付能力的容量。生产走上正轨。失业现象大大减少。然而成功受到剪刀差现象的威胁，也就是日益降低的农业购买力，然后是出口停滞，所有生产部门的残酷冲突以及专家委员会草案中所预见到的巨额负担。借贷危机、大企业的破产、对资本的迫切需要都证明了德国经济的一大弱点。

14. 工业依靠出口的其他欧洲国家（比利时、捷克斯洛伐克、奥地利、波兰）同样（按他们所必需的出口相应地）苦于此类工业危机。

四、农业危机

15. 危机时期也表现在遍及全球的农业危机上。农产品价格按照同工业产品价格的关系同战前相比（剪刀差）急剧降低。农业生产者无力支付高额租金、债务利息和赋税。数以百万计的他们被迫丢下自己的产业，以雇佣工人的身份为自己挣饭钱。价格下跌最强烈地表现在谷物上，畜产品次之，与此同时纺织原料达到高价。美国和某些英国殖民地的农业危机最为严重。然而，欧洲的农业也深受其害，尤其是那些战前拥有保护性农业税的国家（德国、捷克斯洛伐克、意大利、法国）。

16. 剪刀差的原因并不在于绝对的生产过剩。虽然有世界大战，近十年来全球人口数字仍然大大增加，尽管如此，如今播种面积和农产品总产量却低于战前。

正确的做法是，从资本主义全面危机中寻找剪刀差的原因。工业国长期严重的失业现象和欧洲工人的实际低报酬，减少了粮食产品的消费。例如，德国人均粮食消费从1913年的239公斤下降至1923年的

150公斤（按整数算），而肉类消费从46公斤下降至25公斤。另一方面，垄断组织——卡特尔、托拉斯和康采恩中资本的集中程度比任何时候都要高，这对于工业品的廉价化、克服剪刀差起了阻碍作用。剪刀差降低了本国和大洋彼岸农业国农村居民的购买力。于是，农业危机又反过来影响欧洲工业国的危机，使之加剧。

五、经济政策的危机

（经济的自我封闭或者全球相互交织。——关税保护或者自由贸易。通货膨胀或者通货紧缩。共有债务。）

17. 资本主义不能解决任何重大的国际经济政策问题。

除英国而外的所有国家，都竭尽所能地做到最广泛的经济上自给自足。高额的保护性关税、禁止进出口都对国际商品交换起了阻碍作用。原先的农业和原料国，包括独立的国家和英国殖民地（甚至印度）都竭力借助关税来保护本国的新兴工业。巴尔干化的欧洲小国相互封锁。除了资产阶级的经济利益之外，为即将到来的战争作准备在这里起了决定性的作用：每个国家都竭力在自己本国生产它所需要的大部分广义上的军用物资。

与这一孤立相矛盾的是，欧洲大陆越来越在经济上听命于英美两国。

18. 至今英国是个例外。大英帝国会议（包括所有的殖民地在内）借助相互的特殊关税成立独立自在的不列颠世界帝国的企图破灭了，部分是由于殖民地的反抗，他们不愿意把年轻的工业交给英国，而主要是因为与此有关的必须对粮食征税，这些税负同物价昂贵一起导致工资的上升，并因此降低了英国工业在世界市场上的竞争能力。于是，英国资产阶级暂时继续主张自由贸易，而大英帝国则由于殖民地日盛一日的分离主义和被压迫殖民地人民的革命运动迅速走向瓦解。

19. 资产阶级无法克服货币混乱。诚然，看来有些欧洲国家——德国、波兰和奥地利在世界历史上空前的货币贬值之后，似乎能暂时把货币稳定在所达到的最低水平，尽管这种稳定具有很弱的经济抵补。尽管另一方面，最近有一系列货币至今较为稳定，但是日本、西班牙、挪威、丹麦、巴西的货币在贬值。法国法郎一个月内汇率波动达到50%。英镑在这个时期之初达到差额为3%—4%的黄金平价，现在仍有10%的缩水。所有成立国际发行银行以便创建稳健货币的方案，都因一个国家的个别阶级以及各国资产阶级的利益矛盾而破灭。

20. 资产阶级的某些阶层无法就自己的货币政策达成一致。理论上整个世界都明白，对于资本主义来说，最有利的是在每个国家现有水平上稳定所有的货币。然而，英法大资产阶级有影响的集团为制造通货膨胀而秘密工作，以便同样通过剥夺中产阶级、消灭食利者阶层，通过降低工人的实际工资，为自己创造同货币不稳定国家竞争的同样条件。

21. 国际债务问题至今没有解决。只是英国开始偿付利息和摊还其所欠美国的债款。然而实际表明，这个决定给英国和美国带来了新的麻烦。它加大了美国的黄金储备，降低了英国对美国货物的购买力，并且妨碍英国货币的稳定。由于协约国之间在追求霸权中的深刻矛盾，相互取消债务无法做到。

六、军事赔款问题和国际矛盾

苏维埃俄国的情况

22. 军事赔款问题依然没有解决。试图逼迫德国用外国货币偿还军事赔款，不考虑这样的支付会对马克的汇率造成什么影响，这从根本上动摇了德国货币和整个资本主义经济。这也加剧了德国的阶级矛盾,以致社会革命或者民族主义—沙文主义政变的危险已近在眼前。

23. 法国、英国和美国等帝国主义大国之间的政治矛盾(在夺取霸权的领域)以及每个国家内某些阶级的尖锐矛盾,迄今为止都妨碍着在赔款问题上每次一致行动的尝试。

24. 法国重工业和军界的计划,就是让莱茵河左岸和鲁尔州在政治经济上归并法国,将德国南部与德国北部分离开来,然后将如此支离破碎的德国纳入法国在欧洲大陆的统治范围,最终向法国重工业充分提供它所必需的煤和焦炭,与此同时为法国的制铁业提供销售市场。

这一决定会把德国变成法国事实上的殖民地。法国军事上对英国的优势(法国在决定性的武器种类方面,即在潜艇和飞机方面)通过鲁尔州及其大批工厂归并到法国而彻底巩固了。暴力地、强盗般地占领鲁尔州,就是企图实现这一帝国主义纲领。

25. 目前法国的军事优势使得英国无法利用武力阻碍法国的帝国主义计划。因此英国就满足于德国在其消极抗拒法国中公开而秘密的支持;英国希望两个对手都在这场斗争中经济上受到大大削弱,这样他们就会听从英国的要求。

26. 英国像害怕法国军事优势一样地害怕德国的经济恢复。假如赔款的负担降到容易承受的数额,那么就会恢复德国这个英国最危险的对手在国际市场上的竞争。这样一来,世界大战对英国的政治意义就会化为乌有。因此,英国的政策绝不是为了免除德国的赔款负担,而是为了在经济上奴役德国,而且,英国还竭力阻挠将德国纳入法帝国主义霸权的范围。

27. 作为整体的美国资产阶级,由于高行情没有理由直接干预欧洲事务。尽管欧洲一片混乱,但美国却能够发展高行情,这个事实是其自外于"生病欧洲"的有力论据。赞成参加解决赔款问题,也就是赞成参与剥削德国无产阶级的是：一部分工业资产阶级，他们不希望欧洲工人侨居美国，并在当地用共产主义影响受龚帕斯及其同仁支配的美国工人；因此这些先生宁可剥削不是作为侨民、而是作为本地人的欧洲的特别是德国的无产阶级。其次，银行资本，首先是摩根康采恩，摩根希望签订大量的贷款，并同时亲手得到对德国制铁业的控制。最后是农场主，他们期待着德国的健康化会带来粮食物资价格的上涨趋势。随着高行情的结束，随着在国际市场上销售自己商品的必要性，因为他们在国内市场找不到销路，对欧洲的兴趣正与日俱增，所以美国资产阶级则同意剥削德国。

28. 鲁尔战争以德国的投降而结束，那是在德国资产阶级并未作出牺牲，而是为着自己致富和抢劫国库而利用了消极抵抗之后。鲁尔州和莱茵州都在法国的逼迫下自己承担了同"鲁尔矿山和工厂盟国监督委员会"签订条约的全部重负，但作为交换，保证自己得到占领当局的支持，来加紧对于工人的剥削。于是，彭加勒终于得到了他所要求的"有效保障"。

然而法国太弱了，无法巩固业已得到的胜利。1924年春天法郎迅速下跌，迫使法国向英国和美国银行资本求助。它本该拒绝赔偿问题的"法国方案"，拒绝支解德国，同意新的符合英美两国利益的国际决定。左翼集团的胜利表明，法国小市民和农民所希望的，首先是提高法郎的汇率，而决不是帝国主义政策。

29. 专家方案是帝国主义列强资产阶级共同解决赔偿问题的尝试。这个方案将德国排除在独立国家之外，使之服从协约国资产阶级的经济监督。

方案所规定的赔偿支付系统应当预料到新的马克惨跌以及与之一起的欧洲无产阶级革命的危险。法国制铁业应当得到它所必需的燃料。对于德国财政、税收和交通政策的监督，应当保证西欧工业国家避免德国达到本国战前的生产率并重新成为它们在国际市场上强有力的竞争者。

赔偿问题没有解决。协约国的资本主义无法找到可以从德国榨取赔款、又不会对协约国国家自身的经济造成严重威胁的出路。它只能满足于对德国工业的奴役。

这里我们所看到的，不是同已扩大的资产阶级上升时所特有的生产能力有关的对于新市场的追求；恰恰相反，这里我们所看到的是以暴力方式阻滞一个资本主义大国的生产的清楚的意愿。

30. 苏联近年来的经济和政治地位已经十分牢固。在欧洲各工业国家连年销售危机的情况下，俄国销售市场就具有特殊的意义。加之帝国主义列强的矛盾、它们争第一的角逐迫使它们相继与俄国恢复经济交往和外交交往。资本主义阵线在热那亚和海牙所作的尝试，都被帝国主义列强之间的矛盾撞得粉碎。那种可以在表面上保留苏联制度的情况下把苏联各共和国变成协约国的资本主义殖民地的希望，在苏联政府的有力抵抗下破灭了。因此，尽管世界资本主义经济上对俄国市场感兴趣，丝毫也不能排除针对苏维埃俄国的新的干涉。

如果能够临时解决赔偿问题，首先把对付苏联各共和国和镇压它们的任务交给德国资产阶级，英美资产阶级是不会反对的。然而，法国资产阶级对于武装德国怕得要死。这就增加了共同行动的难度。

31. 其实，资本主义的危机可能会尖锐到了这样的地步：协约国的资产阶级无法找到镇压革命运动的其他出路，只好发动新的战争，哪怕是反对苏联或者协约国之间的战争。尽管有和平保证，有华盛顿协定，武装仍然以疯狂的速度持续着。全部精力都放在发明和生产带有毒气和细菌的新式杀人工具，用于陆地、海上和水下的战争。尽管有国联，尽管有协约国和关于和平意图的一再保证，尽管英国的工人政府和法国的和平主义左翼，各国的资产阶级始终在继续备战。经验教导我们说，在这种情况下战争可能"自动"爆发。唯一的抉择是：要么是帝国主义战争，要么是无产阶级革命。

七、阶级矛盾激化

32. 目前资本主义的衰落时期，集中和统一的过程，成立卡特尔、托拉斯和康采恩的过程仍在继续；尽管某些国家实际财富在减少，但参与其中的大资本家的份额却在日益增加。在康采恩中发号施令的一小部分资本家与中小资产阶级之间的鸿沟越来越扩大。越来越多的表面上独立的部分小资产阶级，落入资本主义剥削的桎梏。

33. 货币贬值的国家，通货膨胀剥夺了小资产阶级的财富，对大资产阶级有利。食利者消失。存入战时公债、城市和工业债券的资本化为乌有。储蓄所存款、人寿险和养老金，统统被通货膨胀剥夺殆尽。

对于小资产阶级、商人和手工业者的剥夺，是以这样的方式进行的：通货膨胀时期这些阶层经常以低于他们必须重新购买时的价格出售，因此他们实际上是在貌似致富之中破产的。

自由职业者、官员和职员的收入已大大低于战前的水平，接近无产阶级。于是先前生活富裕、部分是靠他人劳动的阶层全都变成无业游民。他们中的一部分依附法西斯主义运动，另一部分充实了革命无产阶级的队伍。

34. 农业危机使千百万农场主和农民破产，使他们陷入最痛苦的债务奴隶状态或者将他们抛到无产阶级的行列。农民在自己对资本主义制度的盲目支持上开始犹豫不决。农业危机在劳动农民中造成了对于无产阶级与劳动农民反对资本主义和大农业的战斗同盟的好感，这个同盟在工农政府口号中找到了自己的政治反映。

35. 资本对工人阶级的全线进攻仍在继续。广大工人群众的实际工资在降低。这加剧了阶级矛盾。另一方面，资本又同时试图拉大工人贵族与未受教育且技术不熟练的工人之间的工资等级，还竭力使男人处于比妇女优越的地位。这一切都是为了分裂工人阶级一致对抗的力量。

36. 城市贫民的贫穷化，农业危机给农民带来的巨大损失，这一切都迫使这些在正常条件下一直听从统治阶级领导的阶级犹豫不决。顺便说说，这种犹豫不决的表现是德国的德国人民运动、法国左翼和英国工人党的胜利。至于无产阶级本身，阶级矛盾尖锐化则表现在有觉悟的工人离开社会民主党，投靠共产党。

移民美洲的困难关闭了那个阀门，当初这个阀门始终为欧洲资本主义服务，并且加强了欧洲无产阶级的革命骚动。

八、前景和任务

37. 资本主义危机时期仍在继续。美国的高行情依然是个孤立现象。资本主义高度发达的欧洲国家的连年危机、全球的农业危机是这一时期的最重要形式。

最近的将来美国可能发生危机，它已经来临，且来势凶猛。持续不断、缓慢发展的欧洲工业国家的危机，如果真要认真兑现专家的方案，这个危机很可能会变成新的、激烈的危机阶段，同先前欧洲国家高涨和危机不止一次反复交替不同，这次危机将同时扩展到所有的欧洲国家。

社会民主主义理论家（希法亭）所谓资本主义似乎克服了战后危机、正处于上升的大世界行情的前夕的观点，没有根据。他仅仅为资产阶级的利益服务，试图阻止尚在动摇犹豫的工人阶层参与共产主义革命运动。

38. 最近将要发生无产阶级与资产阶级之间新的重大战斗：无产阶级将会竭力不仅打退资本的继续进攻，而且至少夺回自己原先的阵地，而资本在资本主义世界经济衰退时，客观上无力满足无产阶级的要求。

当小资产阶级和农民的广大阶层搞出严重危机，尽管他们的一部分作为法西斯主义分子充当资产阶级同无产阶级斗争中的战斗队，但他们已经不再是作为一个阶级的资产阶级绝对可靠的支柱时，这些战斗就会变得激烈起来。中间阶级政治上的瓦解，他们在资产阶级和无产阶级之间的动摇犹豫，为无产阶级斗争的成功开辟了很大的可能性，如果共产党能够扩大和强化经济斗争、使之变成政治斗争的话。

39. 目前资本主义衰退时期的范围是否会导致资产阶级被推翻或者是导致资产阶级统治时间较长的相对稳固，在很大程度上取决于共产党能否从组织上和政治上利用这个时代的客观革命形势。没有革命无产阶级顽强、坚决和忘我的进攻性斗争，资产阶级的阶级统治永远不会垮掉。最近宏大的无产阶级群众运动是不可避免的。如果能够彻底打败社会民主党人和民族主义法西斯主义党派对无产阶级的影响，如果能够动员大部分无产阶级的关键性阶层在共产党领导下为国家政权而斗争，并且吸引因农业危机而备受痛苦的劳动农民参加反对地主和资本家的战斗同盟，那么在目前资本主义衰落时期，这些战斗就可以成为开始夺权的成功的战斗。

关于纲领问题的决定

1. 代表大会通过了纲领委员会制订的草案，作为各支部讨论时的基础。

2. 编辑委员会应当根据委员会的决定最终审定草案。

3. 代表大会决定成立常设纲领委员会。委员会应当由执行委员会成立，其目的是尽快公布附有必要解释材料的草案，并领导国际辩论和核实它的材料。

4. 将最终通过纲领移至最近一次代表大会进行。

共产国际纲领

（草案，共产国际第五次代表大会通过）

导 言

在反对资本统治的革命斗争中，无产阶级应当将单独队伍的努力联合起来，将这些队伍连接起来，成为一支统一的国际劳动大军。成为这样的组织，它将战斗的无产阶级联合起来，不论国界、民族和种族属性、宗教、性别或者职业，它就是工人的国际协会——共产国际。共产国际将所有的共产党联合起来，将把劳动从资本的束缚下解放出来作为自己的目标；它宣传和组织通过共产主义革命暴力推翻资本主义制度，并且继承了马克思所创立的共产主义者同盟和第一国际的革命传统。它在其整个理论和实际工作中，都完全和无条件地坚持革命马克思主义的观点，马克思主义在列宁主义中得到了完善，列宁主义恰恰是工人阶级夺取政权的直接无产阶级斗争时代的马克思主义。共产国际从这个观点出发，为澄清群众的阶级意识，以辩证唯物主义对抗资产阶级意识形态，进行反对针对无产阶级的形形色色资产阶级影响的不懈斗争：反对唯心主义和各种非辩证唯物主义的哲学，反对关于劳动和资本利益一致的学说、社会主义机会主义。共产国际站在彻底的阶级斗争的基础上，在纲领中明确表述了所有自己的原则和目标，以及自己斗争的主要方法，纲领将千百万劳动者联合起来，向他们解释资本主义社会中被压迫者的情况，向他们指出战胜资产阶级以及建设共产主义的途径。

一、资本主义社会

1. 作为剥削制度的资本主义的总特征

（1）商品生产和私有制
（2）生产资料垄断
（3）出售劳动力
（4）作为剥削阶级垄断组织的国家政权、对武器的垄断
（5）垄断教育
（6）工人如同雇佣奴隶
（7）雇佣劳动和剥削关系。

目前几乎整个地球都处于资本的统治之下。只有在苏联消灭了这种统治。资本权力的基础是私有制和为市场生产，也就是商品生产。对这些商品的生产资料的垄断以及对商品运输手段的垄断都掌握在为数不多的一群人——资本家阶级手中。这种垄断就保证了他们对千百万失去生产资料和被迫出卖自己劳动力的无产者的独揽的经济统治。这样一来，雇佣劳动和资本之间的关系就是资本主义社会的基础。资产阶级的经济统治通过其政治统治和国家组织来巩固，政治统治保证了对于武器和其他一切肉体暴力工具的垄断使用。另一方面，资产阶级的统治也在文化上得以巩固，而且这方面的手段是资本家手中的教育垄断。经济上受压迫，政治上和文化上受压制，工人阶级是资本的雇佣奴隶。这样一来，占了人口越来越大部分的工人阶级，就成了剥削他们劳动的资产阶级的活生生的利益来源。

2. 资本主义制度主要矛盾的发展

资产阶级在追逐利润中被迫经常在越来越大的范围内发展生产力和扩大资本主义生产关系的威力。但与此同时，资本主义体系的主要矛盾也以越来越大的力量暴露出来，这些矛盾绝对不可避免地使资本主义体系彻底崩溃。

(1) 阶级斗争

建立在极少数居民对大多数居民的剥削的基础之上的资本主义社会，分裂成为两个部分，两个阶级之间的斗争充满了它的整个历史。

(2) 生产的无政府状态、竞争、危机

私有制占统治地位产生了社会生产的非计划性质，它那盲目的、不受任何自觉力量调节的进程。这一方面表现在各个企业和集团之间冷酷的斗争、它们那引起巨大精力消耗的竞争；另一方面，表现在各个生产领域之间比例失调、生产增长和无产阶级群众有限的消费之间的矛盾，其后果是周期性重复的危机，随之而来的是生产力的破坏和无产阶级的大量失业。

(3) 资本主义争夺霸权的斗争、战争

资本主义体系争夺剥削全世界的斗争导致特殊的竞争形式、资本主义国家之间的竞争，而且归根结底表现为战争，战争如同危机和失业一样，成为资本主义的必要属性。

(4) 资本集中化的过程，如同资本主义矛盾的再生产

依靠发展生产力的资本主义生产向前行进，伴之以资本主义前经济形式在竞争性斗争中的灭亡、部分农民的破产、手工业的消亡、小型资本和中等资本的失败、对殖民国家的公开掠夺和无情剥削。这个过程一方面导致资本集中在为数不多的百万富翁手中，另一方面则伴之以无产阶级的巨大成长，无产阶级经过严峻的资本主义磨炼，以其全部存在变成资产阶级及其秩序的死敌。

资本集中化和资本主义关系的普及经常以越来越大的规模再生资本主义的主要矛盾。小资本家之间竞争的停止，仅仅是为了代之以大资本之间的竞争；在大资本家之间的竞争平息下来的地方，巨型百万富翁联盟及其国家之间的竞争又激烈起来；地方性和民族性危机变成囊括一系列国家的危机，然后又变成世界性危机；地方性的战争变成联盟之间的战争和世界大战；阶级斗争从个别工人群体的孤立行动变成国家的斗争，后来又变成世界无产阶级反对世界资产阶级的国际斗争。

(5) 相互矛盾的社会力量组织

不可避免的阶级关系激化伴之以相互矛盾的阶级力量同时组织。一方面资本主义资产阶级组织成为联盟，加强自己的国家政权，将自己的组织集中成为一个武装的拳头；另一方面，因资本主义生产机制本身而团结和联合起来的工人阶级，推出了自己强大的组织，它们或迟或早会变成无产阶级反对资产阶级以及资产阶级的主要堡垒——国家政权的工具。

(6) 资本主义制度崩溃的必然性

资本主义发展的进程不可避免地加深资本主义制度的一切矛盾，这些矛盾集中在主要矛盾、生产力与生产关系之间的矛盾方面，这最终使得资本主义制度存在本身成为不可能。推翻制度的活跃力量是无产阶级，它起来反对自己的奴隶地位，消灭资本制度并组织社会主义计划经济，社会主义计划经济的前提是资本主义自己创造的。

(7) 新社会的前提

诞生取代资本主义的新社会形式的这些条件是，集中的生产资料，强有力的资本主义技术；首先是体现在无产阶级本身的社会化劳动；资本主义发展所创造的科学；可以挑出第一支新社会组织者队伍的工人组织；最后，是马克思主义理论，无产阶级斗争最伟大的工具，一旦它掌握了群众，就成为强大的力量。

3. 作为资本主义最后阶段的帝国主义

资本统治的最近十年，其发展特点是加剧了内部矛盾并引发闻所未闻的1914年战争惨祸，以及最大的革命危机（始于1917年俄国的十月革命）和整个资本主义的危机。

(1) 资本主义的世界性质

资本主义成为世界资本主义，成了最主要的经济形式。原先的社会关系残余——原始共产主义，封建关系，奴隶经济，商业资本，手工业者的普通商品经济，农民的自然商品经济——所有这些遍及地球各个部分的形式，部分是以暴力的方式、部分是"和平地"受到大资本的破坏，并服从大资本的独裁专制。

(2) 最新资本主义的垄断性质

无数彼此争斗、在竞争性斗争中彼此吞噬的私人企业主，现在已被强大的工业巨头联合体（辛迪加、卡特尔、托拉斯、康采恩）所取代，它被银行机构连接在一起。这一资本新形式具有明显的垄断性质，其中银行资本与工业资本融为一体，大地产也通过银行加入共同的组织，实际上左右局势的人是巨富的、几乎是世袭的金融寡头集团。自由竞争取代了封建垄断，自己变成了金融资本的垄断。

(3) 竞争性斗争的新形式及其激化

这一实质上是垄断性的、往往把各种工业部门的资产阶级联合起来的资本组织，也引起了竞争性斗争类型中的深刻变化。在国际关系中，越来越用强力的办法（抵制、其他几种在国内施加压力的办法、高税率的保护关税政策、关税战以及借助国家权力的武装暴力）来代替廉价办法。有两个事实对这一高度竞争的激化起着推波助澜作用：一是资本主义大国之间对殖民地的全面瓜分；二是特别加强的资本输出，随之而来的是对资本输出地直接占领的新的渴望。

（4）金融资本的国家政权、帝国主义、军国主义

在这种情况下，对资产阶级来说国家政权及其武装力量就具有特殊的意义。金融资本的政治集中在极端激烈的掠夺性活动（帝国主义），引起了不可思议的陆军、海军、空军以及一切歼灭手段的加强。军国主义的巨大增长又成为加剧国际竞争和引向毁灭性战争的原因之一。

（5）资本主义压迫中心、附属的国家经济联合组织、殖民地

于是，资本在其世界范围内集中化的过程就造成这样的结果：在世界经济的范围内创立了强大的金融资本主义大国，真正的全球资本主义压迫、掠夺、剥削、奴役为数众多的无产阶级、半无产阶级和农民群众的中心。次一级的资本主义国家靠金融资本主义大国的施舍度日，直接或者间接地依附于它们。最后，奴役和抢劫的直接对象是拥有数以千万计的劳动人口和被剥削人口的殖民地。

（6）反资本主义力量（工人阶级、殖民地人民）、阻击倾向（工人贵族、社会民主党等）

在无产阶级领导下组织起了两股主要的力量，反对金融资本组织起来的强大的力量：一方面是资本主义国家的工人，另一方面是备受外国资本压迫的殖民地人民。然而，这一主要革命趋势暂时因为大部分欧美无产阶级受到帝国主义资产阶级的收买而受到削弱。帝国主义列强的资产阶级通过对殖民地半殖民地的掠夺而获得了超额利润，并用这种掠夺来提高宗主国部分工人的工资，从而使他们关心这种掠夺事业并忠于帝国主义"祖国"。这种有计划的收买特别表现在工人贵族（享有最好待遇的特权部门的工人，国营和市政企业工人，一般技术熟练的工人）和工人阶级官僚阶层，即社会民主党和工会的领导干部身上，他们成了资产阶级手中的直接工具。

（7）矛盾激化和作为资本主义开始垮台的 1914 年战争

资本主义列强之间争夺原料产地、投资领域和扩大市场，即为殖民地和重新瓜分世界的斗争的激化，导致了 1914 年的世界大战：这场战争大大动摇了资本主义经济基础，大大恶化了工人阶级的状况，破坏了无产阶级阶层中如此之多的帝国主义幻想，总的说来是为新的历史时期——世界经济资本主义生产关系瓦解时期奠定了基础。

4. 战争的后果和资本主义开始瓦解

（1）战争的代价和生产力的破坏

1914—1918 年战争带来了史上空前的对生产力的破坏：直接耗费了大量的生产资料和人类最好的活的劳动力，产生了空前巨大的非生产性耗费，生产力再分配向非生产性消费转移。

（2）世界流通的混乱

因此出现的世界流通的完全混乱、原先的国际分工系统中的混乱、井井有条的相互结算的破坏、货币的突然异常变化、空前的国家债务加剧了世界资本主义经济的总衰败。

（3）殖民地储备金的抽出

帝国主义经济体系经历着重要的变更，因为殖民地半殖民地国家利用帝国主义肌肉的放松，获得了巨大的经济独立性。这一情况损害了宗主国繁荣的基础，也加剧了共同的危机。

（4）下降中的社会收入的再分配

（5）帝国主义寡头斗争的激化

（6）殖民地和宗主国之间阶级斗争的激化

（7）阶级斗争的激化

(8) 资本主义制度的绝对不稳定

以上列举的战争和战后时期的主要事实均体现在社会总收入的下降上。社会总收入的下降又引起为它的重新分配的斗争的激化,这里既有各个金融寡头集团的竞争,又有殖民地同宗主国的矛盾,首先是无产阶级与资产阶级的斗争,而且当中间集团在战争期间特别受害时,有一种中间集团成为无产阶级追随者的趋势。

总的说来,资本主义战后的状况可以说是其一切生活领域都极不稳定的状况:无论经济生活、政治生活甚至思想文化生活都是如此,因为在全面危机的背景下,出现了资产阶级深刻的思想瓦解的明显迹象;回归宗教、神秘主义信仰、神秘主义等等,清楚地指明资产阶级文化即将灭亡。

资本主义瓦解过程不会因为在此瓦解过程中出现的资本主义制度的部分恢复和生产力的进一步发展的趋向而消灭。资本主义的任何进一步发展在这个意义上也进一步发展了其矛盾,而且会使其矛盾越来越增多、越来越尖锐,并使其准备着更加可怕的破坏性斗争方法(例如化学战争),让人类社会的继续存在都面临威胁。

5. 帝国主义战线的突破和社会主义革命时代

(1) 俄国无产阶级的十月革命作为无产阶级国际革命的第一环

早在战争期间就已经开展起来的阶级斗争的激化,导致泛帝国主义前线在其最薄弱的地区——俄国的突破。于是,推翻了资本主义制度的俄国无产阶级十月社会主义革命,由于特殊的斗争条件,开辟了无产阶级革命的纪元,并成为这一革命的第一环节。

(2) 其他革命

继俄国革命之后的无产阶级起义,在短暂的胜利之后以无产阶级的毁灭告终（芬兰、匈牙利、巴伐利亚）或是因为积极进攻革命共产主义的社会民主党的背叛半途而废（奥地利、德国），这些起义是国际革命总发展中的一个个阶段，在这些阶段中，资产阶级幻想破灭，共产主义变革的力量团结到一起。

（3）苏联的意义

正是因此，苏联作为国际无产阶级运动组织中心的事实已经存在本身，便具有特殊的意义。苏联的存在，以其同资本主义制度相敌对的制度给整个资本主义体系打上了楔子。另一方面，它又是最坚强的无产阶级运动队，因为它的工人阶级拥有国家政权的一切手段和资源。

（4）反革命力量（社会民主党、法西斯主义）

在开展国际革命中，社会民主党及其领导的工会具有最大的反革命力量的特殊意义。它不仅在战争期间背叛了工人的利益，支持"本国的"帝国主义政府（社会爱国主义、社会沙文主义）；它支持掠夺条约（布列斯特和约、凡尔赛条约）；它是血腥镇压无产阶级起义期间站在将军一方的积极力量（诺斯克）；它同第一个无产阶级共和国进行武装斗争（俄国）；它背叛性地出卖掌权的无产阶级（匈牙利）；它参加掠夺性的国联（托马）；它公开站到主人一边反对殖民地的奴隶（英国的"工党"）。另一方面，社会民主党的和平主义派别（"中派"）以各种和平主义的幻想和不抵抗宣传来削弱工人阶级的战斗力，这给特别是在激烈的革命时刻的资本提供了最好的武器。各种色调的国际社会民主党都是资本主义社会最后的预备队和它最可靠的支柱。资产阶级通过和借助社会民主党来镇压工人阶级或者麻痹他们的阶级警惕性，此外还有法西斯主义，那是利用群众的不满情绪和将这种不满情绪引上反革命轨道的另一种形式。这两种对于"正常的资本主义"说来非同寻常的方法，既是资本主义总危机的征兆，同时又可以阻止革命向前行进。

(5) 共产主义政党和共产国际

工人阶级中帝国主义幻想的逐渐破灭将无产阶级从社会民主党和法西斯主义的影响下解放出来,并为共产主义政党的发展提供了土壤,共产主义政党在斗争过程中,联合成为伟大的革命工人国际协会——共产国际。共产国际应当带领人类从混乱与贫困、行将崩溃的资本主义的空前破坏、新的疯狂和不可思议的战争(资产阶级准备用大炮枪杀千百万劳动者和自己残存的文化)中走向共产主义,否则就是死亡和解体。

二、解放劳动和共产主义社会

消灭资本主义的矛盾

共产国际努力的终极目标,是以共产主义社会取代资本主义社会。整个发展过程准备好的共产主义社会是人类的唯一出路,因为只有它消灭了资本主义制度的主要矛盾,这些主要矛盾导致资本主义制度的必然灭亡。

(1) 消灭社会无政府状态、阶级、阶级斗争

共产主义社会还要消灭社会划分为阶级的现象,就是说,除了生产的无政府状态,还要消灭社会的无政府状态。取代相互争斗的阶级的,是同一个伟大的劳动集体的成员。阶级社会中由于人与人之间的争斗而引起的巨额非生产费用没有了,腾出来的精力用于同自然界的斗争、提高和发挥人的能力和实力。

(2) 消灭私有制、生产无政府状态、竞争、战争

消灭生产资料私有制,将其变成社会所有制,共产主义社会以自觉的组织和计划,取代了自发的竞争势力、盲目的社会生产过程。在消灭生产无政府状态和竞争的同时,也消灭了战争。这里与生产力的巨大浪

费和社会的紧张发展相对立的,是有计划地支配一切资源,主要是无痛苦的经济发展。

(3) 消灭剥削、国家和强制

取消私有制和阶级,就消灭了一些人对另一些人的剥削。劳动不再是为他人而劳动;穷人与富人之间的任何差别都没有了。与此同时,阶级统治的工具,首先是国家政权,也消失了。国家政权作为阶级统治的体现,随着阶级的消亡而消亡了。强制的准则也随之消失。

(4) 教育的普遍性

随着阶级的消亡,教育的各种垄断也就消亡。各种教育,直至高等教育就成为社会的财富。在这种情况下,一方面,任何人统治人的现象都不可能存在,另一方面,在一切文化领域中,各种人才的挑选和涌现都有了极其广阔的天地。

(5) 生产力的增长

在这里,生产力的增长不再受任何社会性质的限制。生产资料私有制,营私逐利的各种手段,广大群众的人为的愚昧无知和贫穷(这在资本主义社会里是阻碍技术进步的),以及大量的无关生产的耗费,这一切在共产主义社会里都将不再存在。

(6) 经济和科学的组织

技术与科学相结合,科学组织生产,统计核算,社会会计,利用一切经济可能性(正确的区划、集中、最好地利用大自然的力量)保证最大限度的劳动生产力,从而使人们有精力得以去从事大力发展科学和艺术。

(7) 共产主义文化的性质和人类的联合

生产力的发展,为提高整个人类的福利,从而也为历史上空前的文化繁荣提供了可能。这种第一次联合在一起的人类新文化,打破了一切国界,是建筑在人与人之间的明朗透彻的相互关系之上的。因此,这种文化将永远地埋葬各种神秘、宗教、偏见和迷信，成为无坚不摧的科学认识发展的强大推动力。

三、推翻资产阶级和为共产主义而斗争

1. 过渡时期的总描述

共产主义制度和帝国主义制度之间是一个漫长的无产阶级斗争、胜利和失败的时期；资本主义关系持续瓦解时期，期间是这些关系临时和和部分的巩固；民族战争和殖民地起义的时期，这些战争和起义本身并不是革命无产阶级运动，但客观上成为了世界无产阶级革命的一部分，因为它们动摇了帝国主义的统治；资本主义国家针对新生的社会主义国家的武装斗争与"和平"斗争时期。包括相互矛盾的社会经济体系在生死斗争中的临时协议。最后，在无产阶级完全胜利和它在斗争、苦难和困苦中赢得的世界政权巩固之后，随之而来的是加紧建设的时代。各个国家资本主义类型的多样化和革命过程条件的多样化，就使得建设中的新关系类型的多样化完全不可避免，这将是在这个持续的过渡时代发展的必然特点。这里，无产阶级夺取政权是社会主义经济形式以及无产阶级文化成长的前提，无产阶级改变着自己的本性，成熟为社会在一切生活领域的领导者，吸引其他阶级参与这一改变过程，并以此创建战胜阶级的基础。在为了无产阶级专政和后续的反对地主和资本家联盟的社会制度改造斗争中，组织起在工人的思想和政治领导下的工农联盟。整个过渡时期的特点是社会主义经济形式的发展以及无产阶级和劳动群众的文化发展。只有在完成这些历史任务的情况下，社会才开始变成共产主义社会。

2. 无产阶级专政是为共产主义而斗争的必要条件

(1) 无产阶级专政的必要性

这样,革命推翻资本主义国家,工人阶级夺取政权,并首先给自己提出镇压敌人和巩固新制度的任务,就是资本主义社会向共产主义社会过渡的必要条件、出发点,舍此就不可能有人类的继续发展。无产阶级专政是社会进一步发展的最起码的前提。

(2) 以无产阶级阶级斗争砸碎资产阶级国家机关

无产阶级夺取政权,不是别的,就是用战斗的无产阶级斗争的群众性组织砸碎资产阶级国家机关,并由他们来组成新的无产阶级的阶级政权。

(3) 作为国家政权形式的苏维埃

俄国革命和匈牙利革命的经验、无限扩大的1871年巴黎公社的经验表明,苏维埃国家类型照例是最合理的无产阶级国家政权形式。正是这种从最广泛的群众运动中直接成长起来的类型保证了群众最大的积极性,从而也提供了彻底胜利的最大保障。

(4) 资产阶级民主和专政

苏维埃类型的国家与始终作为资产阶级专政伪装形式的资产阶级民主截然相反,工人的群众组织在资产阶级民主制度下顶多只是可以忍受,而在无产阶级民主制度下则是无产阶级国家机关的主要支柱。

与资产阶级民主相反,苏维埃国家公开承认自己的阶级性质,公开提出为了最大多数居民的利益而镇压剥削者的任务。

资产阶级民主不去触动资本家阶级对生产资料和其他决定性的物质财富的垄断,以此将工人表面上的权利变成一纸空文。苏维埃国家则首先保证行使这些权利的条件,从物质上保证工人的出版自由、工人组织发挥作用的可能性,等等。

无产阶级专政首次消灭了公民的不平等,在剥削制度下,这种不平等建立在性别、种族、宗教和民族方面的差别上;无产阶级专政在这里确立了任何一个资本主义国家都没有实行的平等。

无产阶级民主及其机关在劳动者内部的实现广泛的民主,它比任何其他的政权形式都无可比拟地更接近群众。吸引他们参加实际的国家管理。改选代表的权利,撤回代表的权利,行政权和立法权的统一,不按地区原则、而按生产原则进行选举(由工厂、作坊等)——所有这些在资产阶级议会制共和国和无产阶级苏维埃专政之间划上了一道深刻的界限。

工人阶级作为所有其他劳动群众、首先是农民群众的领导者和先锋队,在发展的最初阶段处于无法避免的法律特权中的领导地位。这些特权应当逐渐消亡,因为其余的劳动群众以及其他公民在新的关系基础上得到改造。

(5)打破资产阶级对武器的垄断并将其集中在无产阶级手中

打破资产阶级对武器的垄断并将其集中在无产阶级手中是工人阶级夺取政权的至关重要的部分。解除资产阶级的武装,并将这些武器集中在无产阶级手中应当在斗争过程中放在首位。

(6)武装力量的组织

继续做好武装力量的组织,这样的组织要依靠严格的革命纪律,应当建立在阶级原则的基础之上,同时要符合整个无产阶级专政的制度,保证工业无产阶级的领导作用。

3. 剥夺剥夺者并消灭资产阶级对生产资料的垄断

(1)无产阶级夺取制高点(土地、大工业、银行、批发贸易、对外贸易、电报、报纸)

胜利的无产阶级利用夺取的政权,一方面镇压敌人的反抗,并保证今后工人阶级的继续统治不受资产阶级的侵犯；另一方面，它利用这一集中的暴力剥夺剥夺者，即用于经济关系以及其他社会关系的重建。通常这一剥夺以没收的方式进行，也就是无偿收归国有并交到无产阶级国家的手中。

这方面共产国际提出如下主要措施：

1）剥夺大工业企业、运输业、邮电部门（电报、电话）、电站等。

2）大地产的无产阶级国有化；将其转交无产阶级专政机关管理；在吸收进入对国有农业领地的经济管理过程之农业无产者的帮助下对其进行集体耕作；将一部分土地，特别是那些按照租赁原则进行耕作的土地交到贫农的手中，部分交给中农（交给农民的土地的份额既由经济合理性、也由农民的中立化亦即其社会政治比重而定）；组织土壤改良、农业贷款；同重利盘剥和土地投机作斗争；组织对农民的农艺援助，组建有关学校等等。

3）对银行的无产阶级国有化。将全部黄金储备、有价证券等都转交给无产阶级国家。保证小储户的利益。集中全部银行业务，使所有大银行平等隶属于共和国中央国家银行。

4）大宗批发贸易的国有化和市有化。

5）废除（取消）国家债务。

6）对外贸易垄断。

7）工人阶级垄断最重要的印刷厂和报纸。

采取这些措施时，必须考虑到以下情况。

（2）确定无产阶级国家经济领域与私有经济之间的比例

国有化照例不应扩大到中小经济。第一，取得政权的无产阶级，特别是在专政的最初阶段，还缺乏足够的组织力量，以便不仅摧毁资本主义，而且在社会主义的基础上组织中小个体生产单位的联系；第二，因为无产阶级不应激起中间集团的反感。获胜的无产阶级应当使受到集中和计划领导的生产部门与只能成为它手中的累赘的部门之间保持正确的比例。应当赋予后者部分主动精神。

(3) 军事共产主义

通过采取这些主要的措施，获胜的无产阶级保证自己拥有至关重要的先决条件，以便完成它在从资本主义经济向社会主义经济过渡初期必须完成的任务。完成这些主要任务的方法，一方面是为达到此目的经济上所必需的措施所决定的，另一方面是国内战争和对外战争的政治需要所决定的，这种需要还会长期出现。由于每个国家经济和政治形势的具体条件，由于国际关系，可能（在或长或短的时期内）出现对一种经济政治体制的需要，这种体制虽然摧毁敌对阶层的物质基础，保证合理分配现有的储备，但是破坏了私有经济的生产刺激（征购系统等），这些私有经济又同无产阶级的经济形式联系在一起，在很大的程度上阻碍生产力的发展，有时甚至使之成为不可能的事情（军事共产主义）。

在公开的国内战争结束之后，也就是巩固了工人阶级的政治统治之后，合理经济政策的利益和标准具有决定性的意义，与此同时，军事共产主义的方法退居次要地位，并最终消失。

(4) 经济活动的资本主义形式和经济活动的方法

于是，无产阶级专政初期总的社会经济就以如下的形式呈现出来。

有各种各样的经济形式，从大的社会化工业和社会化农业生产单位，到手工业者和农民的私有经济。在资本主义制度下，国家越落后，这些经济形式就越是多种多样、数量也越多。

与这些各种各样经济形式相应的，一方面是各种各样的阶级，另一方面是各种经济刺激形式，这些经济刺激的运动便决定了生产的实际过程，也决定了生产力的发展。

经济和生产形式的多样化又不可避免地决定了它们之间的联系形

式。小私有经济的影响越大,纯市场联系及其由此引起的一切后果就必将占有更大的比重。

(5) 经济形式的斗争

这就决定了无产阶级经济政策的主要任务,无产阶级手中握有重大的经济上具有决定性意义的生产部门。利用大工业和交通的经济力量以及国家机关的实力,必须这样来调整私营经济和私营经济的刺激因素,以便最终保证最无痛苦地战胜这些形式。这里最重要的是适应市场和调整市场关系。通过市场关系和同落后的经济类型及其不断冒出的新资产阶级阶层、商人、资本家的竞争性斗争,无产阶级应当保证将这些经济形式排挤出去。适应市场就不可避免地带来对于资本主义的经济活动的形式和方法(经济核算、报酬的货币形式、组织贸易直至组织交易所和银行等)的运用。然而,这些在无产阶级国家企业中某种程度的资本主义形式却充满了反资本主义的内容,正如无产阶级正规军形式保证其反资本主义内容的巩固和发展一样。另一方面,这些形式和方法的应用本身,又孕育着自己本身克服的萌芽:大无产阶级生产的胜利前进得越快,市场关系所占的份额就越小,经济的计划性越强,经济活动的资本主义形式的必要性就越来越小。

在社会化的企业中也是如此。由于资本主义影响的残余和工人阶级本身成分不纯,就必须在一定程度上采用资本主义的方法(奖金系统、计件工资等等)。

另一方面,无产阶级国家应当全力支持和鼓励一切从小生产者过渡到公有经济的形式。农民合作社问题具有重大的意义(在农业国中意义更大)。如果说在资本主义和资产阶级专政条件下,农民合作社必将变成集体资本主义组织,所谓的"农业社会主义"是可怜的改良主义空想、因为集体化长入资本主义经济的总系统的话,那么在无产阶级专政、熟练的经济政策和社会化大生产增长的情况下，农民的集体化必将长入无产阶级专政的经济系统。

(6) 工人和农民经济联盟

总的说来，无产阶级专政时期的阶级斗争，在很大程度上具有各种经济形式相互之间的经济斗争的性质，这些经济形式在一定时期可能平行发展。任务是保证不断地将落后的、与无产阶级相敌对的经济单位排挤出去。

这里，善于将国家工业同合作社的农民经济结合起来，反对商业资本和工业资本的萌芽，具有特别重要的意义。

还必须这样来利用国家财政和税收，以便调节工业生产力的分配，甚至调节并没有掌握在无产阶级国家手中的生产部门。

无产阶级在涉及城乡关系的领域要特别注意和极其小心，绝对不要破坏农民活动的个人主义动机。

不言而喻，市场关系的规模以及"新经济政策"方法的应用，取决于资本主义大生产对于小生产的相对意义，也就是取决于相应的"国民经济"的成熟程度。

4. 无产阶级专政与阶级

(1) 资产阶级与地主
(2) 利用他们的组织力量的可能性

剥夺剥夺者的斗争要求极其仔细地核查这场斗争的所有分子。大资产阶级和地主，忠于他们的部分军官、将军和高级官僚是工人阶级一贯的敌人，必须同他们进行无情的斗争。一般来说，只有在专政巩固和决定性地镇压剥削者的阴谋和暴动之后，才能利用他们的组织力量。

(3) 技术知识分子

关于技术知识分子的问题，对于无产阶级革命说来极端重要。无产阶级在最坚决镇压其中的一切反革命发动的同时，应当注意利用这批熟练的社会力量绝对必要性，应当仔细避免任何导致经济损失的行动，特别是对那些在战争期间受苦受难的知识分子阶层，要让知识分子接受无产阶级的思想影响，从而开辟文化社会主义建设的前景。

(4) 使农民保持中立

对于农民，共产党的任务是把大部分农民群众吸引到自己这边来。胜利了的无产阶级应当严格区分农民中的不同阶层并估计到他们各自所占的比重，竭力支持农民中贫苦的半无产者阶层，把地主的土地分一部分给他们，帮助他们同高利贷资本作斗争，等等。其次，无产阶级应当中立中农阶层，不触动他们的地产和农具，积极击溃与地主勾结的乡村富豪的各种进攻。

(5) 组织贫农

在这场斗争中，无产阶级应当依靠贫农组织，在雇农系统发达的国家，这些组织受到农村无产阶级的领导。

(6) 城市小市民

城市小市民经常动摇于极端的黑帮反动主张和对无产阶级的同情之间，同样应当尽量使之保持中立。这要靠不触动他们的小额财产、他们的经济往来自由、帮助他们同高利贷贷款作斗争等等。

5. 无产阶级组织和无产阶级国家

在完成所有这些任务时，无产阶级的各种组织（合作社、工会等，首先是作为身居领导地位的革命力量的党）应当是实际上的无产阶级政权机关。只有在它们全都忘我地支持自己政权、阶级意志完全一致的情况下，在党的领导下，无产阶级才能在人类历史最关键的时期发挥自己全社会组织者的任务。

6. 消灭资产阶级对教育的垄断

工人阶级在消灭对生产资料的阶级垄断时，必须也以同样的方式消灭资产阶级对教育的垄断，也就是控制所有的学校，包括高等学校。

（1）突破资产阶级对教育的垄断

（2）培养无产阶级业务熟练的力量

对于无产阶级来说，一项特别重要的任务就是从无产阶级中培养出生产方面的专家（工程师、技术员、组织人员、会计员等等）和科学、军事等方面的专家。只有通过这样的途径，经常从自身挑出一批又一批领导干部，无产阶级才能真正成为领导新社会建设的力量。

（3）提高无产阶级的文化水平

此外，还有一项任务就是提高无产阶级群众的一般文化水平及其政治教育水平，提高知识水平和技术成熟程度，养成从事社会工作和管理的技能，同资产阶级和小市民的偏见残余作斗争，等等。

（4）同宗教作斗争；国家和教会，教会和学校

在同资产阶级偏见和迷信进行斗争的任务中，同宗教进行的斗争占着特殊重要的地位，斗争的进行应当保持全部必要的节奏，同时应当小心谨慎，特别是在那些宗教具有牢固根基的劳动人民阶层当中。无产阶级政权应当取消国家对于教堂的任何支持，应当取消教会对国家举办的教育事业的任何干预并无情地镇压教会机构的反革命活动。应当杜绝对国家组织的培养教育事业的任何干涉，无情地镇压一切教会组织或者其中个别工作人员的反革命活动。

5. 消灭帝国主义的压迫和组织无产阶级自愿国家军事联盟

帝国主义大国的主要支柱过去和现在都是精巧地建立起来的殖民地、半殖民地、民族国家和帝国主义本土之间的关系。因此，无论从资本主义关系瓦解还是社会主义建设的角度而言，殖民地问题和民族问题都起着完全独特的作用。

在这个领域，共产国际同资产阶级和社会民主党人的政策是完全对立的，共产国际的纲领性观点是：

（1）民族自决权

民族自决权，而且这也意味着国家完全分离的权利。不管是要求在资产阶级国家作为反对帝国主义分子斗争的手段，还是在无产阶级专政制度下作为克服资产阶级制度世世代代制造的民族不信任的手段，这个观点都是值得肯定的。

（2）解放殖民地

解放殖民地和支持一切反对帝国主义的殖民地运动。既然有包括原先的殖民地的无产阶级国家，就得承认它们有分离出去的权利。

（3）苏维埃共和国联盟

苏维埃共和国联盟，最初是联邦的形式。

除了这些涉及国家制度的纲领性的论点而外，共产国际提出民族平等、取消一切针对某个民族的特别法律。共产国际反对关于移民的资本主义法律（例如美国的反日法律），还反对一切形式的沙文主义和民族主义的宣传，尽管工人中有偏见。共产国际特别坚决地同大民族沙文主义作斗争。

（4）同资本主义国家的斗争以及妥协的可能性

由于无产阶级夺取政权并没有在所有国家或者哪怕最主要国家同时

实现，无产阶级国家同资本主义国家同时并存也许是可以容许的，有时是必需的（尽管资产阶级国家与无产阶级国家之间在原则上是敌对的），无产阶级国家在对外政策方面（外贸关系、债款、租让政策、参加共同的代表会议等各种的协定，直至军事协定）的妥协也是必要的。

四、通往专政之路

1. 党及其作用

为了无产阶级专政的顺利斗争，必须有团结一致、战斗中得到锻炼、纪律严明和统一的共产党。

党是工人阶级的先锋队，是由工人阶级中最优秀、最有觉悟、最积极和最勇敢的成员组成的。它体现了整个无产阶级斗争的全部经验。党根据马克思主义的革命理论，代表整个阶级的共同利益和长远利益，体现出无产阶级原则、无产阶级意志、无产阶级革命行动的统一。

作为带领无产阶级夺取政权的战斗组织，党是由积极的革命斗士组成的，每个人都尽着某种党的职责；它是一个由铁的纪律和最严格的革命民主集中制结合而成的革命政党，它之所以能够做到这一点，是由于无产阶级先锋队有高度的觉悟和忠于革命事业、善于与无产阶级群众保持紧密的联系，有在群众本身的经验中经受考验和证明的正确的政治领导。

（1）共产党的战略（争取工人阶级的大多数，争取工会、青年工人、女工等）

为了完成自己的历史任务，共产党应当预先提出和达到如下战略目标：

争取本阶级的大多数成员，包括女工和青工，使之处于自己的影响之下；争取广泛的劳动群众（城乡贫民、下层知识分子，即所谓"小市民"等小资产阶层）使之处于自己的影响之下，从而实现无产阶级的政治领导，共产党的领导；利用国内外敌对阶级内部的冲突（例如利用战争危机）；揭穿、揭露和消灭社会民主党和黄色工会官僚的政治影响，因为它们是资本主义最牢固的基础；争取无产阶级广大群众组织（工会、合作社、工厂委员会、苏维埃等）使之处于自己的影响之下。

（2）策略原则

党在无产阶级为了达到终极目标的斗争中，必须估计到具体形势，阶级力量的对比，资本主义稳固的程度，无产阶级准备的程度，中间阶层的立场，等等。党应该根据这些情况来确定自己斗争的口号和方法。党应该在当时形成的革命形势下提出一些过渡性口号和根据具体形势决定的一些局部性要求，使之服从于夺取政权和推翻资产阶级资本主义社会的革命目的。脱离工人阶级日常需要和日常斗争，以及用这些日常需要和日常斗争来限制党的活动，都是不能容许的。党的任务是从这些需要出发，让工人阶级的思想和行动都超出他们的范围，也就是领导工人阶级进行夺取政权的革命斗争。

拒绝提出局部性要求和过渡性口号同共产主义的策略原则是不相容的，因为那样一来，实际上注定使党处于消极状态，使党脱离群众。

（3）统一战线策略，工农政府

统一战线策略和工农政府口号是整个革命前时期共产党策略的极重要组成部分。

（4）革命形势和党的策略

在直接革命形势的条件下，当统治阶级已经瓦解，群众已在进行革命酝酿，中间阶层已转向无产阶级方面，无产阶级政党面临的任务就是领导群众向资产阶级国家展开直接进攻。为此就要通过越来越尖锐的口号和越来越尖锐的群众发动,而党的一切宣传鼓动领域(包括议会活动)都必须服从于这种发动。这里包括罢工、罢工兼示威游行、罢工兼武装示威,最后总罢工并举行反对资产阶级国家政权的武装起义。这种斗争要依据军事艺术的准则,要以军事计划(确定地点、时间等)、战役的进攻性质、无产阶级的忠诚和英勇为前提。采取这类发动的前提条件是建立广大群众的战斗联合组织,其形式就是吸引最广泛的劳动群众参加运动(工农代表苏维埃、士兵委员会等)。胜利的策略的前提,也是在陆海军中进行工作。

在直接革命形势的条件下,当统治阶级多多少少处于混乱状态、群众处于革命亢奋状态、中间阶层倒向无产阶级一边时,无产阶级政党面临着带领群众直接进攻资本主义国家的任务。这是通过越来越激烈的口号和越来越激烈的群众行动的形式达到的,党的所有宣传鼓动部门都应当并列从属于群众行动。这里有罢工、罢工与游行示威的结合、武装游行与罢工的结合,最后是总罢工同针对资产阶级国家政权的直接武装斗争的最高形式的结合。这场斗争遵从军事艺术的规则,必须以军事计划(确定地点、时间等)、作战的进攻性质以及无产阶级忘我的献身精神和英雄主义为前提。此类行动必须以将广大群众组成战斗联合组织为前提,战斗联合组织的形式本身就将最大数量的劳动者吸引进来并且带入运动(工农代表苏维埃、士兵苏维埃等)。胜利的策略的前提,也是在陆海军中的工作。

(5)同军国主义和帝国主义的斗争

将群众团结在共产主义旗帜下的进程应当在当前现实的一切尖锐问题上展开。这里,首先是同帝国主义和军国主义的斗争,同新帝国主义战争威胁的斗争,等等。

(6)同战后经济危机后果的斗争

另一方面,这样的问题有同反对战争和战后危机的经济后果作斗争的问题(同物价上涨的斗争,同失业的斗争,反对延长工作日的斗争,反对增加课税的斗争,等等)。

(7) 支持苏联

支持苏联,加强苏联,让群众团结在这个有组织的反资本主义中心的周围,这是掌握在国际工人阶级手中的组织的最大的武器。

(8) 国际共产主义纪律和共产国际

为了协调行动和最合理地指导行动,国际无产阶级必须有阶级纪律,这一纪律首先是共产党队伍里必须遵守。这一国际共产主义纪律应当表现在运动的局部和地方的利益服从它们共同的长远利益,并且毫无条件地执行共产国际领导机关的一切决定。

(9) 各种不同的国家类型和共产主义原则的各种不同应用

作为统一的世界无产阶级政党,共产国际责成其所有各支部仔细斟酌各有关国家的特殊情况。只有考虑到这些特点,才能执行真正的马克思主义政策。处于无产阶级革命前夜的高度发达的资本主义国家(那里可能转变成为无产阶级革命的资产阶级革命已经提上日程)与殖民地或者半殖民地国家(它们应当经过殖民地战争和民族战争阶段)之间的区别,应当从本质上改变在统一集中的共产国际领导下的各国共产党的全部活动。

共产国际章程

1864年在伦敦成立了第一个国际工人协会——第一国际。这个《国际工人协会共同章程》中写道：

"工人阶级的解放应该由工人阶级自己去争取；工人阶级的解放斗争不是要争取阶级特权和垄断权，而是要争取平等的权利和义务，并消灭任何阶级统治；

劳动者在经济上受劳动资料即生活源泉的垄断者的支配，是一切形式的奴役即一切社会贫困、精神屈辱和政治依附的基础；

因而工人阶级的经济解放是一切政治运动都应该作为手段服从于它的伟大目标；

为达到这个伟大目标所做的一切努力至今没有收到效果，是由于每个国家里各个不同劳动部门的工人彼此间不够团结，由于各国工人阶级彼此间缺乏亲密的联合；

劳动的解放既不是一个地方的问题，也不是一个民族的问题，而是涉及存在有现代社会的一切国家的社会问题，它的解决有赖于最先进各国在实践上和理论上的合作；

目前欧洲各个最发达的工业国工人阶级运动的新的高涨，在鼓起新的希望的同时，也郑重地警告不要重犯过去的错误，要求立刻把各个仍然分散的运动联合起来"。①

---

① 参见《国际共产主义运动历史文献》中央编译出版社2011年版第5卷第393页。——编者注

1889年在巴黎成立的第二国际保证继承第一国际的事业，却在1914年世界大屠杀开始时彻底失败。第二国际寿终正寝，它受到机会主义的损害，被投靠资产阶级的领袖们夺去了生命。

第三国际1919年3月成立于俄罗斯苏维埃联邦社会主义共和国的首都莫斯科市，它向全世界庄严宣告将保证继承并完成第一国际工人协会所开始的事业。

第三国际成立于1914—1918年帝国主义战争结束时，在战争中，各国的帝国主义资产阶级使2000万人丧生。

"记住帝国主义战争！"这是共产国际对每一个劳动者所说的第一句话，无论他住在什么地方，操着何种语言。要记住，由于资本主义制度的存在，一小撮资本家就可能在漫长的四年中间强迫各国的工人互相残杀。要记住，是资产阶级战争使得欧洲和全世界陷入极其可怕的饥饿和贫困。要记住，不推翻资本主义，这样的强盗战争不仅可能重演，而且不可避免。

共产国际给自己定下目标：采用一切手段，甚至手持武器，以推翻资产阶级和创建国际苏维埃共和国作为通向完全消灭国家的过渡阶段。共产国际认为无产阶级专政是能够把人类从资本主义的灾难中解放出来的唯一手段。共产国际认为苏维埃政权是历史给予的这一无产阶级专政形式。

帝国主义战争特别紧密地将一国工人的命运同世界各国无产阶级的命运联系在一起。帝国主义战争再次证明第二国际章程中所说的话："工人的解放不是地方的或者民族的任务，而是国际的任务。"

共产国际与第二国际的传统永远决裂，对第二国际来说实际上只存在白色皮肤的人。共产国际将把解放全世界劳动者当成自己的任务。在共产国际的行列中，白皮肤人、黄皮肤人、黑皮肤人，全球劳动者兄弟般地联合在一起。

共产国际完全和坦率地支持俄国伟大的无产阶级革命、历史上第一次胜利的社会主义革命的成果，并且号召全世界无产者走同样的道路。共产国际保证全力支持无论在何处创立的每个苏维埃共和国。

共产国际知道，为了尽快地夺取胜利，为消灭资本主义和创立共产主义而斗争的国际工人协会应当拥有严谨的中央集权的组织。就事情的实质而言，共产国际应当真正地实际上成为统一的全球共产党，其各支部则是在每个国家采取行动的党。共产国际的组织机构应当保证每个国家的劳动者随时都可得到其他国家有组织的无产者最大限度的帮助。

出于这个目的，共产国际批准以下的章程条款。

一、总　则

1. 国际工人协会是各国共产党联合成为一个统一的无产阶级政党，它是全世界无产阶级革命运动的领袖和组织者，斗争的目的是把工人阶级和广大贫苦农民阶层争取到共产主义的原则和目标这边来，确立无产阶级专政，创立全世界社会主义苏维埃共和国联盟，完全消灭阶级和实现社会主义这一共产主义社会的初级阶段。

2. 新的国际工人协会命名为：共产国际。

3. 一切加入共产国际的党派都命名为：某国共产党（共产国际支部）。每一个国家只能有一个共产党加入共产国际。

4. 凡承认某一共产党和共产国际的纲领和章程，参加党的一个基本基层组织并在其中积极工作，服从党和共产国际的一切决议并按期交纳党费者，就可以成为共产党和共产国际的成员。

5. 共产党的基本组织是企业（工厂、矿山、公司、商店、庄园等）中的支部，在该企业工作的所有共产党员均应加入。

6. 共产国际及其共产党建立在民主集中制的基础上，民主集中制的基本原则是：（1）下级和上级党机关在全体党员大会上、代表会议和代表大会上的选举产生；（2）党的机关定期向自己的选举人报告工作；（3）上级党机关的决议，下级必须服从，保持严格的党的纪律，要迅速而准确地执行共产国际执行委员会和党领导机关的决定。

党的问题只有在党的有关机关没有作出决议以前，党员和党组织才可以进行讨论。一经共产国际代表大会、共产国际支部的代表大会及其领导机关作出决议，必须无条件地贯彻执行，即使在一部分党员或地方党组织不同意的情况下，也应当如此。

在党处于不合法状态的条件下，可以允许由上级党机关任命下级党机关以及在批准以上机关时采取增补成员的方式。

二、共产国际世界代表大会

7. 共产国际的最高机关是由加入共产国际的各政党（支部）和各组织的代表出席参加的世界代表大会。

世界代表大会讨论和决定有关共产国际及其各支部活动的纲领、策略和组织问题。共产国际纲领和章程的修改权只属于共产国际世界代表大会。

世界代表大会至少每两年召开一次。召开代表大会的日期由共产国际执行委员会确定。各支部代表名额由共产国际执行委员会确定。

每个支部在世界代表大会上的表决权票数，由本届代表大会根据该党的党员人数和该国的政治影响作出特别决议加以规定。绝对式的委托书不予承认，并事先宣布无效。

8. 共产国际的非常代表大会，应根据上一次世界代表大会上共计半数以上享有表决权票数的共产党的要求召开。

9. 世界代表大会选举共产国际主席、共产国际执行委员会和国际监察委员会。

10. 执行委员会的所在地由世界代表大会确定。

三、共产国际执行委员会及其机关

11. 共产国际执行委员会是共产国际在两次世界代表大会之间的领导机关，它向所有参加共产国际的党和组织发出它们必须执行的指示，并且监督和检查它们的活动。

共产国际执行委员会至少用四种文字出版共产国际的中央机关报。

12. 共产国际执行委员会的决议，共产国际各支部必须遵守并立即贯彻执行。各支部有权在世界代表大会上对共产国际执行委员会的决议提出申诉，但在代表大会撤销这些决议以前，各支部仍负有执行这些决议的义务。

13. 共产国际各支部的中央机关对各该支部的代表大会和共产国际执行委员会负责。共产国际执行委员会有权撤销和修改各支部代表大会和中央机关的决议，并通过各中央机关应执行的决议（参见第12条）。

14. 共产国际执行委员会有权将违反共产国际纲领和章程、世界代表大会和共产国际执行委员会的决议的整个支部、部分成员和个别成员开除出共产国际。被开除者有权向世界代表大会和共产国际执行委员会扩大全会提出申诉。

15. 共产国际各支部的纲领由共产国际执行委员会批准。如遇不予批准时，支部有权向世界代表大会提出申诉。

16. 加入共产国际的各支部的所有机关刊物必须刊登共产国际执行委员会的一切决议和正式文体。然而，作为各支部的领导机关，也有义务公布共产国际执行委员会的一切决议和正式文本。

17. 共产国际执行委员会有权接受同情共产主义的组织和政党参加

共产国际，作为享有发言权的成员。

18. 共产国际执行委员会从共产国际执行委员会中选举主席团，主席团为常设机构，在共产国际执行委员会闭会期间，负责执行委员会的全部工作。主席团应向共产国际执行委员会汇报工作。共产国际主席既是共产国际执行委员会主席，又是主席团主席。

19. 共产国际执行委员会选举讨论和决定共产国际执行委员会的组织和财务问题的组织局。组织局的决定可以向共产国际执行委员会主席团上诉，但在主席团取消或者改变这些决定之前，这些决定是必须执行的。组织局的成员由共产国际执行委员会确定。

20. 共产国际执行委员会选举书记处，书记处是共产国际执行委员会、主席团和组织局的执行机关。共产国际执行委员会书记处成员系组织局成员。

21. 共产国际执行委员会选举《共产国际》月刊的编辑部和共产国际其他出版物的编辑部。

22. 共产国际执行委员会选举共产主义妇女运动国际书记处，并会同该书记处作出国际妇女运动方面的决定。

23. 共产国际执行委员会成立情报统计部、宣传鼓动部、组织部和东方部。共产国际执行委员会享有在必要时成立其他部和以最合理的方式建设机关的权力。

24. 共产国际执行委员会及其主席团有权派自己的特派员到共产国际各支部去。特派员受共产国际执行委员会或其主席团指导，并在自己的行动上向它们负责。共产国际执行委员会的特派员有权参加被派往的支部的中央机关和地方组织的一切会议。共产国际执行委员会特派员在执行自己的任务时，应与该支部的中央委员会取得联系，但与此同时，他们在该支部中央委员会所召开的代表大会、代表会议和和一般会议上的发言，也可能会为了坚决贯彻共产国际执行委员会的指示而同该党中央的意见发生分歧。共产国际执行委员会的特派员特别负有责任监督其派驻地对共产国际代表大会和执行委员会决议的执行情况。

25. 共产国际执行委员会会议至少每月召开一次。共产国际执行委员会会议至少有半数以上的委员出席方为合法。

四、扩大全会

26. 为了决定特别重要、不得拖延的问题，共产国际执行委员会在两次世界大会之间召开共产国际执行委员会扩大全会，一年不得少于一至二次。

参加扩大全会的除了共产国际执行委员会委员之外，还有加入共产国际的各支部的代表。出席扩大全会的代表人数，由共产国际大会确定。

扩大全会的召开，除了以上规定的期限而外，均安排在共产国际的代表大会之前。

五、国际监督委员会

27. 代表大会选出的国际监督委员会的职责为：（1）检查对共产国际执行委员会各部行为的申诉，并向共产国际执行委员会提交其关于克服所存在缺点的方法的建议；（2）审查个别人或者整个组织就各支部对他们采取的纪律措施的申诉，并就此向已经作出某项决定的共产国际执行委员会提出自己的意见；（3）对共产国际执行委员会的财务进行监督；（4）根据共产国际执行委员会、主席团或者组织局的决定，对单个支部的财务进行监督。

监察委员会不干预政治事务，也不干涉各支部以及各支部与共产国际执行委员会之间的组织上和行政上的纠纷。

　　国际监督委员会的驻地由共产国际执行委员会会同国际监督委员会确定。

六、共产国际支部与共产国际执行委员会之间的相互关系

　　28. 共产国际各支部以及以同情者的身份被接受加入共产国际的各组织的中央委员会，应经常地向共产国际执行委员会寄送自己的会议记录和工作报告。

　　29. 各支部中央委员会个别成员或一批成员放弃职权，应被认为是瓦解共产主义运动的行为。党内任何领导职位都不是属于担任这一职位的个人，而是属于整个共产国际。各支部经过选举产生的中央领导机关的成员，只有征得共产国际执行委员会的同意，才能解除委任。各支部中央委员会未经共产国际执行委员会同意而擅自批准辞职，应属无效。

　　30. 共产国际各支部，特别彼此毗邻的各国支部，应在组织上和情报交换方面保持密切联系，互派代表参加代表会议和代表大会，也可以通过互相交换合适的领导力量。

　　31. 两个或两个以上的共产国际支部（如斯堪的纳维亚和巴尔干各国的支部），为了在行动上相互协调，经共产国际执行委员会同意后，可以结成联合支部，并在共产国际执行委员会的领导和监督下工作。

　　32. 各支部的例行代表大会和非常代表大会，须经共产国际执行委员会同意方可召开。

　　如果党的代表大会不在共产国际代表大会之前召开，那么有关支部（在选举参加代表大会的代表之前）应当召开代表大会或者中央全会，以便为共产国际代表大会准备问题。

　　33. 国际共产主义青年联盟（青年共产国际）是共产国际的一个享

有全权的支部,它服从共产国际执行委员会的领导。

34. 各国共产党应对转入地下状态有所准备。共产国际执行委员会应协助有关的共产党做好转入地下状态的准备工作,并对这项工作的执行情况进行监督。

35. 共产国际各支部的成员,须经所在支部的中央委员会批准,方能移居他国。

共产党员移居他国后,应立即加入该国的支部。未经原支部中央委员会批准径自出国的共产党员,共产国际其他支部不得予以接收。

关于在生产支部基础上改造党的问题的决议

1. 共产党与社会民主党的作用和活动的根本区别，也表现在这两个党所固有的组织形式方面。社会民主党完全指望资产阶级民主框架内的改良主义活动，尤其关心议会竞选运动的成功，据此在选区和按居住地的组织中建立起来，将地方区域性小组作为党组织的基础。共产党则领导着广大无产阶级群众推翻资本主义和夺取政权的革命斗争，它应当具有另外的组织结构，因为它在企业中找到了自己的主要支柱。**共产党组织的基础应当在于企业本身以及生产性的工人群众**。只有以生产支部为基础的党的建设，才能使党与群众建立经常而紧密的联系，使党能够不断了解无产阶级群众的需求和情绪，并对这些需求和情绪作出反应。这样一来，党才能确立自己的影响并真正领导和组织同企业主、法西斯主义、资本主义国家的斗争——组织夺取政权的斗争。这样的组织形式以最好的方式保证了党应有的社会构成，保证了它的无产阶级性质。它使为确立对生产的监督的斗争成为可能，这对共产党具有特殊的意义，而在夺取政权之后，可以掌握该企业的生产过程。"每个企业都应成为共产党的堡垒"，这是列宁的口号。

2. 共产国际第三、四次代表大会十分明确地确定必须在生产支部的基础上对党进行改组，而第四次代表大会指出，没有一个"共产党可以认为是认真和牢固地组织起来的共产党，只要它没有在企业、工厂、矿井、铁路等拥有牢固的共产党支部"。从第四次代表大会开始，整个后来的斗争经验完全证实了这个论点，并且证明引用第四次代表大会的这个决议，对共产党来说是极其必要的。德国事件的教训尤其证明了，在工厂支部基础上对党进行改组是胜利夺权斗争的必要条件。

现在必须通过深入扎实、坚决而有计划的工作，贯彻共产国际执行委员会1924年1月所通过之关于这个问题的决定，执行第三次和第四次代表大会的决定。第五次代表大会如今重申这些决定，从而承认在生产支部的基础上对党进行改组，是各国共产党近期一项极其重要的任务。

3. 代表大会同时认为，必须特别注意从一月起在我们各党的实践中提出并要求正确解决的某些问题。

不应有丝毫的含糊：第三次和第四次代表大会的决议和一月的决议一样，谈的不是什么党的结构的表面上的变化，而是要求他们真正地扎实地按照布尔什维克党的榜样来改造党。这一改造应当有计划地仔细地进行，为了让党不失去自己的力量，然而与此同时，这一改造应当坚决有力地进行，原来的党的结构（按照地域特征的组织，收取党费的方法，组建委员会等）应当从根本上使党向以生产支部基础过渡。

在以往的实践中，往往要指出对这个思想还理解不够。许多情况下没有把党支部看成整个党组织的基础（今后全党应当建立在这个基础上），而是看成重新给党组织嫁接上的侧枝。这样一来，在企业中并未建立起生产性的党支部，实际上往往建立起其任务范围有限的共产主义派别，而这是应当断然否定的。有时也发现让共产党支部承担几乎纯属工会的工作。

与此相反，应当明白而坚决地宣布党支部作为党组织基础的作用，在党的生活实践中也体现这个地位。应当赋予共产党支部以党组织的一切权利。它讨论并提出关于所有党的问题的决议，这个情况也应当反映在党支部的组织活动上。它们应当招募和接收党员，向本支部的成员收取党费，有权从中扣取一定的比例用于本支部的需要，登记本支部的党员，等等。共产党支部不仅要在本支部党员中分配工作，而且要责成其中每个人完成所交给的工作。不言而喻，共产党支部的活动应当扩大到所有党的活动领域。

4. 按照关于在生产支部的基础上对党进行改组的决定的精神，作为这一改造的极其重要的一个方面，目前**党员群众**的社会成分**应当改变和优化**，就是说工业无产者要在数量上占明显优势，并且直接涵盖企业、工厂和属地支部的绝大多数党员。当这个目标已经达到并有许多好的党支部时，按居住地的组织就成了多余。到那时不在企业工作的党员，应当参加生产性共产党支部。作为过渡措施，在党组织达到这个程度（由于国家和地区不同，时间有先有后）之前，按街道、居住地的支部，作为未在企业中工作、吸引他们参加党的工作的联合体，也具有一定的意义。然而由于已经出现了关于这些支部作用的不正确概念，于是第五次代表大会认为有必要确定，即使在成立了这样的街道支部的地方，它们也绝对不应当对生产性共产党支部的工作造成危害，绝对不能认为它们的作用和意义都是相同的。尤其是根本谈不上街道支部与生产性支部同样都是主要的党组织。只有生产性支部才是党组织的基础；街道支部是辅助性支部。重点在企业和生产性支部。

5. 在实际改革中，党应当首先将自己的主要注意力集中在工业区，首先是集中在最大的中心和最强的组织。同样，地方上的委员会也应当改组最主要的居民点。这自然决不意味着其他党组织就应当暂时等待，不着手进行实际的改组。改革应当在从基层到高层的党组织中始终不渝地进行。

6. 至于共产主义青年团的生产性支部问题，代表大会规定，党自然应当力求让该企业大部分共产主义青年团支部成员同时也成为共产党支部的成员，两个支部之间有着密切的工作分工，并相互派有代表。然而与此同时，企业内除了党支部而外，也要有专门的共青团生产性支部。它应当是整个共产主义青年团的主要组织,青年团要拥有自己同党组织平行的特殊组织。

7. 第五次世界大会责成共产国际执行委员会以最坚决的方式力求贯彻这一决议,并且为共产国际各支部制定对地方组织和党中央机关的指示。

关于共产国际及其支部宣传活动的提纲

一、共产主义宣传的目的和任务

1. 共产国际的内部斗争同时也是个别党的意识形态危机。右的和左的政治倾向、背离马克思列宁主义必然引起背离无产阶级的阶级意识形态的后果。

第二次世界代表大会及其以后的危机表现是"左翼幼稚病"引起的,"左翼幼稚病"在意识形态方面就意味着朝着工团主义方向背离马克思列宁主义(荷兰马克思主义,反议会制,等等)。目前某些共产党的内部斗争(斗争的开始表面上和时间上同德国十月失败相吻合),是共产党内老社会民主党残余在思想方面的影响。克服这些残余的途径就是共产党的布尔什维克化。这个意义上的布尔什维克化就意味着**马克思列宁主义**(或者换个说法,**是帝国主义时期和无产阶级革命时代的马克思主义**)对第二国际的"马克思主义"和工团主义分子残余的最终的思想胜利。

2. 共产党的布尔什维克化(由于共产国际支部自觉的革命活动)是通过向共产党及其党员灌输马克思主义实现的。它意味着不是机械地照搬俄国共产党的具体措施,而是将布尔什维克的方法运用于每个国家当前历史时代的具体情况。只有从理论上认清共产党的革命实践,才能成为真正的目标明确的群众领袖。只有通过真正掌握马克思列宁主义,党才能将犯政治错误、策略错误和组织错误的可能性降到最低，并实现工人阶级的解放。"没有革命的理论，就不会有革命的运动……**只有以先进理论为指南的党，才能实现先进战士的作用。**"①可见，共产国际及其支部的一项首要任务，就是把这一先进理论——马克思列宁主义变成全体党员的共同财富。共产党不应局限于在广大群众中宣传某些马克思列宁主义的主要思想，而应当努力通过有计划的有力的宣传，使整个马克思列宁主义变成每个党员的财富。为此目的，应当建立完全掌握这一理论武器并能以其将广大党员武装起来的干部队伍。共产主义青年团尽量完整地掌握理论特别必要。因此各支部应当采取一切组织措施，以促进培养这样的干部，促进这样来培养共产主义青年。

宣传工作建设的前提，是每个共产党都意识到从理论上掌握马克思列宁主义的意义。所有的共产党都应当懂得，革命活动决不应当意味着对工人阶级解放的理论问题以及理论斗争的需要无动于衷。恰恰相反，革命斗争中达到实际效果的前提，是尽量多的共产党具有清楚的理论意识。

3. 共产党的领导干部和群众的思想需要经常自我检查。如果现在尚无以具体事实材料进行此类检查的前提条件，那么就可以确定，马克思列宁主义思想传播的范围和深度就落后于党的影响的迅速增长。在以马克思、恩格斯和列宁的精神为指导的理论工作方面，几乎可以确定所有的共产国际支部都停滞不前。这是令人痛心的，因为理论工作本来是可以帮助分析具体情况的。揭示具体的革命动力、革命转折的条件和前景，就可以更准确地确定党的政策、组织和鼓动的方法。这样的理论工作使得党的政治工作更加自信。

只有哪怕是在部分领导同志身上发现对理论问题漠不关心，才有可

---

① 参见《列宁全集》中文第 2 版第 6 卷第 23—24 页。——编者注

能发现共产国际内出现的同马克思列宁主义主义完全相抵触的"理论"。起初，此类"理论"的后果仅仅是领导干部或者党员群众中在总的世界观和经济理论方面思想混乱，但后来这种"理论"当然也以"左倾"或者右倾的形式表现在政策和策略领域（瑞典共产党个别领袖在宗教问题上的立场；德国党个别领袖关于资产阶级国家的性质和工人贵族中机会主义阶级根源的不正确观点；中欧共产党知识界某些人士的哲学倾向，他们试图去掉辩证唯物主义的唯物本质；意大利共产党中修改马克思主义的尝试）。甚至广大党员群众的宣传素养也不完全符合要求。而这是领导层尚未充分意识到宣传工作必要性的自然后果。绝大多数同志入党后，几乎都仅仅是凭经验——在日常政治和经济斗争中确信机会主义和改良主义的叛卖性质。这一事实是共产党的一大优越性，也是共产国际对于第二国际的一大优势。但它也同时意味着即使无产阶级群众也可能保留着社会民主主义思想的残余。这一社会民主主义遗产，尤其是党员群众中的社会民主主义遗产，是不能通过机械的方式来消除的，除了革命实践的直观教育之外，还应当向广大群众灌输哪怕是马克思列宁主义的主要原则和方法。

4. 列宁是这一正统马克思主义的体现，是马克思理论和实际工作的继承人，共产国际和各国共产党在理论和政治实践中有了一个预防任何右倾或"左"倾的坚强舵手。只有他和他的战友老布尔什维克近卫军形成的列宁主义这一无产阶级革命的理论才能代替他。列宁逝世迫使在共产国际所有各支部与俄国共产党中扩大和深入宣传马克思列宁主义的理论。与第二国际的假马克思主义相反，列宁主义这一革命马克思主义的复活，其中没有一条原理不在无产阶级的革命日常斗争中具有实际意义。因此，共产国际最紧迫和最重要的任务之一，就是广泛宣传列宁的遗训，并从组织上保证一以贯之。

二、宣传领域的一般组织措施

5. 就当前宣传状况而言,最典型的莫过于这样的事实:迄今为止,共产国际和各国共产党尚未建立起从事宣传工作的专门机构,或者仅仅拥有不能满足需要的机构。为了贯彻第四次代表大会关于教育工作的决议,各支部做得太少,尚未取得具体的成果。

由于没有相关的机构,就谈不上搜集和检查各支部的经验,编制汇总表和交流这一经验,谈不上有系统的宣传工作建设。因此,**成立机构和机关——应当组织马克思列宁主义宣传的宣传部**,在第五次代表大会之后也仍然是共产国际的主要任务之一。

6. 马克思列宁主义宣传事业的下一个重要障碍,是马克思列宁主义书籍不够普及,既缺原著,又缺有助于宣传工作的进行和普及的教科书和参考书。经典马克思主义著作在一系列西方国家都是图书中的稀有之物。新的版本基本没有。至于新的著作,仅仅偶尔出上一本内容为继续研究马克思主义思想或者普及性理论的书。因此,为了给宣传马克思列宁主义打基础,绝对需要出版尽可能多语种的马克思、列宁的著作(至少是他们最重要的著作),并且出版教科书和参考书,以及关于党的教育和教学方法的通俗性指南。

7. 另一个重要的障碍,是共产国际内马克思主义理论力量之间缺乏联系。在共产国际各支部现有的从事理论工作或者多多少少对理论感兴趣的马克思主义者之间没有联系,有了这种联系,就可以进行分工和交换经验,从而把工作做得更有成效。这样的状况,再加上为数不多的现有理论与宣传杂志彼此不联系,就无法利用马克思列宁主义的研究工作成果,也无法对其进行检验。因此,将国际共产主义运动中的马克思列宁主义理论力量联合起来,也是从组织上扩大和深入宣传工作的条件之一。同样必须促使共产国际各支部成立理论性和宣传性的出版机构,以满足党内培养工作的需要。

8.共产国际在集中领导和协助宣传工作方面最近的具体任务如下:

(1)成立宣传鼓动处,向该处提供经验丰富的、熟悉宣传工作安排的马克思列宁主义力量。经常留意各党的宣传活动。支持各党制定党的教育的具体方法和形式。

(2)改组和扩大共产国际的出版活动,旨在向各党提供除日常政治书籍之外的理论和宣传方面的书籍。出版至关重要的马克思、恩格斯、列宁的著作以及一系列关于共产主义纲领以及共产主义策略和组织的通俗学术性参考书。

(3)出版旨在对宣传员进行指导的宣传杂志。杂志的任务应该是简化经验交换、制定培养工作纲领、对党的教育的一般领导和系统化、制定报告和指导提纲草案、研究和制定最好的宣传工作方法和形式、系统性地汇总书目材料以及将马克思列宁主义研究结果用于宣传目的。同时杂志也应当满足鼓动的需要,提供指导性的材料。杂志应当用德文、法文和英文出版。

(4)为了满足至少是最重要的党对于业务熟练的理论工作人员的需要,共产国际长期派遣德国、英国、美国、捷克斯洛伐克、意大利、法国、东方以及其他支部的党的工作者前往莫斯科,他们应当专心从事马克思列宁主义理论和实践的研究工作。为此应当选派这样的同志,他们除了具有马克思列宁主义自学的总素养而外,能够从事学术工作(尽量派工人)。学习的目的,是深入掌握马克思列宁主义并培养独立的、理论上有特别的政治工作的才能。

(5)召开和筹备各支部分管宣传活动的党的工作人员以及党校领导人代表大会,旨在制定出党的教育及方法的专门化和联合的至关重要的具体任务。

（6）青年国际在相应的共产主义青年教育组织中应提供非常重要的支持。

三、各支部在宣传工作领域的组织任务

9. 宣传鼓动活动要在所有各党内，或者至少在先进的共产党内当成党机关工作的特殊部门。中央机关内应当设立专门的机构来进行党的教育（宣传）和领导宣传鼓动的活动。这个机构应当具有进行马克思列宁主义的宣传、制定宣传系统和方法以及为马克思列宁主义教育工作创建宣传文献材料的任务。

10. 有组织的宣传活动、党的教育的系统性建设的前提之一，是对经验丰富的马克思主义宣传力量、他们的专业能力、继续进修以及在党的培养工作中对他们予以支持进行登记。应当关心建立新的宣传干部队伍，并对老宣传干部进行列宁主义的再教育。鉴于宣传专家数量有限，这些力量应当不仅用于直接意义上的教学活动，应当让他们给尚未专门从事过宣传活动的报告员充当指导员。除此之外，他们还应当参加宣传部召集的定期委员会，其任务是以建议和实际行动帮助党员群众和组织自学。

11. 每个党都有责任通过今年秋天的群众运动，激发出对于马克思主义理论、政治、策略和组织问题更大的兴趣。这场运动应当同列宁逝世、共产国际新纲领、当前迫切的政治问题以及共产国际和各党的内部问题联系起来。这场运动同时应当成为党的有系统的教育工作的起点。

12. 必须要求全体党员，特别是全体经选举产生的党的工作人员**保证学习**。在教育系统中应当特别关心能够扩大和加深党的工作人员的理论知识的组织形式。只要有可能，应当对党的工作人员实行类似每周党会的学习日。同时应当要求每个党员掌握最起码的政治理论知识，至少

达到广大党员群众能够回答非党工人关于共产党纲领、目标和主要策略的问题，能够驳倒工人中最粗暴的小资产阶级和社会民主党的偏见。应当由党来监督履行对学习职责的履行情况。

13．党的报刊也应当用于激发对党的教育工作、自学和马克思列宁主义问题的兴趣。共产主义杂志应当从理论上深入探讨有现实意义的政治和策略问题，并追求叙述的通俗易懂。党的日报也不应当害怕理论问题——当然，仅限于当前的政治问题和无产阶级日常的经济斗争问题。日报应当提供详细的图书目录。每个政治问题和每起政治事件、每个重要的周年，均应通过指出每个工人共产党员在这些具体问题上应当具有的最起码的知识，来普及马克思列宁主义书籍，日报还应会同宣传鼓动机关以忠告的形式帮助党员进行自学。日报和共产主义杂志的书目都应当扩充，应当尽量详细和引人入胜地摘录新的共产主义出版物。杂志的书目不应仅仅局限于登记和批判性地讨论内容，还应当将宣传、方法的修订和文献材料的应用作为自己的目的。总之，共产主义书目学应当成为唤起党员和非党群众以及领导者追求马克思主义修养的重要手段之一。

14．还绝对必须聚精会神地对待图书馆问题。党组织中应当成立马克思列宁主义图书馆。图书馆负责人应当为工人群众的自学提供帮助，并且经常在这方面接受指导。党还应当注意公共图书馆（工会图书馆和市立图书馆），使之也适于马克思列宁主义宣传的目的。

四、马克思主义宣传系统

15．根据各支部不同的情况和不同的发展阶段，应当运用各种宣传系统和方法。作为所有国家和所有党的共同原则，可以采纳如下的指示：

（1）党的教育系统应当具有这样的形式，以便尽量涵盖全体党员。应当努力使每个普通党员都能至少掌握马克思列宁主义的基本知识。但是党的高级工作人员也应当经常补充、更新自己政治、组织和鼓动方面的知识。

（2）共产主义教育机关和宣传机关系统的每个部门均应确定**实际的和固定的目标，并尽量涵盖同质人员**。在选拔学员和确定纲领和方法时，主要原则是为党的工作的某个领域和解决某些具体问题培养人才。

（3）宣传机关系统的每一级都是独立的整体，并从事着完整的工作，而不应仅仅理解成为更高的教育层次作准备。

16. 为了尽量涵盖广大党员，在思想资源和物质资源有限的情况下，应当按照两条线建立马克思列宁主义宣传机关系统：**党校系统和自学系统**。

17. 按照党校系统，每个党应该有两级：

（1）中央党校。

（2）最庞大的初级党校（夜校，系列讲座，星期日学校等）。

18. **中央党校应当招收训练有素、定位于马克思列宁主义基础的党的工作者进行学习**，时间可长可短，依该党（或者使用同一种语言的一些党）的物质条件而定。**其目的是学员已有的马克思列宁主义知识的系统化、扩大和加深，从而培养从事宣传活动的精通业务的党的工作者，特别是初期的宣传干部。**

19. 初级夜校（星期日学校）的目标，是通过让党员掌握马克思列宁主义理论和方法的初步知识，给这些起码的政治知识提供充分的论据。教学的基础应当是共产国际纲领。夜校的任务是让党员**能够从事积极的党的工作，在党内特别是党外的工人群众中从事个人宣传活动**。

20. 在党校的这两级之间可以成立各种党的教育的中间形式，依各国和各党的具体情况而定：从星期日学校和短期地方训练班到区党校，它们已经能够满足更多的要求并且为地方培养干部。至于学校系统，应当力争做到对宣传员的经常培训，可以经常让他们来上短期的训练班。

21. 各国共产党不应忽视打着非党招牌从事工人阶级教育的学校（工人大学、工人专科学校、人民大学、工厂委员会学校、工会教育机构等等）。党应当同这些学校威胁阶级意识的危险作斗争，尽量赢得影响，使之接受监督，并且将其用于共产主义教育。

22. 无论党的物质力量还是学术力量都无法在短期内搭建起囊括大多数党员的庞大的马克思列宁主义学校系统。由于这个原因，也因为光靠学校不能做到全面自觉地掌握马克思列宁主义学说，应当在党员中激发出对**自学**的兴趣，并尽量广泛地**组织**这样的自学小组（工人联合会）。要特别注意集体自我教育。每个党都应建立起广泛的**马克思列宁主义小组**网。应当抽调在宣传方面训练有素且具有教育能力的同志来建立党中央宣传鼓动机关下属的委员会，领导党员在马克思列宁主义方面的自学工作，并且利用通信、利用定期机关刊物，以自己的建议来对个人和集体的自学提供帮助。

23. 宣传组织和宣传机关的建设不应局限于高级领导机关，而应当扩大到较大的生产性党支部和小的地区性党组织。这里应当普遍挑选宣传组织者，其职能应当是协助宣传组织并激发工人对党的教育、党的宣传机关的指示的兴趣。

24. 共产国际执行委员会应当采取措施，近年内至少在至关重要的党内成立马克思列宁主义**示范性学校**和**示范性夜校**。执行委员会应当根据有关党的中央委员会的建议，也同这些示范性机构直接接触，以便向他们供应图书和参考书等，向他们提供思想上和物质上的帮助。同样建议个别党的中央委员会直接同重要工人区的宣传机构和马克思列宁主义小组联系。同样也应当借助共产国际在共产主义大学、党校、俄国共产党马克思列宁主义小组和有关国外机构之间建立联系。

25. 党的机关的职责是帮助建立相应的面向青年的党的教育机构，向这些机构提供宣传力量，并吸引共产主义青年参加党的教育机构。

26. 党也应当关注共产主义大学生和其他知识分子共产党员的教育。应当消除共产主义大学生的孤立和隔绝。现有的共产主义大学生派别或者支部至今在多数情况下还是无序的、封闭的自学小组，应当使他们从对工人在多数情况下无用的状态中摆脱出来，使他们在具有马克思主义素养并在**实际工人运动中经过考验的党的力量的直接领导下从事共产主义宣传**。应当毫无例外地吸收这些大学生组织的全体成员参加党的实际工作。

27. 每个共产党都应当把关于借助党的专门机关进行马克思列宁主义宣传建设的问题提到该党下一次代表大会的日程上来。

五、关于大纲和宣传方法

28. 鉴于马克思列宁主义宣传最近迫切的政治目的是党的布尔什维克化，应当处处将党的教育同目前迫切的政治问题以及共产国际和各共产党的策略和组织任务联系起来。在宣传工作的大纲和方法中也应当坚持这项原则。大纲和方法都应当定位于党的工作的实际目标。要避免使用抽象的教学大纲，应当努力做到让党的工作人员和广大党员群众都掌握主要的理论知识，这些知识是马克思列宁主义给予的，俄国和国际革命的整个进程证明，只有这些指示才能达到目的。同时要避免将马克思主义与列宁主义对立起来，或者准确点说将马克思恩格斯时期的马克思主义同列宁主义对立起来。

29. 还应当避免任何机械的区分，例如说马克思主义是理论，而列宁主义则是革命工人运动的实际。马克思主义和列宁主义都既包括理论，又包括工人阶级解放斗争的实际。**它们意味着革命理论和革命实际**

的统一，同厄皮戈尼的马克思主义、第二国际的"马克思主义"恰恰相反，第二国际的"马克思主义"甚至在其所谓"正统的形式"中也把理论和实际分离开来，甚至在理论上承认革命活动的同时，在实际中否定革命活动。列宁主义是帝国主义和无产阶级革命时期的马克思主义。确切地说，"列宁主义是无产阶级革命、特别是无产阶级专政的理论和实际"（斯大林语）。在制定马克思列宁主义宣传的大纲和方法时应当考虑到这一情况：共产主义宣传机关纲领的内容不能是没有马克思主义的列宁主义。而在帝国主义发展和无产阶级革命时期，马克思主义只有以列宁主义的形式来宣传才是合理的。

30. 在共产主义教学的更高阶段，大纲应当包括马克思列宁主义的经济和国家理论，此外，还应包括对俄国和国际无产阶级革命斗争之战略、策略和组织问题的研究，以及列宁根据俄国和国际无产阶级革命历史对这些问题的解决办法。最后，这个大纲还应包括作为绝对必需组成部分的最重要国家和该国的工人运动史，其次是党史，在教授党史时应特别注意机会主义的社会根源及其在工人运动中的作用。在农业国家，应当以列宁主义的精神特别注意农业问题、工人阶级对农民的态度问题。至关重要的是对于武装起义以及国内战争理论和实际问题的广泛而深入的解释。在民族和殖民问题特别尖锐的国家，应当完全以这样的态度来宣传这些问题方面的列宁主义原则。在所有的国家，还应当在宣传中考虑到劳动妇女的经济地位和社会地位。

31. 无论在共产主义党的教育的哪个阶段，都不得忽视马克思列宁主义世界观问题：马克思恩格斯和列宁都是富有战斗性的唯物主义者：他们的学说、他们的世界观的基础，是哲学唯物主义的最高阶段——辩证唯物主义。将唯物主义宣传纳入共产主义教育范围还有重要的政治目的：面对我们队伍中出现的唯心主义思潮、形形色色的哲学唯心主义、轻视宗教问题等等。所有这些思潮，归根结底都体现了无产阶级阶级组织中同无产阶级格格不入的阶级利益。因此，没有对战斗的唯物主义的宣传，马克思列宁主义的宣传就不能认为已经结束，在教学的每个阶段，都应赋予这一宣传以相应的位置。

32. 无论是党校和自学领域，都需要对教学法作仔细的研究。如果没有正确的方法，宣传要么根本达不到目的，要么就免不了过度耗费教员和学员的精力。经验表明，使用不正确的方法，往往会导致整个宣传系统的瓦解、某些宣传机构的瓦解。正因如此，在培养宣传干部时，应当关心不但让宣传工作者掌握有关理论知识，还要掌握教学法。党的中央宣传机关应当经常提供教学法方面的指南、收集教学法方面的材料，整理、概括和利用教学法经验。

六、马克思主义研究和写作活动的组织

33. 列宁主义不仅意味着革命的马克思主义的复兴，而且扩大了革命的马克思主义的理论和实际内容。至今马克思主义思想、马克思理论在共产国际没有相当扎实地教授过。马克思主义研究工作，无论是作为广泛的倡议还是必要的组织结论都嫌不够。马克思的厄皮戈尼、继续坚持"正统的"战前马克思主义的第二国际和奥地利马克思主义的尝试理应遭到失败，因为社会民主党的实际一刻也不允许有这种假象，好像马克思的厄皮戈尼（考茨基、希法亭、鲍威尔等）的"马克思主义理论"是真正的马克思主义理论。战后科学研究的总衰退自然也反映到马克思主义科学上来。马克思主义科学和书籍呈上升曲线的唯一国度，是苏联这个革命无产阶级的国家。西方共产党却至今在马克思主义领域无所建树。除了宣传意义上的马克思主义研究而外，共产国际还应当采取措施，改进科学研究意义上的马克思列宁主义研究。

34. 科学研究意义上的马克思列宁主义理论工作的中心是：马克思

恩格斯研究所、列宁研究所和共产主义科学院。共产国际的任务是将这些科研机构的工作成果变成国际共产主义运动的共同财富；它应当：

（1）通过共产国际宣传鼓动部同这些机构密切联系，并在国际范围内利用它们的科研成果；

（2）将各国共产党从事理论研究工作和对理论感兴趣的党的工作人员团结在这些机关的周围；

（3）利用这些机关的工作，出版马克思列宁主义学术杂志、马克思主义经典著作丛书，以及出版马克思、恩格斯和列宁著作的学术批判版和共产主义百科辞典。

35．除了举足轻重的几个党的中央党校而外，还应当为马克思列宁主义科学和教学领域的工作建立合适的场所。这里还应当成立中央马克思列宁图书馆。这些场所的目的是：鼓励马克思列宁主义的研究工作，为对理论感兴趣的同志组织音乐会，协助撰写政治和宣传文章，等等。这些场地还应当成为同苏联研究马克思列宁主义的研究所进行联系的中心。

关于工会运动策略的提纲

一、工人运动中的转折

1924年具有如下特点：（1）全面和普遍的工人后退业已停止；（2）个别国家的个别生产单位发生了工人的进攻性行动，其他国家则加强了反对劳动条件进一步恶化的防卫性斗争；（3）国际改良主义更加加强了自己同统治阶级的联系，并且同时与政治工贼行为一起开始了经济工贼行为，尽量根据自己的力量破坏工人的活动；（4）阿姆斯特丹国际表现出了自己亲协约国和帝国主义的本质（占领鲁尔、支持专家计划等等），在其内部形成了尚未成型、政治上不确定、但对旧政策不满的少数；（5）工人和小资产阶级群众的不满，在某些国家（英国、法国、丹麦）导致半社会主义、和平主义的政府取代明显反动的政府，前者必须在新的旗帜下才能奉行旧的资产阶级政策；（6）在改良主义联盟的影响下降、其道德—政治、组织和金融削弱的同时，革命联盟和少数派在壮大，它们的作用不仅在一般政治战斗中、而且在无产阶级的经济战斗中的作用也增强了；（7）共产国际和共产党在世界工会运动中的比重大大增加，其外部表现是工会国际已从起初的国际宣传委员会变成真正的战斗的革命联盟的世界组织；（8）所有这些原因一方面导致改良主义者对革命联盟的疯狂进攻（开除共产党员，成立反布尔什维克部门，提高诽谤运动，等等），另一方面又导致阿姆斯特丹国际内部企图驯服革命工人运动；（9）由于工会的改良主义上层在某些国家（德国变成法西斯主义反动派的工具，出现了赞成改变共产国际策略、退出工会和成立新的组织的情绪。

在确定我们今后工会运动的政策时，需要考虑到所有这些主要特点。

二、为团结而斗争

为世界工会运动的团结而斗争像一条红线贯穿着整个共产国际的活动。这并不是出于对组织的盲目崇拜，而是出于这样的想法，即共产党人在为工会内部的团结而斗争中，扩大了共产党和共产国际的影响范围，一刻也未脱离群众。为工人运动的团结的斗争，是争取群众的最好方式。这就是为什么不可能也不应当迫使共产国际和与之有内在联系的共产党改变自己的主要路线。共产国际的老口号——争取而不是破坏工会、为反对逃离工会而斗争、为退出者反过来加入工会而斗争、为团结而斗争仍然有效，并且应当以全部决心和毅力来贯彻执行。为团结而斗争，不仅是对那些大多数革命工人置身于改良主义工会中的国家说的，也是对那些改良主义全工会中心和革命的全工会中心同时存在的国家（法国、捷克斯洛伐克）说的。共产党绝对不应把对为团结而斗争的垄断权交给改良主义者，他们口头上讲团结，干的却是分裂、腐蚀和瓦解工人运动的勾当。在为团结而斗争中，共产党人的职责还在于不让被开除和无组织的工人化整为零，把他们团结起来，组织起来，继续同资本主义和改良主义作斗争。然而即使在这种情况下，恢复团结的斗争也依然是已被开除和平行地确立起来的组织的至关重要的任务。

三、阿姆斯特丹国际及其左翼

上次代表大会所确定的我们对阿姆斯特丹国际的态度依然有效。阿姆斯特丹国际是世界帝国主义的堡垒和组织，它最鲜明地反映了受资产阶级腐蚀最深的工人阶层的保守主义、落后、民族主义局限性、资产阶级—帝国主义的情感。同阿姆斯特丹国际、同它的理论和实践的斗争是今后共产国际及其支部最重要的任务。无情地揭露资本的奴仆、同这一资产阶级和法西斯主义反动派的堡垒的斗争是近期的目标。在我们反对阿姆斯特丹国际的斗争中，我们不应当忽视两件事物：（1）阿姆斯特丹工会中的数百万无产者，和（2）尽管尚未完全定型而且政治上动摇、但毕竟是左翼的出现。阿姆斯特丹国际队伍中数百万工人的存在，必将迫使共产党在争取让这些工人摆脱改良主义幻想的斗争中百倍地努力。然而这里加紧宣传鼓动是不够的。使工人摆脱改良主义幻想的这一斗争的力度，要看共产党人在其今后的工作中能够在工人阶级的经济战斗中起多大的领导作用。经济冲突的时刻对于在行动中运用统一战线战略、揭露领袖的法西斯主义工贼角色特别有利。阿姆斯特丹国际没有清晰的纲领和策略。这个拥有几个流派的左翼本身甚至不曾试图制定一个纲领。正在就对俄国工会问题进行辩论，然而左翼至今在赔款、专家委员会结论、殖民政策、与资产阶级联盟等主要政治问题上与右翼并无本质的区别。左翼的主要和根本的缺点在于它的代表希望使改良主义和共产主义"和谐一致"，希望可以在这两个死敌之间找到一条中间路线。这种无法律效力、政治上不坚定和不彻底在阿姆斯特丹国际维也纳会议上已暴露无遗，当时左翼投票赞成右翼的决议，甚至没有试图提出自己的纲领。尽管如此，这个左翼反映了群众中严重的动荡，特别在英国，群众对旧政策不满，在寻找走出改良主义死胡同的出路。这样一来，我们对这个左翼的态度就很清楚了。**共产国际和共产党之所以同样支持左翼，是因为它的确在进行反对阿姆斯特丹国际的纲领和策略的斗争**。对于左翼的过分评价，对于它政治上的无法律效力、它的不彻底性和坚定性闭口不谈将是很大的错误。共产党人和处于他们影响之下的工会组织,都应当建议阿姆斯特丹左翼成立针对资产阶级—资本主义反动派的共同行动机构。此类建议中最关键的是行动的时机,以便阿姆斯特丹国际内部那些声称愿意同革命工会达成协议的左翼分子,在每个国家的日常斗争中实际贯彻自己的这些建议。这些分子对共同行动的决心,将是我们支持程度的标尺。共产党人不应忘记,阿姆斯特丹国际左翼想不通过坚决放弃旧策略、而是通过这一策略中不大的变化来挽救这个国际。共产党人的任务,就是通过处于他们影响下的工会,对阿姆斯特丹国际的个别部分起一定的影响。

四、我们工作中的弱点

尽管各国共产党在工会运动方面做了大量的工作,近两年来我们工作中出现了应当最坚决地与之进行斗争的特点。我们在工会工作中的弱点总括起来有以下几个方面:

1. 许多国家没有共产主义派别,在有这样的派别的国家要自上而下地对其进行建设。

2. 拒绝在那些处于共产党领导下或者与我们亲近的组织中成立派别。

3. 在存在平行的革命组织的情况下,拒绝在改良主义工会中成立派别(法国)。

4. 党员的纪律性不足,**他们执行自己的印象派路线;由此逃离工会,制定自己特殊的、与党和共产国际的决定无关的工会政策**(德国)。

5. 党对于与改良主义工会成立的革命工会持蔑视态度(美国、比利时、荷兰),而不是对这些革命工人进行思想政治领导,按照我们的策略去培养他们。

6. 工会内部抽象的宣传，而不是在工人阶级日常需要的基础上去进行反对改良主义者的斗争。

7. 除了少数例外（德国），不够关注工厂委员会的成立，不善于利用广大群众的经济斗争来建设工会委员会。

8. 同甚至已在革命工人队伍中深深扎根的行会倾向和偏见的斗争不够有力。

9. 一般职业性和生产性代表大会和代表会议的政治培训、党的培训极其糟糕，在此类代表大会上只有某些共产党员有偶然的发言。

10. 对改良主义者的分裂步骤神经过敏，未能充分利用好将个别人甚至集体开除出工会的政治手段。

11. 对于企业、工厂委员会和工会是组织工人统一战线的自然土壤这一事实估计不足。

12. 对于工会工作的意义和作用估计不足，从而党的出版物对此也不够关注。

13. 许多党的中央机关给工会问题留的地方太少。缺乏工会、宣传鼓动方面的书刊。

以上列举的弱点，几乎在各国都程度不同地存在着，**而且我们工会工作中的根本缺点和出发点，就是工厂和企业中党支部缺失或者处于萌芽状态**。在工厂建立党支部，是自下而上地建立党派、提高全体党员在工会运动中的积极性和在所有各级工会组织贯彻统一路线的先决条件。

五、我们的近期任务

1. 所有共产党的中心任务就是，从工厂开始，按照生产和各种职业的路径，建设战斗性的党派，加强党组织对于个别党员特别是工会派别活动和工作的监督。

2. 工作重点应当转向群众，转向企业。因此自然必须在没有工厂委员会的地方成立工厂委员会，并且使已经存在的工厂委员会的工作革命化和深化，必须力求让工厂委员会积极有力地参加经济斗争，在有此需要的地方反对改良主义工会，当它们站到企业主一边的时候。

3. 必须在每个党内提出和实际上解决关于领导经济斗争的战斗性机关的问题。在革命工人身处改良主义工会以及经济行动的结局取决于工会上层的幕后谈判和妥协的时候，这就尤其必要。

4. 必须在每个国家把所有独立的革命联合会以及被开除者的联合会联合起来，并且通过行动委员会将它们与改良主义组织内部的反对派联系起来。

5. 需要加强反对工会上层叛卖行为的斗争，而且他们的所有叛卖行为均应在企业和工厂中进行讨论。应当使下面的口号"无产阶级队伍中的官僚主义叛徒滚蛋！"做到家喻户晓。

6. 在工会运动分裂的地方，必须在群众中进行系统性的工作，以便通过在有比例的代表制和思想斗争自由的基础上召开泛工会的联合代表大会来恢复工人运动的团结。恢复已分裂工会运动的团结以便统一各派工人反对资本的行动的口号，应当成为近期的中心口号。

7. 在那些工会官僚在政治和经济工贼行为影响下退出工会现象越演越烈的地方，党应当对这种堕落和消极情绪进行坚决有力的斗争。应当宣布进行反对共产党员逃离工会的无情斗争。这些国家的斗争应当在"返回工会！"的口号下进行。

8. 应当通过坚决有力的斗争把无组织的工人组织起来，吸引他们参加斗争。成立无组织工人的新组织是错误的：将一切无组织者、包括出于各种动机退出工会者联合起来的起始点，是工厂委员会、行动委员会和出动时间的斗争，等等。将无组织者联合起来的全部工作，其目的应该是反过来加入工会，并将对工会政策不满的工人变成反对工会官僚的积极斗士。

9. 必须特别注意在工人阶级夺权斗争中能起重要作用的那些劳动部门（交通、矿山、冶金、化学工业、电力、煤气等）的工人。共产党在工会中工作的顺利与否，将取决于他们在联合和组织上述至关重要的国民经济部门的工人方面的顺利程度。

10. 必须着手成立联合委员会（法德、德波、德捷、法意、法德英、英俄、俄波等委员会），由至关重要的生产部门（交通、矿山等）的工人组成，以便组织国境各方共同平行行动。这样的联合委员会可以起很大的作用，如果党十分认真地对待这些跨国斗争组织的话。

11. 那些资产阶级剥削殖民地半殖民地人民的国家的共产党，应当特别注意殖民地发展中的工会运动，一是为了将这些年轻的工会组织从民族主义思想体系中解放出来，二是使之从听命于宗主国工会官僚的帝国主义政策的状态中解放出来。

12. 在那些打着工会独立和自治旗号执行同共产党和共产主义相敌对的政策的国家，需要加强在群众中的工作，揭露这一口号的反无产阶级实质，并加强同那些站在工会国际代表大会决定基础上的工团主义分子的合作。反对无政府主义——工团主义分子的蛊惑和杂乱无章，是这些国家共产党最重要的任务。

13. 了解我们的敌人是斗争胜利的先决条件，因此共产党就应当同工会一起，组织对企业组织、其内部结构、它们成立的机构、它们的内部结构和它们所采取的腐蚀瓦解工人组织的方法进行仔细的研究。企业家在工人组织中有许多自己的暗探。党和革命工会应当成立革命的经济反侦察组织，以便了解我们的阶级敌人反抗的力量和极限。

14. 各国共产党均应在工会及这些工会在军队中的会员之间建立紧密的联系。成立将士兵和有关工会联系起来的特别机构和银行，可以在共产党反军国主义工作中起很大的作用；尤其需要竭力建立海员组织和海军水兵之间的密切联系。

六、结　论

共产国际第五次代表大会重申前几次代表大会关于共产党人在工会运动中的作用的所有决定,让各国共产党都注意工会工作的重要性。在这个问题上的任何动摇都是不能容许的。工会在革命的准备时期起着巨大的作用,在社会革命关头起着特殊的作用。当它们在无产阶级胜利后成为无产阶级专政机构之后,即肩负着极其重要的社会主义建设任务。需要特别执着地继续历次代表大会所确定的路线。征服工会就意味着征服群众。各国共产党都在这条道路上迈开了大步。无论工会官僚如何背叛,无论群众中在这个问题上有过种种失败和动摇,都需要继续前进。这里的问题是要不要社会革命。这就是为什么共产国际第五次代表大会号召它的各个支部一丝一毫也不要放弃业已作出的决定,将争取工会、也就是争取群众的事业进行到底。

第五次代表大会责成所有的共产党员在即将举行的工会国际第三次代表大会上捍卫上述原则。

关于德国共产党某些工会工作人员的倾向

共产国际第五次代表大会表示，威廉·舒马赫及其同志们在工会问题上的立场以及他们在工会运动中的活动，是同共产国际国际大会的决议相冲突的。第五次世界大会谴责他们所持的立场以及对革命事业有害的活动，这一活动已成为退出工会活动的开端，并对工会运动的组织解体起了推波助澜的作用。第五次代表大会坚决要求退出自己工会的工人返回工会，要求无组织的工人加入工会组织。第五次世界大会强调指出，尽管有工会官僚的叛卖活动，工会是被剥削者的集合点，共产党人应当在工会进行自己的革命、教育和宣传活动。

退出工会就等于逃避革命，只会对无产阶级的敌人有利。

关于英国的工人政府

英国的工人政府是帝国主义资产阶级的政府，而不是工人阶级的政府。资本家帝国国王陛下的忠实奴仆，它与社会主义和工会运动无关，仅仅依附于统治阶级。作为资产阶级的管家，它继续执行帝国主义压迫和剥削印度、埃及、非洲等地群众的政策，并且主张保卫资本主义，加紧英帝国主义对世界大战中战败国的奴役。而且就其成分而言，它并不是工人政府，而是在战争中背叛工人阶级的第二国际领袖们与自由主义政治家和保守党大臣的联合组阁。在帝国主义者的影响最大的地方，大部分政府职位仍然在老帝国主义集团的手中。

工人政府的组成不仅对英国说来是很有特色的。它是资本主义瓦解时期的产物，这时旧型的资本主义政府已经应付不了资本主义所产生的民族问题、国际问题、社会问题、政治问题和经济问题。在这个时期，资本采取各种庇护方式，从利用工人党（社会内阁极权主义）及其社会爱国主义到一切形式的法西斯主义，视阶级矛盾的尖锐性和某些阶级的力量对比而定。工人阶级政府和法西斯主义政府是资产阶级用以维护自己专政的两种截然不同的方式。由于自己不能解决战后资本主义的问题，英国的资产阶级党派加剧了阶级矛盾。面临自己队伍里的内讧并慑于工人队伍中阶级意识增强的表现，他们同意第二国际领袖成立工人政府。

这不是那个英国工人为之工作并作出牺牲的工人政府。它六个月工作的历史给它打上了背叛工人阶级政府的印记。它在微小让步（仿佛生活费便宜了、给失业者发补贴不再中断以及一系列和平主义的许诺）的掩饰下，执行资产阶级帝国主义政策，花费的精力不少，无疑比它的资产阶级右翼前任更有成效。在对英国工人的态度方面，当工人保持镇静、不会对资本家阶级形成威胁的时候，它决定执行自由主义宽让政策。而当工人开始积极地抗议，"工人政府"就积极地往工人组织里放密探，开始派工贼打进去，动员警察驱散无产阶级的抗议游行，并开始筹划诸如铁路工人罢工期间那样对付工人的军事措施。矿工甚至尚未得到自己的最低工资，工人政府允许自由派和保守派暗中对抗关于国有化的法案和关于矿山业的最低工资，甚至不试图动员工人去反对这些行为。它从未试图制服军中贵族军官恶势力，也未通过别的途径，去削弱英国资本主义在其对付工人时所使用的这一强大工具。

它打着和平主义承诺的幌子，已经走到可能实际上建造巡洋舰和空军并且采取有力措施加强军备的边缘。这个工人政府在和平主义的掩护下，正按照真正权力的嘱托为新的杀戮作准备，这场杀戮就其惨状而言，将远远超过所谓大战的大规模歼灭。

因此，工人阶级队伍内部反对工人政府的斗争，就成为防止人类遭受大规模歼灭的斗争。

工人政府作为英帝国主义的卫士，拒绝向印度工人提供最起码的政治组织权利，允许以饥饿对他们进行迫害和镇压，并以自己的威望，来为从飞机上扔炸弹以及印度、埃及和美索不达米亚的枪杀和恐怖手段鼓劲。爱尔兰依然受到英帝国主义的压制，数百名爱尔兰工人在工人政府的允准下依然在监狱里服刑。工人政府成了凡尔赛和约的维护者，并且公开同美法帝国主义以及德国资产阶级结盟，旨在执行专家计划，并完全奴役和贬低德国工人阶级。甚至在自己同苏联的关系中，工人政府也暴露出它对于俄国财物所有者和银行家的可耻支持，同苏维埃俄国的工农相敌对，暴露出所谓它维护工人阶级利益的断言的全部虚伪性。

于是，工人政府不停地维护资本主义，竭力散布一种它力图加强工人运动、使人类免受战争之害的幻想。工党的领袖尤其是独立工党的领袖，都是工人政府在这一叛卖性工作中最强大的盟友。假如工党的确是工人的目标和意愿的体现者，那么它就会不顾统治阶级的反抗，利用自己的影响来动员群众同英国资本主义作斗争。

然而，被资本主义民主的超级利润腐蚀的工党，无视阶级斗争的现实，陶醉于自己在选举中的胜利，利用工人阶级最落后的阶层搞游戏，出卖工人组织，甚至包括资产阶级自己，甚至都不装出进行斗争的样子。**共产国际及其支部——英国共产党的任务，就是把工人运动从如今统治着工人运动的反动领袖的手中夺过来，破除群众中尚存的似乎可以通过议会改革的缓慢过程获得解放的幻想**，向工人讲清楚，只有通过毫不留情的阶级斗争和推翻资产阶级政权，他们才能摆脱资本主义的剥削。为此，而且不仅仅为此，英国共产党应当继续并且胜利地全线结束自己反对将改良主义者吸收到工党内的斗争。这场反对工党叛卖行为的斗争，应当由共产党人来领导。在广大群众中，对工党反动领袖的不满已经是非常强烈。经常爆发反对工会官僚意志的（自发性）罢工。左派运动已经在英国工人运动的领导机关中表现出来。这一左派运动并无清晰的纲领，它左右摇摆，动摇犹豫。但它毕竟体现出工人对自己的老领袖日益增长的不满情绪。取代模糊左派运动的，已经是有组织的少数派运动。这些少数派有清晰的纲领，由革命的守纪律的工人组成，正在一个区接一个区地普及红色工会国际的政策。他们不怕工会官僚的嘲笑和谴责，正在初步将群众反对叛徒领袖的斗争组织起来，他们是群众中在共产党领导下发扬革命精神的保证，也是工人运动避免灾祸的保证。英国共产党在达到胜利之前应当：

（1）支持左翼运动反对工会官僚的一切发动、罢工、宣传以及毫不留情地开展的反对其队伍中的一切动摇、弱点和不彻底的斗争；

（2）将少数派运动联合起来，使之在工会国际纲领的立场上在全国范围内团结起来；

（3）通过争取成立工会委员会的斗争巩固少数派运动，借此为生产性工会奠定基础；

（4）为英国工会运动积极参加无产阶级国际斗争而斗争。共产党不应轻视工人阶级的需要和要求，特别是同他们日常生活有关的需要和要求，因为这些需要和要求在反对英国资本主义的斗争中很重要，因为它们促进了无产阶级的团结并加强了他们的斗志。

共产党应当提出如下口号，并开展争取其实现的有效的运动：

（1）全国范围内实行最低工资；

（2）煤矿国有化；

（3）给工人住的住宅，由工人建成，没有牟利者的参与；

（4）为失业者：满足失业者的要求；至少给家庭的父辈每周3英镑的补助。

共产党应当积极参加群众为实现这些口号而开展日常斗争，因而在工人阶级的所有发动中充当领导角色。

旨在反对工会官僚的少数派运动和群众为以上改革进行的斗争，都是共产党活动的重要基础。然而党的活动不应当仅限于此。主要问题是：

（1）发动英国劳动群众参加反对麦克唐纳政府虚假的和平主义的斗争，这种和平主义掩盖着备战活动；

（2）揭露工人政府的帝国主义—军国主义对外政策；

（3）同协约国德国工人协调一致发动反对专家计划的群众运动；

（4）战胜英国工人阶层中的帝国主义偏见，以便将英国无产阶级的阶级斗争同被压迫人民以及在英帝国主义专政下受尽折磨的群众的革命运动联合起来。我们的口号应当是：**英国工人的解放取决于殖民地的**

解放。

这一切问题都仅仅是劳动群众争取挣脱资本桎梏的斗争这个主要问题的各个部分。在共产主义群众性政党创立之前,无产阶级专政无法确立,共产主义群众性政党将在反对资产阶级的不倦斗争的基础上把群众团结起来并揭露工人阶级队伍中的社会叛徒。斗争中的共产主义群众性政党,这就是工人阶级对资产阶级工人政府的正确回答。

英国共产党万岁!

共产国际万岁!

关于法西斯主义

法西斯主义是资本主义制度瓦解和无产阶级革命时期的一种经典的反革命形式——特别是在那些无产阶级进行夺取政权斗争、却并不具有革命经验也并无革命的阶级政党、无法组织无产阶级革命和带领群众确立无产阶级专政的地方。

法西斯主义是大资产阶级在同无产阶级斗争中的战斗武器,大资产阶级无法借助合法的国家措施来制服无产阶级;它是一种非法的战斗武器,资产阶级用以确立和巩固自己的专政。然而,就其社会成分而言,应当承认法西斯主义为小资产阶级运动。充当它的根系的养料的,主要是资本主义危机注定使之灭亡的那些资产阶级中间阶层,以及因战争而变成无业游民的分子,如原来的军官等等,甚至包括某些无产阶级分子,他们痛苦地对革命感到失望,充满愤恨。

在资本主义社会的日益瓦解中,所有的资产阶级政党,特别是社会民主党,多多少少具有法西斯主义性质,他们采用法西斯主义方式同无产阶级斗争,从而促使那个他们蓄意保住的社会制度的瓦解。法西斯主义和社会民主党,是大资本专政同一个武器的两个刀刃。因此社会民主党永远都不可能是无产阶级同法西斯主义斗争中的可靠盟友。

由于自己的内部矛盾(大小资产阶级利益同无产阶级分子之间的利益冲突),法西斯主义在其胜利之后走向导致内部分崩离析的政治上的破产(意大利)。在没有获得正式胜利的地方,它被迫公开支持和维护大资产阶级的统治(德国)。

根据法西斯主义的历史作用、实质和社会构成，共产党人在同它的斗争中所使用的斗争方法和手段，要有助于党从政治上战胜它，有助于能够直接反击对于革命无产阶级队伍的武装进攻。这些手段如下：

一、政治领域

1. 共产党真正革命的战略和政策，它们能够吸引无产阶级、小资产阶级和农民群众，并且使他们相信只有无产阶级专政才能解决经济、社会、政治和文化问题。
2. 系统性地讲清法西斯主义的反革命和与无产阶级敌对的性质。
3. 系统性地对因资本主义危机而破产的小资产阶级和农民群众进行开导，讲清他们的地位以及作为大资本工具的法西斯主义的作用。
4. 积极的对外政策。反对帝国主义和平条约、战争赔款、国联的欺骗等的斗争，最大范围地开导劳动群众，让他们认清帝国主义对外政策的实质以及对于他们的不幸后果。
5. 为实现同苏联的革命联合的斗争。积极的列宁民族问题政策。为争取所有被压迫民族的自决和脱离权利而斗争。
6. 追求全体工人群众反法西斯主义的统一战线。争取国际无产阶级在共产国际领导下的国际统一战线的斗争。
7. 提出关于个别国家党的中心的反法西斯主义宣传的问题。关于法西斯主义的大量标语和传单以及报纸上对此的充分报道。

二、组织和军事领域

1. 成立对付武装法西斯主义的武装防卫纠察队（无产阶级百人队等）。

2. 解除法西斯主义分子的武装并夺取他们的武器和弹药仓库。

3. 以在武装支队保护下的工人反游行来回应法西斯主义分子的游行。

4. 作为对法西斯主义分子的恐怖行为（捣毁工会、印刷厂办公地点，对工人及其领袖采取暴力行为，等等）的回应，要组织总罢工，采取工人阶级的群众行动应对法西斯主义分子及其领袖的镇压，同时也以此应对其印刷厂和企业的高压。

5. 在法西斯主义分子动员、调动、集会和游行期间阻断铁路交通。

6. 将法西斯主义分子赶出企业，在法西斯主义分子工作或者他们对工人搞监视和制造工人队伍分裂的企业怠工，搞消极抵抗，组织罢工。

中欧和巴尔干的民族问题

资产阶级试图在其中用捍卫小民族和自决权的口号吸引劳动者的帝国主义战争，实际上导致了其中一个资本主义列强获胜，在中欧和巴尔干加强了民族矛盾和民族压迫。

由战胜的协约国的一方提出的凡尔赛条约、圣热尔曼条约和后面的条约，为了同无产阶级革命作斗争，创立了新的帝国主义小国——波兰、捷克斯洛伐克、南斯拉夫、罗马尼亚、希腊，这些国家是在兼并别的民族的大量领土的基础上建立起来的，是民族压迫和社会反动的策源地。

民族压迫问题如今已经提到了大国民族面前，这些大国民族战前不是压迫政策的客体、而是该政策的主体。德国是个明显的例子。协约国帝国主义在同它的关系上，并不满足于以"和平条约"为基础对德国人居住的领土的直接割让。它试图在"民族自决"的虚情假意的幌子下、借助隐秘的彻头彻尾的割让形式（占领莱茵河城市）肢解德国，要么是毫不掩饰的、超出和平条约范围的掠夺，鲁尔就可以作为这方面的例子。

这样一来，世界大战后民族问题在欧洲具有了新的意义，并成为当前中欧和巴尔干至关重要的政治问题之一。与此同时，被压迫民族反对民族压迫的斗争，就成了反对在战争中取胜的帝国主义资产阶级政权的斗争，因此，新产生的帝国主义列强的统治就意味着世界帝国主义力量的加强。

这场反对民族压迫的斗争的意义之所以更加重大，还因为，就其社会成分而言，受到波兰、捷克斯洛伐克、南斯拉夫、罗马尼亚和希腊压迫的民族多半是农民民族，争取他们的民族解放的斗争，同样也是农民群众反对外族地主和资本家的斗争。

因此，中欧和巴尔干的共产党就面临着全力支持被压迫民族的民族革命运动的任务。

在现在的革命前夜，"每个民族都享有自决权直至分离的权利"的口号，在重新出现的帝国主义国家中，应当表现为受压迫的民族从波兰、罗马尼亚、捷克斯洛伐克、南斯拉夫、希腊的版图中分离出去的口号。

代表大会确定，个别党内有一种倾向，表现在个别同志和集团对待他们国家的民族革命运动的态度，是以根据圣热尔曼条约和其他条约建立的国家体制为基础的。

这些同志和集团在民族革命运动方面的口号，并不是针对这些建立在民族压迫基础上并反对无产阶级革命的国家，而是针对这些国家的部分改革，提出了在这些帝国主义国家的国家范围内实行自治的口号。

代表大会坚决谴责这一社会民主主义的大国主义倾向，同样拒绝民族布尔什维主义倾向，这种倾向导致共产党对民族革命运动的支持转变为有产阶级及其政党对于这一运动领导的支持，这实际上就将劳动群众置于沙文主义资产阶级的影响之下。

代表大会向所有中欧和巴尔干的共产党提出任务，全力支持被压迫民族反对占统治地位的资产阶级政权的民族革命运动，在革命民族组织中成立共产党支部，以便领导被压迫民族的民族革命斗争，让这场斗争在同全体劳动者紧密团结和每个国家争取工农政权的共同斗争的基础上，沿着清楚而明确的同资产阶级政权的革命斗争道路前进。只有这种民族革命组织中共产主义者的团结，才能保证劳动群众在同资产阶级—地主分子和冒险主义分子的对立中领先，资产阶级—地主分子和冒险主义分子往往为了自己的阶级目的利用这些组织，或者将其变成各资产阶级国家中打倒帝国主义目的的工具。

代表大会责成各国共产党进行反对资产阶级和社会民主政党煽动阶级仇恨和沙文主义的有力斗争，向被压迫民族和压迫民族的劳动群众讲明民族压迫和民族革命斗争的社会性质，以及这场斗争对世界无产阶级争取劳动者完全的社会民族解放的斗争的依存性。

代表大会同样谴责在解决民族问题中的割据主义倾向，并且认为，实现民族自决直至分离的权利，同分离主义毫无共同之处，也与无产阶级力量的发展并不矛盾。

代表大会注意到小帝国主义国家统治阶级的殖民主义行径的反革命意义，这种行径导致民族矛盾的极其尖锐化。代表大会责成波兰、罗马尼亚、南斯拉夫、捷克斯洛伐克和希腊进行反对这一殖民主义行径的有力斗争。

代表大会赞同巴尔干国家共产党提出的巴尔干平等独立的工人农民共和国联盟的口号。

代表大会也指出新出现的帝国主义国家，特别是波兰、罗马尼亚、匈牙利等国排犹运动的极度增长，以及统治阶级通过排犹运动转移劳动群众对于他们贫困处境的真正祸首以及向革命斗争过渡的注意力，责成各国共产党同排犹运动进行坚决有力的斗争，并提出口号：无条件地消除对于犹太居民的一切限制，保证他们文化的自由发展。

对于中欧和巴尔干的个别民族问题和个别国家，代表大会确定了如下论点：

一、马其顿和色雷斯问题

1. 在数十年时间内，马其顿和色雷斯问题都是土耳其、保加利亚、希腊和南斯拉夫之间常年血腥冲突的原因。

1914—1918年巴尔干最近一次帝国主义战争，以经济破产、政治民族奴役与马其顿和色雷斯在南斯拉夫、土耳其、希腊和保加利亚之间的重新瓜分作为结束，它在很大程度上加剧了巴尔干的民族问题，加深了民族反目和仇视。

马其顿在南斯拉夫、希腊和保加利亚之间的重新瓜分，在祖国被摧毁的全体马其顿人中进一步增强了对于联合和成立统一独立的马其顿的渴望。

对于成立统一的独立的色雷斯的渴望，同样也把在希腊、土耳其和保加利亚之间分割成三部分的色雷斯人民团结起来。

2. 这种状况使得马其顿和色雷斯问题成为共同的和主要的革命—民族焦点，这个问题的解决，可以也应当使巴尔干共产党联盟走向巴尔干无产阶级革命发展的正轨。

代表大会满意地指出，巴尔干共产主义联盟第六次代表会议总体上正确地解决了这个至关重要的问题。

3. 代表大会认为巴尔干共产主义联盟第六次代表会议所表述的口号"统一独立的马其顿"和"统一独立的色雷斯"是完全正确和真正革命的。

在由塞夫勒条约和资产阶级国家的其他条约人为地成立的资产阶级国家内，提出让马其顿和色雷斯的个别部分实行自治的口号，应当予以否定，这是机会主义的口号，它只会有助于促使马其顿和色雷斯居民的富裕阶层同相关国家的统治阶级达成协议，有助于对马其顿和色雷斯贫民的进一步社会奴役和民族奴役。

4. 代表大会同时强调，马其顿和色雷斯人民争取他们民族和社会解放的革命斗争，只有当它同每一个巴尔干国家革命的工人农民一起进行时，才能顺利。

5. 巴尔干的共产党和巴尔干联邦应当以全部精力支持马其顿和色

雷斯被压迫民族成立独立共和国的民族革命运动。

6. 巴尔干共产主义联盟负有联合和领导各巴尔干国家共产党在马其顿和色雷斯民族和社会问题方面的活动的使命。

二、乌克兰问题

1. 乌克兰问题是中欧一个极其重要的民族问题，它的解决是由波兰、罗马尼亚和捷克斯洛伐克以及一切毗邻国家的无产阶级革命利益所决定的。

代表大会指出，波兰、罗马尼亚和和捷克斯洛伐克的乌克兰问题是统一的乌克兰问题，需要所有这些国家的共同革命来解决。

2. 被波兰、捷克斯洛伐克和罗马尼亚吞并的地区的乌克兰居民，多半是受到极其严重的社会压迫的农民，因此，这些地区争取民族解放的斗争同反对地主资本家和官吏的斗争紧密地联系在一起，这就为这些国家农民和无产阶级在反对社会和民族压迫的统一斗争中的牢固联盟创造了坚实的基础。

3. 代表大会确定，对于捷克斯洛伐克的喀尔巴阡罗斯或者波兰的西乌克兰（加里西亚东部、沃伦、波德拉谢、沃伦的波列西耶、海乌姆地区）或者对于罗马尼亚的比萨拉比亚和布科维纳而言，自治的口号都是旨在建立乌克兰农民富裕阶层与捷克斯洛伐克、波兰和罗马尼亚的统治阶级的同盟，加强对这片土地上的农民居民的经济和民族奴役，因此应当遭到这些国家共产党的拒绝。

4. 代表大会在支持共产党提出的同罗马尼亚吞并比萨拉比亚作斗争的口号以及比萨拉比亚国家自决口号的同时，承认波兰、捷克斯洛伐克和罗马尼亚的共产党必须宣布将被帝国主义搞得四分五裂的乌克兰各州联合成为苏维埃工农共和国的口号。

代表大会确认波兰共产党和罗马尼亚共产党正在顺利贯彻这个口号。

5. 代表大会同时强调指出，在波兰、捷克斯洛伐克和罗马尼亚的乌克兰农民争取民族解放的斗争，只有在具有一个绝对必需条件下才能顺利进行，那就是乌克兰农民将自己的斗争和组织都建立在同这些国家共产党所领导的工人农民推翻资本政权的斗争结成紧密联盟的基础之上。

6. 代表大会责成波兰共产党、捷克斯洛伐克共产党和罗马尼亚共产党全力协助这些乌克兰各州的共产主义政党和组织的巩固和发展。代表大会满意地注意到这些国家在这方面所取得的成果。

7. 代表大会赞成波兰共产党第二次代表大会和西乌克兰（加里西亚）共产党第五次代表大会旨在为在西乌克兰进行共产主义宣传创造有利条件的决议，代表大会还认为，在保持波兰共产党、罗马尼亚共产党和捷克斯洛伐克共产党对西乌克兰、喀尔巴阡罗斯和布科维纳的共产党组织的严格集中的领导的情况下，为了协调行动而建立与这些组织以及同乌克兰共产党（布）之间的联系是适宜的。

8. 代表大会建议波兰共产党、捷克斯洛伐克共产党和罗马尼亚共产党在乌克兰民族革命运动、颁布号召书、组织农民代表大会等方面采取共同行动。

三、南斯拉夫问题

1. 南斯拉夫是个多民族国家。推行自己霸权的塞尔维亚资产阶级是个只占南斯拉夫全部人口39%的民族。加在一起共占人口大多数的其他民族，都或多或少受到民族压迫，对他们实行的是使之失去民族特征的政策。

2. 塞尔维亚人、克罗地亚人、斯洛文尼亚人是三个单独的民族。关于统一的塞尔维亚—克罗地亚—斯洛文尼亚民族的理论，不过是克罗地亚帝国主义的伪装而已。

3. 南斯拉夫共产党的任务，就是坚决进行反对一切形式的民族压迫、争取民族自决的斗争，支持民族解放运动，始终竭力让这些运动摆脱资产阶级的影响，使之同劳苦大众反对资产阶级和资本主义的斗争联系起来。

4. 南斯拉夫的民族问题并不是宪法问题，因此不能等同于修正维多夫丹宪法问题。它首先是受到民族压迫的居民争取他们的民族自决权的斗争的问题，其次是全南斯拉夫劳苦大众的革命斗争问题。

5. 反对民族压迫、争取民族自决权直至分离和争取工农政权的斗争，应当同反对依靠暴力的塞尔维亚资产阶级、反对君主主义和反对政治上批准维多夫丹宪法的斗争联系起来。

6. 尽管民族问题不可能通过宪法监督来解决，南斯拉夫共产党仍然应当积极参加正在进行的争取宪法监督的斗争，斗争的目的是推翻目前的塞尔维亚资产阶级的暴力制度，为被压迫民族劳苦大众尽量争取更多的保障和政治权利和自由，力争在争取建立工农政权的斗争中把劳苦大众联合起来，向群众讲明只有工农政权才能彻底解决民族问题。

7. 因为南斯拉夫存在反对一切形式的民族压迫和争取自决的群众运动，民族问题以迫切而尖锐的形式存在着，并直接触及劳动群众的利益。

有鉴于此，南斯拉夫共产党提出的民族自决权的共同口号，应当以克罗地亚、斯洛文尼亚和马其顿从南斯拉夫中分离出来并成立独立共和国的形式表现出来。

8. 对于被意大利占领的领土上的克罗地亚和斯洛文尼亚居民，意大利共产党应当按照上述同兄弟的南斯拉夫共产党相联系的口号进行宣传鼓动。

四、捷克斯洛伐克问题

1. 捷克斯洛伐克的民族关系同南斯拉夫的民族关系十分相似。代表大会指出，捷克斯洛伐克没有一个统一的捷克斯洛伐克民族，捷克斯洛伐克国家除了捷克族以外，还有以下民族：斯洛伐克族、德意志族、匈牙利族、乌克兰族和波兰族。

2. 代表大会认为，捷克斯洛伐克共产党在对待这些少数民族方面，必须宣布贯彻民族自决直至分离的权利的口号；其中包括捷克斯洛伐克共产党应当支持斯洛伐克人争取自己独立的斗争，不倦地力争使这一运动摆脱民族主义资产阶级的影响，并使之与劳动者反对资本的斗争联系起来。资产阶级和民族主义党派所提出的自治口号，旨在由本国资产阶级与捷克资产阶级联合起来奴役捷克斯洛伐克各民族的劳动居民。

3. 代表大会强调指出，捷克斯洛伐克少数民族的民族解放运动只能在一种必需条件下方可成功，那就是各民族劳动居民进行的斗争要与整个国家的工人农民推翻资本政权、争取无产阶级专政的斗争结成紧密的联盟。

五、上西里西亚问题

代表大会指出，导致上西里西亚分离的1921年全民公决，丝毫没有消除旧有的民族仇视。当资本主义剥削在彼此分裂的两个部分发展时，民族压迫也在加重。

上西里西亚是中欧至关重要的工业中心之一，由于其居民大多数为无产阶级，它仿佛是一座日益成熟的波兰革命和德国革命之间自然桥梁。

在德国的波兰劳动者和波兰的德国劳动者的充分的民族解放,只能通过推翻资本政权、建立无产阶级专政才能实现。

第五次代表大会确认,共产党在上西里西亚的德国部分取得了很大成功,德国共产党由于其果断的革命政策,在无产阶级的战斗中赢得了领导权。

第五次代表大会特别重视波兰和德国的共产党联合起来并加强在上西里西亚工作的必要性,目的是争取两国在整个上西里西亚的无产阶级。两个兄弟党应当进行反对一切形式的民族压迫的共同斗争;他们在自己的宣传鼓动中,应当考虑到德国劳动者和波兰劳动者的语言特点。

六、白俄罗斯问题

1. 白俄罗斯问题和乌克兰问题都是波兰至关重要的民族革命问题,在其解决过程中,都依靠像乌克兰问题那样的理由。

2. 代表大会注意到波兰共产党第二次代表大会对于白俄罗斯的民族问题和土地问题的意义的正确评价,注意到西白俄罗斯共产党在这方面的有力工作,西白俄罗斯共产党因此对西白俄罗斯农民已经具有了一种特别的影响。

3. 代表大会赞成波兰共产党提出的将支离破碎的白俄罗斯领土归并到苏维埃白俄罗斯工农共和国的口号。

七、立陶宛问题

1. 代表大会认为,必须在被兼并的波兰西白俄罗斯州和东立陶宛州的立陶宛劳动居民中加强共产主义工作。

2. 波兰共产党应当落实立陶宛居民自决直至从波兰国中分离出去的权利的口号。

八、马扎尔人问题

代表大会认为，必须对居住在罗马尼亚、捷克斯洛伐克和南斯拉夫吞并的土地上的马扎尔人加强共产主义工作，这些国家的共产党必须提出这些马扎尔人拥有民族自决直至从被吞并国家中分离出去的权利。

九、特兰西瓦尼亚问题和多布罗加问题

代表大会赞同罗马尼亚共产党所提出的特兰西瓦尼亚和多布罗加从罗马尼亚分离出去成为独立州的口号。

十、阿尔巴尼亚问题

对阿尔巴尼亚，因瓜分和占领该国在意大利、南斯拉夫和希腊之间存在着竞争，必须全力支持阿尔巴尼亚居民争取自己独立的斗争。

附注：就共产国际第五次代表大会关于民族问题的决定，共产国际主席团在1924年10月15日会议上，专门针对捷克斯洛伐克无产阶级斗争的特殊条件作了如下解释。

共产国际执行委员会宣言

"共产国际第五次代表大会关于民族问题的决定受到捷克斯洛伐克

共产党的敌人、资产阶级和社会改良主义政党的错误解释，如今他们千方百计地力图准备歼灭捷克斯洛伐克无产阶级政党。

因此，共产国际执行委员会根据目前捷克斯洛伐克无产阶级斗争的特殊条件，对第五次代表大会关于民族问题的决定作出如下准确的解释。

根据共产国际的意见，捷克斯洛伐克共产党应当支持少数民族反对来自占统治地位的、充当法帝国主义直接工具的捷克资产阶级的压迫。捷克斯洛伐克共产党在承认各民族的民族自决直至他们从国家中分离出去的权利的同时，应当支持少数民族'自治运动'提出的自治要求。捷克斯洛伐克共产党还应当在自己的宣传鼓动中指出，这个口号即使从彻底的资产阶级民主的角度来看也是模棱两可的。目前，各民族共和国的联邦式统一的口号倒还符合民主观点。然而既然捷克斯洛伐克共产党在自己的斗争中已经突破了资本主义制度的框框，既然它已经面临成立工农共和国联盟的直接任务，它就应当提出成立工农共和国联盟的要求，作为民族问题上无所不包的口号。这也正是共产党的口号。因为只有组织成为工农国家的自愿的国家联盟，才能为解决民族问题打下坚实的基础。"

关于国际农民委员会和共产国际的相互关系

1. 代表大会对1923年10月举行的第一次国际农民代表会议和农民国际——国际农民委员会的成立表示满意。它指出，第一次农民代表会议所通过的提纲同共产国际第二次和第四次代表大会的提纲没有任何分歧。因此，它向共产国际各支部发出指令，要求支持国际农民委员会及其在某些国家的支部在组织劳动人民与同样剥削和压迫农民和工人的现存社会制度进行斗争方面的工作。与此同时，代表大会表示相信，受剥削的雇佣工人与用自己的生产工具干活、却同样受剥削的劳动农民的战斗联盟（压迫农民的土地危机、不断增大的军事负担和新战争的危险，这些仅仅是资本主义总危机的局部表现）将迅速壮大，并在尖锐斗争的过程中将迅速导致由工农政府来取代大地主和资产阶级的政权。

2. 代表大会完全同意体现在第一次国际农民代表会议提纲中的观点，即农民若没有无产阶级的帮助和领导就无法夺取国家政权，同样，工人阶级为了战胜资产阶级和巩固自己的政权，也需要劳动农民的支持。

3. 因此，共产党人应当全力支持一切旨在改善他们的处境并因而必然导致反对统治阶级的斗争的劳动农民的任何运动。这在许多情况下将导致形成临时的或者长期的工农联盟。

4. 劳动农民的斗争，只有当它摆脱大地主和富农及其神甫代理人、政治投机人、官员等的影响时，才可能富有成效。迄今为止，大部分农民组织在思想上和组织上都由大地主和富农来领导。在这种情况下，共产党员应当参加组织农民群众的工作，并在需要时参加农民组织，以便帮助劳动农民摆脱自己阶级敌人的领导，并将自己的群众性组织变成阶级战斗组织。

5. 应当确立无产阶级组织与农民之间的密切合作。这首先是那些在地处乡村的工业企业或者大庄园中工作的那些同志的职责。工业无产者和农业无产者应当千方百计地帮助农民同大地主和资产阶级的斗争，帮助将这一斗争联合起来，对抗富农的影响，按照劳动农民的利益将斗争纳入革命的轨道。共产党应当特别注意将农业工人组织起来。

6. 在有农民政党或者其他农民政治组织的地方，同志们应当帮助劳动农民将这些组织变成劳动农民的阶级政党，并去除大地主和富农对他们的领导，哪怕因此造成分裂，因为由大地主和富裕农民领导的党派或组织，必将背叛劳动农民的利益。

7. 在劳动农民同大地主进行斗争、争取在资本主义制度框架内重新分配土地时，共产党人不应对这一斗争无动于衷，而是应当采取一切手段（群众大会、议会发言、示威游行等）予以支持。然而他们应当坚持不懈地指出，资产阶级土地改革不能认真地改善劳动农民的处境；他们应当提出一切大地主土地无偿充公并无偿分给劳动农民、并在此基础上促使广大劳动农民群众进行革命斗争的口号。共产党也应当支持劳动农民争取降低赋税、抵押贷款和租赁的支付费用等等的斗争，同时为贫苦农民提出完全废除赋税、抵押贷款和租赁无效的革命口号。

而且共产党人应当时刻强调指出，只有在完全战胜大地主和资产阶级、确立苏维埃政权之后才能完全满足农民的要求。

8. 不仅殖民地、而且首先是殖民大国的共产党应当支持殖民地农民的斗争。除了所有国家共同的要求之外，这里应当有力地支持因殖民地的特殊地位而产生的要求，例如：没收外国资本家夺取的土地，全体居民一律平等，撤走外国军队，不许派本国军队到其他国家去进行反对工人农民的斗争，完全的民族自决直至脱离帝国主义强国，等等。

9. 通常，共产党应当同国际农民委员会在某些国家的支部和组织保持经常的联系，并坚决让本国的农民组织加入其中。他们应当通过在日常斗争（罢工、佃农的斗争）中的相互支持来协调无产阶级和劳动农民的斗争，并通过结成工农联盟来加强两大被剥削阶级利益共同性的意识。如果革命斗争已经激烈展开，那么为了革命斗争的继续进行，就应当成立同城市工人苏维埃协同行动的农民委员会。只有通过共同的革命斗争，这两个阶级才能摆脱地主和资本家的桎梏。

关于合作社的作用和共产主义者—合作社工作者在当前无产阶级革命时期的任务

在合作社中的共产主义工作的三年经验证明，上次代表大会关于合作社的作用和性质，以及关于我们在合作社中的任务和策略的决议是完全正确的。因此，共产国际第五次代表大会重申了原先关于合作社工作的决议，对其中几条作了补充，并特别指出如下具体问题：

1. 在当前这个无产阶级革命时期，合作社中的**组织、教育和宣传工作**具有前所未有的意义。对物质利益的希望，也将那些尚未意识到参加一系列政党和工会的阶级斗争的必要性的工人农民吸引到合作社中来了。所以，合作社是联合工人阶级的极其重要的因素。尤其重要的是，合作社将不属于任何组织、因为没有在工厂工作的**无产阶级家庭主妇**联合起来了。

因此，在落后的工农群众中、特别是在妇女中的工作，就是合作社的至关重要的工作之一。

2. 在资本主义国家中，没有农民的协助，无产阶级不可能获胜。因此，合作社中的工人应当努力确定同农民群众的利益共同性。消费合作社和工会同农民之间的直接往来为此提供了最好的机会。这样一来就将消灭对工人农民同样进行剥削的中间人和商人。在这一工作中，必须坚持第一次国际农民代表会议通过的关于合作社问题的决议所规定的那些方法。

通过这个途径，除了因此给无产阶级斗争所带来的直接利益而外，还建立了联系，这样一来，上台执政的无产阶级就获得了对合作社运动的全面领导权，合作社运动是无产阶级国家一个重要的经济基础。

3. 对无产阶级没有敌意的小资产阶级分子参加这一工作具有重大的意义，其中有职员、手工业者、知识分子等。但经验表明，同机会主义的小资产阶级分子在合作社共事可能削弱阶级意识和加大改良主义幻想。因此，共产党人应当特别有力地在合作社中进行自己的鼓动和宣传工作。

4. 为了通过合作社实现阶级团结，必须建立合作社同工会之间更加密切的联系和合作。尤为重要的是建立同红色工会的联系，以及在国际范围内建立同工会国际的联系。在阿姆斯特丹工会国际和国际合作联合会之间的同盟已经存在的情况下，这样的接近就更加重要了。

5. 至于说到法西斯主义危险，那么共产主义合作社应当同其他工人组织结成统一战线，并且率领农民组织参加反法西斯主义的斗争。此外，必须成立自我保护组织并且准备进行武装保卫，以便预防意大利那样的合作社彻底毁灭。在法西斯主义夺取政权并领导合作社的那些国家，共产党的合作社工作者不应当推出自己的组织。他们应当继续秘密地从事自己的工作，并且在工人群众利益需要公开活动时也应当公开活动。

6. 如今，当一系列国家由"工人政府"执政时，改良主义幻想暂时增强的危险在加大。这样的幻想在合作社运动中尤其危险，因为合作社主要团结的是落后分子，合作社领导权至今仍然归机会主义分子所有。

因此，需要特别关注合作社领域反对麦克唐纳习气的斗争。

7. 新战争的危险特别大，它的灾难将超过我们在最近一次世界大战期间曾经见证的所有灾难。战争的全部重担都将压在工人的肩上。因此，合作社应当同其他劳动者组织一起，有力地进行反对日益加强的军国主义和新战争危险的斗争。在这场应当同各国共产党共同进行的斗争中，革命的合作社和国际农民委员会应当采取俄国工会和合作社代表团于1922年12月在海牙的和平大会上所确定的一切手段。

共产党人—合作社工作者应当在所有的国家进行有力的鼓动，以便让合作社联盟主动倡议召开有一切站在阶级斗争立场上的工人组织参加的新的国际代表大会，以便制定反对战争的有力措施。

8. 鉴于合作社在夺取政权前夕的巨大作用，共产国际第五次代表大会决定：

（1）全体共产党员都应当是合作社社员。他们应当在合作社内成立共产党支部，并且同其他革命分子联合成为派别。每次行动都应当在党支部内进行周密的准备，并且有计划地实施。

（2）各国共产党应当及时考虑所有同合作社工作有关的问题，而且所有党的机关都应当帮助解决这些问题。应当吸引合作社同无产阶级一起参与全部冲突，无论是政治性质的冲突还是经济性质的冲突。

（3）每个国家的共产党都应当抽调精力充沛的同志去做合作社工作。

（4）党的报刊应当给合作社问题腾出足够的版面，日报应当尽量出版合作社增刊；应当尽快着手出版和发行合作社共产主义书籍。

（5）共产国际第三、四次代表大会的决议和1923年工会国际第二次代表大会关于工会与合作社共同活动的决议，今后应当在各国贯彻执行。

关于共产党在劳动妇女中的工作问题

一、前　言

1. 世界经济和政治形势为国际无产阶级开辟了大规模、特别漫长和异常尖锐的阶级斗争前景。这一斗争的目的，是无产阶级夺取国家政权和确立无产阶级专政。国际无产阶级应当为了这一阶级斗争最大程度地集中自己的精力、力量、忘我和团结。国际无产阶级胜利的保证是，建立自下而上的统一战线，同城乡贫穷、无产阶级化的劳动分子结成同盟。

无产阶级的统一战线和继续展开的战斗路线，只有当极其广大的无产阶级劳动妇女、女工和农妇群众将要积极、忘我和团结一致地参加整个无产阶级斗争时才有可能。

反革命分子估计到妇女参加他们斗争的巨大意义。社会民主党人和其他改良主义者、法西斯主义分子和其他资产阶级党派都在竭尽全力将妇女吸引到他们那边去，利用她们来达到自己的政治目的。在这样的事实面前，共产党人应当把使广大妇女群众挣脱反革命的影响并招募她们进行共产主义斗争当作自己的迫切任务。

在目前条件下，将近东和远东的妇女吸引到国际阶级斗争中来具有特殊的意义。被压迫和被剥削的东方各族人民已经开始起来反对自己的暴君，进行争取自己的民族独立、反对任何形式的奴役和剥削的斗争。与此同时，东方的妇女也从自己的千年奴隶地位中苏醒过来，要求权利平等，要求承认自己的人格尊严。将东方妇女吸引到反帝国主义的斗争中来，就使得长期受到社会生活条件、传统、习性和宗教偏见束缚的千百万人的新的巨大的能量源源不断地注入世界革命。

无产阶级在夺取和巩固自己的政权、建立苏维埃政权之后，将要完成宏伟的任务。它应当按照共产主义原则，在经济基础和意识形态上层建筑方面改建整个社会大厦。如果没有广大妇女群众的理智而忘我的协助，这一改建无论在哪个社会生活领域都不可能进行。在苏联各共和国，必须吸引千百万劳动妇女群众参与无产阶级建设事业，借此发挥它们的能力，并提高和加强劳动生产率。

国际形势促使共产国际必须关注在劳动妇女——女无产者、农妇和小资产阶层中的工作。共产党不仅应当让妇女摆脱资产阶级的意识形态的影响，而且还要把她们变成革命无产阶级每一战斗行动的积极参与者。经验表明，当革命思想的强大力量触及到落后妇女时，她们也会在斗争中表现出勇敢和忘我精神。俄国、保加利亚和德国的革命斗争证明了这一点。

因此，第五次世界代表大会提醒共产国际的各国支部别忘了前几次代表大会关于在妇女中进行政治工作的决议。它以最坚决的形式重申了这些决议的意义，就是要通过唤醒、组织和培养广大妇女群众，来加速全世界无产阶级革命。第五次代表大会一再重申，妇女中的共产主义工作绝不是各国共产党的次要任务，它是组织和实现革命无产阶级的斗争和胜利的主要任务的重要甚至是决定性的部分。第五次世界代表大会提醒各国共产党别忘了列宁的话："只有在千百万劳动妇女参加斗争的情况下，无产阶级革命才能获得胜利。"①

---

① 列宁的原话为："没有广大劳动妇女的积极参加，就不可能有社会主义革命。"参见《列宁全集》中文第2版第35卷第180页。——编者注

二、任　务

各国共产党吸引劳动妇女参加的任务可分为三个方面：
1. 资本主义国家的妇女工作。
2. 殖民地和半殖民地的妇女工作。
3. 苏联各共和国的妇女工作。

鉴于以生产支部为基础对各国共产党进行组织改造的需要，第五次世界代表大会再三强调，在工业中心，妇女群众中的共产主义工作的中心应当转移到党发动企业中的妇女的工作上来。通过这一工作，应当根除女工群众中以为她们可以在资本主义制度的基础上借助民主摆脱贫困的出路的任何幻想。对女工群众的实际培训和组织她们积极参加无产阶级的整个经济和政治斗争，应当同政治教育和阶级自我意识的发展同时并进。而且必须将失业妇女群众吸引到这场斗争中来，并保持她们同所尽职的企业之间的联系。

工会中也应当进行提高女工的政治水平并吸引她们参加经济斗争和政治斗争的工作，无论在企业的女工还是在农村的女工中都是如此。还不能放松将家庭女仆和在家就业的女工组织到工会里的工作。首先在农业国家中，要立即有力地着手在劳动农妇中的工作。农村女工、无地农妇、前线阵亡者的遗孀、家庭女仆、农业女工等等，可以充当在劳动农妇中进行鼓动和组织的起点和支点。这项工作的开展应当同合作社运动密切联系起来，充分利用它来达到共产主义的目标。

各国共产党应当竭尽所能，粉碎资产阶级观念并加强在社会管理组织里工作的女职员、女办事员以及女教师、邮电职员中的共产主义影响。

鉴于所开展的斗争在战后时期具有长期和非常残酷的性质，将工人妻子争取到自己这边来、动员她们积极参加无产阶级革命斗争，就具有极其重大的意义。必须开展工人妻子中的工作，将她们同丈夫工作的企业联系起来。

除此之外，应当加强女共产党员在将无产阶级和小资产阶级妇女群众联合起来的住房租户协会等组织中的工作。

在劳动妇女的积极参加下将议会制用于革命的目的，可以收获很大。她们应当向议会提出要求，对议会进行监督，组织抗议游行，支持共产党派别在议会的发言，揭露所有议会以及所有资产阶级政党和改良主义政党的反革命性质。

在这方面，应当特别注意其中机会主义倾向的危险严重得多的地方自治机关，而且对直接涉及妇女群众利益的问题进行讨论。

这种情况就向共产党提出了必须让女共产党员做好参加党的不合法工作的准备：参加裁军工作、反法西斯主义斗争和直接参加战斗。

2. 在近东和远东开展工作的特殊历史条件，提出了一系列同其他国家面临的任务不同的特殊任务。

在那里，将同日常生活和宗教方面的偏见作斗争的任务被提到第一位，同时也要求采取特殊的方法，否则就无法在东方劳动妇女中进行卓有成效的共产主义工作，无法将她们变成革命事业的战士。

3. 在苏联，一项具有重大意义的任务是，吸引千百万劳动妇女参与巩固苏维埃政权、恢复经济的工作，参与一切领域的经济建设和国家建设工作，同时还要培养新一代。

三、组　织

第五次世界代表大会坚决强调指出，劳动妇女中的工作是整个党的任务。应当比过去更紧密地把这项工作同全党的工作联系起来。在党的整个活动中，在它的全部行动和战役中，应当事先估计到，为了动员劳动妇女，必须采取哪些特殊措施。为了使妇女中的共产主义工作具有鲜明的政治性质，应当以最强有力的方式吸引妇女同志参加全党的政治工作。成立妇女工作的特殊机构，目的就是要将这一党的工作联合成为一体，使之具有计划性和力量，并且向整个组织提醒它在妇女工作中肩负的职责。

第五次世界代表大会责成所有的共产党毫不迟延地贯彻如下措施：

1. 在以生产支部为基础对党的组织改革中，每个支部中应当选派女同志或者男同志，使之负责女工的动员和组织工作；在每个工会派别中也应当这样做。

共产党在妇女群众中进行工作的所有组织（工人党、合作社、租户联盟、家长委员会、战争牺牲者联盟等等）中，应当由一个固定的同志——男同志或者女同志来负责这项工作。

2. 每个共产党的中央委员会都应当关心在全党的机关刊物上定期出版妇女专页、妇女增刊等等，并在这些机关刊物上提供一定的版面来阐明同妇女密切相关的问题。只要有可能，就应当出版妇女工作的特别机关刊物。应当促进和协助创办专门面向女工的报纸。所有为党员的理论和实际培训事业服务的党的机关，都必须关注女同志的革命教育。

各党的中央委员会都应当承担为广大妇女群众出版优秀的宣传鼓动读物（小册子、快报、宣传画等等）所需的费用。

3. 在从地方委员会到中央委员会的所有领导机关，应当由一位党委委员来负责领导在劳动妇女中进行共产主义的工作。

4. 为帮助这位委员，应当成立特别委员会。每个民族党中央都应当设有妇女书记处。其中至少应有一名带酬的工作人员（同志——男性或女性）。

5. 在国际妇女委员会中应当设有特别处，它在政治和组织方面均系东方和殖民地国家综合部不可分割的部分。东方妇女工作部部长应当是国际妇女委员会委员。

落实上述措施在当前具有很大的意义，因为各国共产党均面临着这样的任务：在生产性支部基础上对党进行组织改造，根据工会工作的意义将其牢牢地纳入党的活动范围，将千百万女工、职员和其他劳动妇女从逆来顺受的资本女奴变成反对资本主义制度、资本主义经济和资本主义国家的自觉战士。

共产国际号召各支部充分履行他们在这方面所肩负的职责，认识到劳动妇女积极自觉的参加，就是确立无产阶级专政和日后的共产主义建设的必要前提。

关于青年共产国际的提纲

一、青年共产国际在第四次世界大会之后的发展总结

1. 按照共产国际第四次国际代表大会的决议，青年共产国际第三次代表大会将早在青年共产国际第二次代表大会上就已提出的"深入群众！"的口号具体化了，描述了**劳动青年群众性组织的主要组织形式、工作内容和方法**。作为至关重要的直接任务，代表大会提出了通过建立工厂支部将组织基础移至企业这一至关重要的直接任务，强调青年共产国际必须更加积极地参加斗争和参与解决共产党和工人阶级的问题，并向他们指出了反对资产阶级军国主义、反对新战争和反对正在开始的资本进攻这几项直接的具体任务。

2. 青年共产国际在过去的期间内的发展，清楚地表明所作出的决定的正确性和必要性。这些决定无疑证明是正确的，并且创造了将共青团进一步发展成为青年工人革命组织的条件。指出这一高涨特别重要，因为所谓的"社会主义青年联盟"正在趋于瓦解。共青团在继续贯彻自己的第二次和第三次国际代表大会的决议时，必将证明这一高涨并非偶然或者临时性的，而是一个业已定型的过程，它将使共青团变成劳动青年广泛的群众性运动，从而完全消灭假社会和假社会主义的青年联盟。

3. 在以下几方面已经取得重要的成果：

（1）**共青团的政治积极性**、他们对于斗争和解决工人阶级和共产

党的问题的参与程度已经大为提高。青年共产国际所坚持的政治路线是正确而良好的。在大多数情况下，共青团都是优秀的先锋战士和共产国际路线的保卫者。

（2）在以**工厂支部**为基础重组共青团方面，不仅达到了团员群众思想上重新调整，而且创造了在某些重要的联盟内对运动在新的基础上进行重组完全实现的前提。共青团和青年共产国际都是这一活动的先行者，在接受这一任务后，给共产党和共产国际提供了重要的帮助并积累了宝贵的经验。

（3）共产国际非常高兴地赞赏青年共产国际**在反对战争和帝国主义的斗争方面以及在资产阶级军队的工作中**准备牺牲的精神、主动性及其活动。青年共产国际在沦陷德国的法国占领军中以及在鲁尔州的活动，是在这方面实际而具体地进行的第一次**国际**工作。法国共青团在法国军队中的积极工作，也是向前迈出的重要一步。青年共产国际证明，这样的工作在极其复杂的情况下是可能的，而且达到了目的。

（4）也可以说，在把青年共产国际发展成为一个真正集中的、完整的、在国际上起领导作用的世界组织方面是一个巨大进步。除了至关重要的共青团数量上的增加外，共产国际首先表示欢迎**他们对广大工人青年群众的影响的不断加深，欢迎某些国家的共青团正在不断团结成为一个牢固的世界青年联盟**。

共青团在自己的这一工作中仅仅得到来自共产党的不充分的支持。在某种程度上，共青团还应当克服某些党或它们的中央委员会的强大压力，才能完成自己的任务（例如在反军国主义方面以及在瑞典，党中央的大多数都同共青团和青年共产国际进行了残酷的斗争，因为他们赞成共产国际的路线；在捷克斯洛伐克，党长期不让共青团在工人支部中开展工作；在巴尔干等等）。共产国际第三次代表大会关于共青团组织独立的决议也尚未得到贯彻执行。

4. 共青团在某些领域无法充分开展自己的活动。例如，共青团**反对资本进攻、反对经济上让年轻工人陷入贫困的斗争**，还有**共青团在工会中的活动仍太薄弱**，只有某些国家例外。教育工作也不符合因严重"年轻化"、许多新团员涌入和战斗任务的增加在这方面所提出的要求。这里，共产党支持不够也起了作用。**争取农村青年**的工作应当以特殊的方式进行，也由于它必须开展反对不久前出现的**法西斯主义青年运动**的斗争以及反对**基督教青年联盟**的斗争而具有很大的意义，但是，这项工作也同样未能在过去一个时期充分地开展起来。

5. 总的说来，上一年工作有很大的进步。青年共产国际扩大了自己的影响，能够吸引广大劳动青年阶层参加工人阶级的斗争，加强了自己的运动，使之得到巩固，并且在将共青团发展成为劳动青年的群众性组织的道路上迈出了重要的一步。同时，它在过去几个月工人阶级的激烈战斗、为真正共产主义列宁主义原则而进行的严肃斗争中，向共产国际提供了应有的帮助。此外，它还积累了共产国际及其政党在争取群众、反战斗争和资产阶级军队中的工作方面的宝贵经验。

二、青年共产国际近期的任务

6. 第五次代表大会在审查青年共产国际最近一个时期的发展结果时指出，青年共产国际第二次和第三次世界大会以及共产国际第三次代表大会的决议都是绝对正确的，并且在实践中得到证实。青年共产国际及其各支部均应按照这个精神继续自己的工作，并且在**将共产主义青年组织和整个青年共产国际变成真正列宁主义组织的道路上**立即迈出新的步伐。为青年共产国际的布尔什维克化而进行的斗争，应当成为青年共产国际的中心任务，成为它在各国共青团中的全部工作的出发点。这应当深深扎根在每个共青团员的心里。共青团的布尔什维克化，首先应当而且比此前更加有力地体现在把共青团变成同工农青年群众密切联系的青年工人的群众组织，表现在有力地继续争取大多数劳动青年的工作上。关于共青团是青年工人的唯一组织、是青年工人的领袖和青年工人广大阶层利益的捍卫者的思想，应当在劳动青年的思想中牢牢扎根。共青团应当团结起劳动青年中最优秀的部分，并在其发展和斗争过程中，消灭其他一切"社会主义青年组织"或者打着"社会"旗帜的其他青年组织。然而，共青团不仅应当争取工人青年群众，使自己的全部实际的群众工作充满着完成此项工作的意志——他们还面临着一项重要的任务，即将他们队伍中有组织的青年变成真正的年轻的列宁主义者，变成我们伟大领袖遗训的忠实保卫者。他们应当关心让每个团员都熟知列宁的学说和策略的基础，并且能够运用列宁主义的方法。列宁主义教育应当体现在共青团积极参加共产党和工人阶级的斗争、将实际群众工作和理论阐述结合起来。整个青年共产国际都应当服从列宁主义原则。它应当始终加强自己组织中的集中制、国际纪律、团结的原则，并且向群众灌输这些原则，还要灌输工人阶级是全体被压迫者的领袖的意识，带领共青团将没有什么财产的青年农民和殖民主义国家受压迫的青年吸引到国际工人阶级的战斗队伍中来。青年共产国际应当按照这个途径培养新一代青年列宁主义者。

7. 同时，共青团应当特别注意以下问题：**积极融入共产党的生活和工人阶级斗争（政治积极性），以共产党支部为基础的改组，在资产阶级军队中的积极工作以及反对迫在眉睫的战争，工会经济工作和教育工作。**

（1）政治积极性。应当予以支持，而在采取措施不足的地方予以加强。政治积极性就在于与共产党的密切联系和在共产党领导下积极参加工人阶级的整个斗争，并动员青年工人参加；以及他们积极参加解决和弄清共产党和共产国际的所有问题，参加党的生活。政治积极性并不是共青团除了其他任务之外的特殊任务，其实质就在于使共青团的全部活动饱满，使之富有活力，并且按照列宁主义去影响活动。它是青年共产国际全部任务的基础和方法。

共产党应当竭尽全力发挥政治积极性，它意味着战斗的工人阶级大大加强，意味着为自己队伍培养具有政治能力的新战士。

（2）在成立共青团工厂支部时，应当有力地继续业已开始的活动。但是，如今它们应当转而实施在新的基础上的完全重组。在即将举行的世界代表大会之前，应当进行以工厂支部为基础的完全重组，这是每个青年共产主义者都应当热心贯彻的口号。至于说到现有的趋势，那么共产国际世界代表大会指出，共青团任何时候都应当成立自己的、在组织上独立于共产党支部之外的工厂支部。这在地下生存时期能够保存力量。

（3）今后各国共青团也应有力地**在军队中开展工作和反对新战争的斗争**。这是一项由国际局势和革命前景、要求所决定的最迫切任务。在德国沦陷区和法国就可以确认的从一般的宣传到具体工作的转变，应当尽快**推广到所有国家**。共青团应当特别注意和致力于落实关于在资本主义的军队中成立支部的列宁主义口号。共青团应当竭尽全力，动员广大劳动青年群众反对新的帝国主义战争。针对社会民主党人伪善的、把人引入歧途的所谓全面罢工是反对战争唯一手段的口号，他们应当进行清醒的关于战争原因和必须防止业已爆发的帝国主义战争变成帝国主义国家的国内战争的宣传，并且在这个意义上在资产阶级军队中开展有关的革命工作。

（4）应当加强**工会—经济斗争**，在尚未开始的地方，应当在近期内立即着手进行。在捍卫青年工人的物质和文化利益方面，共青团应当从简单的宣传转为实际的斗争。为此目的，他们还应大大加强在改良主义工会中的工作，在其中起到使之革命化的作用。他们应当在所有的工会中扩大共青团派别，并且有力地进行反对任何对青年和老人的限制的斗争，特别针对以青年支部的形式表现出来的限制。这点他们是可以做到的，向工会和成年工人实际证明，共青团正在发展成为劳动青年唯一的群众组织，在整个无产阶级斗争的范围内，它应当起到而且也正在起到捍卫劳动青年利益的作用。对**红色工会**也应当如此，**共青团正在与之进行密切合作**，深知正是**这些工会**也在准备进行争取劳动青年利益的斗争。工会中的共产党人应当关心，要让工会组织中的成年工人认为共青团就是应当捍卫和代表工人阶级利益范围内劳动青年的经济利益和其他利益的组织。

（5）共青团越是将劳动青年团结在自己旗帜的周围，他们就越应该努力在这些群众中进行经常性的共产主义列宁主义的教育工作，保持同共产党和工人阶级的斗争的密切联系。一旦失去这种联系，他们就有成为陈规陋习的可能，他们的斗争和活动就可能失去主要的共产主义性质。近期进行的教育工作，首先应当是政治教育工作。它应当使青年共产党人能够接受列宁的遗产、他的创造和事业并且继承下去。共产国际和共产党支持的力度，将取决于青年国际和共青团能在多大的程度上完成这一列宁主义教育的任务。将这一支持落到实处，是共产国际最迫切的任务之一。

8. 除了共青团最近应当集中自己主要力量完成的这些任务而外，也不能忽视其他方面的任务。

争取农村青年的活动尤其重要，农村青年在大多数国家都是对无产阶级革命胜利具有决定性意义的因素。

反对敌人的斗争，**特别是反对法西斯主义、反对所谓的"社会主义者"和宗教青年联盟**的斗争，今后也应有力地进行，同时共青团应当看到自己这一斗争的目的在于必须消灭这些组织。

共青团对于来自资产阶级的镇压和过渡到非法状态的准备，也不应

当忽视。

还应当在帝国主义国家殖民地有力地开展工作，旨在将当地青年也吸引到青年共产国际中来。与此同时，青年共产国际本身的任务，是吸引殖民地半殖民地国家那些为民族解放而斗争的青年阶层，应当吸引他们参加解放国际工人阶级的斗争。

还应特别注意**儿童中的工作**，这项工作要按照共产主义教育原则进行，吸引无产阶级儿童参加他们阶级的斗争，并应当在共青团的领导之下进行。

9. 某些国家在不远的将来面临的**夺取政权的直接斗争**，应当促使青年共产国际认真研究自己在此一时期的任务。它应当认真研究德国10月获得的经验并且在青年团中进行相应的准备工作。

10. 青年共产国际及其支部能够彻底完成所有这些任务，如果共产党给予他们必要的协助的话。共产国际及其支部的支持属于共产国际和共产党最近的迫切任务。完成这一任务，就**意味着为共产主义争取了广大的青年劳动群众，将新的干部——自觉和不屈不挠的列宁主义者吸引到共产党里来。**

总体上来说，这些任务应当**吸引共青团及其团员参加共产党的政治活动、参加工人阶级的斗争**，吸引他们容易参与解决共产党和共产国际的问题。企业中的共产党支部以及工会中的共产主义派别，应当全力支持共产主义青年参加**经济战斗工作**和完成其余的任务。其次，**在军队开展工作和反对新战争**方面，青年共产国际和共产国际的支持是特别重要的、必需的。这项工作的实际进行是无产阶级革命胜利的极其重要的前提，它只有在共产党的**领导参与**下才有保障。对青年共产主义者进行列宁主义教育的迫切任务，也取决于来自共产党经常和积极的帮助。

11. 共青团应当竭尽全力确立同共产党的日益密切而牢固的联系。他们不仅应当千方百计支持共产党的日常活动，还应当在自己的队伍中正确而系统地培养未来的共产党员,并且留意让自己的成员在达到相应的年龄时成为共产党员。

共青团和青年共产国际以此来履行对共产党和共产国际的义务,并且也不辜负共产国际对他们的期望,期望他们今后也一如既往地充当共产国际的优秀先进战士,充当共产国际路线和决议的捍卫者。

关于工人阶级的体育

1. 体育几乎在各个国家都已成为群众性的现象。资产阶级将体育用于自己的阶级目的，并千方百计地支持资产阶级国家的体育运动。

在资产阶级体育组织、这些资产阶级的纯阶级组织中，还有许多工人。这些资产阶级组织的主要任务，就是为资产阶级军队培养青年，通过相应的教育工作，激起民族主义和沙文主义，利用他们作为反对无产阶级的战斗干将。法西斯主义运动善于利用这些组织作为军事掩护。

2. 同资产阶级组织和资产阶级国家的倾向相反，一系列国家成立了工人体育组织。这些组织涵盖了工人和无产阶级青年的广大群众。这些组织的相当一部分尚在改良主义者手中，他们利用这些组织，以体育中立作幌子达到自己的改良主义目的。

体育组织中在阶级意义上最自觉的分子集聚在红色体育国际周围，红色体育国际按照革命阶级斗争的原则工作。

3. 无产阶级体力的增强是革命阶级斗争的需要之一，因此共产党在同共青团和红色工会接触中，均应关注体育运动，使之为自己的革命目的服务。

共产国际第五次代表大会强调指出这个领域的工作的重要性，并向共产党提出如下任务：

（1）在尚不存在工人体育组织的国家，共产党应当促成此类组织的建立（通过在所有的资产阶级工会中成立工人反对派的办法，以便之后成立独立的工人体育组织），并且说服他们退出资产阶级的组织并加入独立的工人体育组织。

（2）在存在无产阶级体育组织的国家，共产党应当在其中成立共产主义派别，以便使之摆脱改良主义的影响，把他们争取到革命阶级斗争这边来。

（3）在现有的红色工人体育组织内，也应成立共产主义派别，以保证来自革命分子的持续影响。

所有的派别均直接归共产党领导。

（4）通过共产主义派别的工作，工人体育组织应当吸引工人参加革命斗争，并用以加强反对法西斯主义和资产阶级军国主义的斗争。

（5）由于无产阶级的共同斗争，工人体育组织具有很大的意义。它们是军事准备和军事纪律的极佳手段，因而是对革命战斗组织的真正支持，共产党应当加以利用。

（6）共产党在自己的工作中，还应当争取让小农也参加到工人体育组织中来。

4. 应当鼓励革命分子反对卢塞恩体育国际改良主义路线和支持红色体育国际的斗争。而且应当同任何分裂和成立纯共产主义组织的倾向作斗争，还要进行反对那种认为工人体育组织可以代替政治组织的观点的斗争。共产主义报刊应当腾出篇幅来报道体育，首先是工人体育。

共产党人为在国家和国际范围内保持和创立统一的工人体育运动而斗争。

第五次代表大会建议共产国际执行委员会关心国际体育运动的发展。

关于国际支援革命战士协会

共产国际第四次代表大会早在听取俄国同志倡议小组关于成立国际支援革命战士协会的情况介绍时，就确认了这一倡议的及时性及其进一步发展的必要性。从那时起，国际反革命的加强就伴之以闻所未闻的对革命工农群众的暴力。各无产阶级组织、工会、工人报刊、俱乐部和合作社等，就受到来自国际资本及其仆从——法西斯主义匪帮的不断迫害。无产阶级革命事业的最积极战士未经审判和侦查即遭到杀害。即使涉嫌对革命运动或者共产主义稍有同情者，都成千上万地被逮捕。逮捕时被捕者多数情况下都受到各种各样的侮辱和折磨。在大多数"资产阶级民主国家"，审讯时用刑已成家常便饭。监狱制度体现在对于被捕者经常性的肉体和精神上的压迫。资产阶级的诉讼程序到处都变成喜剧，甚至资产阶级法律的基础都受到破坏。

这一反革命的胡作非为，促进了国际工人阶级和劳动农民中"民主幻想"的根本消除，是巩固国际无产阶级团结的最好动因。这一国际无产阶级团结的增长，在国际支援革命战士协会的迅速发展和顺利工作中得到最好的体现。

国际支援革命战士协会系党外组织，其任务为向被监禁的革命战士、他们的家属子女以及牺牲同志的家属提供法律、道义和物质援助。国际支援革命战士协会将广大的工人、农民和小职员，不问党派属性的区别，也就是将所有深受资本剥削和民族压迫、渴望劳动战胜资本的人团结在自己的周围。

这样一来，国际支援革命战士协会在开展自己工作的过程中就成为实现统一战线策略的至关重要的工具，它以表现国际团结的具体事例，来组织一支又一支能够直接参加无产阶级革命斗争的力量。此外，还应当强调，国际支援革命战士协会、战斗的无产阶级大军的后方组织的工作全部巨大的政治重要性，在经常性的斗争中，无论是工人阶级退却时刻还是进攻时刻，这项工作都是十分必要的。国际支援革命战士协会在被囚禁的革命斗士周围营造出同志般同情的氛围，从而增强他们的朝气以及对今后斗争的决心。

共产国际第五次代表大会认为，必须进一步发展和巩固面向加入共产国际的各共产党和组织的国际支援革命战士协会，并且决定：

1. 共产党应当尽力协助国际支援革命战士协会，促进在自己国家成立国际支援革命战士协会分部，让自己的成员保证最积极地参加支援这个分部。

2. 党的报刊应在自己的文章中对国际支援革命战士协会鼓动宣传帮助革命斗士的工作予以关注。

3. 重申共产国际执行委员会关于宣布3月18日（巴黎公社日）为国际支援革命战士协会日的决定，第五次代表大会呼吁各共产党和追随共产国际的各组织都积极协助决定的顺利实施。在党的一切运动中也应当关注国际支援革命战士协会日。

第五次代表大会在总结国际支援革命战士协会所做的工作时，特别满意地指出国际支援革命战士协会组织在苏联进行的卓有成效的工作。

关于国际工人援助会

无产阶级的任何大灾难，只要不直接导致革命起义，都会在世界各国被资本家阶级用于恶化劳动者的政治和经济条件，无论它是灾祸（1923年日本地震）还是经济危机和动荡（1921年的奥地利，1923年的德国）带来的后果。

在帝国主义时代，工业高度发达，形成了工人大军，千百万无产者陷入贫穷状态。救穷不仅靠单个的工会，甚至要靠整个国家工人的齐心合力。为了提供真正的帮助，需要动员世界各国工人的经济和金融手段。

在波及各国工人、各政党、各工会的无产阶级大贫穷的日子里，准备和进行动员，大规模组织援助，都是国际工人援助会的任务。

国际工人援助会是非政治、非党派的援助工人的无产阶级组织，参加者为分属五花八门的党和工会联合会的工人和工人群体，作为协会，它需要向所有工人群众提供帮助，无论他们属于哪个党派或者工会（1921年援助遭受饥荒的俄国农民和工人，1923年援助遭遇地震灾害的日本工人和农民，1923年和1924年援助德国工人）。各个国家和各个派别的工人，都关心国际工人援助会今后的成长和巩固。

共产国际第五次代表大会在全世界工人阶级面前痛斥德国社会民主党诋毁和破坏国际工人援助会的行为，这个真正国际无产阶级团结的组织，在罢工或者人民遭遇其他困苦时向千百万德国社会民主党人提供了兄弟般的援助。共产国际满意地指出，它在1921年夏天所提出的成立一个涵盖世界范围内所有工人联合组织的工人援助组织的倡议得到了热烈的回应，尽管有这些阴谋诡计，已经有越来越多的工人，或单独或集体，甚至以整个组织的方式参加国际工人援助会。

共产国际第五次大会热烈号召全体工人及其组织以紧密的队形加入国际工人援助会，并且责成自己的党派和组织向它提供最积极的帮助。

关于俄罗斯问题的决议

胜利的十月革命，俄国共产党被俄国工人推上了执政地位，并且开始组织社会主义社会。在这一世界事件中起决定作用的，是俄国共产党的组织性，党内拥有同第二国际的机会主义斗争中成长起来的革命干部，在列宁同志领导下制定的革命的无产阶级策略。因此，俄国共产党在共产国际的创立中，以至于迄今为止，都是决定国际共产主义运动成功的一个极其重要的因素。俄国共产党的成功和它的失败，更不必说党内派别或者集团的形成，都不能不对世界其他国家的革命运动具有最重要的意义。

俄国共产党是在一个四面八方被资本主义国家包围的国家（苏联）中进行自己创建的社会主义社会的革命工作的，当时其他国家的共产党才刚刚开始进入夺取政权斗争的阶段。

新经济政策目前是俄国共产党经济工作的基础，它决定了社会主义原则增长的必然性，同时也使得资本主义关系的发展以及对国家机关和党的个别部分的资产阶级影响成为可能。为了顺利地同资本主义包围作斗争，使资产阶级影响不能为害，保证苏联沿着共产主义道路发展，来自列宁主义理论和实践的俄国共产党的革命坚定性和内部团结就必不可少。

因此，对共产国际说来，俄国共产党内部的情况就具有特殊的意义。

去年秋天俄国共产党内部发生的争论以及党内针对俄共中央大多数的反对派的形成，使得代表大会必须仔细研究这个问题，尽管俄共自己在其第十三次代表大会上一致通过决议，谴责作为小资产阶级影响结果的反对派，而且辩论之后变得更加坚强而团结。

尽管共产国际邀请俄国共产党内的反对派代表在俄国共产党代表团的同意下向代表大会叙述自己的观点并进行论证，他们却借故拒绝发言。

另一方面，代表大会也并未得到关于反对派已经承认自己的错误并完全采取俄国共产党第十三次代表大会的观点的证据。这样的状况就造成了俄国共产党内重启辩论的危险。与此同时，代表大会确认，俄共反对派得到了其他共产党（波兰共产党，法国、德国和其他共产党）内那些像俄共反对派一样体现了右倾倾向（机会主义倾向）并受到共产国际第五次代表大会严厉谴责的集团的支持。

代表大会听取了关于苏联和俄国共产党的情况的专门报告，并在自己的支部中研究了与这些问题有关的材料，决定：

1. 代表共产国际第五次代表大会批准俄国共产党第十三次党代会议和俄国共产党第十三次代表大会关于反对派的决议，这些决议谴责了反对派具有小资产阶级倾向的纲领以及他们对党的统一和苏联无产阶级专政构成威胁的行动；

2. 将第十三次代表会议和第十三次代表大会的决议附上，并作为共产国际第五次代表大会的决定予以公布。

附录

俄国共产党第十三次代表会议关于争论总结和党内小资产阶级倾向的决议

（经俄国共产党（布）第十三次代表大会批准）

1. 争论的发生

在反对派的任何发动以前很久，中央九月全会（1923年）和更早一些的我党中央政治局，就已经提出了必须活跃党的工作和加强党内工人民主制的问题。

一方面，工业高涨终止了无产阶级失去阶级性的现象，工人阶级的文化程度有了提高，工人阶级的积极性有了增长，这就为切实贯彻党内民主原则创造了更加有利的条件。另一方面，夏季的经济冲突虽然就其本身来说并没有危险性，规模也比过去的小得多，但是它却表明了有些地方的党组织同非党工人群众的联系是不够紧密的。

党中央委员会知道，在开始走上新的轨道之前，应当深思熟虑，谨慎小心，并要做认真的准备。由于意识到了这一点，党中央于1923年9月便开始在这方面进行准备工作。

达时候，一些过去的、在政策上曾经不止一次受到党的斥责的大小反对派集团，认为向党中央委员会进攻的适当时机已经到来。反对派集团估计到党内民主的问题会引起全体党员很大的注意，便决心利用这个口号来达到派别活动的目的。在俄共中央九月全会作出了决定以后，托洛茨基发表了一封信，随后又出现了46人署名的一封信。这两个文件对国内经济状况和党内状况作了一个完全不正确的、极端派别性的估计，预言共和国内将发生严重的经济危机，党内也将发生危机，并指责党中央委员会的领导是不正确的。

这两封信立刻散发到广大党员手中，同时广泛地散发到各个地区，散发到莫斯科的青年学生中间，并且很快地在全苏各地也散发开了，这样就使托洛茨基和46人的派别发动危害更大了。

有10个最大的党组织的代表参加的中央委员会和中央监察委员会十月联席全会，公正地斥责了托洛茨基和46人的发动是派别性行动，同时，中央委员会和中央监察委员会联席全会一致同意政治局在活跃党的工作和加强工人民主制问题方面的倡议。中央委员会和中央监察委员会联席全会决定：不把托洛茨基和46人所挑起的争论拿到中央委员会以外去，不宣布托洛茨基和46人的信件，也不宣布政治局的答复以及中央委员会和中央监察委员会通过的（除10票弃权外，102票对2票多数通过）斥责反对派的决议。

然而，托洛茨基和他的46个拥护者并没有服从这样有权威的党机关所通过的决议，而且继续进行一系列的活动来反对党中央委员会，这种活动开始是在莫斯科组织的广大范围内进行，后来便扩大到了全苏各地。

政治局遵照联席全会的决议，着手制定关于党内状况和工人民主制的决议。尽管托洛茨基进行了派别发动，但政治局中的多数委员仍然认为必须与他取得协议。由于政治局多数委员的长期努力，在1923年12月5日一致通过了政治局和中央监察委员会主席团关于党的建设的决议，并且公布了这个决议。

在政治局和中央监察委员会主席团制定决议时争论最厉害的问题之一，就是关于派别组织的问题。在政治局和中央监察委员会主席团制定决议时，托洛茨基开始并不反对禁止派别组织，但同时却坚持不得禁止集团活动的自由。虽然如此，但还是拟出了一个一致同意的条文，这个条文在关于派别组织的问题方面曾引用了俄共第十次代表大会的决议。

但是反对派仍旧继续进行他们的派别斗争。中央委员会和中央监察委员会大多数委员都遵守着自己作出的关于不发表某些文件的决议，忠实地执行了这个决议，而反对派却继续广泛散发他们的派别性文件。在政治局和中央监察委员会主席团一致通过的决议公布了两天之后，托洛茨基就以"新方针"为题发表了一封尽人皆知的信，这封信实际上就是一篇反对中央委员会的派别宣言。接着发表的几篇托洛茨基的文章，正如托洛茨基在党的全国代表会议开幕的那天发表的小册子（"新方针"）一样，更加暴露了他的发动的派别性质。

从托洛茨基的派别宣言发表以后，斗争就更加激烈起来。反对派在莫斯科，特别是在军队支部和高等学校支部中，掀起了我党历史上空前的反对中央委员会的运动，散布对党中央委员会不信任的气氛。在全俄各地，反对派都派出了他们的代表。斗争所采取的形式空前尖锐。反对派的核心是过去的"民主集中派"集团的成员，这个集团几年以来一直反对党的路线。参加这个核心的还有好几个在俄共第十次代表大会上根据列宁同志的建议没有连续当选的前中央委员（普列奥布拉任斯基、斯米尔诺夫、谢烈布利亚柯夫）。整个反对派联盟都由托洛茨基领导，因此在开始时这个联盟曾获得了某些声势。

2. 反对派的思想实质

从争论过程中看出，我们党的绝大多数同现在的反对派之间最重要的分歧，基本上可归纳为以下六点：

（1）以托洛茨基为首的反对派，号召破坏党机关，企图把反对国家机关中的官僚主义这个斗争重点转移到反对党机关中的"官僚主义"上去。这种不分青红皂白的批评以及直接破坏党机关威信的企图，客观上只能使国家机关摆脱党的影响，使国家机关脱离党。使国家机关脱离党的影响的倾向，还在俄共第十二次代表大会之前就在托洛茨基身上表现出来。在这次争论中，这种倾向只不过采取了另一种形式而已。

（2）反对派企图把年轻党员同党的基本干部和党中央委员会对立起来。以托洛茨基为首的反对派，不去教导青年人必须认识我们党应当向它的基本的无产阶级核心看齐，应当向产业工人党员看齐，却来证明青年学生是党的"晴雨表"。

（3）托洛茨基用转弯抹角的暗示，说我们党的基本干部已在蜕化，企图以此来破坏中央委员会（代表大会闭会期间中央委员会是全党唯一的代表机关）的威信，托洛茨基不仅企图把自己同整个中央委员会对立起来，而且还提出了一些不能不引起工人阶级广大群众的不安和全党激烈的抗议的责难。

（4）在经济问题上，反对派遭到了最大的破产，他们既不能拿出丝毫东西来充实他们对党中央委员会的责难，甚至也不打算拿出多少有点系统的有关经济问题的建议来和党的政策相对立。

在对党的经济政策的批评中，反对派中间有这样两派：一部分反对派用大量"左"的词句来反对整个新经济政策，他们发表了一些声明，这些声明说明这些同志只不过要求放弃新经济政策而回到战时共产主义，此外没有丝毫别的意思。另一部分势力大得多的反对派则恰恰相反，他们责备中央委员会对外国资本迎合不够，对帝国主义列强让步不够等等。这部分反对派（拉狄克）直截了当地要求修改党因参加热那亚会议而规定的那些条件，要求对国际帝国主义作重大的经济上的让步，以便加强同外国资本的业务上的联系。党毫不犹疑地否定了这两种错误论调。

（5）在对党纪的意义的看法上，各种各样的反对派都暴露出了完全非布尔什维主义的观点。许多反对派代表的发动，都是不能容忍地违反了党纪的，使人想起列宁同志曾不得不同组织问题上的"知识分子的无政府主义"作斗争和捍卫党内无产阶级纪律的原则时的情形。

（6）反对派公然违背了俄共第十次代表大会通过的禁止在党内成立派别组织的决定。布尔什维克的观点认为党是一个团结一致的整体，而反对派则以自己的观点代替布尔什维克的观点，他们认为，党是各种各样的流派和派别组织的总和。根据反对派的"新"观点，这些流派、派别组织和集团在党内应当有平等的权利，而党的中央委员会与其说应当是党的领导者，不如说应当是各个流派和集团之间的单纯的登记人和中介人。对党的这种观点是和列宁主义毫无共同之处的。反对派的派别活动对国家机关的统一不能不是一种威胁。反对派的派别发动已使党的一切敌人（包括西欧资产阶级在内）妄想俄国共产党队伍分裂的这种念头死灰复燃。这些派别发动又在党的面前极其尖锐地提出了一个问题：掌握政权的俄国共产党能不能容许在党内成立派别集团。

党的全国代表会议总结了这些分歧，并分析了反对派代表人物的发动的全部性质，得出一个结论：在我们面前的现在这个反对派不仅企图修正布尔什维主义，不仅公然背离列宁主义，而且具有十分明显的小资产阶级倾向。丝毫不容怀疑，这个反对派客观地反映着小资产阶级向无产阶级政党的立场和政策的进攻。党内民主原则已经开始被任意地在党的范围以外加以解释，其用意就是要削弱无产阶级专政和扩大新的资产阶级的政治权利。

体现着无产阶级专政的俄国共产党在国内享有唯一的合法地位，在这种情况下，一些最不坚定的共产党员有时会受非无产阶级思想的影响，这是不可避免的。全党应当看到这种危险，并密切注意保护党的无产阶级路线。

我们全党必须进行经常而坚毅的斗争去反对这种小资产阶级倾向。

3. 争论的良好结果

广大的非党工人群众和一部分劳动农民的积极性和文化程度的提高，是在党的正确政策下会给革命事业带来极大好处的新因素。为了能够完全胜任职务，为了能够领导这些积极参加社会主义建设的广大工人群众和贫穷的农民群众，党本身就应当尽一切努力使党内生活活跃起来，积极起来。从这个意义上来讲，尽管反对派表现了小资产阶级倾向，争论还是给党带来了很大好处。

反对派的小资产阶级错误被党迅速而坚决地纠正了。在党内刚刚开始争论时俄共各个最大的无产阶级组织就纷纷起来严厉批评反对派的小资产阶级的动摇，并表示拥护中央委员会的路线。像过去一样，特别是在党内发生原则性争论的时候，第一个起来表示态度的就是最老的布尔什维克工人组织——俄共彼得格勒组织。共和国联盟的几十个最大的无产阶级组织都完全赞同彼得格勒组织的那封信。莫斯科省代表会议以绝大多数票通过的决议非常坚决地斥责了反对派。到党的全国代表会议召开时，全党的绝对多数一致斥责了小资产阶级倾向。

争论的结果，党的基本核心更加团结一致了。全共和国联盟的工人支部都毫不犹豫地立刻对反对派的错误给予了坚决的反击。第一次遇到党内尖锐争论的年轻党员，也通过这次生动的实例看到了什么是真正的布尔什维主义。共青团中最接近工厂生活的共产主义青年们毫不犹豫地支持了党的基本路线。高等学校中有一部分青年学生动摇，这是暂时的现象。只要党进行适当的解释工作，这些动摇现象很快就会消除。

全体党员的积极性和觉悟程度都提高了。一些重大的经济问题和党的问题有了新的提法，党在最近期间就要着手来研究这些问题。

全党要求保证党的统一的愿望表现得极其明显。任何可能造成分裂威胁的细小迹象无论是过去和现在都引起了全体党员的最严重和最激烈的抗议。党一定会从政治上消灭任何企图危害党的队伍的统一的人。党的统一比过去任何时候都更有保障了。

4. 实际结论

党的全国代表会议考虑到党内全部实际情况，认为必须：

（1）尽一切努力增加党内无产阶级核心的数量及其在党的全部政策中的比重。在最近一年中，必须加强吸收产业工人入党，从基本无产者中间至少吸收10万个新党员参加俄共党的队伍。为此就必须尽量使工人便于入党。同时在这个期间应当完全停止吸收一切非无产阶级分子入党。在党内必须进行系统的宣传，使全党向党的基本工人核心看齐。

（2）为了更好地巩固党与非党工人之间的联系，必须做到不是口头上、而是实际上使非党工人在所有苏维埃和所有苏维埃机关中有相当数量的代表。党中央委员会应当极其严格地监督这一决定的贯彻，坚决要求那些违反这一决定的地方组织遵守纪律。

（3）各级党组织应当对这一次争论中在党的路线问题上多少有过动摇的支部进行特别关切的解释工作。解释，解释，再解释——这首先是党的基本干部的主要任务。

（4）应当特别注意在青年中进行解释工作。在物资不足的情况下，党宁可使学生的名额少一些，但是应当改善学生的物质生活状况并提高高等学校中的工作质量。必须采取专门措施来保证党对青年工作的正确领导。党不能容许对青年的阿谀奉承，但也不应当容许呵斥和官僚主义地监护的做法。只有耐心地进行列宁主义基础的解释工作，才是达到目的的唯一可行的办法。

（5）应该认真研究俄共党史，首先是研究布尔什维主义同孟什维主义进行斗争的基本事实，研究各个派别组织和流派在斗争中所起的作用，特别是研究那些企图"调和"布尔什维主义和孟什维主义的折中主义派别组织所起的作用，这是首要任务之一。党中央委员会应当采取一系列的措施，把出版适用的俄共党史教科书的工作提到应有的高度，并使党史在所有党校、高等学校、学习小组等学习组织中成为必修的课程。

（6）必须依照各个最大的无产阶级组织的榜样，在我们所有组织中成立列宁主义研究小组，首先以《列宁全集》为基本读物，并保证对这些小组进行应有的领导。

（7）必须以适当的人力加强党的中央机关报（《真理报》），使它能系统地阐明布尔什维主义原理和反对一切脱离布尔什维主义的倾向。

（8）把目前在《真理报》上进行的争论转移到《真理报》的"争论专页"上去。

（9）党内讨论的自由绝不是破坏党纪的自由。无论在任何地方，如有人企图动摇党纪，党中央委员会及各个地方党的中心组织应当立即采取最严厉的措施，来维护布尔什维主义的铁的纪律。

（10）对于散播谣言和散发禁止传播的文件的行为，以及对于染有小资产阶级情绪的无原则集团惯用的类似手法，应当采取坚决的措施，直到开除出党。

（11）必须做好关于中央委员会活动和一般党内生活的通报工作。为此中央全会会议的速记记录应当发给中央委员会和中央监察委员会的全体委员和候补委员，同时发给各区域委员会和省委员会。在《真理报》、《中央通报》以及中央和地方的其他报纸上，应当广泛增辟党的生活栏。在党中央委员会之下应当设立一个专门的情报部。

（12）应当特别注意在军队中进行正确而健全的党的工作。如果有人企图在红军队伍中进行派别组织"工作"，党应当给予特别严厉的惩处。

（13）代表会议认为，再一次表示完全无条件地赞同俄共第十次代表大会禁止派别集团的决议是完全适宜的。代表会议认为，必须建议俄共第十三次代表大会以党的最高机关的名义确认这项决议。

（14）代表会议建议中央委员会公布至今尚未公布的俄共第十次代表大会根据列宁同志的建议通过的关于统一的决议的第7条，这一条规定：任何一个中央委员，如果违反党纪或"进行派别活动"，中央委员会和中央监察委员会联席会议有权以三分之二的票数通过将他降为候补中央委员，或者甚至开除出党。

（15）代表会议不能忽视最近一次莫斯科省代表会议所通过的决议，这次代表会议通知全党说，在莫斯科已经形成了一个破坏党的统一的派别集团。代表会议认为，党中央委员会和中央监察委员会应立即采取最坚决的措施，直到开除出党去对付那些企图在苏联的主要政治中心分裂党的队伍的人。

代表会议认为，到目前为止全国性争论的问题已经结束，号召各级党组织转入经常工作。作为无产阶级专政的领导党的俄共的牢固的统一，是无产阶级革命进一步取得胜利的基本前提。党的统一是无产阶级先锋队的基本财富。必须像保护眼珠一样地保护俄共的统一。党的全国代表会议确信，争论结果表明了全党越来越紧密地团结在党中央委员会周围，中央委员会将坚定地保护这种统一。

关于波兰问题的决议

委员会在了解所提供的材料并听取关于波兰共产党党内状况问题的讨论之后，确认：

一、政治上由瓦尔斯基、科斯切娃和瓦列茨基集团领导的波兰共产党中央委员会尽管自己口头上多么革命，却不能在实际上贯彻共产国际的路线。他们所执行的降低了党的革命战斗能力的政策，体现了将自己的立场强加给党的中央领导集团的机会主义传统和技巧。

二、这些同志利用其对于非法党的特殊地位，作为党国际政治问题方面的唯一信息提供者，在有关共产国际策略路线方面将党引入歧途，以便将党变成共产国际、其中包括俄共和德共中的右倾分子的工具。他们尤其对党隐瞒俄共的真实情况以及自己有利于俄国反对派的活动，尽管他们知道这个问题对于国际工人运动有着极端的重要性。

委员会考虑到波兰共产党内现状的危机性以及上述领导集团在这件事情上所起的无法容忍的作用，认为必须：

1. 由共产国际执行委员会向波兰共产党发出公开信，指出党所犯的错误，并指出党为了保证其队伍的精诚团结应当走的道路。

2. 召开波兰共产党非常代表会议（不得晚于未来三个月之后），以便根据共产国际决定的精神完成波兰共产党的例行任务，并进行改选。

3. 从中央委员会中选出由五位同志组成的委员会，责成他们召开非常代表会议并在代表会议之前负责全党的领导工作。

4. 委员会承认取消波兰共产党党章中的那一条是适宜的，该条赋予中央委员在代表会议上的表决权。

5. 由共产国际执行委员会任命自己驻波兰共产党的代表。

6. 取消中央委员会针对4名签署讨论提纲的同志所作的决定。

意大利共产党行动纲领

政治局势

意大利政治局势的特点,是法西斯主义日复一日的衰落和工人阶级的觉醒。

马泰奥蒂被刺所引起的尖锐的政治危机,只是暴露了已经对法西斯主义造成损害的内部危机,并且加速了其瓦解的过程。

意大利的法西斯主义是小资产阶级最有活力和积极部分的武装运动,他们希望1919—1920年由于工人运动瓦解形成的局势会朝着对自己和资本主义有利的方向发展。法西斯主义运动从一开始,就受到国家和大工业资产阶级和农业资产阶级的公开支持。如今法西斯主义的危机,是由于它未能在夺取政权后将各部分资产阶级完全团结在自己周围;它仅仅将资产阶级最具寄生性的阶层集中在一起,并且采用了最无耻的牺牲中产阶级、为了工业资产阶级和土地资产阶级的利益的资本主义恢复纲领。这样一来,法西斯主义的社会基础便逐渐坍塌,它越来越多地采用在国内陷于孤立的武装力量的形式。因此,资产阶级提出了如下问题:是变革迄今为止使用的公开压迫的方法、同时保留自己专政的反无产阶级实质呢,还是寻找新的社会基础,靠近大部分中产阶级都支持的宪法反对派集团。法西斯主义机关对这一改造的反抗、社会舆论反法西斯主义的动员以及部分中产阶级和农民对法西斯主义的敌对态度,所有这些因素可能妨碍资产阶级借助退缩自救,不会因此开始深刻和决定性的政治危机。

选举结果、工厂委员会的选举、罢工以及最近几周的工人示威，是无产阶级阶级意识觉醒、战斗力、左倾的明显征兆。

前景和总策略

当前经历的危机可能以墨索里尼政府暂时巩固而告结束，不过现在就已经很清楚，法西斯主义正在瓦解，它作为最初掌权的资产阶级的恐怖主义的工具已不复存在。不排除法西斯主义新的进攻性和恐怖性浪潮的可能性，但那样一来，只会使目前危机引起的矛盾加剧，并加速破产。意大利资产阶级将力图解决政权问题，要么通过法西斯主义向较为民主的形式演化，要么通过墨索里尼同资产阶级和改良主义反对派妥协，这种妥协依靠的是进入法西斯主义政府的改良主义者。但无论他选择哪条道路，改革或者消灭法西斯主义的政治危机都会向无产阶级提出政权的问题。

法西斯主义将要瓦解的速度以及它执政的继任者问题，在很大程度上取决于意大利共产党的策略和积极性，取决于它随机应变以及将工农大众聚集在自己周围进行斗争的能力。

党的活动应当遵循如下目标：

1. 打败法西斯主义；
2. 在党危机期间将宪政反对派和改良主义者清除出去；
3. 将工农大众集合到自己周围，进行夺取政权的阶级行动。

这只有在理智而灵活地运用共产国际列宁主义策略的情况下才能做到：争取工人阶级大多数，统一战线和借助作为动员群众方式的工农政府口号，利用部分迫切要求，利用资产阶级的内部矛盾、主要是大资产阶级和小资产阶级之间的矛盾。

反对法西斯主义的特殊策略

党的任务在于把群众团结起来同法西斯主义作斗争，将不满和失望的无产阶级和小资产阶级阶层从法西斯主义影响下解救出来，加强和发展法西斯主义者中间的矛盾和内部冲突。

为此目的，党在失望的法西斯主义者中间开展思想进攻。向小资产阶级表明法西斯主义是牺牲他们去捍卫大资本的利益，只有无产阶级专政才能满足他们的利益。

党将在组织在法西斯工会里的工厂和其他企业的工人中开展工作，为的是将他们的组织吸引到经济斗争、罢工、游行示威中来，在法西斯主义运动中心深化针对资产阶级的阶级对抗。

党应当在群众中推广最简单的鼓动口号，诸如：刽子手政府下台，裁军和解散法西斯警察；审判墨索里尼；把主要从工人中选拔的人民警察武装起来。

党应当利用宪法反对派所提供的一切机会，以便向群众表明，为资产阶级特殊利益服务的宪法反对派口号的局限性，并从而推动群众去捍卫自己的阶级利益。

党应当利用目前政治危机引发的群众运动，并在已有的工厂委员会的基础上成立工厂理事会，将其变成贯彻自己口号的鼓动中心，将准备进行阶级斗争的各个党派的工人集中在工厂理事会的周围。

宪法反对派

在当前危机时期，共产党利用宪法反对派在削弱和打败法西斯主义事业中的一切步骤，但是不应当满足于在反对派集团中的极左角色；它应当力求成为在其周围创建阶级反对派的主要核心。

为了揭露自己反对派中的阶级对抗并向工人说明共产党应当具有自己的任务，它应当不顾一切。与此同时，党应当发展和加强自己在工厂中的工作，以便以自己的口号吸引工人，并且从而迫使宪法反对派积极行动起来或者丢掉用以掩饰其与法西斯主义合谋的面具。

在整个这项工作中，党决不应当失去行动自由和批评的权利，但是它也不应当为了捍卫独立性疏远进行反法西斯斗争的广大群众，并从而丧失引领他们和领导他们的机会。它应当学会在许多礁石中间随机应变，以便同群众保持密切接触。

它应当提出自己的口号，仔细地考虑到工厂工人的战斗能力，视群众的觉悟和准备程度加以运用。在提出战斗口号之前，它应当通过工厂支部网确信战斗口号会得到理解和接受，工人阶级的重要部分会跟着这个口号走。

无产阶级政党

共产党应当对其他无产阶级政党继续执行统一战线策略，竭力在无产阶级阶级利益的立场上把跟着它走的群众联合起来。在运用党的统一战线策略时，党不应当仅仅局限于对其他无产阶级政党的上层发表呼吁书，在我们的报刊发表公开信。在向领导机关呼吁或者在此之前，共产党应当在基层——在工厂、企业等处开展广泛的活动，利用全体党员，以便让他们的建议在他们的领袖讨论和拒绝之前，就先让工人社会主义者和主张一元集权制者接受。只有这样，统一战线策略才能帮助我们摆脱改良主义领袖的影响。

意大利社会主义党

　　至于为共产主义争取最高纲领派的工人群众，以及如果可能的话，为共产国际争取党的大多数，那么，第五次世界大会认为，南尼-韦拉及其一伙对6月23日扩大全会建议的答复并不符合最高纲领派工人群众的意志，最高纲领派的工人群众总是表示自己希望加入共产国际，却没有采取任何反对领导机关的明确步骤，从而承担了反对第三国际的责任。意大利社会主义党领导人就在共产国际降低了该党加入共产国际的条件时，中止了同共产国际的谈判；他们拒绝召开代表大会，党本可以在代表大会上就这个问题陈述自己的意见，甚至在面临党的分裂和解体时也不退却，把三个国际主义分子派别开除出党，以此证明他们是共产主义和意大利社会主义党本身的敌人。意大利社会主义党领导机关的整个政策，无论在政治领域还是在职业领域，都明显地受到同左倾资产阶级合作的改良主义政策的影响。从此刻起，共产国际认为已无任何可能同这样的中央和整个党进行谈判，除非它停止坚持反革命的政治路线。然而，考虑到最高纲领派的劳动群众尚不能亲自对共产国际的建议作出答复，第五次代表大会现在仍然认为自己6月23日的条件在最近的党代表大会之前仍然具有效力，条件是：工人社会主义者赶走自己目前的反革命领袖，完全改变党的政策，准备接受这些条件。

　　共产党在对意大利社会主义党运用统一战线策略时，将竭力支持意大利社会主义党左翼反对中央委员会和目前政策、争取加入共产国际的斗争。

工会问题

在意大利工人运动的当前条件下，共产党应当主要致力于恢复工人运动的意义和力量：

1. 责成本党的全体党员加入工会组织并在其中积极工作。
2. 提出让群众回到工会组织的口号。
3. 极力吸引最高纲领派的工人及其基层工会结成革命联盟，以便使工会摆脱鼓吹与资产阶级合作的改良主义者领导层的影响。
4. 捍卫工人有组织并进行反对法西斯工会垄断斗争的权利和自由。
5. 党也应当以阶级斗争的精神重新恢复和开展内部工厂委员会的活动，将工厂工人团结在它们的周围。随着这一任务的完成，共产党即可通过这些内部委员会贯彻自己的政治口号，全力促进这些委员会发展成为工厂委员会，并将其联合成为全国的网络。召开哪怕是局部性的工厂代表会议、至少在最大的中心召开也很有好处。
6. 共产党应当反对消灭工人议院并代之以劳动总联盟书记处，并应进行争取改造工会的有力斗争，提出生产联合体的口号。
7. 共产党应当捍卫工会团结的原则，并恢复争取团结和争取必须让所有已经脱离的少数加入劳动总联盟的行列。
8. 工会中的共产主义党团网络应当充分恢复并同群众保持密切联系。这些党团应当成为有组织的无产阶级的共产主义支部。

农民和其他阶层

共产党在其反法西斯主义斗争中应当特别注意在农民中的宣传，主要是在南部，他们始终是法西斯主义的敌人；共产党应当努力将他们的利益和斗争同北方工业无产阶级的斗争联系起来。党为此目的成立农业分部。它还要努力吸引人民党和农民党中的农民群众。

共产党将捍卫原战争参加者的特殊要求，捍卫残废军人等的要求，赢得他们的信任。

它应当消灭无产阶级联盟，并吸引其成员参加全国联合会。

共产党也不应轻视殖民地的工作；它应当捍卫当地人完全独立的权利并支持他们的行动。

青年组织

青年团开始了对工人青年群众的工作，这些人处于法西斯主义和未受到革命宣传触动的中性阶层的影响之下。共产党应当全力支持青年团的工作，使之成为群众组织。

考虑到青年的革命意义，青年团应当特别注意教育和动员工农青年反对法西斯主义，同时也不要陷入原先的错误，也就是不仅仅局限于军事工作，不对经济、政治和文化任务造成损害。

青年团应当参加党代表大会前的讨论，以便在党的帮助下贯彻共产国际的共同路线。

组织问题

为了同群众保持直接联系，随时了解他们的思想状况和在他们中间开展工作，党应当毫不迟疑地着手在生产支部的基础上重建自己的组织。

它应当力争增加自己成员的人数，并且同对立的倾向进行有力的斗争，如同对反革命的斗争一样。

同国际主义者党团的合并应当立即有效地进行。它应当广泛用来展示对共产党的向往，向无产者证明，工人团结只能在共产党中实现，同时还要用以削弱意大利社会主义党在工人群众中的影响。

凡是准备实行共产国际策略并在思想上和组织上同反马克思主义的极右和极左修正主义进行斗争、让党的绝大多数都转向共产国际纲领的同志，都应当参加共产党中央委员会。

不仅在外省机关，而且在党中央，不仅在咨议机关，而且在执行机关，都必须努力同所谓的"左派"（博尔迪加集团）合作，因为他们中间有这样的分子，一旦同党的全部生活紧密接触，就会坚信共产国际的策略最符合意大利的情况。然而，如果这些同志利用他们所占据的岗位来进行反对共产国际策略的斗争，或者为了让党摆脱这一策略，那就应该由同意在党内执行共产国际策略的同志来取而代之。

党代表大会将在第五次国际代表大会闭幕的六个月之后举行。

鉴于即将举行代表大会，党的内部辩论将在每周的党机关进行。辩论主要应当涉及党的目前任务，并且根据共产国际的决定和策略在中央委员会进行，就是说没有党中央的答复，不得刊登任何一篇反对共产国际策略或者包含教条主义倾向的文章。

中央委员会应当严格控制报刊和议会活动，集中和指导他们的工作，并且严厉镇压任何违反纪律的行为，无论违纪者的身份如何。

党将出版内部公报，将国际工人援助会变成群众组织，并且特别注意工人侨民的侨居和组织，力求让侨民回到意大利运动中来。

中央委员会应当成为讨论一切政治问题以及党的内部问题的机关。必须成立由工人成员组成的监督委员会，以便审议和决定最复杂和严重的违反纪律以及违反党章的情形。

关于瑞典问题的决议

1. 瑞典共产党内分歧的根源在于这种情况：党中央右翼未充分贯彻共产国际的各种决定，要不就是反其道而行之，然而党的左翼和青年共产主义联盟则坚定地无条件地遵循共产国际的指示。这也反映在关于共产国际中央集权制的问题上。根据此次世界大会极其强调共产国际今后发展成为统一的世界性政党的任务的共同决议，瑞典共产党也不仅应当毫无条件地遵守共产国际的决议，而且应当以自己的全部精力和力量促进这一任务的完成。

2. 考虑到已经发生的情况，即霍格伦或者瑞典共产党中央机关以其公开声明刁难挪威共产党人反对伪装的社会叛徒（利安及其一伙）的斗争或者刁难丹麦共产党人在军事问题上反对明显的社会叛徒（斯陶宁格）的斗争，我们最严肃地强调指出，瑞典共产党应当团结一致，不倦地在各方面支持斯堪的纳维亚兄弟党反对他们敌人的斗争。

3. 最近几个月，瑞典共产党中央委员会经常花费时间去讨论次要的有争论的问题（关于替代某个编辑职务等等），这些问题仅仅从侧面反映了当前的政治分歧。

这样的情况也不能容忍，即党的中央委员会长期以来以其形式上的权利来同最大几个党组织的意见相对抗。

不言而喻，右翼和左翼之间的一切真正重要的分歧均应在最近由党的代表大会予以解决。然而，由于瑞典共产党一些党组织（其中包括某个派别的代表）都坚持这样的意见，即由党中央委员会的大多数确定的党的代表大会只应当在瑞典议会选举之后的7月20日举行，事先无须征得执行委员会的同意，党代表大会要讨论除内部冲突问题（这使党的选举运动大受损害）外的所有问题。党代表大会代表的选举，则应当在客观地确定选区、对各党组织选举权没有任何特殊的限制的情况下进行。所有成员均应事先确定自己对第五次世界代表大会的态度。

4. 党代表大会的任务是：以自身的威信确保党的绝对团结，使敌对的两人的真诚合作成为可能。企图以达到"党中央的团结"的名义将另一方的代表完全排挤出中央委员会的任何要求，都将遭到共产国际的坚决否定。

直至下一次党代表大会之前，党中央都应当将自己的主要注意力集中到反对资产阶级和社会民主党的斗争上。纪律处分或撤职眼下是完全不能允许的。为了避免党内的形势激化、给共产党人的竞选阵线的团结造成损失，建议党的中央委员会不要对各行政区（地区）确定的候选人名单进行更改。如果中央委员会出于特别重要的原因对其作出某些更改，务必要取得执行委员会的同意后再这样做。不言而喻，共产党人的议会党团的一切活动都应当服从于党的中央委员会。

5. 世界代表大会所通过的各共产党布尔什维克化的口号，使瑞典党有义务大大增强自身在共产主义工作各个方面的积极性，首先是完成以下各项任务：

（1）大力进行反对社会民主党的斗争，不仅在报刊上、议会中和群众大会上，而且在群众示威游行中和比较持久的群众抗议行动中都这样做，目前共产党应当根据现有的迫切问题主动地较以往更加频繁地组织这类抗议行动。正确运用统一战线的策略，恰恰要求以这种对群众的动员作为前提条件。

（2）共产党人要在统一的领导下大力参与正在发生的涉及劳动条件和工会计划活动的各种争端，目的是将反对派人士结成一个针对改良主义头子们的统一联盟。

（3）进一步发展组织，首先是根据世界代表大会所批准的执行委员会的指示，通过组建生产支部进行发展，以之作为整个党组织的基础。

（4）与青年团建立真正同志式的密切合作关系并支持其工作。

（5）既在党内也在党外开展反对和平主义的毫不含糊的宣传。与党内的各种小资产阶级思想和机会主义倾向的残余进行斗争；有计划地向党员介绍列宁主义的原理。

为了帮助完成这些最迫切的任务，执行委员会向瑞典共产党派出一名代表，责成他与该党一道工作，贯彻执行本决议，筹备党的代表大会。此外，中央委员会应当立即制定出具体的行动纲领。应定期向执行委员会汇报中央委员会为实现行动纲领所采取的各种措施。

为了更细致地阐释本决议，执行委员会将立即向瑞典党的党员发出一封公开信。

共产国际号召兄弟的瑞典党将自身的各种力量团结成一个整体，以便在第五次世界代表大会所通过的各项决议的坚实基础上，胜利地进行反对无产阶级的敌人的斗争，成为一个强大的共产党。

关于挪威问题的决议

　　挪威工人党现任领导人的反共产主义立场，阻碍了该党站到共产国际一边。第五次世界代表大会知悉，该党内有一些忠诚的无产阶级革命分子，他们愿意并应当加入共产国际。

　　第五次世界代表大会责成执行委员会采取各种措施，将该党的真正的无产阶级革命分子吸收进共产国际的队伍。

关于冰岛问题的决议

冰岛的资本主义仅仅在20世纪初才开始发展。将近半数居民所从事的贸易和渔业至今已经形成巨大的资本主义规模。由于捕鱼环境的变化无常和鱼价的下跌，渔民们的状况变得十分艰难。少部分居民为手工业者，其余的居民则从事农业。将近60%的农民都是独立的农户。农民中的合作社运动发展相当迅猛。与合作社运动联系紧密，受到大、中农户支持的农民党在国内享有巨大的威望。

冰岛的工人运动主要依靠的是从事渔业的那部分无产阶级。国内只有一个建立在工会集体会员资格基础上的工人政党。加入该党的最大工会是：海员联合会、渔民和港口工作联合会、女工联合会。此外，追随该党的还有两个政治组织：一个是社会主义组织，一个是共产主义的，或者像它给第五次世界代表大会的报告中所自称的，是一个"半共产主义的"组织。

工人党的党员总数为4000人。中央委员会由5名社会民主党人和4名同情共产党人的反对派代表组成。党在雷克雅未克出版一张不大的日报，此外在外省还有两家周报。尽管在最近的一次选举上该党赢得了全部选票的25%，但它却只获得了议会内42个席位中的一席。

为了保持党的团结（反对派在中央委员会内有4名代表），缔结了一项协议：两派不得公开地相互反对。赞成反对派观点的周报主编应当放弃这一职务，但转而被任命为党的宣传鼓动员。

冰岛存在着追随青年共产国际的共产主义青年运动。冰岛共青团与反对派团结一致开展工作，支持反对派争取控制全党的斗争。为了在冰岛造就革命的工人运动，首先必须让反对派开展对改良主义的半资产阶级的或者社会民主主义的领导人们的坚决斗争，而为了确保对整个冰岛工人运动进行正直统一的革命领导、为了共产党的发展，已经存在的反对派组织应当建立在坚定的共产主义原则的基础之上，要求共产党人在全党内部享有宣传、鼓动和批评的充分自由。

反对派应当在所有最为重要的企业中建立工厂支部。在工会和合作社运动内部，必须无条件地建立处于反对派领导之下的共产党（反对派与企图分裂工会的各种倾向进行斗争）。

反对派应当与斯堪的纳维亚共产党联盟密切合作。反对派应当在党内宣传与斯堪的纳维亚共产党联盟建立联系，以取代整个工人党现任领导人们与丹麦社会叛徒们及其政党的密切关系。

关于刊发马克思和恩格斯的文章和书信全集的决议

共产国际第五次代表大会欢迎俄国共产党第八次代表大会关于尽快刊发加有历史评论性注释的马克思、恩格斯文章和书信全集的决定。只有详尽的版本才足资纪念科学共产主义奠基人的工作和活动,才能作为全面研究革命马克思主义的历史、理论和实践的基础。

世界代表大会认为,除了这个国际性的版本之外,还需要在共产国际的监督下为某些国家的无产阶级刊印**马克思和恩格斯的文选**。

除了具有国际意义的最重要的马克思、恩格斯著作之外,每一种这样的版本都就应当收录分析研究上述国家的无产阶级倍感兴趣的问题的那些著作。

大会敦请加入共产国际的各党及其党员,在收集有关马克思和恩格斯的生活和著作的材料过程中,尽可能对苏联全俄中央执行委员会所属的马克思、恩格斯研究所提供协助。只有通过各兄弟共产党积极的共同工作,才有可能完成如此重要的任务:刊行马克思、恩格斯的文章和书信全集,并为联系19世纪的社会主义和工人运动历史撰写他们的科学的传记所需用的各种材料做好准备。

受代表大会委托、经执行委员会扩大会议批准的苏瓦林事件委员会的决议

听取了法国代表团许多同志和鲍里斯·苏瓦林同志的证词，认真分析了与指控苏瓦林同志违反纪律的种种行为有关的全部材料之后，委员会一致确认：

1. 苏瓦林同志作出了许多违反纪律的极为严重的行为，计有：

（1）在《共产主义通报》上发表声明；

（2）向《共产主义通报》订户发出包含有攻击党的中央委员会内容的信件；

（3）在党的上级领导不知情的情况下，擅自发表托洛茨基同志的小册子《新世界》的译文，其序言集中反对党、反对共产国际。

2. 所有这些行为都证明，苏瓦林同志受到小资产阶级倾向的影响，将个人的自尊心问题置于党的利益之上。

3. 一个负有特别责任的党的干部的此类做法，给法国共产党的队伍造成了很大的混乱，对党的纪律本身造成了威胁。

4. 苏瓦林同志所作的辩解，根本未能减弱他在许多个月期间一再采取的那些行动的真实性和严重性，而且这些辩解本身便具有事件期间决定他的整个行为性质的那种小资产阶级倾向的特征，这些事件令全党深感不安。

根据以上所述，本委员会向共产国际执行委员会建议：

1. 满足出席共产国际第五次代表大会的法国共产党代表团所提出

的关于开除苏瓦林同志的要求。

2. 授权共产国际法国支部向共产国际第六次代表大会提议将苏瓦林重新接收入党，如果他在此期间表现出对党、对共产国际忠诚的行动的话。

本委员会在自己的整个工作期间不得不指出，法国共产党还未能完全无条件地遵循共产主义的纪律。委员会认为，执行委员扩大全会极有必要以致党员的公开信的方式，向他们重申党的纪律的真正含义，提醒他们始终不渝地遵守纪律，坚决制止任何严重破坏纪律的做法，坚决杜绝任何个人的政策，不管这种政策来自党的哪一个成员。

共产国际致世界无产阶级宣言
（纪念帝国主义战争 10 周年）

（共产国际第五次世界代表大会 1924 年 7 月 5 日一致通过）

反对战争！反对资产阶级！反对社会叛变行为！拥护世界革命！拥护无产阶级专政！拥护共产主义！

一

自从世界资产阶级纵容军国主义罪恶势力肆虐以来，已经过去了 10 年。1914 年 8 月 1 日爆发了历史上最大的一场人类大屠杀。统治阶级及其军事战略家们认为，战争将在数月之内结束。然而，他们所挑起的事件迅速超乎他们的想象。数量不断增长的各国军队挖空心思相互反对。欧洲的全部劳动力（并且远远超越本洲范围）都被用于战争的需要。建设是为了破坏，破坏是为了创造新的残杀手段。这个卑鄙而疯狂的过程持续了 4 年 3 个月零 26 天，其间资本主义社会得到淋漓尽致的表现。

无产者制造了破坏的机器。无产者与农民一道运用这些机器。无产者和各民族的农民相互残杀。如今回顾往事，我们每一个都在问自己：怎么能够设想有这种疯狂的行为呢？但是另一个问题更为重要和尖锐：将来它会不会再次威胁我们呢？

这场战争惨祸很早之前即已在酝酿。先进的工人们曾预见了它的无可避免，并向劳动群众发出了这方面的警告。预防这场日益临近的战争并使其根本无法发生，只有革命斗争、只有劳动者反对帝国主义的起义才能办到。这样的起义无论采取多么激烈的方式，也不会造成战争所招致的人员牺牲和物质破坏的百分之一、千分之一。然而起义并没有发生。居于压倒性多数的各国社会党不仅没有号召工人进行反对战争的革命斗争，而且相反，纷纷站在本国政府一边，宣称本国的战争是正确的、正义的战争，号召劳动群众支持战争。仅仅由于社会党人的这种支持，资产阶级才有可能紧紧控制住群众，进行这场战争。仅仅由于社会党的叛变，资产阶级才得以将战争延续4年以上。仅仅由于社会爱国主义领导人们与军国主义屠夫们的合作，人类才惨遭1000万人被打死，千百万人致残。仅仅由于谢德曼和艾伯特、列诺得尔和龙格、韩德逊和王德威尔得之流卑劣的奴颜婢膝，资产阶级才得以畅行无阻地破坏和削弱欧洲，毁掉历经许多个世纪所创造的一切。

1914年8月1日是帝国主义战争的第一天，是社会民主党领导人们向资产阶级公开投降的一天，它必将永远成为人类历史上最黑暗、最凶险、最可耻的日子。

男女工人们，男女农民们！请回忆回忆，从战争的最初日子开始统治者们都对你们说了些什么，向你们允诺了些什么吧。你们被告知，这场战争会给人民带来生存保障。你们被许诺，战争的结果将不再有军国主义的负担。他们让你们相信，这场战争是最后一场战争。那些国王、总统、资产阶级部长、新闻记者们都是这样对你们说的。社会民主党人和工会的爱国主义领导人们也都鹦鹉学舌地重复同样的论调。现在10周年纪念日将近，你们，劳动者们，可以全面地做做总结了。你们都看到了，那些人是如何无耻地滥用了你们的信任。连获得胜利的国家也都变得比战前贫穷得多。不过既然资产阶级欺骗了我们，这倒是在情理之中：资产阶级本来就是我们的不可调和的无情仇敌。然而欺骗了你们的，还有那些你们以为是你们的领袖的人。社会民主党人以其反对资产阶级的言词骗取了工人的信任，1914年8月4日却投向了资产阶级一方，将自己的全部威信、自己的全部声望都用于帮助资产阶级将这场大屠杀进行到底。事实就是如此。赤裸裸的真相就是如此。

社会民主党人许诺，战争的结果将会是一个各国之间的正义、民主和公平合理的世界。他们是在说谎。他们是在有意识地蓄意欺骗你们。他们不可能不知道，世界将会由取得胜利的帝国主义者们主导。资产阶级在社会民主党人无耻的支持下所进行的无耻的战争，只会导致一个无耻的和约。这个和约已经在凡尔赛签署，在那里，胜利的掠夺者尽情地凌辱被打败了的掠夺者。德国及其盟友被压制和肢解。

为了替卑鄙程度不亚于战争本身的对德国人民的奴役辩护，战胜国的社会党人韩德逊、列诺得尔、王德威尔得之流跟在本国资产阶级后面鹦鹉学舌："德国受到惩罚是因为，正是它希望战争并挑起了战争。"这是何等的口是心非、何等的愚不可及！即便真的应该为战争承担责任的仅仅是霍亨索伦王朝和哈布斯堡王朝，难道就可以因为压迫人民的这些王朝的暴行而惩罚人民吗？难道就可以因为本国资产阶级的罪行而扼杀德国无产阶级吗？协约国的社会党人认为，因为德国资产阶级致死、致残他们的弟兄、丈夫和父亲而剥夺德国工人及其妻子儿女的面包是符合正义的。但是一个思维健全的正直之人难道可以容许，哪怕是须臾之间，让战争的罪责仅仅归咎于德国和奥匈帝国？莫非我们不了解英国资产阶级贪得无厌的帝国主义行径、不了解殖民地人民的这些掠夺者？莫非我们不了解法国交易所令人厌恶的贪婪？莫非与法国和英国结盟的沙皇俄国不是竭力想夺取君士坦丁堡和几个海峡？帝国主义战争本是双方肆无忌惮的贪欲的结果。它们进行武装全都是为了战争。全都希望建立新的世界边界。全都渴望着掠取。全都猛扑向猎物。双方阵营的统治阶级都对战争、对其绵延4年之久、为其所造成牺牲和破坏、为其荒唐的结局负有罪责。并不稍小的罪责，也耻辱地印刻在社会民主党的政治家们、爱国主义的工会人员、资产阶级的奴仆、受雇的和志愿的帝国主义代理人、凡尔赛和约社会民主派公证人的身上。

有一个国家既未作为战胜国、也未作为战败国参与凡尔赛的可耻勾当。共产党所领导的革命的俄罗斯的劳动群众推翻了资产阶级，夺取了政权，让国家走出了地狱般的战争圈子。布尔什维克政府打开沙俄外交的铁橱，公布了各种揭露各协约国政府与霍亨索伦王朝和哈布斯堡王朝毫无二致的罪行的秘密材料。现在已经无可争辩的是，如果俄国像社会革命党人和孟什维克所希望的那样与协约国一起继续进行战争，彻底精疲力竭的国家就会变成英国和法国的殖民地，变成北方的印度。只是通过十月革命，俄罗斯才得以拯救了自己！

战争的结果，德国和奥匈帝国的劳动者也举行了起义。古老的王朝被推翻。然而社会民主党将工人群众阻止在革命的第一阶段。如果说1918年11月之后德国的地主和资本家们保住了财富和权力的话，那么他们完完全全应当感谢德曼、艾伯特、考茨基和德国社会民主党的其他所有的领袖们。同样是那些人，同样是那些政治家，同样是那些叛徒，在4年期间帮助双手沾满鲜血的霍亨索伦王朝匪帮杀戮德国人民，于1918年末阻止劳动者推翻剥削者。如果说根基已彻底动摇的欧洲资产阶级政权仍然能屹立不倒，那么这完完全全是第二国际的功劳，它就是资产阶级大门口的警卫和看家狗。

德国已从经济上被抛到了后面。奥匈帝国的残存部分被带刺的栅栏彼此分隔开来。巴尔干半岛上的情况更糟。法国被空前的战争债务和军国主义的负担压得喘不过气来。意大利遭到削弱，无法从大动荡中脱身。英国只能幻想自己战前的经济实力。经常性的失业像肿瘤般吞噬着欧洲的机体。欧洲的陆军和海军的数量不少于1914年8月1日前夕，而军费由于技术装备的复杂化则高得无可比拟。

战争重创了欧洲、美国和全世界的农民阶级。各国的资产阶级都曾向本国的农民们许诺：战争的结果会是农业的繁荣。他们要农民们相信，这场"最后的战争"之后将会免除农民难以承受的军国主义的负担。农民阶级遭受了双重的欺骗。如果战争初期富裕的农民能高价销售自己的产品，以便宜的价钱偿还了旧债，似乎发了一笔财的话，那么，接下来货币的贬值则将农民的盈利变作了肥皂泡。欧洲经济的衰退降低了对农产品的需求，不仅打击了欧洲的农民，也打击了美国的农场主，致使其大量破产。与此同时，军国主义却变得越来越贪得无厌、挥霍无度，军事赋税的负担使农民阶级面临着彻底压断脊梁的威胁。

二

法国军队去年1月占领鲁尔成为帝国主义战争的直接的延续：战胜者将战败者置于死地。占领给欧洲经济造成新的打击，首先成为德国进一步骇人听闻破产及其人民群众贫困化的根源。然后这次占领使法郎威信扫地，暴露了法国经济无力维持重工业对欧洲的军事专制。不过，法国资产阶级在战争中犯下了种种罪行之后，何以能够再次将自己的军队投放到鲁尔去犯罪？何以法国和整个欧洲的劳动群众竟然未能阻止这种新的强盗般的进攻？工人们，请你们深入考虑一番，你们便会明白，在法国也像在德国一样，只有社会党人对资产阶级的支持才使得鲁尔的军事行动成为可能，从而使欧洲进一步沦为赤农。我们在这里要再说一遍：如果法国和德国的工人群众下定决心在革命起义中付出仅仅是占领鲁尔所遭受的那样的牺牲，资产阶级便会被推翻，军国主义便会被粉碎，和平和劳动便会在欧洲大获全胜。然而正是在这样一种事关资产阶级生死存亡、事关劳动者命运的极为重大的时刻，社会民主党人蓄意破坏革命无产阶级战线的团结，在工人队伍中散发犹豫不决的情绪，引起士气衰落，孤立共产党为资本主义的反动势力的胜利作准备。

仿佛是为了表彰社会民主党在过去10年间对资本主义所立下的巨大功劳，欧洲资产阶级在即将到来的血腥的纪念日之际，让其长期效劳的、值得信任的、久经考验的孟什维克或则全面或则部分地掌权。在英国，眼下执政的是所谓工党的政府。在法国，则是只有靠社会党人支持才能生存的左派联盟内阁。在德国，社会民主党是资产阶级政府的支柱之一。在丹麦掌权的是社会民主党的斯陶宁格内阁。在比利时不排除在努力地为自己扫清道路的王德威尔得的党执政。即便在意大利，资产阶级也开始感到墨索里尼的专政是个负担，正准备为他物色一个改良主义的接班人。法西斯主义行将暂时下台——它似乎已经完成了自己的任务。在无产阶级撼动了资产阶级制度基础、政府机关正从惊慌失措的资产阶级手中失落的时候，是法西斯匪帮挽救危局，挺身取代业已破产的国家，摈弃议会制和合法性的一切陈规虚礼，在为资产阶级效劳时采取屠杀、枪决、纵火、毁灭等等手段。法西斯主义是内战高度激化时刻资产阶级最重要的工具。资产阶级的另一个工具则是社会民主党。在关键时刻社会民主党动员自身的全部力量，阻扰无产阶级向资产阶级国家进攻。社会民主党批评法西斯主义絮絮叨叨但无关痛痒，指责资产阶级残酷无情，与此同时它又恳求工人们避免"内战惨祸"，对无产阶级进行欺骗、奉承，毒害他们的意识，麻痹他们的意志，从精神上解除他们的武装，最终将他们出卖给法西斯分子。在匈牙利是这样。在意大利是这样。在德国是这样。

当资产阶级确信革命的攻势再次被法西斯主义和社会民主党共同努力击退的时候，它认为已适宜于恢复一种较为血腥、较为挑衅性、较为正常亦即用合法性的破衣烂衫掩饰起来的制度。于是我们便看到了一番舞台布景的大规模变换。昨天占据前台的还是法西斯分子（高举着手枪、匕首、点燃了的火绳），而社会民主党人则在幕后完成辅导性的工作；今天呢，当直接的危险似乎过去之时，资产阶级却连忙将法西斯分子带到舞台后面，从幕后将激进派、改良主义者、孟什维克——合法性、民主和平的信徒们推向前台。资产者对孟什维克说：你们的法西斯党兄弟不遵守必要的规矩；需要消除和缓解他们工作的后果；需要清洗太过刺眼的血迹，需要给暴露的伤口喷一点安慰剂；需要在极度抑郁的心灵中唤起新的希望或者旧的幻想，否则无望会变成绝望，而绝望则会变成革命怒火。这就是让麦克唐纳们、勃鲁姆们、斯陶宁格们、王德威尔得们、谢德曼们和韦尔斯们掌权或者接近权力的原因和目的。

同时军国主义也在自动地继续自己的工作。在麦克唐纳政府任内，不断建造巡洋舰，扩大坦克的生产，发展空军，增加化学武器。这样做是为了什么呢？该不是为了英国无产阶级反对资产阶级的斗争？不是，那是为了维持英国资产阶级统治印度、埃及，统治爱尔兰和统治英国无产阶级的权力。资产阶级不肯向劳动人民出让丝毫的利益，他们通过孟什维克之手强化自己的空中战争机器，法国的赫里欧内阁依靠社会民主党人，继续执行米勒兰和彭加勒的军事和国际政策。当我们共产党人断言，占领鲁尔的责任不仅应当由资产阶级，而且应当由社会民主党承担，孟什维克对此却持反对意见。现在全世界都看到了，维持对鲁尔的占领不过是赫里欧、麦克唐纳、勃鲁姆、王德威尔得、艾伯特和韦尔斯之间交易的结果。我们眼看着第二国际已变成了占领鲁尔的国际。

保守党人、法西斯分子、激进分子和孟什维克来来去去，军国主义却依然如故。它恢复和增加了自己的后备军，改进了自己的大炮，制造新的飞机，它仍将存活下去，直至各国人民的记忆中关于这次战争的最痛苦的记忆磨灭，直至社会民主党重新让工人群众接受资产阶级国家稳固的思想。那时候，它便可以再次公开踏上世界性劫掠的道路，那时候便到了新的帝国主义大战的时候。

三

从最近的这次战争和凡尔赛和约，必然会得出新战争的原因和理由。法国的统治阶级越来越强烈地感到，他们在欧洲所建立的恐怖制度不可能持久。法国资产阶级，无论是反动的还是激进的，都同样害怕德国复仇，但同时又在激发和培育着这种复仇。就德国资产阶级方面而言，他们在依靠人民达成协议的同时，却急不可耐地期待着复仇时刻的到来。英国和法国在欧洲和殖民地的反抗性矛盾不断尖锐化。种种外交交易和协议掩盖着这一进程，但是并不能让其减弱。两个同盟国的军事计划，特别是空军和化学力量的规划，都是着眼于未来英法战争。正当赫里欧像和平主义者与麦克唐纳柔声絮语之时，巴黎的总参谋部却在安排未来空袭伦敦的计划，而英国的参谋部也忙于制定对策。

欧洲的二流国家在兵力上不如一流国家，但在贪婪、恶意方面却毫不逊色。

战前即已存在的那些小国丧失了它们的最后的一点独立性，而战争造就的那些新的国家一开始便产生了严重的依赖。中小国家都是根据大国的指示由各种各样的集团拼凑而成。位于欧洲大陆中心地带的国家倾向于法国，有如苦役犯倾心于看守。欧洲沿海的小国对英国卑躬屈节。因此，即便是在两个花花公子之间进行选择也不是出于自由的意志，而是取决于小国的共同状况。中立的脆弱性已被最近的这次战争暴露无遗。毫无疑问，新的战争一开始必将把大多数小国卷入血腥的漩涡。小协约国、巴尔干或波罗的海国家的军国主义都是大国的辅助资源，同时也是各小国相互关系中独立性危险的资源。

全世界最强有力的对抗性矛盾，缓慢然而持续不断地触及大英帝国利益与北美合众国利益相冲突的界线。最近两年期间似乎显示出这两个巨人之间达成了牢固的协议。然而牢固的假象也只能在北美共和国的经济增长主要在国内市场的时候才能保持。目前这种情况显然已经到了尽头。欧洲破产演变而成的农业危机就是日益临近的工商业危机的预兆。美国的生产力必须在世界市场上寻求越来越广阔的出路。美国的对外贸易首先要靠英国的贸易才能发展；美国的商船队和海军要靠英国舰队。英美协调一致的时期即将让位于日益增长的斗争，这种斗争本身又意味着空前规模的战争危险。日本和美国的对抗性矛盾处于持续紧张状态。日本的地震改变了力量对比关系，但并未能缓解敌意。禁止黄种人移居美国赋予了太平洋帝国主义者的斗争以种族斗争的色彩。在美国与英国交锋的情况下，日本帝国主义的角色将会比上一次战争期间无可比拟地更为活跃。

美国资产阶级数不清的财富现在是世界局势的一种强大无比的爆炸性力量。力图消化所掠得的财富的美国暂时的封闭即将告终。北美资产阶级需要向四面八方扩张。其一条路线通向南方。对墨西哥的压力必定会增强，同时进一步渗透南美洲，将欧洲资本从那里排挤出去，完全征服这一地区。美国军国主义不仅在海上，而且在美洲大陆上，都将具有更加主动的进攻性的性质。

以往10年间东方革命运动的发展，是帝国主义大国的殖民统治越来越有着公开的军事强制的性质。

印度被奴役群众的宪法幻想和妥协的希望破灭了。民族自由主义和小资产阶级空想主义的政党纷纷垮台。革命运动日益深化，掌握了越来越广阔的群众。需要一个坚强的、集中领导的政党，它要能控制这一运动，给予帝国主义以致命的打击。

在四分五裂的中国，帝国主义大国通过雇佣当地的军队，建立一种经过伪装的军事占领制度。中国人民争取团结和独立的努力每一步都遭到日本、英国和欧洲掠夺者的阻挠。麦克唐纳的驻北京公使硬要惩处一名中国士兵，这名士兵只不过逛到了只有白人剥夺者才有权自由行动的城区。理所当然的仇恨、强忍的怒火，让千万中国民众群情激愤。这里也像印度一样，历经艰难的考验和一再反抗的尝试，建立了革命的组织，其使命就是将中国从外国和本国的施暴者手中解放出来。

法国拓展其殖民地的疆域，力图扩充自身军国主义的兵源，不仅将阿拉伯人拉进资产阶级的军队。受过军方训练的有色人种民众不仅会成为未来战争的兵源——不，黑人和黄种人兵团还会成为资产阶级手中用来粉碎欧洲无产阶级革命的可靠工具。

像革命的基础正在扩展一样，军国主义的基础也在扩展。

四

现今战争的阴影仍然以隐秘的状态笼罩在人类头顶。德国赔付问题新的解决办法（专家计划）是什么？如何才能不运用战争的方法解决新的经济问题？口袋里塞满了欧洲黄金的美国依靠武装起来了的法国，命令德国制定一种经济制度，作为其让自己被战胜的惩罚。只有无药可救的骗子才会说，仿佛专家的决定是一种非军事的、民主的、和平主义的解决问题的办法。实际上，协约国是将手枪抵着德国的太阳穴口授自己的决定。有些人一再向我们絮叨，仿佛欧洲经济的恢复只有通过各种资本主义势力的自由竞争才有可能，他们想以此指责社会主义经济组织的想法。其实欧洲经济的根本问题是靠不断对德国使用军事暴力手段来解决，而不久之前德国还是欧洲起着领导作用的国家。

德国资产阶级参与这场交易是因为，它指望（一旦需要外国武装力量之时能得到外国资产阶级的帮助）制服德国的无产阶级。它逐步压制了无产阶级，剥夺其最后一些革命成果，延长工作日，提高劳动强度，从而企图迫使德国工人在新技术和生产集中的条件下，重新经历原始积累时代的艰难困苦和灾难,削弱和贬损德国无产阶级必将成为欧洲资产阶级用来将其他国家的工人阶级置于德国竞争的恐惧之下的手段。最后,美国资产阶级打算在本国专家的协助下"控制"欧洲,亦即像美国巨头控制百十个托拉斯和铁路那样,在实际上支配欧洲。与此同时,它还希望借助于欧洲所获得的利润,收买美国工人阶级的上层、由所有的叛徒中最为黄色的龚帕斯所领导的工人贵族,无情地镇压千万无产者,将他们置于来自破产了的欧洲新的移民浪潮的威胁之下。

这个借助于法国军国主义的由盎格鲁-撒克逊资产阶级奴役欧洲劳动群的不可思议的计划,竟然获得第二国际各党的承认和赞许。这样,协约国的社会党人便获得可伪爱国主义的掩护,为他们亦步亦趋的本国资产阶级的掠夺政策张目。德国社会民主党指望,恢复稳定的资产主义秩序能让它战胜共产主义的危险。同时它还能够将自己与德国资产阶级的合作,向民众解释为共同反击外来压力的需要。在一片关于共产主义阴谋和国际契卡的大叫声中,我们眼见着开展了一场资产阶级反对欧洲和全世界劳动者的巨大阴谋。这场阴谋的组织者就是金融资本,其总部在纽约,分部在伦敦。最重要执行工作归于法国交易所的主持人们。阴谋的解释者、辩护人和小律师则由社会民主党人和阿姆斯特丹工会工作者们扮演。变节的专家们也出面助资产阶级专家们的一臂之力。

五

我们会再次发问:时至今日是什么阻碍了工人和农民一致反对给他们造成不幸的军国主义?是国际社会民主党、孟什维克、第二国际、阿姆斯特丹工会联合会的官僚们。这是这场帝国主义战争的主要教训。这是以往10年的基本结论。

关于这一点,我们组成共产国际的工人们向全世界公开地宣布:我们要让城市和乡村的每一个男女劳动者都听到我们的声音。我们希望在被压迫者的心中唤起革命的警觉：看吧，资产阶级正在准备着一场新的战争，而社会民主党却在腐蚀着你们的思想，以便更容易地叛卖你们。

男女工人们！请仔细听一听，注意看一看，用心想一想。几星期之前阿姆斯特丹工会国际的领导人在维也纳与第二国际的领导人一起彼此讨论战争危险的问题。这个以威廉斯、茹奥、格拉斯曼、麦克唐纳、艾伯特、诺斯克、王德威尔得之流为首的组织不得不着手研究战争问题仅仅是因为，战争的危险再次明显地表现了出来。于是我们听到了这些先生们滔滔不绝的许诺，要采取直至罢工的一切手段为反对战争而斗争。难道你们会相信这场可鄙的喜剧吗？同样那一批演员已经是第二次面对你们扮演同样的叛徒角色了。因为在1912年的巴塞尔国际代表大会上，他们曾远比这庄严得多的誓言，为了防止战争不惜采取任何手段——然而随后不久便成为了厮杀中的资产阶级最热衷、最可靠的帮手。战后他们又作为部长、或者忠实的议员、或者工会的爱国主义领袖，为资产阶级效劳。他们过去和现在都阻止了工人们哪怕是出于经济目的的罢工。他们投票赞成军事预算。同样是他们，却在许诺反对战争！难道可以相信，秉承资产阶级的旨意打造巡洋舰、坦克和飞机的麦克唐纳，在资产阶级决定动用他所制造的飞机、坦克和军舰的时刻，会号召工人们罢工吗？难道可以相信，帮助他的国王进行战争并在凡尔赛和约上签字的王德威尔得会号召比利时工人，在比利时资产阶级认为需要介入战争以保卫凡尔赛成果时实行总罢工吗？难道可以认为并且相信，今天支持占领鲁尔的法国爱国主义社会主义和无政府工团主义的领袖勃鲁姆和茹奥，在明天法国资产阶级为了巩固占领需要使用武力之时，他们会号召工人们实行总罢工吗？杀人犯尚未来得及离开自己的受害者，他的屠刀上还滴着鲜血，而他却庄严地许诺要扮演一个为所犯下的杀人罪行严厉复仇的角色！哪里会有相信他的话的糊涂蛋？哪里会有这种头脑发昏的人？

　　劳动者和被压迫者们，你们仔细瞧瞧，注意听听，认真想想吧。社会民主党人在战争10周年前夕想要乔装打扮成在为和平而斗争，演出反对战争危险的喜剧。他们企图分散你们的注意力，麻痹你们的警惕性，从而更好地束缚你们的手足，将你们出卖给军国主义。不要相信他们，要揭露他们。在每一次会议上都质问他们：既然他们愿意反对战争，为什么他们投票赞成军事预算，为什么投票赞成资产阶级政府，为什么支持资本主义的国家？

　　10年的经验不应当付诸东流。我们在此期间目睹了全世界的和平主义者，社会主义的和资产阶级的都有；他们全都彼此旗鼓相当。难道我们没有见到过美国的和平主义者？他们在战争初年因为欧洲的那些嗜血的造孽之人而流下虔诚的眼泪，而后来却全都全力帮助威尔逊彻底击败欧洲，以便保证资本主义的美国能够变得更强大，依靠欧洲以自肥。难道我们没有目睹法国的和平主义者、激进派和社会党人所干的勾当？他们在共济会的会场里宣扬所有的人的兄弟情谊。而1914年8月4日之后都成为了粉碎和肢解德国的鼓吹者。难道我们还没有看够考茨基、希法亭之流在和平时期眼泪汪汪地期盼战争，在战争期间又满怀希望地期盼和平？这些可怜的懦夫甚至曾经求助于威尔逊，就如现在他们求助于麦克唐纳帝国主义论调的甜言蜜语的外表，麦克唐纳则是利用德国练习自己的和平主义。他与法国的和平主义者赫里欧一起，恢复协约国对裁减德国武装的监督，同时却又继续扩大英国的武装。和平主义者在和平时期拥护和平。他们在战争期间则无条件地站在本国政府一边。在国际范围内，他们对强者奴颜婢膝，帮助其压迫弱者。社会主义和平主义者由于战争和革命动荡的这十年已彻底堕落。他们往日的天真幼稚已无影无踪。如今这都是一些老奸巨猾的投机商人，与每个国家的金融和军事统治集团密不可分，有意识地利用和平主义的漂亮话欺骗天真的人们。

　　如今和平主义者的主要活动领域是反对革命的斗争，特别是反对红军的斗争。和平主义者反对革命暴力，反对起义，反对国内战争。然而资产阶级全副武装，工人们手无寸铁。和平主义者在反对工人们进行武装的同时却支持资本主义的军国主义，从而为未来的战争扫清道路。这就让我们的仁慈和文明的借口更加令人恶心。当揭露和平主义者支持资产阶级军国主义的时候，他们总是拿红军作为借口。他们想以此说明，俄罗斯劳动者为了防备帝国主义而创建的红军的存在，证明了资本主义国家为了进行世界性的掠夺和镇压革命而进行的武装是正确的。当法国、英国、美国等国家武装部队占领敖德萨、摩尔曼斯克、阿尔汉格尔斯克和符拉迪沃斯托克的时候，和平主义者默不作声。然而他们却对革命为反对压迫者而采用的暴力怒不可遏。和平主义者们现在借口则是，军事干涉已经停止，资产阶级国家一个接着一个被迫承认苏维埃共和国。不过，如果以为军事危险对于这个工人和农民的国家已不复存在，那就再愚蠢不过了。各国共产党的成长增强了苏联的国际地位，但另一方面，这也令帝国主义者们深感不安和恼怒。在革命的危险再次显得更加直接的某个时期，也可能促使他们走上大规模军事干涉的道路。不久之前我们曾看到，被共产主义危险所激怒的德国当局便以德国与苏维埃共和国之间的关系作为赌注。这是未来整个发展趋势的预兆。在资本主义世界和苏维埃共和国之间可能达成某些协议，但是绝不会和解。正像麦克唐纳和赫里欧的政府会在某个时候重新让位于更加露骨和坚决的反动势力一样，资本主义各国与苏联的种种条约也可能而且必将在某个时候被新的干涉所中断。这就是红军和红海军必不可少的原因。他们捍卫着世界革命最大的桥头堡。如若苏维埃共和国垮台，资产阶级的事业将会赢得百十年时间。资产阶级对无产阶级的进攻便会通行无阻。然而这种情况并不会发生，因为苏联的工人和农民已经武装起来了。红军就是被压迫者的盾牌和起义者的利剑。

六

正当欧洲的生产力发展严重停滞之际，军事技术装备却在持续生产。制造出了射程空前的大炮。机枪和冲锋枪将步兵的火力提高了许多倍。毒气让炸药退居次要地位。空军与化学结合非同寻常地扩大了战争的毁灭性行动的范围。军队与和平居民之间的差别正在消失。海岸工事和海岛位置已不复起到防卫作用。诸如巴黎、伦敦那样大量聚积的人口，对来自天空的杀伤无法设防。最近这一次战争的可怕景象比起行将爆发的灾难来显得相形逊色。资本主义社会的全部技术威力及其种种残暴行为，它的各类矛盾的无可救药，它的统治阶级彼此之间的针锋相对，所有这一切加在一起共同反对无产阶级，所呈现的是毒剂和爆炸剂量大得异于寻常的景象，它们时刻都有倾泻到不幸的人类头上的危险。新的战争所意味的首先是农民的大规模破产，村庄的荒无人烟，一代代农民多年耕作土地顿时变作沙漠和坟场。对于整个欧洲而言，新的战争会意味着文明的毁灭，无产阶级已经为之战斗了数代人之久的全部的解放希望归于破灭。如今人类社会（在经济、政治、科学和艺术各个领域）所创造的一切，在一个巨大的任务面前已退居次要地位，这个任务就是无论如何也要阻止发生新的战争，从而拯救人类免于退化和灭亡。这一点只有在革命无产阶级领导之下的劳动人民才能做到。如果无产阶级结成统一战线奋起反对战争，军国主义的任何镇压措施、任何武力都无法实现。杀人机器在没有人开动之时是死的。在大多数情况下，这里所说的人就是工人或者农民。这也就是你们，劳动者们！战争的命运，因而也就是你们自己的命运，全都取决于你们。

反对军国主义的斗争不能推延到战争爆发之时才进行，因为那时候就为时已晚。反对战争的斗争必须现在便立即日复一日地开展。这种斗争的第一个条件，就是拒绝资本主义国家的预算，拒绝对他的信任和支持。那些加入资产阶级内阁的社会党人，那些帮助资产阶级征税或者吸引工人和农民服兵役的议员，就是叛徒和变节者。工人阶级的队伍中不可能有他们的位置。必须将那些直接或间接帮助军国主义，为军国主义辩护、拥护军国主义的领导人驱逐出工会。必须将政治上的工贼清除出无产阶级的各种组织。必须提醒男女劳动者，最近的这次战争是如何准备的，社会民主党人如何在4年间帮助帝国主义的将军们杀害工人和农民。必须坚持不懈地关注城市和乡村的青年。必须让父辈和兄长们在帝国主义战争期间所遭受的人所不能忍受的痛苦，变作工农青年们对战争罪犯们刻骨的仇恨。必须让青年们加入资本主义军队时内心里做好准备，不是将枪口对准无产者兄弟，而是对准阶级敌人资产阶级。必须坚持不懈地摧毁军队与工人阶级之间人为地筑起的墙。必须保持与兵营的联系。必须让每一个士兵听到真实的话。必须在铁路部门建立由最忠诚和勇敢的无产阶级战士组成的革命组织。必须特别关注军工厂。每一个厂里都应当有坚强和有战斗力的支部，在关键时刻能够带领全体工人群众跟自己走。资产阶级既不害怕和平主义的说教，也不害怕社会民主党以总罢工相威胁。然而资产阶级在听到有关铁路上、军工厂里的尤其是陆军和海军里的每一个小小的地下支部的消息时，却出于仇恨和恐惧浑身发抖。资产阶级知道，无论是工人、农民还是士兵都不希望战争，只有他们的与世隔绝和缺乏自信才迫使他们驯服地参与大屠杀。资产阶级知道，每一个团队里的坚强核心在关键的时刻可能发挥决定性的作用。这就是任何一个资产阶级的政府，无论其打着什么样的民主旗号，都无情地迫害革命工作的原因，这也就是在这方面加倍地努力成为每一个革命者的职责的原因。只有这样的党才真正反对战争：它时时刻刻都在毫不调和地进行反对资产阶级的斗争，它在这一斗争中将劳动者团结起来，教导他们仇恨资本主义的国家，它用这种仇恨锻炼群众，它为斗争准备了必不可少的力量和手段，它为革命在兵营中建立起据点。每个国家的共产党就是这样的领导力量。这些党的总和便组成了共产国际。我们这个共产国际的代表们，第五次在经过工人和农民的努力而获得解放的莫斯科相聚一堂，参加自己的世界代表大会，我们特向你们——全世界的劳动者们，说出我们提醒、警告和号召的心声！

只要希望胜利和相信胜利，就可以获得胜利。只要团结在一个希望并且能够带领着走向胜利的党的周围，就可以获得胜利。

劳动者们！让战争问题成为试金石，你们用它就能检验党和领袖们的忠诚。的确，劳动者已经被蛊惑宣传的种种空话、漂亮言词、空口许诺、动听诺言蒙哄得够了。你们要要求来实在的，要用事实加以检验。打倒和平主义的骗子们！他们在和平时期进行反对战争的口头战争，而刚刚一听见大炮的轰鸣就变成了沙文主义的劳工贩子。打倒社会党人！他们在报纸上和会议上揭露资产阶级的压迫，而在资产阶级最困难的日子里却成了此辈最好的依靠力量。打倒阿姆斯特丹的黄色工会工作者！他们听取资产阶级部长和资本主义大亨们的指示。打倒叛徒们！他们投票赞成资产阶级预算，帮助建立资本主义军队，捍卫资产阶级国家，支持对殖民地的奴役，从而准备新的战争。打倒政治组织和工会组织的孟什维克领导人！把他们赶走，揭露他们，抵制他们，将他们驱逐出工人阶级的队伍。你们要机警地细加查看，要进行比较，不要相信那些空话，要实地加以检验——这样你们就会相信，只有一个党准备带领你们投入战斗并且确保取得胜利：这就是共产党。瞧瞧俄罗斯吧：在这个幅员无比辽阔的国家里，由列宁的天才所创建的革命党不仅推翻了本国的资产阶级，而且捍卫了劳动者的政权免遭无数的人的戕害。在国家落后、文化水平低下和接连两次战争造成的巨大破坏等等所引发的极大困难之中，工人和农民一块砖一块砖地建造起了社会主义社会的大厦。

你们，欧洲和美洲的无产者们，完全能够在这条道路上成就比俄罗斯无产阶级大得无可比拟的事业，因为你们人数更多，你们所需要的仅仅是明白你们的力量所在并善于加以运用。这是国际共产党对你们的教导。跟随着它前进吧！

而你们，被迫破产和备受压迫的农民们，请加入我们的大联盟吧。去年建立的农民国际完全彻底将自己的力量贡献给反对军国主义和新战争危险的斗争。

欧洲的农民们！美洲的农场主们！全世界的庄稼汉们！事关你们家业的命运，事关你们的儿子们的头颅。奋起吧，团结起来吧，加入到革命的工人阶级当中来吧！对你们来说，别的出路、别的解救办法是没有的。

妇女们，姐妹们，妻子和母亲们，你们不如男人们那么引人注目，但是承担的军国主义和战争的异乎寻常的重负却并不更轻。4年战争破坏了劳动家庭，毁掉了农民家业，将劳动妇女变成了资产阶级拖运货物的牲畜。在母亲、妻子和姐妹的心灵中，大屠杀留下了骇人听闻的累累伤痕。在劳动妇女们经历过这些岁月之后，她们理应置身于反对战争和资产阶级的斗争的前列。

女工们！农民妇女们！你们的岗位和我们在一起，我们期待你们，召唤你们。

殖民地各国人民的革命启蒙正在成为无产阶级生死攸关的问题。如果说资产阶级力图用压迫殖民地来保持和加大对无产阶级的压迫的话，那么，我们就应当相应地号召殖民地起义，以支援无产阶级的起义。

民族和种族偏见是奴役制度的产物，又为奴役制度提供养分。沙文主义倾向，无论公开的还是隐蔽的，都是军国主义的最好支柱和准备未来战争的可靠手段。必须宣布对民族偏见和种族傲慢进行毫不留情的斗争。不仅直接的敌视、侮辱、讥讽的态度，而且白种人对待黄种人和黑种人的以保护者自居、故作高姿态的态度，都应当受到劳动人民的社会舆论的严厉谴责，将其视作对团结的恶意破坏和卑劣的工贼行为。不能让阶级斗争被沙文主义贬低和歪曲。需要让殖民地的劳动者懂得，白人工人是自己的弟兄。而为此白人无产阶级就应当学会兄弟般地对待殖民地的有色人种居民。

欧洲的无产者们！更多地关注殖民地问题，对殖民地的革命工作投入更多的力量吧。应当从资产阶级希望寻求到可靠支持力量的地方，对它施加一记最沉重的打击。

殖民地的劳动者们！振奋起来，投入斗争，争取独立吧。共产国际和你们站在一起！

在反对战争的斗争中，我们最迫切的、首要的、刻不容缓的任务，就是眼下反对资本主义暴徒们一个阴谋的斗争，这个阴谋冠有专家计划的清白名称。在这种情况下，像在其他情况下一样，首先应予抨击的是社会民主党。它以美国的威力强大恐吓工人们，它要求他们服从和听话，它预言，如果不听命于美国资产阶级，欧洲首先是德国就会灭亡。我们共产党人则要向欧洲的劳动者说：你们的出路在于进行一场反对专家计划及其传播者、辩护者的针锋相对的战争。必须从前进的道路上清除社会民主党，必须推翻资产阶级，必须夺取政权，必须统一欧洲的经济，必须让它走上社会主义道路。既然苏维埃俄罗斯能够在多年期间胜利地保卫自己免遭资本主义欧洲和美国的伙同侵犯，那么欧洲的无产阶级如果能够掌握政权，将欧洲各国联合成为一个苏维埃联邦，成为欧洲工农合众国，胜利就会更有把握。这样，不仅可以挽救欧洲的文化，使其不致衰落和腐败，不仅能保障殖民地和半殖民地国家的自由和独立，而且会给予美国资产阶级的世界性专制以致命的打击。美国的革命运动必将获得巨大的规模。这样一来，欧洲社会主义联邦便会成为世界社会主义共和国的基石。只有从那时候开始，人类才有可能像人应有的那样思考和行动，世界经济才能在团结和理智的基本原则上组织起来，世界的联系才会变作各大洲和各国人民之间的物质和精神财富的兄弟般的交流。战争将成为往事，因为它再也没有了理由。军队也将同战争一起消失。人们的一切努力都将用于丰富我们的星球，用于改善和美化人类的生活。

  共产国际的任务就是如此——宏大，但是可以实现。马克思和列宁指出了其实现的途径。这就是每一个国家里反对该国资产阶级的途径，这就是以夺取政权和建立无产阶级专政的名义将各国无产阶级的斗争结合起来的途径。谁要是说还有别的途径，那是他在向你们撒谎。共产国际通过向无产阶级说实话而对他们服务。让这些实话作为革命斗争的警钟响彻四面八方吧。

  反对斗争，反对资产阶级，反对社会叛徒——拥护世界革命，拥护无产阶级专政，拥护共产主义！

> **共产国际第五次世界代表大会主席团：**
> 季诺维也夫，克拉拉·蔡特金，斯大林，
> 布哈林，托洛茨基，布劳恩，格布哈特，
> 特兰，塞尔贝，博尔迪加，什麦拉尔，
> 穆纳，谢夫洛，柯拉罗夫，克拉耶夫斯基，
> 片山潜，罗易，斯图尔特，怀恩科普，邓恩

打倒战争！ 打倒社会爱国主义者！

自从爆发第一次世界大战的时刻起，已经过去了 10 年。资产阶级用工人和农民的鲜血将 1914 年 7 月 28 日写进了人类的历史。

这场世界性大屠杀与我们相隔仅仅 10 年，距离其结束也才 6 年，而民众已经开始遗忘这场世界性的灾难和世界性的屠杀了。

只不过才 10 年，而我们已经不得不重复列宁用以发动全世界的工人、农民和被压迫民族进行斗争的那些话了。我们任何时候都不应当忘记帝国主义的世界性战争！

世界仍然在经历资本主义的末日，仍然在日益严重的大规模失业、普遍贫穷、帝国主义的世界性大屠杀所引发的文化衰落的困境中呻吟。1200 万死者的尸体尚未全腐烂，100 万孤儿寡母的眼泪尚未悉数流尽，我们之中还踯躅着世界大战的 1000 万伤残者，然而关于那一场战争的回想已经开始在民众的记忆中消逝。

资产阶级的进攻使工人群众变得一贫如洗，而千百万无产阶级仍然留在社会爱国主义者的阵营内。纸币的泛滥让小资产阶级者破产，农业危机毁掉了农民，而数千万小资产阶级和农民依旧还是资产阶级沙文主义思想的俘虏。战争以死亡、瘟疫、失明和残疾威胁着士兵——然而军官帮的纪律照旧以其铁箍将资本主义国家的军队约束为一个整体，将其变为实施压迫的工具。

资产阶级及其各种机构、报刊、教堂、社会民主党运用各种手段，企图将群众从记忆中关于战争的记忆悉数抹去。唯一有组织的反军国主义的力量就是共产国际,加上处于它的影响之下的千百万工人,还有苏联以及它的世界唯一的一支为了反对帝国主义战争而组建的军队。社会民主党人和资产阶级和平主义者反对帝国主义战争的整个斗争,仅仅归结为他们不时发出的歇斯底里的叫喊声:"不可能再发生战争",而在这种喧嚣中,帝国主义却一直在准备新的厮杀。

民众开始忘记战争。社会民主党像老酒鬼般一边发誓不再喝了,一边拍着胸脯高声宣布:"不可能再发生战争!"然而帝国主义国家的资产阶级却在拼命准备着一场新的帝国主义战争。这些挑起第一次帝国主义战争的各种势力,现在依然在继续采取行动。帝国主义大国之间的相互斗争更加激烈。各国托拉斯的垄断越来越变得无所不包。保护性高关税的壁垒越加难以打破。对销售市场和原料市场的追逐具有越来越肆无忌惮的性质。寻求资本输出的机会越来越无望。殖民地在帝国主义剥削的压榨下日益喘不过气来,被压迫的各民族距离自身的解放越加遥遥无期。

战争任何时刻、在帝国主义世界的任何角落都可能爆发。

军备竞赛从未像今天这样疯狂。在全世界的兵营里,比世界大战之前更加庞大的军队正集结待命。制造出了各种崭新的武器。即将到来的世界大战不但会有重炮兵和混凝土战壕,不但会有火焰喷射器和火箭炮,而且还会有强大的空军和迄今前所未有的化学战武器的运用。帝国主义的工业的兴盛使飞机的空战和毒气的化学战臻于完善,而在英国议会里,人们恐怖得牙齿打战,谈论着法国可不要攫取英国的新发现——"能熔化一切金属的死亡射线"。

帝国主义不受拘束地称雄称霸,却对无可避免的战争无动于衷。因此社会民主党人所提出的口号"不可能再发生战争"是一个无耻的骗局,因为他们不愿意为社会革命和无产阶级专政而反对帝国主义。只要帝国主义还存在,战争就会继续发生,而只有社会主义和无产阶级专政才能消灭帝国主义。

社会民主党企图让民众相信，他们希望避开第二次帝国主义世界大战的威胁，就像他们在第一次世界大战期间所做的那样。然而第二国际曾经千百次庄严地保证，要阻止战争并利用它推翻资本主义。1912年11月的第二国际布鲁塞尔宣言向全世界的无产阶级许诺：

"如果又爆发战争的威胁，被卷入其中的国家的工人阶级及其议会党团就应该依靠国际局的统一活动，接近他们的所能，采用它们认为最为有效的手段以阻止战争发生，同时这些手段可以根据阶级斗争和整体政治形势的激化程度而加以变换。

如果战争终于不可避免地发生，工人阶级及其政党的义务和责任就是争取尽快地结束战争，千方百计地努力利用经济战所引发的经济和政治危机，以唤起人民的觉悟，加速资产阶级的阶级统治的覆灭。"

当时就是这样许诺的。实际的情况如何呢？

紧随宣战而来的是信任投票和保卫祖国。

推翻资产阶级的阶级统治变成了城堡和平；而神圣的团结则变成了维护资产阶级的阶级统治。

1914年8月4日德国社会民主党宣称："在危险时刻我们绝不会置国家于不顾。"

在维也纳也发出了反响："这是日耳曼民族的节日。"而《工人报》则声称："'没有祖国的修士们'、'红色流浪者们'将财产和劳动群众的鲜血献给了祖国。"接着波兰的社会民主党人也摇摇晃晃地跟着走，他们的克拉科夫的机关报告写道："既然我们希望波兰工人阶级有一个光明的未来，既然我们希望成为一个自由的国家，那么，这次战争就是我们的义务。"

在社会爱国主义的另一个阵营，8月4日一期的《人道报》说：

"德国使得整个欧洲对自己反感，我们倒要等着瞧瞧，武器能解决些什么问题，而且我们热切地希望，这种解决会对我们有利。"

王德威尔得以优美的姿态宣称："社会党人坚定地履行自己的义务的时刻到了。我们将投票赞成政府国防事务所要求的各种预算拨款。"

而工团主义者茹奥则在饶勒斯的棺材边有腔有调地说："我们从这场葬礼走上战场，我也要去。"

第二国际的代表人物们可耻地背叛了无产阶级。一些人说他们是在反对俄国沙皇制度，另一些人则说是在反对德国军国主义，第三种人又说他们是反对英国帝国主义，但是其中的每一人都是在为"自己的"资产阶级国家而斗争。

所有的人都在最卑鄙的沙文主义方面相互比赛，并将此称为真正的民族主义。以叛卖马克思主义理论为专门职业的考茨基，为这种可耻勾当寻找到了理论上的辩护理由：

"保卫自己的祖国是每一个人的权利和义务。

真正的国际主义在于承认所有的国家都享有的这种权利，其中也包括那些与我的国家进行战争的人。"

对于社会民主党人而言，真正的国际主义并不是无产阶级的国际团结，而是宣布英国、法国、德国和俄国的工人互相割断对方喉咙的权利。

马克思的"全世界无产者联合起来"的口号，被实际上改成了"全世界无产阶级互相残杀吧"的口号。

第二国际可耻破产的最厚颜无耻的表现，是考茨基在世界大战第一年所说的那番话："国际并不是战争期间的有效手段，实质上——这是一种和平的手段。"只有为数不多的革命者继续勇敢无畏地进行反对帝国主义战争的斗争：这就先驱者和后来共产国际的创立者。

社会民主党人在各国资产阶级政府中稳坐部长的交椅，而共产党人逆流而进，侨居国外时和在监狱中继续进行斗争。

俄罗斯的杜马党团被流放到了西伯利亚。

斯巴达克同盟登上了斗争舞台。

卡尔·李卜克内西和罗莎·卢森堡被投入监狱。

列宁最先知先觉，最富远见，也是最勇敢，战争刚一爆发，他便确切地表述了无产阶级的义务：

"第三国际面临的任务是，组织无产阶级的力量向各国资本主义政府发起革命进攻，进行反对各国资产阶级的国内战争，以夺取政权，争取社会主义的胜利！"①

于是共产党人，也只有共产党人，履行了自己的诺言。俄国沙皇制度的堡垒被布尔什维克攻克，帝国主义战争被转变为国内战争，向各国无产者和所有的被压迫的民族预告了和平。如今只有共产国际仍然高举革命的旗帜，社会民主党则比以往更加紧密地与资产阶级一起聚集在国内和平的黄色旗帜周围，越来越频繁和坚定地投向公开反革命的白色旗帜之下。

社会爱国主义认可最早的一批帝国主义条约——凡尔赛条约、特里亚农条约、圣日耳曼条约和纳伊条约，从而开启了新的帝国主义战争的可能性，他们现在再次成为第二个凡尔赛条约和金融资本专家的战争赔偿国际计划的首倡者。

德国社会民主党和王德威尔得打着和平主义的旗号在第一个凡尔赛和约上签字。现在英国的皇家工党政府、德国社会民主党和法国社会党则是第二个凡尔赛和约的倡导者，从而成为第二次帝国主义世界大战的

---

① 参见《列宁全集》中文第2版第26卷第45—46页。——编者注

播种者。

在第一次世界大战中签订了第一个凡尔赛和约之时,社会爱国主义者们将工人、农民和被压迫的殖民地交由本国的资产阶级肆意欺凌。如今,在只不过是第二次世界大战前奏的第二个凡尔赛和平条约签署前夕,社会民主党人变得更加"国际化":现在他们将劳动者交到法国、英国和美国的托拉斯吸血鬼的国际联合金融资产阶级手中。

第一次世界大战中,资产阶级犹须采用谎话连篇、哗众取宠的漂亮词句:"解放战争,争取权利和正义的战争,争取民主的战争。"新的凡尔赛条约却在厚颜无耻地坦率地亮出了银行主们的整个计划。

第一个凡尔赛条约尚未装出一副模样,似乎希望消除("赔款")给世界所造成的社会政治灾祸,第二个凡尔赛条约则作为借款、利息、外汇和股息的"赔偿计划"完全公开地亮相。第一个凡尔赛条约的主角则全然公开,就是摩根——实利主义者银行家。

社会妥协主义者的行为也发生了变化。

他们公然打造新战争的武器(英国的工党政府,投票赞成预算的法国社会党人),厚颜无耻地支持法西斯黑色百人团(德国社会民主党)。

国际金融资本家的新的凡尔赛条约所提出的目标是"改善"世界。这种改善对工人而言意味着延长工作日,加重剥夺。对农民而言则意味着经济破产和兵役,对士兵而言就是军官纪律的鞭子和在战壕中与虱子作斗争,对殖民地的被压迫人民而言就是延长他们被奴役的期限,对全世界而言就是新的第二次帝国主义世界大战的极大危险。新的凡尔赛条约在英国、法国和德国都得到第二国际的支持。

共产国际世界代表大会敦请全世界劳动者关注这一极大的危险。共产国际号召工人、农民、士兵、殖民地的奴隶们投入反对迫在眉睫的帝国主义战争的斗争。我们应当打消为备战打掩护的和平幻想。只要存在着帝国主义,就继续会有战争。战争的恶魔随时都有可能醒来。

裁军的和平主义口号是劳动者的最危险的自我欺骗。资产阶级永远也不会认真考虑这种建议，他们绝不会解散自己的军队。裁军的口号是只适应用来让无产阶级在从头到脚武装起来的敌人的汪洋大海中丧失防卫能力。

　　拒绝服兵役的和平主义口号，对于老实人同样是一个圈套。共产党人应当加入帝国主义的军队，以便学会使用武器，从内部炸毁军国主义。列宁提出了无产阶级革命真正的军事纲领，当时他说："被压迫阶级如果不努力学会掌握武器，获得武器，那么只配被人当做奴隶对待。这样的被压迫阶级必定会受到压迫，受到侮辱或者被视作奴隶。"①

　　我们应当消除社会民主党人有意识地散布的那些幻想：仿佛战争已经开始的时候，工人们会在最后关头以总罢工和革命来回应战争。

　　只有工人阶级与农民阶级和被压迫民族的联盟取得圆满成功，才能防止战争。如果战争爆发，那么，就应当向苏联的工人和农民所做的那样，用军事斗争的方式来反对战争。

　　我们应当毫不留情地揭穿各帝国主义政府的外交诡计，我们应当开展劳动者的群众运动，反对威尔逊的第一个凡尔赛条约，反对帝国主义正在准备的新的大血战。

　　我们应当使无产阶级明白他们的伟大历史作用：领导工人阶级、农民阶级和各国被压迫的人民的联盟，用以反对帝国主义和它们的战争。

　　我们应当开展反对保卫资产阶级祖国这种思想的宣传。法国、德国、英国和日本的工人阶级应当懂得，工人在尚未战胜自己的剥削者时是没有祖国的。

　　我们应当当着工人阶级的面撕下社会民主党人战争反对者的假面具，表明他们参与了备战，而在决定性的时刻还恬不知耻地站在本国资

---

① 参见《列宁全集》中文第 2 版第 173 页。——编者注

产阶级一边，出卖工人阶级。

共产党人的义务就是在资本主义的军队中广泛开展宣传，旨在干扰它们充当帝国主义战争的工具。我们应当在资产阶级军队内部筹建本来的劳动军队的基层组织。

共产党人应当使全体劳动者相信，苏联红军是世界上唯一的一支为无产阶级事业和全世界和平服务的武装力量。

所有的共产党都应当建立地下组织，以便在发生战争时保持与工人群众和彼此之间的联系。

共产国际使全世界的被剥削者和被压迫者确信，它不仅是"和平的工具"，而且是全世界无产阶级反对帝国主义战争最为重要的武器。

共产国际声明，只有社会革命才能阻止帝国主义战争。只有反对资产阶级的国内战争才能彻底结束帝国主义列强组织的阶级屠杀。

共产国际号召全世界所有的被剥削者和被压迫者，自7月27日至8月4日举行示威游行周，组织群众大会和群众性示威游行。我们应当将宣传、组织和准备国内战争的思想变作广大群众的财富。

打倒战争！

打倒社会民主党人！

各国无产阶级的国际团结万岁！

各国无产阶级的国内战争万岁！

无产阶级反对资产阶级的帝国主义战争的国内战争万岁！

共产国际世界代表大会

反对白色恐怖

第五次世界代表大会是在许多国家的白色恐怖极度猖獗的时刻召开的。

成千上万的工人、农民、共产党员和工会会员目前正在德国、波兰、保加利亚、意大利、爱尔兰、芬兰、印度、西班牙、日本、南斯拉夫和匈牙利的监狱中遭受折磨。

成千上万的爱尔兰人因为抗议英国帝国主义而被捕、受审。25000名为了将自己的国家从殖民地奴役的枷锁下解放出来而斗争的印度革命者,被英帝国主义集团监禁在英国监狱的囚室里。

波兰监狱中所施行的判处死刑、未经审判即行枪决、严厉拷打,每天在无产阶级斗争先烈的名册上增添了血的新篇幅,使人回想起中世纪宗教裁判所最恶劣的时代、狂怒的刽子手对俘虏的阶级斗争的牺牲者的凌辱。

意大利正处于大规模残杀和洗劫时期,法西斯匪帮不受任何约束地肆意横行,日本在地震期间清除共产党人,罗马尼亚的监狱中枪杀"企图逃跑"的被捕者,西班牙偷偷地杀害工会领导人,保加利亚的白卫军剥夺了工人和农民的一切合法机会,对他们进行残酷的镇压——这只不过是从疯狂的资产阶级对世界各国工人革命活动家一连串的迫害中所摘取的某些片段。

在世界革命的首都召开第五次世界代表大会,谨越过监狱的高墙,向你们——德国的工人和海员、德国起义的战士们,向你们——遭受了失败的保加利亚起义者们,手持武器为推翻法西斯专政而斗争的农民们,向你们——波兰资产阶级正准备判处你们的克拉科夫工人们,向你们——英勇的意大利无产者们,向你们——爱尔兰独立的志士们,向你们——切身体验了资产阶级的复仇的芬兰工人们,向你们——印度的革命家们,向你们——为世界公社而奋斗的所有的战士们,致以热烈的敬礼。

没有哪一个国家的公社社员不愿为了劳动者和所有的被压迫者的伟大的解放事业而付出牺牲的。死刑、拷打、白色恐怖都不可能阻止我们的运动。

我们获得胜利的时刻也已临近。全世界的无产阶级,快从敌人的手中解放出自己的囚徒,摧毁资产阶级刽子手们的政权,将整个世界改造为同一的公社吧!

致意大利工人的呼吁书

打倒法西斯罪犯！

意大利的工人们、农民们！

法西斯主义刚刚又在长长的杀戮、掠夺和暴行的清单上增添了一种新的罪行，所有这一切都标志着它针对意大利无产阶级的凶狠的斗争。它已经残暴地杀害成千上万的革命工人和农民。已经将成千上万的工人共产党人和社会党人投入监狱并加以严刑拷打，而现在它又凶残地迫害议员、改良主义党书记马泰奥蒂。所谓的自由资产阶级产生了并一直支持法西斯主义，唆使其采取反对无产阶级的行动，如今却虚伪地表示愤怒。他枉费心机地企图推卸自身作为法西斯分子犯罪的直接同伙的罪责，掩盖自己曾予以赞许的痕迹。当法西斯主义疯狂地反对各党的千千万万工人时，改良主义的领导人们一直向群众鼓吹驯服和消极，甚至在目前，尽管他们的党的书记遭受凶残的杀害，他们仍然在竭力削弱工人群众不断增长的愤怒，增强和平主义的幻想和对恢复民主的议会制度的信念，通过这一政策促进国家和军事机关的法西斯专政基础的巩固。

共产国际第五次代表大会在这位新的牺牲者以及许多在反法西斯专政的斗争中同样英勇的默默无闻的牺牲者墓前沉痛地垂下自己的旗帜。

代表大会认为面对意大利和其他各国的无产者和阶级战士从这些事件中得出结论，乃是自己的义务。在不分党别的无产阶级群众表现出顽强斗争的坚定意志，直至推翻法西斯专政的时候，在极端主义领导人的动摇不定的态度中寻求自己的依靠力量的改良主义党和工会联合会却妨碍全体无产阶级群众同心协力的抗议行动，破坏足以团结和推进全体工人群众的这一行动；他们这一次也将意大利无产阶级抛到法西斯分子的脚下。这样，反革命的领导人以其怯懦的做法表现出了对意大利无产阶级的战斗力缺乏信心，暴露了自己是白卫军犯罪手段的政治上的志同道合者。

同志们！

只有无产阶级和农民阶级团结一致的共同努力，才能战胜法西斯主义，要下定决心组织自我防卫，以无产阶级群众的革命行动回应法西斯分子的暴力；和平主义的领导人们被和平主义的民主的幻想所迷惑，回避斗争，企图通过与法西斯主义妥协来避开对自己的打击。他们与无原则的永远动摇不定的极端主义领导人们结成联盟，与法西斯分子以全力向革命的工人和农民发起猛烈的进攻，正当需要将无产阶级团结成一个整体，与他们已经身受其迫害的恐怖活动进行强有力的斗争的时刻，这些领导人却使无产阶级陷于分裂。

意大利的工人和农民们！

让议员马泰奥蒂成为牺牲品的犯罪行为，宪法反对派各党和社会民主党人却想将其描绘成为一桩刑事处罚的案件。你们应当反对这类避重就轻的做法，与之针锋相对地径直提出制度的问题。你们的行动的团结一致，你们的阶级组织和你们的工会的巩固，工厂工会委员会的恢复和你们的各种阶级力量的统一战线——这就是你们通过它能够战胜压迫者的唯一道路。

意大利的工人们和农民们！

既有的局势必须提出下列口号，这些口号早已为共产党人所坚持，号召你们投入与法西斯专政的坚决斗争：

1. 解除武装法西斯匪帮们的武装，遣散国家民兵部队。

2. 推翻杀人犯政府。
3. 工人和农民为反对白色恐怖而斗争。
4. 建立武装的无产阶级百人团。
5. 建立工厂工会委员会。
6. 释放在监狱中受折磨的工人。
7. 争取工人阶级的结社、集会和出版自由。

要在争取实现这些符合你们自我防卫当前任务的斗争中，将自己的意志和努力集中统一起来。

各个党派的工人们！

一元集权制工人们和极端主义工人们，这次相信反法西斯斗争应采取民主手段的领导人被杀害，必定会让你们相信改良主义的策略是错误的和危险的，那会削弱你们的努力，不可能让你们免遭打击。你们应当谴责这一策略，彻底将其抛弃，与共产党人工人团结成一个整体，将你们的力量和他们的力量铸成钢铁般的统一战线，在共产国际的旗帜下与压迫你们的人进行无情的斗争，共产国际是无产阶级的革命的国际，列宁的久经考验的策略和直接继承者，它曾保证了沙皇俄国的无产阶级和农民阶级取得胜利，现在正带领全世界的无产阶级走向胜利。

意大利无产阶级和农民阶级的统一战线万岁！

反法西斯的革命阶级斗争万岁！

共产国际万岁！

东方国家和殖民地的各兄弟民族!

列宁同志的逝世让国际工人阶级的内心遭受沉重的打击,在你们——被压迫的东方各民族之中产生了非同寻常的反响。

你们为纪念伊里奇逝世举行追悼游行、群众大会,并用其他种种方式表达所遭受损失的痛苦,表明列宁已被你们承认为自己的领袖,他的名字已成为正在觉醒的整个东方的一面旗帜。

列宁的口号就是你们的口号。

我们亲爱的伊里奇的革命遗训,让每一个土耳其农民、波斯的下等人、阿富汗牧民、埃及穷人以及日本的港口工人、中国的铁路员工和朝鲜的苦力都感到亲切易懂,将会在你们争取美好未来的历史地不可避免的战斗中鼓舞着你们。

共产国际和全世界的无产阶级一起,以聚精会神、毫不松懈的目光注视着你们的英勇斗争,你们一定会为争取自己的民族独立、自身的解放、摆脱国际资产阶级压迫而进行斗争。

帝国主义资产阶级涌向东方,为的是抢夺新的市场,习惯于将各东方国家看做残酷无情、巧取豪夺地进行剥削的对象,看做自己的殖民威力的源泉。

你们,居住在近东、中东和远东辽阔领域的亿万民众,在资产阶级的眼中就是他们的不可剥夺的奴隶,生下来就只能以自己的劳动替西欧和美国的统治阶级创造财富。

在世界大战期间,各国的资本家们毫不吝惜地大做夸夸其谈的广告，许诺其管辖之下的殖民地民主、自治，几乎可以独立。

这是资产阶级剥削者狡猾的外交手法，企图在最危险的时刻让殖民地依然听命于他们，以保证新的援兵从这个取之不尽的人力贮存库里源源不断地加入他们遭受重创的军队。

然而现在已经是血腥屠杀结束之后的另一种时日了，世界帝国主义的资产阶级厚颜无耻地将自己的许诺置诸脑后，以新的前所未闻的力度着手扼杀印度，劫掠中国，肢解土耳其，奴役伊朗，压迫各殖民地。

作为对其这种专横霸道的回答，你们，东方各殖民地的被压迫民族，要团结一致地奋起为自身的民族解放而斗争。

你们要知道，在这场忘我的斗争中你们并不孤立。

各国的革命无产阶级的无限同情都在你们一边。同样是那个在东方殖民地和半殖民地国家压迫和剥削你们的巧取豪夺的资产阶级，以同样的残酷无情镇压和扼杀西欧、美国的工人阶级。

我们通向推翻资本主义奴役和帝国主义压迫的道路完全相同。

无论是你们东方各殖民地被压迫民族的还是西方工人阶级的真正彻底解放，都只有在紧密团结、共同友爱地与世界资本主义进行斗争的条件下才有可能。

东方的农民们，各国的农民和工人都已经站到了共产国际的旗帜下，你们的力量与你们的西方的弟兄们在一起。

为了共同进行斗争，共产国际代表大会向你们伸出了兄弟般的手。

东方各国年轻的共产党，共产国际代表大会向你们致敬，你们在极其艰苦、闻所未闻的困难条件下进行工作和斗争，面对的是经济落后、封建残余和夺取了你们队伍中许多优秀同志的野蛮拷打和死刑。

东方各国和殖民地的共产党在帝国主义者和本国封建主坚定不移地进行斗争的同时，将一如既往地支持旨在推翻外国资产阶级剥削压迫的民族解放运动的一切真正表现，从而结成反帝统一战线，与贪得无厌的国际资产阶级相对抗。

代表大会向你们——土耳其和阿富汗人民致敬，你们扔掉了身上附庸国的枷锁，击退了帝国主义匪帮的历次进攻。

共产国际第五次代表大会同时向中国国民党和蒙古人民革命党致以友好的问候。

向资产阶级复仇的决定命运的时刻就快到了。在共产国际迎风招展的旗帜下，全世界的工人与东方和殖民地被压迫民族结成同盟。正准备投入最后的决定性的斗争，向资本主义的堡垒发起总攻，为了工人阶级夺取政权并在全世界建立世界苏维埃社会主义共和国和共产主义制度而斗争。

全世界的无产阶级们！

在争取解放的斗争中，世界各国的工人阶级势必遭到来自统治阶级的极其残忍的迫害和骇人听闻的镇压。国际资产阶级集团在与阶级敌人决战时，既不会怜悯，也不肯饶恕。他们因为对其权利和世界财富的一切侵犯而残酷地报仇雪恨。

东方被镇压的各民族，特别是共产国际在东方的拥护者，亲身体验到什么是帝国主义资产阶级肆无忌惮的复仇，随着他们无可避免的灭亡时刻的临近，他们那极度的愤怒变得更加残酷无情。

电报局刚刚传来了一则来自中国的令人震惊的可怕消息。

5月26日在经过痛苦之极的严刑拷打之后，铁路工人工会理事会主席杨杰申（音）和另外4名工人被处死。

很长时期以来，各国的帝国主义者已经在被压迫和分割的中国领土上像主子一样为所欲为。

出于自私无耻的剥削和残酷压迫的政策的利益，帝国主义在中国故意支持相互斗争的军阀集团，唆使他们进行全然缺乏原则理由的内战，使中国劳动人民付出大量的牺牲。

将军吴佩孚、张作霖等人只不过是西欧和美帝国主义的工具。这些中国将军每一个人背后都隐藏着帝国主义的某个集团。

国际帝国主义千方百计阻碍中国的发展。千百万中国人民摆脱外国残暴统治者枷锁的任何尝试都被视为犯罪，应当处以极刑。

世界帝国主义完全应当为我们的中国同志的流血承担罪责。

共产国际第五次代表大会抗议这些令人愤怒的死刑，号召中国共产党以及同情它的国民党继续全力以赴进行顽强的斗争，为将亿万中国民众从野蛮、残酷的资本主义压迫下解放出来的伟大事业而奋斗。

被压迫的东方各族人民的解放事业万岁！

被压迫民族与西方的工人农民的联盟万岁！

国际革命万岁！

告红军、红海军和红空军书

红军战士们！在第四次与第五次代表大会的间隔期间，我们和你们一起遭受了沉重的损失。我们的导师弗拉基米尔·伊里奇·列宁去世了，他教导全世界的劳动者，只有进行有组织的激烈的斗争，我们才能消灭资产阶级的政权，在获得解放的各国人民之间建立真正的兄弟情谊。在共和国联盟的首都这里，在你们的坚强的保护下，我们所寻求到的极大的慰藉是：列宁还活在伟大的苏联，活在日渐成长的共产国际和作为革命成果英勇捍卫者的红军之中。

亲爱的同志们！我们以千百万劳动者的名义向你们致敬的同时，认为有义务提醒你们，资本主义的实力尚未被摧毁，掠夺者们还在为压迫和生计无着者锻造新的锁链，准备新的屠杀。全世界的地主、银行家和工厂主的全部仇恨都用来反对唯一的工农国家，他们把这个国家视为劳动者的支柱。你们必须提高警惕。你们必须记住，直到全世界的政权都掌握在被压迫者的手中为止，新战争的危险都将始终存在。

全世界生计无着的人，雇佣劳动的奴隶，像殖民地的奴隶们一样，都将你们视作保卫劳动者的唯一一支军队的战士，密切注视着你们的工作、你们的斗争、你们的成就。

共产国际知道，苏维埃政权为和平而斗争，不断削减自己的红军部队。现在民兵师团构成了苏联武装力量的大部分。军队数量越少，服军役的期限越短，对红军战士的警惕性和紧张程度便要求越高，要处于任何时刻都能击退任何进攻的状态。共产国际熟知你们的伟大而光荣的过去，兴奋地展望未来，坚信一旦有事，红军必定会出色地履行自己的职责。

被压迫者的盾牌和贫困潦倒者的剑——红军万岁！

全世界的社会革命万岁！

向为响应列宁号召的同志们致以兄弟般的敬意

正值我们的伟大导师心脏停止跳动这一令全世界劳动者悲痛的时刻，给全世界被压迫者和贫困潦倒者指出了新的道路的苏维埃共和国联盟的工人阶级，将自己最优秀的儿女输送进共产党，以便遵照弗拉基米尔·伊里奇·列宁的遗训，共同努力继续推进劳动解放的伟大事业。为纪念列宁逝世而吸收党员不仅是信任的标志，此外，还是反对全世界掠夺者艰辛历程中新生力量和新鲜朝气的来源。

亲爱的同志们！不单是苏联的劳动者注视着你们在党的奠基人和领导者逝世之后巩固共产党的努力。全世界的劳动者都屏息静气地关注着第一个劳动共和国内在劳动人类失去最优秀的首脑那些艰难日子里所发生的各类事件，而我们感到慰藉的是列宁还活在完成了十月革命的伟大工人阶级的心中，我们深感，其他国家的无产者也会效法你们的榜样，他们现在都将列宁视作不但是俄国革命的领袖，而且是全世界被压迫者的领袖和导师。共产国际认为有义务通过第五次代表大会提醒你们，你们站到了列宁的旗帜之下，就承担了伟大然而艰难和责任重大的义务。

俄国共产党对全世界的共产党而言，过去是、现在也仍然是铁的纪律和不屈不挠的力量的典范，你们是在这个党失去了自己的导师和领导之后加入它的行列的。你们加入共产党的行列，证明你们对苏联和全世界工人阶级所面临的任务有着清楚明确的理解。这些任务是巨大的。全世界的掠夺者宁肯让人类淹没在血泊之中，唯独不肯放弃他们的立场。所以我们依旧面临着长期的激烈斗争和各种考验，要求劳动者，首先是要求以统一的世界共产党的代表的工人阶级先锋竭尽全力应对。

共产国际熟知苏联工人阶级的过去。自从 1905 年以来，这个国家的工人阶级便在战斗无产阶级的队伍中占据首位。苏联工人阶级最伟大的创造便是他们的共产党，这个党业已成功地将首场劳动革命在前所未有的艰难条件下带领到胜利的终点。现在你们加入到了这个党的行列。你们已成为世界无产阶级先锋队的战友。共产国际欢迎你们，深信你们一定不会辜负选定你们作为列宁旗手的苏联工人阶级的信任。

俄国共产党万岁！

列宁的召唤万岁！

共产国际万岁！

附 录

共产国际执行委员会扩大全会
（简要记录）

共产国际执行委员会扩大全会第一次会议

（1924年7月12日，星期六）

季诺维也夫同志宣布会议开始。根据他的建议，责成大会主席团领导共产国际扩大全会会议的工作。

意大利问题

曼努伊尔斯基同志作关于委员会工作的报告。委员会在其工作中以大会所通过的行动纲领为准则。关于合为一体的建议经委员会和意大利代表团一致通过；自然，只有来自左翼的同志提出了某些保留条件。关于领导机关组成人员的决议意味着对意大利共产党党内生活的严重干预。然而，这一干预是不可避免的，因为意大利共产党的所有各派都要求周详地解决委员会内的问题。委员会还应当解决关于进入中央委员会的来自左翼的四位同志的解职问题。根据我们的章程，此类解职完全不能容许，而且与国际大会的决议相抵触。但因来自左翼的同志表示他们将根据党的纪律参加贯彻大会决议的工作，委员会认为可以不再坚持准确地运用章程。委员会知照执行了来自左翼的同志的解职事宜，或者准确地说,未将他们列入新成员的名单。中央委员会应当由 9 名中派成员、4 名所谓右翼和 4 名国际主义者组成。这决不是理想地解决问题,然而考虑到来自左翼的同志的立场,也只能如此了。责成主席团起草致意大利党的信件。主席团还应当就合为一体之事起草致意大利工人书。

必须指出,意大利危机的解决,最终取决于极左翼对这些决定持何种态度。大家已经听到了博尔迪加同志在大会上的声明。我认为这是得体的声明。我们希望左翼将忠实地贯彻委员会和扩大执行委员会的决定。所有建议均已征得意大利代表团的同意。必须让意大利代表团各派保证在即将举行的意大利共产党代表大会上捍卫扩大的执行委员会作出的决定。

博尔迪加(意大利):

在左翼和意大利共产党之间以及共产国际和意大利党其他各派之间还存在某种分歧。在如此状况下,曼努伊尔斯基的决议就是最好的解决问题的办法。我们据此接受了决议及其一切实际结论,不仅是基于纪律,而是因为它提出了一种我们自由地赞成的决定,一种我们甚至自己要求的决定。为了根除派别分歧,创建各个群体的积极合作,我们认为将左翼开除出中央委员会是最适宜的。

再说一遍,我们服从共产国际和扩大的执行局的决定,不仅是出于纪律,而且我们将积极参与决定的付诸实施。我们要竭尽全力,让每个属于我们这个派别的同志都采取同样的忠诚的立场。

里恩齐同志问报告人,关于中央委员会组成的决议,指的是党代表大会上即将选出的中央委员会呢,还是指目前履行职责的中央委员会。他表示,他这个派别将毫无保留地站在所提出的决议的基础上,这些决议完全符合派别原先的立场。

埃尔科利（意大利）：

中央接受决议，并将竭尽全力贯彻之。

曼努伊尔斯基（苏联）：

关于中央委员会组成人员的决议，指的是将要筹备党的代表大会的那个中央委员会。未来的中央委员会很有可能将以同样的力量对比为基础组成。但是不言而喻，共产国际将根据意大利共产党达成的协议解决这个问题。

格施克（德国）：

因为没有人要求发言，现在开始表决。委员会的建议[①]通过。

日本问题

麦克马纳斯（英国）：

委员会工作受到各种偶然事件的干扰，我们被迫将日本问题提交给主席团。建议通过。

奥地利问题

孔茨同志（德国）提出之决议经短暂辩论后通过。

[①] 见本卷收录的《意大利共产党行动纲领》。——编者注

保加利亚问题

什麦拉尔同志陈述了委员会作出的决议①。决议一致通过。

波兰问题

米茨凯维奇－卡普苏卡斯（波兰）

波兰问题委员会确定，以瓦尔斯基、科斯切娃和瓦列茨基等同志为代表的波兰共产党中央委员会在共产国际中支持右倾。委员会确定这种机会主义倾向不仅存在于对俄国共产党内辩论和对德国共产党的态度上，而且存在于波兰共产党的内部工作中。波兰共产党中央委员会已不能利用波兰国内无疑存在的革命运动，不能表现出必要的革命主动性。另一方面，中央委员会解除了反对派的工作并且不断镇压反对派，而反对派实际上代表了共产国际的观点。因此委员会一致通过如下决议②并建议予以确认。

决议一致通过。

关于宣传的提纲

格施克（德国）：

下一项，关于宣传的提纲。因为提纲已经委员会一致通过，我们可

---

① 见本卷收录的《中欧和巴尔干的民族问题》。——编者注
② 见本卷收录的《关于波兰问题的决议》。——编者注

以直接进行表决。无人反对。提纲通过①。

关于体育国际的问题

关于工人阶级体育问题的决议同样未经讨论即已通过②。

匈牙利问题

库恩·贝拉（匈牙利）：

两个匈牙利派未经任何外部中介即达成协议。政治提纲、策略提纲和组织提纲均一致通过。我们仅仅请求任命一个委员会对这几个提纲进行审查，并确定组织措施。我们提出如下委员会组成人员：库西宁、安德列耶夫、俄共中央书记和皮亚特尼茨基。建议通过。

黑人问题

曼努伊尔斯基同志建议将关于殖民主义和民族的决议以及黑人问题的决议提交主席团，以便最终定稿。此外，他建议共产国际成立关于黑人问题的常设委员会，委员会中应该有来自英国共产党、比利时共产党和法国共产党以及来自执行委员会的各一名代表，以便在黑人中开展宣传工作。

格施克（德国）：

有鉴于**曼努伊尔斯基**同志的建议，我建议将民族问题以及东方革命

---

① 见本卷收录的《关于共产国际及其支部宣传活动的提纲》。——编者注
② 见本卷收录的《关于工人阶级的体育》。——编者注

问题也一并提交主席团，并责成主席团成立有关这个问题的常设委员会。我建议任命美国党的代表为委员会主席。没有反对意见。相应的决议一致通过。

法西斯主义问题

弗赖穆特同志提交委员会业已通过的决议，并建议责成主席团最终定稿。

格施克（德国）：

因无反对意见，决议交给主席团、也就是交给其编辑委员会作最后润色。主席团以扩大的执行委员会的名义公布决议。

接下来我们要通过关于妇女问题的决议。这一决议起初将在国际妇女会议上深入研究，然后交到主席团。主席团请求授予它以执行委员会的名义全权公布。没有反对意见。建议通过。

然后，该轮到关于知识分子问题的决议。我认为这个问题也应当提交主席团，责成它以执行委员会名义公布。建议通过。

工会运动的统一

季诺维也夫同志在发言中谈到国际共产主义运动的统一问题，涉及业已存在的分歧。分歧几乎已经全部消除。重点应当转向培训群众："大会仅仅弃绝了'来自上面的统一战线'。我们毫无疑问地坚持这一点。因为将出现对立的倾向，它们将与第五次大会决议发生尖锐抵触。我们是仅仅搞'自上而下的统一战线'的敌人。我们主张自下而上的统一战线，仅仅在同时从下面做准备的情况下允许上层的谈判，这是为达到顺利结果所绝对必需的。这方面应当为德国同志说句公道话。主要的，这是来自群众的压力，培训群众。"

季诺维也夫在对辩论进行总结时，提出如下的决议：

"一、扩大全会原则上主张两个工会国际在一定条件下最好是联合起来。

二、两个国际的联合，只能是在如果这个问题作为工人群众的注意中心，换言之，如果得以实现重要的自下而上的运动的情况下。

三、为此应当承认必须开展广泛的国际运动，首先是以共产国际和国际运动——以世界范围工人运动思想的精神开展起来的国际运动的名义。为此必须接受共产国际和工会国际的宣言。"

今后，决议将重视准备为工会的国际统一而进行的各种形式的斗争。季诺维也夫同志断然否认俄国工会策略独立的可能性。

"这根本谈不上。俄国工会是工会国际的一部分，它将奉行工会国际的策略，决不会遵循自己的政策。

然而在这种情况下应当利用哪怕仅仅是俄国工会同阿姆斯特丹人进行谈判的机会。交通工人国际会议期间就是如此。当时他们的领袖甚至费门都希望不同工人国际谈，而仅仅同俄国工会谈。表面上仅仅是俄国人在进行谈判，但他们置身于**国际委员会的监督之下**。俄国同志从会议一开始就指出，他们自认为是工会国际的代表。"

博尔迪加同志在讨论中反对这项决议。原则上他并不反对工会运动的统一，但是不同意所提出的方法。

季诺维也夫同志的建议和德国人提出的修改，全票赞成，仅一票反对。

与此同时，批准了建议在进行谈判时的委员会成员。

法国代表团建议在记录中"世界范围的团结"后加上"通过召开全世界统一的大会"的字样。

塞马尔同志（法国）说明这样的添加是因为必须对工团主义者和改良主义者进行反击，他们建议恢复"通过民族工会融合的团结"。仅仅是因为这个，我们要求作上述的详细说明。

海因茨同志和台尔曼同志发言反对这个建议。目前在谈到动员群众时此类对策略的详细说明只会引起混乱。这就会提出已被群众和大会否定的关于"来自上级机关的统一战线"问题。

在蒙穆索同志（法国）进行反驳后，**季诺维也夫**同志表示，只要创造出必要的前提条件，共产国际自然会赞成召开全球大会。"我们应当弄明白，我们在鼓动群众做什么。"

塞马尔同志（法国）代表法国代表团留意到了季诺维也夫同志的声明。

关于苏瓦林问题

斯图亚特（德国）：

委员会首先应当研究违反纪律的问题。这时必须考虑到共产国际在苏瓦林犯过失时的政治局势，以及执行委员会主席团委员这一非同寻常的无纪律性所引起的严重后果，如果不是共产国际对此作出最果断反应的话。苏瓦林致《共产主义公报》订户的信本身，就足以成为开除的理由了。苏瓦林为了替自己辩护，指出了这段时间党内的气氛。委员会对此进行反驳说，苏瓦林本人对这一气氛的出现起了最大的推波助澜作用。委员会一致通过了自己的决议。（宣读）

格施克同志指出，苏瓦林尽管不止一次地受到邀请，却并未到会。

居伊、热朗、埃尔科利和**博尔迪加**要求重视减轻的情节。法国党在同苏瓦林冲突期间，处于一种党内纪律大大削弱、每个人都贯彻自己的个人政策的状况。热朗指出，法国许多同志都不懂得开除，因为无论在各组织和中央委员会，关于开除的建议没有得到清楚的表述和讨论。埃尔科利认为必须注意到，鉴于苏瓦林直至最近仍是共产国际驻法国代表的情况，委员会建议的严厉措施可能具有危险的后果。

塞利耶同志说，各组织对苏瓦林的问题已相当了解。中央委员会也对苏瓦林进行了严厉谴责，而且表示遗憾：由于苏瓦林在共产国际主席团中的职务，不能采取更加严厉的措施。中央委员会同时表示，将把此案转告共产国际。苏瓦林不能以减轻处罚情节为借口。他滥用源于他在党内和共产国际的地位的威望，在几个月内同中央委员会最坚决的指示背道而驰，并且是公开地、采取蛮横无理和恶毒的方式。

弗赖穆特（德国）：

这里指出的那些减轻的情节，委员会都尽量考虑到了。至于苏瓦林在党内身居要职，并不是减轻、而是加重的情节。我们应当明确告诉各国共产党和工人：对我们而言，并不存在分别适用于普通党员和身居高位同志的两种纪律。对我们而言，只有一种共产主义纪律。因此，我们赞成委员会的决议。

（根据穆纳的提议，讨论终止）

斯图亚特同志在结束语中再次强调，委员会没有对苏瓦林采取特别残酷的措施。只要他放弃非共产主义的行为方式，我们的大门是对他敞开的。进一步放松是有害的。要么我们是纪律严明的党，要么我们没有纪律。决议的通过将使整个共产国际、更重要的是使共产国际的敌人确信，违反纪律在我们的队伍里是不能容忍的。委员会的建议[①]在意大利代表团5票反对的情况下通过。

---

① 参见本卷收录的《受代表大会委托、经执行委员会扩大会议批准的苏瓦林事件委员会的决议》。——编者注

共产国际执行委员会扩大全会第二次会议

（1924年7月13日，星期日）

瑞典问题

台尔曼同志讲述了瑞典党内分歧的历史，然后谈到委员会所通过的决议草案。这个决议得到委员会的一致通过。除委员会成员之外，也让挪威党和丹麦党代表团成员参与表决。他们同意委员会一致通过的决议，而且所有参加委员会和让参与表决的人全票反对霍格伦集团，决定将这一草案提交执行委员会的扩大全会。

委员会会议结束后，我向霍格伦同志提出一个问题，如果草案经委员会通过并得到扩大全会的确认，他是否准备在这个草案的基础上在瑞典党内工作？霍格伦同志回答道：

"我声明任何人都不应当做无法做到的事情。如果这项决议真正得到通过（我们认为它必将引发党内灾难），我们不能保证无条件地贯彻这项决定，然而，我们自然会十分认真地在党内进行讨论，如果整个中央委员会认为可以以此为基础继续领导党，那么我也将留下来，在中央委员会工作。"

这样，霍格伦预见到了各种可能性。我们应当在此清楚而认真地声明，这是必不可少的，顺便说说，由于三个党之间的联邦关系，今后不可能就这样继续下去。我们在等待选举之后即将召开党代表大会时，至少应当争取在政治上搞清楚；应当向党员讲清党内策略分歧的实质，向他们介绍第五次大会的各项决议。

我们认为，同霍格伦同志的威胁相反，瑞典党也可以轻松地克服这场危机：委员会中的少数业已确定，在各种政治问题上反对多数派意见的发言在党员中成果非凡。如果所提出的草案将作为纲领在扩大的全会上通过，然后在瑞典党内发生相应的改组，那么这里完全同德国党、波兰党和法国党内一样，百分之八九十的党员都会赞成共产国际和大会决议的观点。

霍格伦同志声称，瑞典代表团的大多数拒绝委员会提出的决议，认为那是对目前党中央委员会的不信任票。这项决议的通过不会解决危机，而只会激化危机。发言人断言，党内并不存在任何较为重大的政治分歧或者原则分歧。著名左翼成员据说在各种问题上都赞成执行委员会所定性的机会主义立场。党内的确存在含糊不清和机会主义的倾向，但两种流派的程度都一样：目前的分歧仅仅涉及组织问题和个人问题。正在进行针对我党以激进主义作伪装的地方主义和分散主义倾向的斗争。少数人违反纪律，党失去了统一的领导。

这引发了召开非常党代表大会的必要性。这里正在力求推迟召开党代表大会。然而这个问题应当在选举之前解决，以免影响选举。最后发言人提出如下的反方案：

1. 执行委员会应当坚决谴责党内少数派与党章相矛盾的发言。
2. 中央委员会提出的四条应当得到执行委员会的批准。
3. 成立统一的党中央委员会，其中代表党的大多数的派别应得到绝大多数席位，但也保留少数派的代表资格。
4. 至于议会候选人，则在两个派之间按比例分配。
5. 召开非常党代表大会，以便批准这一决定。
6. 这次非常党代表大会协同执行委员会制定党的工作纲要。

这就是我们的反方案。我们无法接受委员会提出的建议。它既不公正也不理智：它将扼杀我们的选举运动，并给党带来极其严重的危害。它不会使党俄罗斯化，不会使党布尔什维克化，而是使党分散为原子。这也会影响到丹麦和挪威。因如上所述，我们要求否决委员会提出的方案，接受我们的方案。

萨穆埃尔森同志同意少数派也有弱点的说法。这可以解释为我党在马克思主义素养方面的情况很糟糕。霍格伦和斯特伦表现出对理论工作的兴趣甚小，因此两个党小组均缺乏马克思主义教育。组织问题似乎成了党的争论的中心。实际上霍格伦的这一斗争，仅仅是他长期（在若干年内）和连续的反对共产国际、对共产国际和执行委员会以及赞成对共产国际和执行委员会持毫无保留和忠实态度者的斗争的继续。霍格伦强调自己自12月份在莫斯科随之而来的"取消党的争论时期"开始的忠实态度，但他这里也说的不对，他说中央委员会的大多数一贯迫害支持我们的同志。霍格伦知道有两种中央集权制：国家中央集权制和国际中央集权制。当需要号召党的少数派和青年联盟遵守纪律的时候，国家中央集权制对他有利。对自己，他则要求只有国际纪律符合他自己的目的时才遵守。党代表大会只会带来害处，因为召开代表大会不是为了工作，而是为了斗争。他等于是暗中抵制选举运动：党内大多数自然对改选现有的代表不感兴趣。霍格伦最终应当清楚而明确地确定自己对于全球党的立场。

布哈林（苏联）：

萨穆埃尔森同志已经证明机会主义并没有霍格伦所断言的那么糟糕。然而，即使霍格伦的看法是正确的，这仍然不是对他有利的论据。这多半意味着党一钱不值，因为如果左翼如此机会主义，那么右翼又应当是什么样呢：瑞典党目前的处境是，为了拯救它，应当利用共产国际的全部经验、所有各党的经验，幸而这些党的经验没有像霍格伦所描述的像瑞典共产党那么糟糕。霍格伦和党中央的大多数不断地进行反对共产国际的斗争，胡说这是唯一的拯救之路。霍格伦同志说："我们不能执行这样的纪律。应当考虑到斯堪的纳维亚的分散传统。"知道吗，这听起来甚至有点马克思主义的味道；我们应当使我们的策略符合具体情况。可瑞典人真的具有如此分散主义的倾向吗？霍格伦自己使用极其集中的方法，连我们这些集中主义者都觉得太过分了。他是个超集中主义者。分散主义的"传统"只是在对付共产国际时才出现在舞台上。应当明白地提出集中主义问题。什么更重要：是国家纪律还是国际纪律？对这个问题应当给出清楚的答案。否则我们连一个组织问题都解决不了。我们认为，在此类问题上共产国际应当支持自己的拥护者；否则它就不成其为共产国际了。一个自己都不忠于共产国际的党中央，还谈得上什么对它不忠诚？

瑞典党内的情况极其严重。党的多数派有一个反对它自己的青年联盟，其规模相当于党的一倍半，此外，还有至关重要的党组织——斯德哥尔摩党组织、哥德堡党组织和北部各区，结果几乎是一半对一半。霍格伦同志还会面临与德国布兰德勒当年类似的处境：布兰德勒总是断言整个党都跟着他，而最终连一票也没有得到。

应当借助共产国际同某个集团合作，寻找摆脱这场危机的出路。全体同志都听到了霍格伦同志的讲话。顺便说说，他说："我们遵循关于无产阶级专政的指示，所以才遭到了出色的失败。"他是怀着他所习惯的忧郁怀疑态度说这番话的：我们干了蠢事，这就是结果。这说明党昨天的方针。自然，也有这种情况：我们的立场明确，使得某些落后的工人阶层对我们敬而远之。在这种情况下，这仅仅意味着：党不能提出如此遥远的口号，以免使自己孤立于群众之外。然而霍格伦同志在讲话中提出了这个，作为反对口号本身的论据。

我们知道霍格伦同志对斯陶宁格及其裁军政策的看法；这种看法导致了我们无法接受的对于社会民主党人的让步。我们挪威工人党内发生的事情，对于整个共产国际都颇有教益。不妨回忆一下当即将出现分裂时霍格伦同志在这个问题上的立场。都说特兰美尔派比舍弗洛派左得多；当事情发展到斗争时，才发现特兰美尔派捍卫的是社会民主党的机会主义立场。当时霍格伦同志站在谁的一边呢？自然是站在特兰美尔一边。现在到了他确信我们当时策略正确的时候了：挪威正在不可阻止地完成党的布尔什维克化的过程。至于说到斯堪的纳维亚国家"与众不同的特点"，那么在这方面斯特伦的新书颇有教益，霍格伦十分赞许此书。这本书中你可以找到小资产阶级情调、对田园诗的喜好、多愁善感、如泣如诉，应有尽有，却不是共产主义。霍格伦同这本书心心相印。他说："我们是小国的代表，小国阶级之间田园诗般的关系占了上风。"但是同志们，这种情况不会太长久了，我们应该作另一种准备。挪威也是这样的田园诗般的关系。不过只需6个月的真正斗争，田园诗般的关系就会在相当大的程度上消失。应当这样提出问题：我们能否永远根据这种情况来制定自己的策略、政策和意识形态，要么我们应当使工人阶级习惯于另外一种适合充当真正斗争中的工具的思想体系？我们的职责是力争党内在思想体系方面有所进展。只有这样才能拯救我们兄弟般的瑞典党。

季诺维也夫同志表示愿意避免等于贬低霍格伦同志的一切，并建议讨论和决议均不予公布，仅限于分别寄给各党组织，如果向我们保证真正贯彻所通过的决议的话。

至于党代表大会问题，不得不指出，这里我们遇到的是企图给执行委员会来个措手不及。我们有要求所有各党在召开代表大会之前事先同共产国际联系的规定。这是绝对必须的决定。因为党代表大会是国家整个政治生活的焦点。对于共产国际说来，关于何时、何地、在何种条件下召开代表大会、日程如何的问题具有很大的意义。霍格伦同志行事粗暴，在尚未通知我们和征得我们同意的情况下就召开了党代表大会。当时并无特别的需要；趁党内即将消失的右翼大多数还在的机会，绝望地企图召开党代表大会。

党内存在反对这次代表大会的不满情绪。代表大会凶多吉少，甚至可能导致分裂。

共产国际一致坚持代表大会延期召开，是出于什么考虑？是希望贬低霍格伦同志吗？根本不是。这只能说明共产国际打算尝试一切手段来拯救党的团结。因此就不希望出其不意地召开党代表大会，而是希望等待较为平静的时刻。自然也等待向党介绍第五次世界大会决议后的结果。在决定破裂或者打破之前，党为什么不去了解代表大会的决议呢？因此我们断言：我们坚持党代表大会延期举行，是为了真正保证统一。这首先是对霍格伦派讲的。我们相信，他那一派的大多数会明白这个道理。

现在来说说目前形势：霍格伦认定，为了找出原则性分歧，萨穆埃尔森应当在1921年以前回来。与此相反，我们只得指出，早在去年，霍格伦同志就采取了不仅同萨穆埃尔森的立场、而且同整个共产国际的立场截然相反的立场。以挪威问题为例。挪威党就至少一半国际问题进行了讨论，其中有：集体成员资格，共产党还是各种思潮的大杂烩，宗教问题，工农政府；所有这些都是挪威党内的讨论题目。在所有这些问题上，霍格伦都采取了同共产国际的立场截然相反的立场。当时他多次违反纪律，完全可以对他采取最严厉的措施。在我们的报告中，我们已经解释过为什么没有这么做。我们希望以对他本人的重大让步来说服他。对霍格伦来说，这仅仅是小小的喘息，他可以更加巧妙地筹备党代表大会：给左翼来个措手不及。

霍格伦同志试图证明，瑞典党的左翼也有糊涂观念（和平主义等）。霍格伦紧紧盯着自己的论敌。他看到邻居的小毛病，却看不到自己的大毛病。霍格伦同志可能在一个意义上说得对，就是瑞典左翼尚未完全成熟，还不是很均匀；然而他们具有一个优越性，就是他们真正地希望成为共产主义的左翼。共产党并不是一下子、在一年之内成熟的。

我们自然对瑞典党也没有这个要求；但毕竟已经过去5年了，5年中每次代表大会都要研究瑞典问题。左翼的队伍里越来越清晰地反映出把党变成真正的共产主义政党的意向，而在右翼的队伍里则有对此表示反对的著名活动家。

即以斯特伦为例。老好人，不过当然，是个社会民主党人。这点我们完全清楚。不久前，他写了一本关于俄国革命的书；这个问题不是民族问题，它对无产阶级革命至关重要。他在书中分不清布尔什维克和孟什维克。是他支持巴拉巴诺娃女士，巴拉巴诺娃女士在《阿凡提》页面上同我们进行斗争。斯特伦认为我们是独裁者，人们屈服于枷锁，而不是出于内心的向往。他同巴拉巴诺娃团结一致。霍格伦同志应当决定，他是否同意同左翼的优秀部分合作，自然是在共产主义的立场上，而不是在半社会主义立场或者斯特伦和巴拉巴诺娃多愁善感的立场上。我们不要求更大，但也不满足于更小。

至于说到代表大会的准备工作，台尔曼同志说得对，他认定这是社会民主党人的方法。不愿意让最大的省组织——哥德堡组织以决定性的票数参加代表大会，理由是它没有按时交纳党费。而且霍格伦声称应当强迫组织按时交纳党费。自然应当。我们也应当在财务方面给党打下健全的基础。霍格伦坚持按时交纳党费是对的。但这是如俄罗斯人所说的破绽百出。这里问题不在正确的原则，而在于小小的手腕，目的是赢得几张选票。想剥夺部分工人反对派在党代表大会上投票的机会。这样的方式绝对无法促进党的健康化。斯特伦大叔大概以为这是狡猾的手段，但他是从布兰亭那儿学来的，而不是从列宁和共产国际那儿学来的。这是社会民主党人的方法。我们需要的是代表全体同志的党代表大会；他们应当听取共产国际的意见，然后再作出自己的决定。

绝不能说我们在奔驰。这段历史持续了多年。不久前霍格伦还站在特兰美尔一边，从背后打击共产国际和挪威青年联盟。这就是1923年的事情。瑞典党终于需要明确的路线了。没有人打算把霍格伦除掉,没有人想贬低他,但我们坚持让他同共产主义分子打成一片,而不要同可疑的人打成一片。

瑞典特兰美尔化会导致什么?不会导致布尔什维克化,而会导致分散成原子。特兰美尔处于有利地位,工会的集体支持在他那边,他的党的一部分仍然已经摇晃到资产阶级一边,而另外一部分——无产阶级正在寻求返回共产国际的道路。瑞典的情况则正好相反,我们是个小党,一共才有8000名党员,其中有一半站在我们这边;那里有青年联盟,其规模超过党,完全站在我们这边。在这种情况下瑞典共产党面前只有两条道路:一条道路通向布兰亭和资产阶级,另一条道路通向我们。第一条道路就是斯特伦和巴拉巴诺娃的道路;另外一条道路无异于消除纷争并导致以共产主义方法对党的统一领导。

霍格伦援引了一系列事实来证明基尔布姆和萨穆埃尔森同他一起失误。我们则请求他不仅在这些同志失足时与他们步调一致,而且在他们走上正确道路时也同他们步调一致。

我们曾经一度同霍格伦在宗教问题上分歧很大。当时霍格伦同志还在学习共产主义基本知识。只得向他解释,我们要求资产阶级国家在宗教问题上保持中立,但我们共产党人自己不能保持中立。这个现在已经过去了。现在的争论是围绕着相当浅显的问题展开:国家纪律和国际纪律,哪个更高?在共产国际成立后的第六个年头讨论这类问题,感到羞愧。

关于党代表大会延期召开的建议中,有什么不能接受呢?为什么党不事先向党员介绍共产国际的决议,在深思熟虑之后再通过决定呢?我们不打算贬低霍格伦,但是要求他处于少数地位时服从决议。

我们希望瑞典的情况不要发展到特兰美尔化的地步,希望瑞典也和其他国家一样,一个好的共产党成熟起来。

我们对波兰党就是这样做的，他们党内也有杰出的同志，如瓦尔斯基、罗莎·卢森堡的朋友兼战友。他们所犯的远不是斯特伦那样的错误，共产国际依然公开表态说：不行，不能再这样下去了。波兰党是一个严肃的工人政党，广大群众都跟着他走，它已经进行了一系列重大的革命战斗。共产国际依然表示反对这些同志，他们服从了，谁也没有想到把这当成贬低和不公正，也没有问：社会民主党人会就此说些什么呢？我们也向某些同志公开指出错误。这才是共产国际。

总之，我们请霍格伦同志别再动摇，服从已经通过的决定。他自己也承认他的党内还有中派和平主义分子。那就应当和我们一起，开始同这些分子进行有力的斗争。

罗西（意大利）：

意大利代表团确信瑞典党内的情况极其严重。甚至在少数派中间也有机会主义分子，党应当立即开始布尔什维克化。我们同意所提出的决议，尽管认为它太没有说服力了，我们同意，因为这是布尔什维克化道路上的第一步。我们请霍格伦和他的朋友们接受这一决议，因为如不接受，那就自外于共产国际了。

墨菲（英国）：

我们认为霍格伦提出的关于在选举之前召开党代表大会的建议是无法接受的。让霍格伦在共产国际和社会民主党之间作出选择。英国代表团将对决议投赞成票。

孔茨（德国）：

如果瑞典党内一切照旧，应当对它进行清洗，别怕发生分裂的危险。致瑞典党的公开信应当措词尖锐。我们最起码应该要求通过决议。

奥特·利（挪威）：

瑞典党大多数中央委员对特兰美尔在挪威党代表大会上获得多数票起了协助作用。在瑞典问题上，我党代表团持一致的意见。我们不希望将霍格伦开除出共产国际，而是想让他留下来，当一个忠实成员。

特兰（法国）：

霍格伦替特兰美尔说的好话，如同一个德国共产党员替弗罗萨尔说的好话一样，简直无法容忍。总的说来，霍格伦的经历同弗罗萨尔的经历极其相似。霍格伦在这里讲的话，十分清楚地证明与他的政策相反。决议通过后，霍格伦应该直截了当地声明他回去之后将要贯彻这个决定。

诺伊拉特（捷克斯洛伐克）：

霍格伦要求执行委员会谴责瑞典党的少数派。他希望借此保证自己的多数派。这个企图不可能得逞。霍格伦低估了我们全会的智力水平。决议是执行委员会坚持的底线。

卡尔森（美国）：

斯堪的纳维亚代表团表示赞成决议。但它发现执行委员会纵容瑞典党多数派的时间太长。代表团认为瑞典问题不是国家问题，而是国际问题。这在美洲有强烈的感觉。围绕着霍格伦、塞拉蒂和莱维越演越激烈的争论，让我们斯堪的纳维亚的媒体饶有兴趣地抓到了。

博什科维奇（南斯拉夫）：

保加利亚代表团将对决议投赞成票。我们认为，霍格伦应当同意党代表大会延期举行。

劳尔森（丹麦）：

丹麦党对于瑞典成立了统一的党甚感兴趣。因此我们将赞成决议。希望霍格伦能拥护共产国际的观点。

西罗拉（芬兰）：

芬兰代表团将赞成提出的决议。我们坚信，这项决议将有力地把瑞典和芬兰的共产主义运动推向前进。我们希望在这场运动中，霍格伦将同我们和瑞典党步调一致。

格施克（德国）：

特兰同志建议霍格伦同志就提出的决议发表意见。霍格伦本人请求给他5分钟时间改口。建议给霍格伦同志10分钟。

（霍格伦谢绝发言）

台尔曼同志在结束语中对辩论进行了总结并对霍格伦说：

如果霍格伦不明白委员会决议的全部严肃性，拒绝接受这一决议，如果他不明白共产国际的决议已经在瑞典不止一次地受到抵制，那他就是以此表明什么也没有学到，将来什么也学不到。如果霍格伦不接受扩大全会的决议、不贯彻决议的话，就意味着他将要走许多其他人已经走过的道路。瑞典问题具有国际意义。如果各个支部都出现霍格伦倾向，那就是对共产国际及其今后存在的严重威胁。因此我们应当对瑞典工人和国际无产阶级说，应当对霍格伦这样的倾向进行斗争。如果霍格伦表示自己愿意贯彻代表会议的决议，他将留下来和我们在一起。否则，他就会走上自外于共产国际的道路。整个瑞典的形势需要一个紧密团结、纪律严明的共产党，为首的应当是具有共产党员所需要的、更是共产党领袖所需要的特点。（鼓掌）

格施克同志进行表决。决议除瑞典代表团两票反对外全票通过。

格施克（德国）：

法国代表团请霍格伦同志表态，他是否打算在瑞典贯彻这个决议。我问霍格伦同志，他是否希望发表相应的声明？

霍格伦（瑞典）：

我已经就这个问题发表声明。我没什么可补充的。

格施克（德国）：

已不允许继续讨论这个问题，这个议程到此结束。

图　表

失业状况

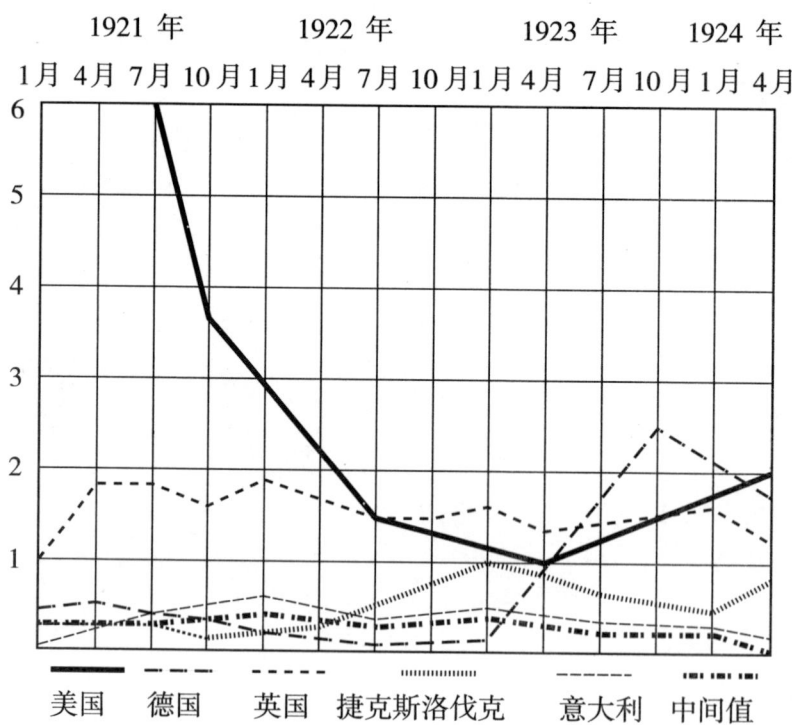

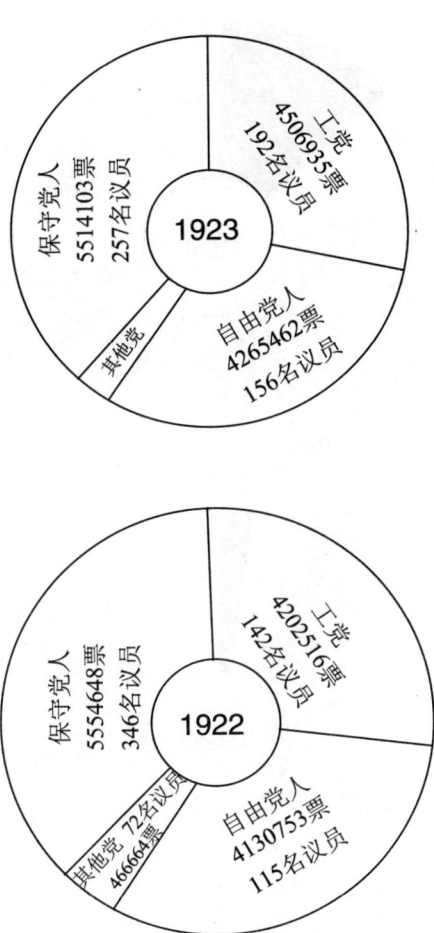

英国选举

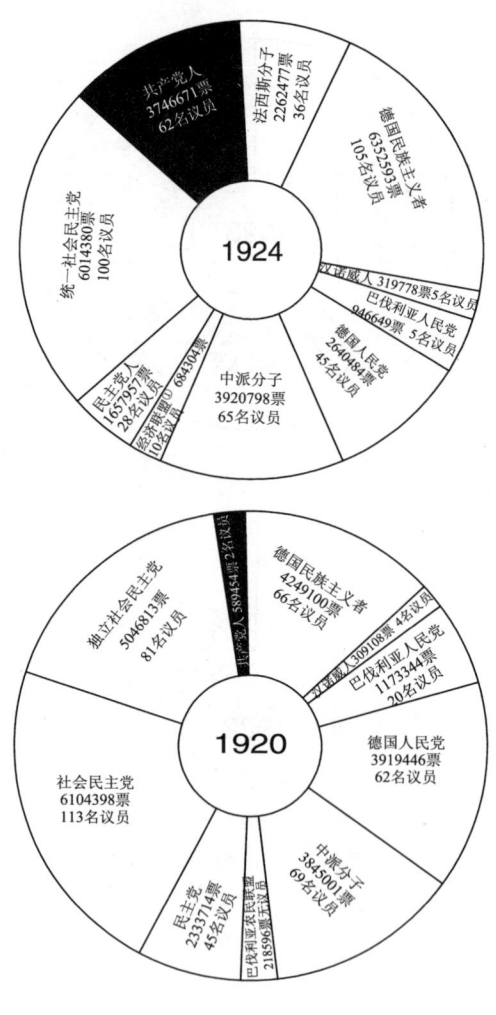

① 原文不清，系揣译。——编者注

附 录

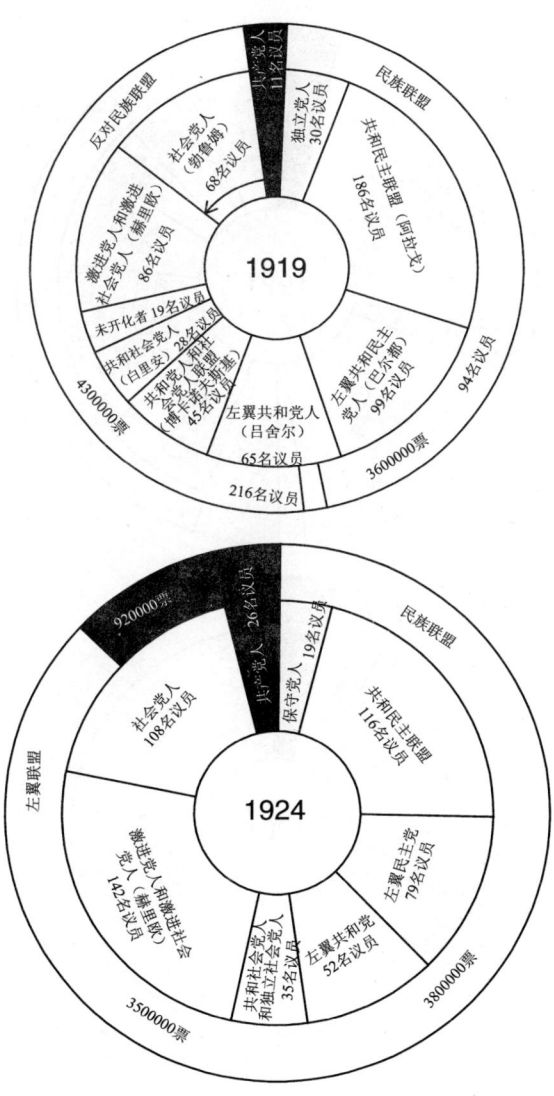

意大利选举

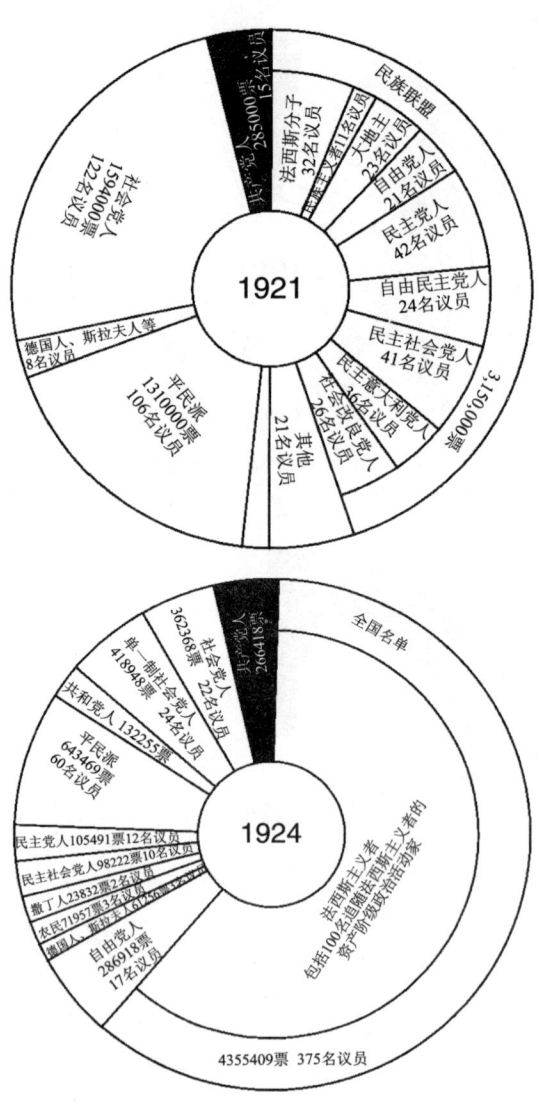

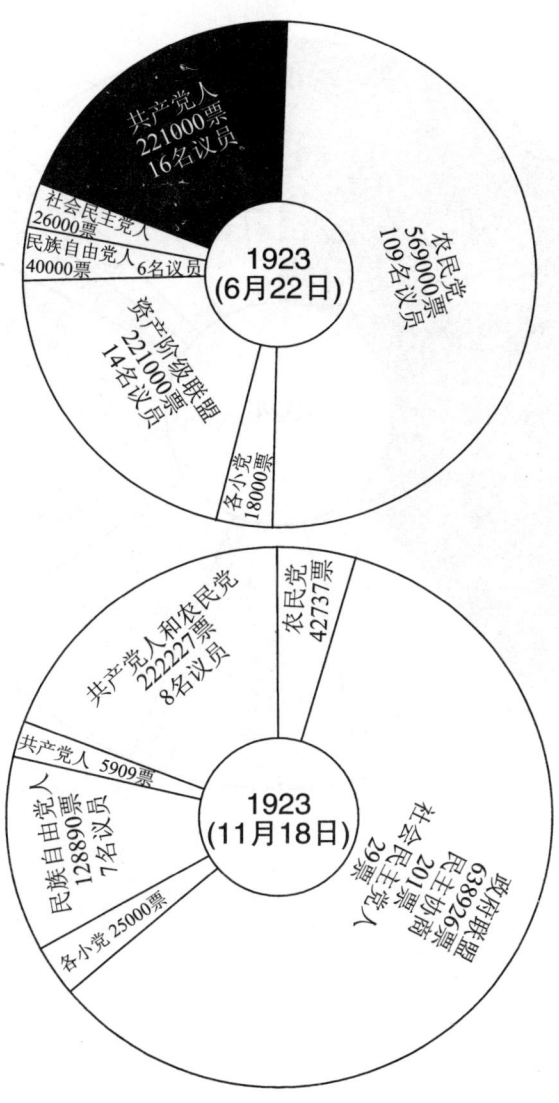

下喀尔巴阡的选举

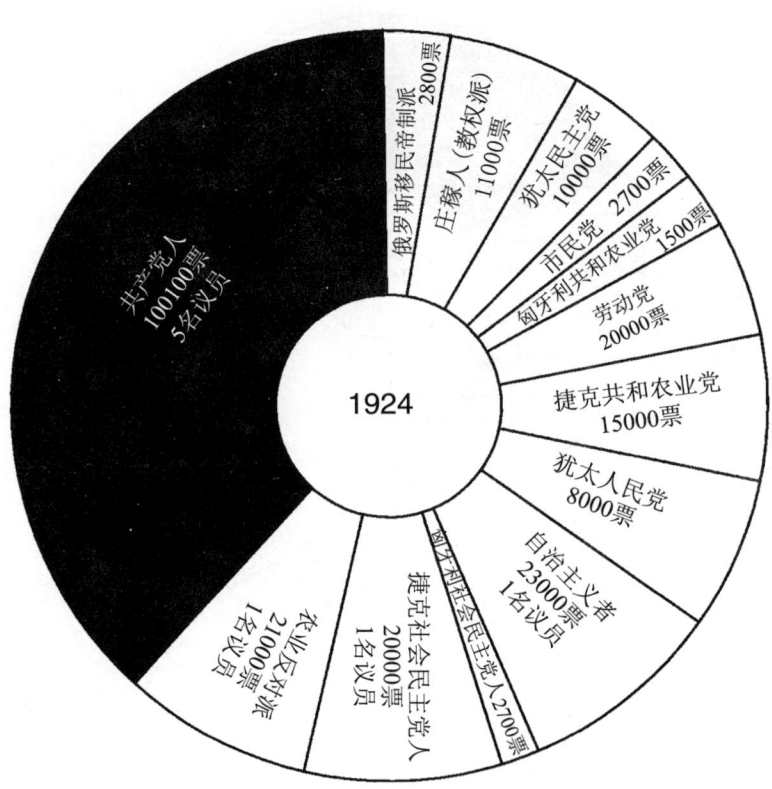

共产国际第五次代表大会组成人员

共产国际第五次世界代表大会组成人员[①]

国家名称	表决权	发言权	合计
1. 德国	41	16	57
2. 法国	23	13	36
3. 英国	10	—	10
4. 捷克斯洛伐克	20	3	23
5. 意大利	17	12[②]	29
6. 美国	10	1	11
7. 保加利亚	3	1	4
8. 波兰	12	4	16
9. 瑞典	7	—	7
10 挪威	9	—	9
11. 南斯拉夫	5	1	6
12. 罗马尼亚	4	2	6
13. 芬兰	6	2	8
14. 立陶宛	2	2	4
15. 拉脱维亚	2	—	2
16. 爱沙尼亚	2	1	3

[①] 苏联代表团（俄共、乌克兰、白俄罗斯、阿塞拜疆、格鲁吉亚、亚美尼亚）的数据未列入本表。大会计有：有表决权的代表207人，有发言权的代表80人，合计287人。

[②] 其中第三国际主义代表5名。

（续表）

国家名称	表决权	发言权	合计
17. 加拿大	2	—	2
18. 奥地利	3	3	6
19. 西班牙	3	1	4
20. 荷兰	2	1	3
21 瑞士	3	—	3
22. 丹麦	2	—	2
23. 希腊	2	1	3
24. 印度	2	—	2
25. 葡萄牙	1	—	1
26. 比利时	1	—	1
27. 阿根廷	1	—	1
28. 墨西哥	1	—	1
29. 巴西	1	—	1
30. 中国	3	1	4
31. 爪哇	2	—	2
32. 土耳其	2	1	3
33 伊朗	2	—	2
34. 埃及	1	—	1
35. 奥地利	—	1	1
36. 匈牙利	—	2	2
37. 蒙古	—	2	2
38. 爱尔兰	—	1	1
39. 冰岛	—	1	
40. 单独委任	—	7	7
合计	207①	80	287

---

① 由于7名代表没有完备的履历表，以后的表格中仅注明表决权和发言权总计为280。

性别	表决权	发言权	合计	百分比
男	189	76	265	94.63
女	11	4	15	5.37
合计	200	80	280	100

年龄	表决权	发言权	合计	百分比
25 岁以下	18	2	20	7.17
35 岁以下	91	34	125	44.80
45 岁以下	72	29	101	36.20
45 岁以上	19	15	34	11.83
合计	200	80	280	100

社会出身	表决权	发言权	合计	百分比
工人	116	44	160	57.14①
农民	5	1	6	2.14
职员	25	10	35	12.50
知识分子	53	24	77	27.50
其他	1	1	2	0.72
合计	200	80	280	100

此数中目前担任有报酬的职务者：
在党内和工会中有 175 名代表，占 62.5%

教育程度	表决权	发言权	合计	百分比
低	106	42	148	52.85
中	46	23	69	24.65
高	48	15	63	22.50
合计	200	80	280	100

---

① 苏联代表团中的比例还要高。

政龄	表决权	发言权	合计	百分比
1885—1995	3	4	7	2.50
1896—1900	11	8	19	6.78
1901—1914	126	41	167	60.09
1915—1919	34	12	46	1641
1919	9	6	15	5.35
1920	13	3	16	5.17
1921	4	2	6	2.14
不明者	—	4	4	1.42
合计	200	80	280	100

党内职务	表决权	发言权	合计	百分比
中央委员会主席团、共产国际巴尔干联盟的委员和候补委员	88	15	103	36.79
青年团中央委员和候补委员	13	—	13	4.65
区委、州委、地区委员会委员	33	15	48	17.14
党的机关的负责干部、指导员、组织者和主编	66	27	93	33.21
合计	200	57	257	91.79

无特别职务者	—	23	23	8.21
合计	200	80	280	100

遭受过迫害	表决权	发言权	合计	百分比
1 次	51	20	71	25.35
1—3 次	40	21	61	21.78
3 次以上	19	10	29	10.35

代表在监狱中度过的总年数——170 年零 11.5 个月

共产国际执行委员会委员

委 员

1. 菲亚拉	16. 博尔迪加	31. 特兰
2. 福斯特	17. 埃尔科利	32. 塞尔贝
3. 鲁滕贝格	18. 陈独秀	33. 诺伊拉特
4. 波立特	19. 谢洛夫	34. 什麦拉尔
5. 麦克马纳斯	20. 格热戈热夫斯基	35. 穆纳
6. 雅克莫特	21. 季诺维也夫	36. 霍格伦
7. 柯拉罗夫	22. 布哈林	37. 基尔布姆
8. 格施克	23. 斯大林	38. 菲利波维奇
9. 施勒希特	24. 加米涅夫	39. 卡茨莱罗维奇
10. 罗森贝格	25. 李可夫	40. 塞马温
11. 怀恩科普	26. 克里斯泰斯库	41. 片山潜
12. 武约维奇	27. 曼努伊尔斯基	42. 佩内隆
13. 许勒尔	28. 伏龙芝	43. 奥斯卡·佩索里斯
14. 黑森	29. 库西宁	44. 克拉拉·蔡特金
15. 罗易	30. 塞马尔	

候补委员

1. 邓恩	11. 马菲	20. 热拉姆
2. 斯图亚特	12. 汉森	21. 日罗
3. 加拉赫	13. 博古茨基	22. 多里奥
4. 季米特洛夫	14. 涅多比特	23. 维尔奇克
5. 鲁特·费舍	15. 彼得罗夫	24. 多布罗沃尔纳
6. 台尔曼	16. 皮亚特尼茨基	25. 萨波托茨基
7. 马斯洛夫	17. 托洛茨基	26. 萨穆埃尔松
8. 拉金	18. 洛佐夫斯基	27. 马尔科维奇
9. 斯科奇马罗	19. 米茨凯维奇-卡普苏卡斯	28. 库恩·贝拉
10. 里恩齐		

国际监察委员会

国别	代表	国别	代表
俄罗斯	费·康·索尔茨	拉脱维亚	斯图契卡
德国	柯尼希	立陶宛	安加雷蒂斯
法国	加香	土耳其	沙芬
意大利	杰纳利	爱沙尼亚	佩格尔曼
捷克斯洛伐克	克赖比希	斯堪的纳维亚	劳尔森
保加利亚	卡巴克奇耶夫	美国	白劳德
英国	墨菲	墨西哥	斯蒂内尔
波兰	普罗赫尼亚克	南非	阿斯特洛希尔多

共产国际第五次世界代表大会与会名单

来自何支部	有表决权者	有发言权者	获准有发言权的工会国际第三次代表大会的代表
1. 奥地利	1. 菲亚拉 2. 舍恩菲尔德 3. 施特罗默		1. 凯茨利赫 2. 里斯
2. 阿塞拜疆	1. 阿加马雷-奥格雷 2. 扎比耶夫·加比布	1. 韦利耶夫 2. 马梅多娃	
3. 美国	1. 阿姆特 2. 菲利普斯 3. 杰克逊 4. 约翰逊 5. 邓恩 6. 卡尔森 7. 奥尔金 8. 佩珀 9. 爱德华兹		1. 库彻
4. 英国	1. 贝内特 2. 布朗 3. 威尔逊 4. 道格拉斯 5. 乔伊 6. 麦克马纳斯 7. 墨菲 8. 鲁宾逊 9. 斯图尔特 10. 施普林戈尔		1. 艾利森 2. 哈迪 3. 戴维斯 4. 基雷金 5. 科夫那托尔 6. 托马斯
5. 阿根廷	1. 孔特雷拉斯		
6. 亚美尼亚	1. 姆拉维扬	1. 久利克维扬	
7. 白俄罗斯	1. 切尔维亚科夫 2. 伊格纳托夫斯基		

（续表）

来自何支部	有表决权者	有发言权者	获准有发言权的工会国际第三次代表大会的代表
8. 比利时	1. 雅克莫特		
9. 保加利亚	1. 吉尔吉托夫 2. 季米特洛夫 3. 柯拉罗夫	1. 德拉加洛夫	
10. 巴西	库蒂诺		
11. 德国	1. 阿尔特 2. 弗吕林 3. 罗伯茨 4. 海因茨 5. 克勒 6. 贝尔 7. 贝格曼 8. 格施克 9. 雷 10. 埃克 11. 乌尔默 12. 丹尼尔 13. 佐默 14. 莱斯纳 15. 迈因策尔 16. 施泰因 17. 黑尔德 18. 莱昂哈德 19. 米勒 20. 朗格尔 21. 勒瓦尔 22. 弗赖穆特		1. 普拉特 2. 伊尔根 3. 古特克 4. 瓦尔特 5. 加恩 6. 格贝尔 7. 赫尔佐格 8. 布拉策 9. 法伊格 10. 拉贝 11. 泽利希 12. 斯特芬 13. 格勒塞尔 14. 费特尔 15. 丹普夫 16. 舒马赫

（续表）

来自何支部	有表决权者	有发言权者	获准有发言权的工会国际第三次代表大会的代表
11. 德国	23. 库茨 24. 台尔曼 25. 坎德尔 26. 法特 27 费尔德曼 28. 格伦茨 29. 鲁特·费舍 30. 卡尔莫尔 31. 黑勒布兰德 32. 米特沃赫 33. 克恩 34. 格律恩 35. 汉布格尔 36. 松塔格 37. 布鲁诺 38. 洛塔尔 39. 彼得斯 40. 施奈德		
12. 荷兰	1. 怀恩科普 2. 德菲瑟	1. 雷泽马 （奥波兹）	
13. 希腊	1. 马克西莫斯 2. 波卢奥普洛斯	1. 曼戈斯	
14. 格鲁吉亚	1. 卡希阿尼 2. 茨哈卡雅	1. 列扎娃 2. 马哈拉泽	1. 朱格利 2. 米纳泽
15. 丹麦	1. 劳尔森 2. 特格森		
16. 埃及	赛义德·苏莱曼		

（续表）

来自何支部	有表决权者	有发言权者	获准有发言权的工会国际第三次代表大会的代表
17. 青年共产国际执行委员会	1. 巴马特 2. 布伦克勒 3. 威廉森 4. 弗雷特林 5. 希普特纳 6. 米尔加诺夫 7. 米哈列茨 8. 穆顿 9. 普罗列塔里耶夫 10. 罗森 11. 罗斯特 12. 塔尔哈诺夫 13. 翁格尔 14. 采特林 15. 许勒尔	1. 韦格姆 2. 库列拉 3. 拉布列菲尔 4. 梅灵 5. 帕素宁 6. 彼得罗夫斯基 7. 恰塔列伊 8. 舒尔茨 9. 云格	
18. 印度	1. 穆罕默德·阿里 2. 罗易		
19. 西班牙	1. 阿泽维多 2. 佩雷斯·索里斯 3. 费利西亚诺	1. 罗哈斯	
20. 意大利	1. 比尼 2. 贝尔纳迪 3. 博尔迪加 4. 芬奇 5. 皮奇尼 6. 夸德里 7. 孔蒂 8. 洛伦佐 9. 帕斯托里诺 10. 保卢奇 11. 皮耶蒙特 12. 罗西娜 13. 罗西 14. 泰拉奇尼 15. 托里纳 16. 费里 17. 埃尔科利 18. 里恩齐 19. 玛丽亚		1. 安布罗奥洛 2. 阿列蒂 3. 吉拉尔登戈 4. 兰杜齐 5. 拉蒂尼 6. 基科 7. 恩尼奥

（续表）

来自何支部	有表决权者	有发言权者	获准有发言权的工会国际第三次代表大会的代表
21. 加拿大	1. 博克 2. 布鲁斯		
22. 中国	1. 瓦诺夫① 2. 琴华	1. 刘齐佳② 2. 彼得罗夫③	
23. 拉脱维亚	1. 克拉斯特尼 2. 斯图契卡		
24. 立陶宛	1. 安加雷蒂斯 2. 彼得罗夫斯基	1. 普什尼斯 2. 舒尔茨	
25. 墨西哥	1. 沃尔夫		
26. 挪威	1. 汉森·阿尔维德 2. 奥特·利 3. 梅塞特 4. 彼得森 5. 斯文森 6. 谢夫洛 7. 乌尔森 8. 埃里克森		
27. 波斯	1. 尼克-本 2. 哈比尔-扎德		
28. 波兰	1. 亚列赫诺维奇 2. 瓦列茨基 3. 瓦尔斯基 4. 瓦西里科夫 5. 杜姆斯基 6. 格热戈热夫斯基 7. 科斯切娃 8. 克拉耶夫斯基 9. 普罗赫尼亚克 10. 雷登斯 11. 斯库利斯基 12. 斯特凡斯基 13. 斯坦尼斯瓦夫斯基 14. 尤尔琴科	1. 布兰德 2. 东巴尔 3. 涅多比特	1. 帕夫洛夫斯基

① 真名不详。——编者注
② 刘清扬的化名。——编者注
③ 王荷波的化名。——编者注

（续表）

来自何支部	有表决权者	有发言权者	获准有发言权的工会国际第三次代表大会的代表
29. 葡萄牙	安贝尔-德罗		
30. 俄国共产党	1. 阿达莫维奇 2. 阿莫索夫 3. 安德列耶夫 4. 安季波娃 5. 阿萨德金 6. 库恩·贝拉 7. 阿斯特罗夫 8. 别连基 9. 博古茨基 10. 布勃诺夫 11. 布马日内 12. 布哈林 13. 瓦尔金 14. 瓦雷伊基斯 15. 武约维奇 16. 伏罗希洛夫 17. 戈尔东 18. 古拉尔斯基 19. 古谢夫 20. 多加多夫 21. 德罗任 22. 叶努基泽 23. 多列茨基 24. 扎哈罗夫 25. 捷连斯基 26. 季诺维也夫 27. 佐林 28. 卡巴诺夫 29. 卡冈诺维奇 30. 加里宁 31. 卡纳特奇科夫 32. 卡拉西 33. 费·科恩 34. 科恩布卢姆 35. 科罗斯捷廖夫	1. 帕夫洛维奇 2. 梅谢里亚科夫 3. 雷斯库罗夫 4. 雷夫金 5. 萨阿科夫 6. 维什尼亚科夫 7. 曼苏罗夫	1. 阿卢夫 2. 安采利奥维奇 3. 波格丹诺夫 4. 金兹堡 5. 戈里亚切夫 6. 杰戈特 7. 杰尔贝舍夫 8. 多布罗沃尔纳 9. 叶戈罗夫 10. 延扎科夫 11. 伊兹迈诺夫 12. 波波夫 13. 维泽科 14. 卡巴诺夫 15. 卡尔塔舍夫 16. 克列尼茨基 17. 科泽列夫 18. 卢戈沃伊 19. 佩列克 20. 拉比诺维奇 21. 列季金 22. 斯拉温斯基 23. 塔拉年科 24. 捷列绍夫 25. 乌加列夫 26. 优素福维奇 27. 绍欣

（续表）

来自何支部	有表决权者	有发言权者	获准有发言权的工会国际第三次代表大会的代表
30. 俄国共产党	36. 克赖涅夫 37. 克诺林 38. 克拉马罗夫 39. 克拉辛 40. 科尔日扎诺夫斯基 41. 克鲁敏 42. 库西宁 43. 古比雪夫 44. 列别捷夫 45. 勒柏申斯基 46. 列普谢 47. 洛佐夫斯基 48. 曼努伊尔斯基 49. 马尔丁诺夫，A. 50. 梅利尼昌斯基 51. 门得列耶夫 52. 米刘亭，弗·巴· 53. 米诺杨 54. 米哈伊诺夫 55. 米次凯维奇-卡普苏卡斯 56. 莫洛托夫 57. 莫伊罗娃 58. 尼古拉耶夫 59. 皮克尔 60. 波德沃伊斯基 61. 波德古福罗娃 62. 波克罗夫斯基 63. 波克罗夫斯基 64. 拉科西 65. 拉斯科尔尼科夫 66. 拉希姆巴耶夫 67. 雷恩施坦 68. 鲁祖塔克 69. 李可夫 70. 萨尔基斯		

（续表）

来自何支部	有表决权者	有发言权者	获准有发言权的工会国际第三次代表大会的代表
30. 俄国共产党	71. 斯列普科夫 72. 斯米多维奇 73. 斯米多维奇，索·尼· 74. 斯米尔诺夫，В.П. 75. 索柯里尼柯夫 76. 斯切克洛夫 77. 瑟尔佐夫 78. 泰奥多罗维奇 79. 索尔茨 80. 托伊弗斯 81. 特里利谢尔 82. 托洛茨基 83. 秋申 84. 乌格拉诺夫 85. 温施利赫特 86. 乌拉斯巴耶娃 87. 法伊维洛维奇 88. 法伊祖拉-哈扎耶夫 89. 伏龙芝 90. 欣丘克 91. 贝奇科娃（顶替哈里东诺娃） 92. 维霍克 93. 恰普林 94. 丘多夫 95. 沙茨金 96. 舍列霍夫 97. 舍尔古诺夫 98. 施基里亚托夫 99. 施米特 100. 许特曼 101. 雅科温科 102. 雅罗斯拉夫 103. 雅罗斯拉夫斯基 104. 施瓦尔茨		

（续表）

来自何支部	有表决权者	有发言权者	获准有发言权的工会国际第三次代表大会的代表
31. 罗马尼亚	1. 布祖列阿努 2. 杰奥尔杰斯库 3. 波佩斯库 4. 舒门科维奇	1. 伯杜列斯库 2. 阿尔博雷-拉利	
32. 乌克兰	1. 霍普纳尔 2. 伊万诺夫 3. 库斯托良 4. 列维克 5. 奥尔霍沃伊 6. 斯克雷普尼克 7. 斯塔雷 8. 施利希特尔 9. 舒姆斯基		
33. 芬兰	1. 汉森 2. 劳基 3. 莱赫蒂宁 4. 曼纳 5. 帕尔姆 6. 萨尔米宁	1. 马尔姆 2. 西罗拉	
34. 法国	1. 布尔卢瓦① 2. 戈蒂埃 3. 古尔多 4. 多里奥 5. 迪布瓦 6. 杜邦 7. 热拉姆 8. 吉罗 9. 克莱尔	1. 吉尔博 2. 迪努瓦 3. 卢尼翁 4. 勒南 5. 罗斯默 6. 费朗	1. 贝利奥斯 2. 雅各布 3. 穆顿 4. 蒙穆索 5. 普塞尔 6. 雷诺 7. 拉克蒙

① 他获得表决权是有条件的，即在福斯卡夫未到来之前有表决权；后者到来之后他就只有发言权了。

（续表）

来自何支部	有表决权者	有发言权者	获准有发言权的工会国际第三次代表大会的代表
34. 法国	10. 科斯特 11. 马基 12. 马朗 13. 莫朗 14. 皮雄 15. 拉姆 16. 塞利耶 17. 塞马尔 18. 托马西 19. 特兰 20. 福斯卡夫 21. 肖特① 22. 沙桑		
35. 捷克斯洛伐克	1. 布勃尼克 2. 布卡奇 3. 文泽尔 4. 韦尔奇克 5. 温施 6. 胡列恩 7. 林杜尔 8. 康拉德 9. 克赖比希 10. 克罗伊茨 11. 克尔切克 12. 马耶罗娃 13. 穆纳 14. 诺伊拉特 15. 佩雷利梅耶尔 16. 斯利夫卡 17. 弗里德 18. 什麦拉尔 19. 什波涅尔	1. 甘德列夫 2. 汉斯·约斯 3. 赫尔茨 4. 格利希 5. 格伦茨菲格 6. 库尔菲斯特 7. 纳德沃尔尼克 8. 诺塞克 9. 塞伊克 10. 捷特卡 11. 什瓦布	

---

① 他获得表决权是有条件的，即在戈蒂埃来到之前有表决权；后者来后，他就只有发言权了。

（续表）

来自何支部	有表决权者	有发言权者	获准有发言权的工会国际第三次代表大会的代表
36. 瑞士	1. 布林戈尔夫 2. 金迪希 3. 朔伊雷尔		
37. 瑞典	1. 瓦尔贝里 2. 莫兰德 3. 萨穆埃尔森 4. 西伦 5. 奥尔松 6. 斯文松 7. 霍格伦		
38. 南斯拉夫	1. 拉齐奇 2. 马里诺维奇 3. 森科 4. 斯托扬诺维奇 5. 博什科维奇		1. 伊维奇
39. 爪哇	1. 约瑟夫 2. 塞马温		
40. 日本	1. 片山潜	1. 田仁	1. 花田
41. 爱沙尼亚	1. 佩尔格曼① 2. 拉斯塔斯	1. 瓦克曼 2. 米安德	
42. 土耳其	1. 法鲁克 2. 哈尔迷	1. 杰瓦特	
43. 澳大利亚	1. 蒙蒂菲奥里		
44. 匈牙利	1. 博卡尼 2. 兰德勒		

---

① 离会后，瓦尔曼获得表决权。

（续表）

来自何支部	有表决权者	有发言权者	获准有发言权的工会国际第三次代表大会的代表
45. 印度尼西亚	1. 阮爱国		
46. 冰岛	1. 比亚尔纳松		
47. 爱尔兰	1. 约翰·拉金		
48. 意大利（第三国际主义者）	1. 德瓦托里奥 2. 马菲 3. 马拉泰斯塔 4. 马里尼 5. 塞拉蒂		
49. 朝鲜	1. 金英		
50. 蒙古	1. 纳佐夫 2. 古尔西亚		
51. 花拉子模	阿卜杜－谢利亚莫夫		

有发言权的组织

全苏工会中央理事会——主席团	1. 弗拉基米罗夫 2. 科西奥尔 3. 谢纽什金 4. 雅格洛姆
执行委员会委员	1. K. 拉狄克 2. 苏瓦林 3. 克拉拉·蔡特金 4. 斯蒂内尔
妇女秘书处	1. 卡斯帕罗娃
农民委员会	1. 戈罗夫 2. 卢卡诺夫
国际工人救援会	1. 明岑贝格

（续表）

国际支援革命战士协会	1. 佩斯特科夫斯基 2. 特姆金
红色体育运动国际	1. 赖斯纳
中央监察委员会	1. 伊万诺夫 2. 基谢列夫 3. 科罗特科夫 4. 科萨列夫 5. 利西岑 6. 帕斯图霍夫 7. 赖泽曼 8. 秋茨卡耶夫
工会国际——执行局	1. 海斯 2. 哈默 3. 杰马马涅托 4. 加里宁 5. 尼恩 6. 托姆·曼 7. 埃克勒

获准有发言权的个人

	1. 阿尔帕里 2. 布兰德勒 3. 瓦尔加 4. 梁赞诺夫 5. 塔尔海默 6. 施特拉塞尔

共产国际第五次世界代表大会各委员会名单

关于列宁主义的决议起草委员会

1. 苏联：季诺维也夫、布哈林、加米涅夫、斯大林 2. 德国：台尔曼、鲁特·费舍 3. 法国：特兰 4. 意大利：泰拉齐尼、里恩齐 5. 捷克斯洛伐克：诺伊拉特、穆纳 6. 英国：墨菲 7. 保加利亚：克拉罗夫	8. 波兰：克拉耶夫斯基 9. 乌克兰：霍普纳尔 10. 芬兰：曼纳 11. 挪威：汉森 12 美国：佩珀 13. 青年共产国际：塔尔哈诺夫、洛塔尔 个人：蔡特金、阿尔帕里，库恩·贝拉、马克思·莱温

政治委员会

主席：季诺维也夫	书记：诺伊拉特和台尔曼
1. 苏联：季诺维也夫、布哈林、斯大林、托洛茨基、曼努伊尔斯基。候补：洛佐夫斯基。 2. 德国：台尔曼、鲁特·费舍、弗赖穆特。 3. 法国：塞尔贝、特兰、多里奥。 4. 意大利：博尔迪加、里恩齐、埃尔科利。 5. 捷克斯洛伐克：什麦拉尔、穆纳、诺伊拉特。 6. 英国：麦克马纳斯、斯尔亚特、威尔逊。 7. 保加利亚：柯拉罗夫、季米特诺夫。 8. 南斯拉夫：马里诺维奇。 9. 罗马尼亚：布祖列阿诺。 10. 波兰：瓦尔斯基、格热戈热夫斯基。候补：瓦列茨基。	11. 芬兰：库西宁，副手：曼纳。 12. 瑞典：萨穆埃尔松、莫兰德。 13. 挪威：舍弗洛。 14. 荷兰：怀恩科普。 15. 美国：多恩、奥尔金、佩珀。 16. 日本：片山潜。 17. 印度：罗易。 18. 西班牙：阿泽维多。 19. 阿根廷：孔特雷拉斯。 20. 墨西哥：沃尔夫。 21. 青年共产国际：许勒尔、塔尔哈诺夫。 22. 葡萄牙：安贝尔-德罗。 个人：瓦尔加、拉狄克和库恩·贝拉。

纲领委员会

主席：布哈林	
第一书记：塔尔海默	第二书记：斯蒂内尔
1. 苏联：季诺维也夫、斯大林、马尔丁诺夫、托洛茨基。候补：索柯尔尼柯夫和布勃诺夫。 2. 德国：台尔曼、乌尔默、施泰因、费尔德曼、鲁特·费舍。 3. 法国：苏瓦林、特兰、迪努瓦、多里奥、塞尔贝。 4. 意大利：博尔迪加、埃尔科利、里恩齐、谢拉蒂。 5. 捷克斯洛伐克：什麦拉尔、穆纳、克赖比希。 6. 英国：麦克马纳斯、墨菲。 7. 保加利亚：柯拉罗夫。 8. 波兰：瓦尔斯基、科斯切娃。候补：布兰德。	9. 芬兰：库西宁、劳基。 10. 瑞典：霍格伦。 11. 挪威：汉森。 12. 奥地利：施特拉塞尔。 13. 美国：德恩、佩珀。 14. 日本：片山潜。 15. 印度：罗易。 16. 墨西哥：斯蒂内尔。 17. 青年共产国际：许勒尔、塔尔哈诺夫、维利。 个人：克拉拉·蔡特金、拉狄克、塔尔海默、瓦尔加、库恩·贝拉。

组织委员会

主席：格施克	书记：皮亚特尼茨基
1. 苏联：安德列耶夫、库西宁、皮亚特尼茨基、克鲁普斯卡娅、米茨凯维奇、卡普苏卡斯、曼努伊尔斯基。候补：布哈林、古拉尔斯基、捷连斯基、温什利赫特、施米特、库恩·贝拉。 2. 德国：弗吕林、库茨、坎德尔、莱斯纳。 3. 法国：科斯特、福斯卡夫、塞尔贝、沙桑。 4. 意大利：罗西、泰拉奇尼、皮奇尼、玛利亚。 5. 捷克斯洛伐克：穆纳、科恩、克尔切克、克罗伊茨。 6. 英国：布朗、斯图尔特。 7. 保加利亚：柯拉罗夫、季米特洛夫。 8. 波兰：克拉耶夫斯基、斯库利斯基、扎梅斯季杰尔、普鲁赫尼亚克。 9. 芬兰：萨尔米宁。候补：劳基。	10. 爱沙尼亚：拉斯塔斯。 11. 立陶宛：彼得罗夫斯基。 12. 瑞典：斯文松、萨穆埃尔森。 13. 挪威：埃里克森。 14. 丹麦：劳尔森。 15. 荷兰：德菲瑟。 16. 瑞士：朔伊雷尔。 17. 奥地利：菲亚拉。 18. 美国：约翰逊、爱德华兹。 19. 加拿大：博克。 20. 澳大利亚：蒙蒂菲奥里。 21. 爪哇：塞马温。副手：约瑟夫。 22. 西班牙：罗哈斯。 23. 阿根廷：孔特雷拉斯。 24. 墨西哥：沃尔夫。 25. 巴西：库蒂诺。 26. 格鲁吉亚：茨哈卡雅。 27. 青年共产国际：希普特纳、采特林、许勒尔、米尔加诺夫。

工会委员会

主席：洛佐夫斯基	
第一书记：赫尔佐格 副书记：贝尔	第二书记：鲁宾斯坦
1. 苏联：安德列耶夫、施米特、洛佐夫斯基、列普谢、多加多夫。 2. 德国：格施克、彼得斯、亨汉不格尔、海因茨、丹尼尔。 3. 法国：古尔多、塞马尔、雷诺。 4. 意大利：费里、比尼、芬奇。 5. 捷克斯洛伐克：科恩、温施、布卡奇。 6. 英国：乔伊、墨菲。 7. 保加利亚：季米特洛夫。 8. 南斯拉夫：拉齐奇。 9. 罗马尼亚：布祖列阿努。 10. 希腊：马克西莫斯。 11. 波兰：雷登斯、斯特凡斯基。 12. 乌克兰：霍普纳尔。 13. 芬兰：帕尔姆。候补：西罗拉。 14. 爱沙尼亚：米安德。 15. 立陶宛：彼得罗夫斯基。 16. 瑞典：瓦尔贝里。 17. 挪威：梅塞特。	18. 丹麦：特格森。 19. 荷兰：德菲瑟。 20. 瑞士：金迪希。 21. 奥地利：凯茨利赫。 22. 美国：邓恩、菲利普斯。 23. 加拿大：博克。 24. 日本：片山潜。 25. 爪哇：塞马温。副手：约瑟夫。 26. 西班牙：罗哈斯。 27. 阿根廷：孔特雷拉斯。 28. 墨西哥：沃尔夫。 29. 巴西：库蒂诺。 30. 比利时：雅克莫特。 31. 埃及：赛义德·苏莱曼。 32. 格鲁吉亚：列扎娃。 33. 青年共产国际：果特林、多里奥、巴马特。 34. 乌克兰：乌加罗夫、列维克。 35. 葡萄牙：安贝尔-德罗 36. 土耳其：阿齐兹。

农民委员会

主席：柯拉罗夫	
第一书记：施奈德	第二书记：科尔纳万（途中被捕）
第三书记：科恩布卢姆	
1. 苏联：加里宁、雅科温科。候补：法伊祖拉-哈扎耶夫、霍赞诺夫。 2. 德国：弗吕林、米特沃赫。	3. 法国：拉姆、加斯特尔、科尔纳万（途中被捕）。法国殖民地：费朗。 4. 意大利：博尔迪加、费里。

续表

主席：柯拉罗夫	
第一书记：施奈德	第二书记：科尔纳万（途中被捕）
第三书记：科恩布卢姆	
5. 捷克斯洛伐克：多布罗沃尔内、库伦。 6. 英国：布朗。 7. 保加利亚：柯拉罗夫、吉尔吉托夫。 8. 南斯拉夫：舒门科维奇。 9. 罗马尼亚：波佩斯库。 10. 波兰：科斯切娃、斯特凡斯基。副手：瓦列茨基。 11. 乌克兰：施利希特尔、舒姆斯基。 12. 芬兰：曼纳、莱赫蒂宁。 13. 爱沙尼亚 ⎫ 14. 拉脱维亚 ⎬ 斯图契卡。 15. 立陶宛 ⎭ 16. 瑞典 ⎫ 17. 挪威 ⎬ 谢夫洛。 18. 丹麦 ⎭ 19. 美国：阿姆特、爱德华兹。	20. 加拿大：博克。 21. 日本：片山潜。 22. 爪哇：塞马温。 23. 阿根廷：孔特雷拉斯。 24. 墨西哥：沃尔夫。 25. 巴西：库蒂诺。 26. 埃及：赛义德·苏莱曼。 27. 青年共产国际：采特林、罗萨尔。 28. 西班牙：阿隆索。 29. 乌克兰：施利希特尔、伊万诺夫。 30. 葡萄牙：安贝尔-德罗。 31. 中国：诺瓦夫。 32. 土耳其：杰瓦特。 个人：斯米尔诺夫、东巴尔、瓦尔加、科恩布卢姆、奥特多罗维奇。

民族和殖民地问题委员会

主席：曼努伊尔斯基	副主席：勒瓦尔
书记：克赖比希	
1. 苏联：曼努伊尔斯基、拉斯科尔尼科夫、乌拉斯巴耶娃。候补：尼科扬、茨哈卡雅。 2. 德国：佐默、格律恩、彼得斯。 3. 法国：费朗、布尔卢瓦。 4. 意大利：罗西、比奇尼。 5. 捷克斯洛伐克：韦尔奇克、克赖比希、多布罗沃尔纳。 6. 英国：麦克马纳斯、道格拉斯。 7. 南斯拉夫：博什科维奇、森科。 8. 保加利亚：柯拉罗夫、季米特洛夫。	9. 罗马尼亚：杰奥尔、杰斯库、波佩斯库。 10. 希腊：马克西莫斯。 11. 波兰：斯库利斯基。 12. 乌克兰：斯克雷普尼克、舒姆斯基。 13. 芬兰：莱赫蒂宁。 14. 爱沙尼亚 ⎫ 15. 拉脱维亚 ⎬ 拉斯塔斯。 16. 立陶宛 ⎭ 17. 荷兰：怀恩科普。

主席：马努伊尔斯基	副主席：勒瓦尔
书记：克赖比希	
18. 美国：邓恩、卡尔森。 19. 加拿大：布鲁斯。 20. 澳大利亚：蒙蒂菲奥里。 21. 印度：罗易。 22. 爪哇：助手：约瑟夫。 23. 西班牙：佩雷斯·索里斯。 24. 墨西哥：沃尔夫。 25. 巴西：库蒂诺。 26. 埃及：赛义德·苏莱曼。	27. 乌克兰：斯克雷普尼克、施利希特尔。 28. 土耳其：哈尔米。 29. 中国：瓦诺夫、彼得罗夫。 30. 蒙古：哈佐巴。 31. 青年共产国际：查普林、罗斯特、普罗列塔里耶夫、吉尔舍利。 32. 朝鲜：金英。 33. 日本：花田。

宣传委员会

主席：库恩·贝拉	
第一书记：松塔格	第二书记：海因茨
1. 苏联：库恩·贝拉、瑟尔佐夫、布马日内、布勒诺夫。候补：卡拉特奇科夫、捷连斯基、古拉尔斯基。 2. 德国：克恩、贝格曼、黑尔德。 3. 法国：马朗、科斯特、肖特。 4. 意大利：埃尔科利、芬奇。 5. 捷克斯洛伐克：克赖比希、多布罗沃尔纳、韦尔奇克。 6. 英国：鲁宾逊、斯图尔特。 7. 保加利亚：季米特洛夫。 8. 南斯拉夫：博什科维奇。 9. 波兰：瓦列茨基、克拉耶夫斯基。副手：格热戈热夫斯基。 10. 乌克兰：霍普纳尔、奥尔霍沃伊。 11. 芬兰：汉森。副手：西罗拉。 12. 瑞典：斯文松。 13. 挪威：奥特·利。 14. 丹麦：特格森。	15. 荷兰：德菲瑟。 16. 瑞士：布林戈尔夫。 17. 奥地利：里斯。 18. 美国：爱德华兹。 19. 加拿大：布鲁斯。 20. 澳大利亚：蒙蒂菲奥里。 21. 爪哇：塞马温。副手：约瑟夫。 22. 西班牙：阿泽维多。 23. 阿根廷：孔特雷拉斯。 24. 墨西哥：沃尔夫。 25. 巴西：库蒂诺。 26. 埃及：赛义德·苏莱曼。 27. 格鲁吉亚：卡希阿尼。 青年共产国际：翁格尔、弗雷特林。 29. 西班牙：佩雷斯·索里斯。 30. 中国：彼得罗夫。 31. 土耳其：法里。 32. 日本：田仁。

妇女委员会

主席：蔡特金	书记：尼古拉耶娃
1. 苏联：尼古拉耶娃、斯米多维奇、莫伊罗娃。候补：乌拉斯巴耶娃。 2. 德国：松塔格、阿尔特。 3. 法国：福斯卡夫、吉罗。 4. 意大利：罗西娜。 5. 捷克斯洛伐克：马耶罗娃、什波涅尔。 6. 英国：鲁宾逊。 7. 保加利亚： 8. 南斯拉夫：}博什科维奇。 9. 罗马尼亚： 10. 波兰：坎切维奇、卡利娜。 11. 芬兰：马尔姆、艾诺、库西宁。	12. 瑞典：斯文松。 13. 挪威：乌尔森。 14. 奥地利：施特罗莫。 15. 美国：阿姆特。 16. 西班牙：阿隆索。 17. 阿根廷： 18. 墨西哥：}隆蒂诺。 19. 巴西： 20. 埃及：赛义德·苏莱曼。 21. 青年共产国际：米哈列茨。 个人：蔡特金、斯塔索娃、卡斯帕罗娃。

青年问题委员会

主席：里恩齐	书记：许勒尔
1. 苏联：恰普林、捷连斯基、哈里托诺夫、采特林、克诺林。 2. 德国：台尔曼、洛塔尔。 3. 法国：斯唐热（途中被捕）、托马西。 4. 意大利：里恩齐、帕斯托里诺。 5. 英国：道格拉斯。 6. 捷克斯洛伐克：克赖比希。 7. 南斯拉夫：舒门科维奇。 8. 罗马尼亚：伯杜列斯库。 9. 希腊：波卢奥普洛夫。 10. 波兰：斯库利斯基。副手：杜姆斯基。 11. 乌克兰：霍普纳尔。 12. 芬兰：弗里伯格。 13. 爱沙尼亚： 14. 拉脱维亚：}安加莱蒂斯。 15. 立陶宛：	16. 瑞典：霍格伦、奥尔松。 17. 挪威：达尔。 18. 荷兰：拉克斐。 19. 奥地利：施特罗默。 20. 美国： 21. 加拿大：}菲利普斯。 22. 西班牙：罗哈斯。 23. 阿根廷： 24. 墨西哥：}孔特雷拉斯。 25. 巴西： 26. 埃及：赛义德·苏莱曼。 27. 青年共产国际：希普特纳。 28. 乌克兰：霍普纳尔、列维克。 29. 中国：瓦诺夫。

俄罗斯委员会

主席：柯拉罗夫	书记：特兰
1. 德国：台尔曼、鲁特·费舍、弗赖穆德。 2. 法国：特兰、塞利耶。 3. 意大利：博尔迪加、里恩齐、泰拉奇尼。 4. 捷克斯洛伐克：什麦拉尔、诺伊拉特。 5. 英国：道格拉斯。 6. 保加利亚： 7. 南斯拉夫：｝柯拉罗夫。 8. 罗马尼亚： 9. 波兰：格热戈热夫斯基、科斯切娃。副手：克拉耶夫斯基。 10. 芬兰：曼纳。 11. 美国：邓恩、奥尔金。	12. 瑞典、 13. 挪威、｝汉森、霍格伦。 14. 丹麦： 15. 荷兰：怀恩科普。 16. 加拿大：布鲁斯。 17. 印度：罗易。 18. 阿根廷： 19. 墨西哥：｝库蒂诺。 20. 巴西： 21. 埃及：赛义德·苏莱曼。 22. 青年共产国际：武约维奇、洛塔尔。 23. 西班牙：佩雷斯·索里斯。 24. 葡萄牙：安贝尔·德罗。 25. 日本：片山潜。

保加利亚委员会

主席：什麦拉尔	书记：米柳亭
1. 苏联：米柳亭、温施里赫特、斯米尔诺夫、古比雷夫。副手：库西宁、皮亚特尼茨基。 2. 德国：弗赖穆特、林德。 3. 法国：塞利耶、热拉姆。 4. 意大利：皮耶蒙特。 5. 捷克斯洛伐克：什麦拉尔、诺伊拉特。 6. 英国：布朗。 7. 南斯拉夫：马里诺维奇。	8. 罗马尼亚：波佩斯库。 9. 希腊：马克西莫斯。 10. 乌克兰：斯克雷普尼克、施利希特尔。 12. 青年共产国际：米哈列茨、意大利同志。 13. 西班牙：阿隆索。 14. 土耳其：法里。

意大利委员会

主席：曼努伊尔斯基	书记：克里斯托夫
1. 苏联：季诺维也夫、曼努伊尔斯基、索柯尔尼柯夫、斯特凡诺夫、鲁祖塔克、拉科西。	10. 波兰：布兰德。副手：克拉耶夫斯基。
2. 德国：台尔曼、鲁特·费舍、法特。	11. 瑞典：萨穆埃尔森。
3. 法国：托马西、迪努瓦、多里奥。	12. 挪威：汉森。
4. 捷克斯洛伐克：马耶罗娃、布尼克。	13. 瑞士：布林戈尔夫。
5. 英国：威尔逊。	14. 奥地利：里斯。
6. 保加利亚：柯拉罗夫。	15. 美国：卡尔森。
7. 南斯拉夫：森科。	16. 西班牙：阿泽韦多。
8. 罗马尼亚：杰奥尔杰斯库。	17. 阿根廷：孔特雷拉斯。
9. 希腊：波卢奥普洛斯。	18. 青年共产国际：武约维奇、穆顿。
	19. 土耳其：杰瓦特。

波兰委员会

主席：斯大林	书记：米茨凯维奇
1. 苏联：莫洛托夫、曼努伊尔斯基、捷尔任斯基。副手：温施利赫特、米柳亭、皮亚特尼茨基。	9. 乌克兰[①]：斯克雷普尼克、舒姆斯基。
2. 德国：台尔曼、勒瓦尔、坎德尔。	10. 芬兰：劳基。
3. 法国：特兰、吉罗。	11. 立陶宛：安加雷蒂斯。
4. 意大利：泰拉奇尼。	12. 美国：约翰逊。
5. 捷克斯洛伐克：科恩、克尔切克。	13. 青年共产国际：武约维奇、采特林。
6. 英国：费希尔。	14. 乌克兰：斯克雷普尼克、施利希特尔。
7. 保加利亚：季米特洛夫。	15. 白俄罗斯：切尔维亚科夫。
8. 罗马尼亚：伯杜列斯库。	

---

① 本表有两处乌克兰的名单。原文如此。——编者注

英国委员会

主席：库西宁	书记：鲁特·费舍和贝内特
1. 苏联：季诺维也夫、布哈林、库西宁、彼得罗夫斯基。副手：拉斯科尔尼科夫、洛佐夫斯基、梅利尼昌斯基。 2. 德国：格伦茨、格律恩、乌尔默。 3. 法国：热拉姆、马朗、塞利耶。 4. 意大利：埃尔科利、比尼。 5. 捷克斯洛伐克：科恩、克罗伊茨。 6. 保加利亚：季米特洛夫。 7. 罗马尼亚：伯杜列斯库。 8. 波兰：克拉耶夫斯基。	9. 挪威：艾内斯。 10. 美国：菲利普斯、邓恩。 11. 加拿大：博克。 12. 澳大利亚：蒙蒂菲奥里。 13. 日本：}片山潜。 14. 中国： 15. 埃及：赛义德·苏莱曼。 16. 墨西哥：沃尔夫。 17. 青年共产国际：巴马特和维利。

日本委员会

主席：麦克马纳斯	书记：彼得罗夫
1. 苏联：彼得罗夫、施米特、索林。副手：科恩、斯米多维奇。 2. 德国：施泰因、佐默。 3. 法国：托马西、皮雄。 4. 意大利：比尼。 5. 捷克斯洛伐克：克赖比希。 6. 英国：道格拉斯。 7. 波兰：杜纳耶夫斯基。副手：布兰德。 8. 美国：约翰逊。	9. 加拿大：约翰逊。 10. 澳大利亚：蒙蒂菲奥里。 11. 爪哇：塞马温。 12. 印度：罗易。 13. 阿根廷： 14. 墨西哥：}库蒂诺。 15. 巴西： 16. 青年共产国际：巴马特、威廉森。 17. 远东：片山潜。

奥地利委员会

主席：台尔曼	书记：佩卢索
1. 苏联：皮亚特尼茨基、米柳亭。候补：古拉尔斯基、雷恩施坦。 2. 德国：伊格里。 3. 法国：沙桑。 4. 意大利：罗西。 5. 捷克斯洛伐克：温施、什波涅尔。	6. 英国：罗斯特。 7. 保加利亚：季米特洛夫。 8. 波兰：杜纳耶夫斯基。副手：斯坦尼斯瓦夫斯基。 9. 乌克兰：列维茨基。 10. 瑞士：布林戈尔夫。

斯堪的纳委员会

主席：特兰	书记：许勒尔
1. 苏联：布哈林、库西宁、洛佐夫斯基。副手：卡拉耶夫。 2. 德国：台尔曼、米特沃赫。副手：布鲁诺。 3. 法国：拉姆、迪努瓦。 4. 捷克斯洛伐克：法伊尔马伊耶尔、斯利夫卡。 5. 意大利：埃尔科利。	6. 英国：威尔逊。 7. 美国：卡尔森。 8. 芬兰：曼纳。副手：西罗拉。 9. 爱沙尼亚：瓦克曼。 10. 青年共产国际：翁格尔、希舍尔。

苏瓦林事件委员会

主席：斯图亚特	书记：里恩齐
1. 苏联：伏龙芝。副手：莫洛托夫。 2. 德国：弗赖穆特。副手：海因茨。 3. 法国：马朗。 4. 意大利：泰拉奇尼。副手：里恩齐。 5. 捷克斯洛伐克：克赖比希。 6. 英国：斯图亚特。 7. 保加利亚： 8. 罗马尼亚：}布祖列阿努。 9. 南斯拉夫：	10. 波兰：瓦列茨基。 11. 挪威：谢夫洛。 12. 美国：奥尔金。 13. 西班牙：阿隆索。 14. 比利时：雅克莫特。 15. 青年共产国际：武约维奇。

资格审查委员会材料

代表证分配

发给 40 个国家有表决权的代表证 …………………………… 336
   发言权证：
    a. 只有发言权的 9 个国际 ………………………………… 24
    b. 9 个组织 ………………………………………………… 30
    c. 个人代表证 ……………………………………………… 6
    d. 工会国际代表 …………………………………………… 70
    e. 给有表决权的党的补充发言权证 …………………… 38
   有发言权者合计 ……………………………………………… 168

各国代表资格分配

国名	有表决权的代表	有发言权的代表	与会工会国际有发言权的代表	第三次代表大会确定给各共产党代表数	第五次代表大会所确定的代表数
1. 奥地利	3	—	3	20	
2. 阿塞拜疆	2	2	—	10	
3. 美国（同情党）	—	9	1	30	
4. 英国	10	—	—	30	
5. 阿根廷	1	—	—	5	

（续表）

国名	有表决权的代表	有发言权的代表	与会工会国际有发言权的代表	第三次代表大会确定给各共产党代表数	第五次代表大会所确定的代表数
6. 亚美尼亚	1	1	—	5	
7. 白俄罗斯	2	—	—	—	5
8. 比利时	1	—	—	20	
9. 保加利亚	3	1	—	30	
10. 巴西	1	—	—	—	5
11. 德国	40	—	16	40	
12. 荷兰	2	1	—	20	
13. 希腊	2	1	—	—	5
14. 格鲁吉亚	2	2	2	10	
15. 丹麦	2	—	—	10	
16. 埃及	1	—	—	—	5
17. 青年共产国际执行委员会	15	9	—	40	
18. 印度	2	—	—	—	10
19. 西班牙	3	1	—	20	
20. 意大利	18	—	7	40	
21. 加拿大	2	—	—	—	10
22. 中国	2	2	—	—	10
23. 拉脱维亚	2	—	—	20	
24. 立陶宛	2	—	2	10	
25. 墨西哥	1	—	—	5	
26. 挪威	8	—	—	30	
27. 波斯	2	—	—	10	
28. 波兰	14	3	1	30	
29. 葡萄牙	1	—	—	—	5
30. 俄罗斯	108	1	26	40	
31. 罗马尼亚	4	2	—	20	
32. 乌克兰	9	1	—	30	

(续表)

国名	有表决权的代表	有发言权的代表	与会工会国际有发言权的代表	第三次代表大会确定给各共产党代表数	第五次代表大会所确定的代表数
33. 芬兰	6	2	—	20	
34. 法国	22	6	6	40	
35. 捷克斯洛伐克	20	—	3	40	
36. 瑞士	3	—	—	20	
37. 瑞典	7	—	—	—	20
38. 南斯拉夫	5	—	1	30	
39. 爪哇	2	—	—	—	10
40. 日本	1	1	2	—	20
41. 爱沙尼亚	2	1	—	10	
42. 土耳其	2	1	—	10	

第5栏所示的数字，系第五次代表大会为以前的代表大会上无表决权或根本未与会的各国所提供的代表数量。

只有发言权的国家

国名	与会代表	为第五次代表大会提供的票数
澳大利亚	1	5
匈牙利	2	20
印度尼西亚	1	—
爱尔兰	1	—
冰岛	1	5
意大利	5	—
朝鲜	1	—
蒙古	2	—
花剌子模	1	—
	15	

获得发言权代表资格的组织

1. 全苏联工会中央理事会（主席团）	4
2. 执行委员会（未参加代表团的委员）	4
3. 妇女秘书处	1
4. 农民委员会	12
5. 国际工人援助会	1
6. 国际支援革命战士协会	2
7. 工会国际执行局	7
8. 红色体育运动国际	1
9. 中央监察委员会	8
合计	40

澳大利亚

有表决权的代表	1
有发言权的代表	—

性别	发言权
女	1

年龄	发言权
45 岁以上	1

社会出身	发言权
知识分子	1

职业	发言权
新闻记者	1

教育程度	发言权
高等	1

党龄	发言权
1920年起	1

政龄	表决权
1895—1900年	1

党内未担任带薪职务且在本国合法居住。
非工会会员。
曾加入社会民主党。
未担任党内特别职务。
非国会议员和政府官员。
屡遭迫害。

奥地利

有表决权的代表	3
有发言权的代表	3
合计	6

性别	表决权	发言权	合计
男	2	3	5
女	1	—	1
合计	3	3	6

年龄	表决权	发言权	合计
25—35岁	3	—	3
45岁以上	—	3	3
合计	3	3	6

社会出身	表决权	发言权	合计
工人	3	3	6

职业	表决权	发言权	合计
金属工业工人	1	2	3
运输工人	1	—	1
其他生产门类工人	1	—	1
印刷工人	—	1	1
合计	3	3	6

目前在党内和工会担任有报酬的职务的 3 名代表。
所有的代表均在本国合法居住。

教育情况	表决权	发言权	合计
高等	3	3	6

党龄	表决权	发言权	合计
1918 年起	1	2	3
1919 年起	2	1	3
合计	3	3	6

政龄	表决权	发言权	合计
1895—1900 年	—	1	1
1906 年起	1	1	2
1911 年起	1	—	1
合计	3	3	6

工会工龄	表决权	发言权	合计
1895—1900 年	—	2	2
1904 年起	1	—	1
1905 年起	—	1	1
1909 年起	1	—	1
1914 年起	1	—	1
合计	3	3	6

属于其他党派者	表决权	发言权	合计
民主党派	3	3	6

党内工作	表决权	发言权	合计
中央委员	1	1	2
区委、州委、地区委员会委员	1	—	1
负责工作人员、指导员、编辑	1	1	2
无任何职务	—	1	1
合计	3	3	6

工会工作	表决权	发言权	合计
负责工会工作的全权代表	2	1	3
无任何职务	1	2	3
合计	3	3	6

任何人均未担任社会和选举职务。

遭受迫害	表决权	发言权	合计
1次	1	2	3

入狱时间为3个月零8天。

美 国

有表决权的代表	10
有发言权的代表	1
合计	11

性别	表决权	发言权	合计
男	10	1	11
女	—	—	—
合计	10	1	11

年龄	表决权	发言权	合计
25 岁以下	1	—	1
35 岁以下	3	1	4
45 岁以下	5	—	5
45 岁以上	1	—	1
合计	10	1	11

社会出身	表决权	发言权	合计
工人	7	1	8
农民	—	—	—
职员	1	—	1
知识分子	2	—	2
其他	—	—	—
合计	10	1	11

职业	表决权	发言权	合计
金属工业工人	2	1	3
建筑工和木工	1	—	1
印刷工	1	—	1
其他类型的生产工人	3	—	3
职员	1	—	1
新闻记者和作家	2	—	2
合计	10	1	11

居住在本国	表决权	发言权	人数
合法	—	—	7
半合法	—	—	1
非法	—	—	3
合计	—	—	11

教育状况	表决权	发言权	合计
低等	4	1	5
中等	3	—	3
高等	3	—	3
合计	10	1	11

党龄	表决权	发言权	合计
1919 年起	7	—	7
1921 年起	1	1	2
1922 年起	2	—	2
合计	10	1	11

政龄	表决权	发言权	合计
1895—1900 年起	1	—	1
1901 年起	1	—	1
1904 年起	1	—	1
1905 年起	1	—	1
1907 年起	1	—	1
1913 年起	1	1	2
1914 年起	1	—	1
1917 年起	1	—	1
1921 年起	1	—	1
合计	10	1	11

工会工龄	表决权	发言权	合计
1905 年起	1	—	1
1907 年起	2	—	2
1910 年起	1	—	1
1911 年起	—	1	1
1919 年起	1	—	1
1921 年起	1	—	1
1922 年起	1	—	1
1923 年起	1	—	1
不是工会会员	2	—	2
合计	10	1	11

属于其他党派者	表决权	发言权	合计
社会民主党	10	1	11

党内工作	表决权	发言权	合计
中央委员和候补委员	4	—	4
青年团中央委员和候补委员	1	—	1
区委、州委、地区委员会委员	1	—	1
负责工作人员、指导员、党的机关报主编	3	—	3
无专门的职务	1	1	2
合计	10	1	11

工会工作	表决权	发言权	合计
负责工会的全权代表	2	—	2
无专门职务及非工会会员	8	1	9
合计	10	1	11

任何人均未担任社会和选举职务。

遭受迫害	表决权	发言权	合计
1次	1	—	1
1—3次	4	—	4
合计	5	—	5

入狱时间为2年零8个半月。

英　国

有表决权的代表	10
有发言权的代表	—
合计	10

性别	表决权
男	9
女	1

社会出身	表决权
工人	9
农民	—
职员	—
知识分子	1
其他	—
合计	10

附 录

年龄	表决权
21 岁以下	2
35 岁以下	3
45 岁以下	4
45 岁以上	1
合计	10

职业	表决权
金属工业工人	2
建筑工和木工	2
运输类工人和港口工人	1
其他类的生产工人	3
职员	2
合计	10

目前有人担任党内和工会内有报酬的职务。

教育状况	表决权
初等	9
中等	—
高等	1
合计	10

	表决权
不合法地居住在本国者	10

党龄	表决权
1919 年	1
1920 年	6
1921 年	3
合计	10

政龄①	表决权
1902 年起	1
1904 年起	1
1909 年起	1
1910 年起	1
1911 年起	1
1917 年起	1
1918 年起	1
1919 年起	1
1920 年起	1
合计	10

工会工龄	表决权
1904 年起	1
1909 年起	1
1910 年起	2
1911 年起	1
1920 年起	2
非工会会员	3
合计	10

① 原文如此。此处有误，总人数只有 9 人。——编者注

属于其他党派者	表决权
工党	6
独立工党	2
崩得	1
无党派	1
合计	10

党内工作者	表决权
中央委员会和候补委员	4
青年团中央委员和候补委员	2
区委、州委和地区委员会委员	1
负责工作人员、指导员、组织者和党的机关刊物主编	3
合计	10

工会工作	表决权
地方机关和工厂工会委员会成员	1
负责的工会全权代表	2
无任何职务和非会员	7
合计	10

代表中无人担任社会、选举职务，无人遭受迫害。

阿根廷

有表决权的代表	1
有发言权的代表	—

性别	表决权
男	1

年龄	表决权
25—35 岁	1

社会出身	表决权
农民	1

职业	表决权
农业工人	1

未在党内担任职务。
在本国合法居住。

教育情况	表决权
初等	1

党龄	表决权
1918 年起	1

政龄	表决权
1913 年起	1

工会工龄	表决权
1916 年起	1

此前未加入过任何党派。

党内工作	表决权
州委委员	1

工会工作	表决权
省领导机关成员	1

非国会议员和政府官员。
遭受迫害1次。

比利时

	表决权
有表决权的代表	1
有发言权的代表	—

性别	表决权
男	1

年龄	表决权
35—45岁	1

社会出身	表决权
职员	1

职业	表决权
职员	1

目前在党内担任有报酬的职务。在本国合法居住。

教育状况	表决权
中等	1

党龄	表决权
1921 年起	1

政龄	表决权
1902 年起	1

工会工龄	表决权
1907 年起	1

此前为社会民主党党员。

党内工作者	表决权
中央委员会委员	1

工会工作	表决权
中央领导机关成员	1

未担任社会和选举职务。

遭受迫害 3 次。

入狱时间为 10 个月。

保加利亚

有表决权的代表	3
有发言权的代表	1
合计	4

性别	表决权	发言权	合计
男	3	1	4
女	—	—	—
合计	3	1	4

年龄	表决权	发言权	合计
25 岁以下	1	1	2
35 岁以下	1	—	1
45 岁以下	1	—	1
45 岁以上	—	—	—
合计	3	1	4

社会出身	表决权	发言权	合计
工人	2	1	3
农民	—	—	—
职员	1	—	1
知识分子	—	—	—
其他	—	—	—
合计	3	1	4

职业	表决权	发言权	合计
印刷工人	1	1	2
制革工人	1	—	1
职员	1	—	1
合计	3	1	4

目前有 2 名代表在党内和工会内担任有报酬的职务。

教育状况	表决权	发言权	合计
初等	2	1	3
中等	1	—	1
合计	3	1	4

4名代表均在本国内合法居住。

党龄	表决权	发言权	合计
1919年起	2	1	3
1921年起	1	—	1
合计	3	1	4

政龄	表决权	发言权	合计
1902年起	1	—	1
1919年起	1	1	2
1922年起	—	1	1
合计	3	1	4

作为其他政党的成员	表决权	发言权	合计
社会民主党党员	1	—	1
无党派	2	1	3
合计	3	1	4

党内工作	表决权	发言权	合计
中央委员和候补委员	1	—	1
青年团中央委员和候补委员	1	—	1
区委、州委和地区委员会委员	1	—	1
无专门职务	—	1	1
合计	3	1	4

工会工作	表决权	发言权	合计
中央领导机关成员	1	—	1
地区组织和工厂委员会成员	1	—	1
无专门职务	1	1	1
合计	3	1	4

代表中任何人均未担任社会和选举职务。

遭受迫害	表决权	发言权	合计
1 次	—	1	1
1—3 次	1	—	1
合计	1	1	2

入狱时间为 4 年零 6 个月。

巴　西

有表决权的代表	1
有发言权的代表	—

性别	表决权
男	1

年龄	表决权
25 岁以下	1

社会出身	表决权
知识分子	1

职业	表决权
新闻记者	1

教育状况	表决权
高等	1

党龄	表决权
1920 年起	1

未在党内担任有报酬的职务。

在本国合法居住。

政龄	表决权
1920 年起	1
非工会会员	1

以前从未参加过任何党派。

党的工作	表决权
中央委员	1

不是国会议员。

未遭受过迫害。

匈牙利

2 名代表有发言权。

性别	发言权
男	2

附 录

年龄	发言权
35—45 岁	1
45 岁以上	1
合计	2

社会出身	发言权
职员	1
知识分子	1
合计	2

职业	发言权
职员	2

2 人目前均担任党内有报酬的职务。

教育程度	发言权
中等	1
高等	1
合计	2

党龄	发言权
1919 年起	2

政龄	发言权
1904 年起	1
1910 年起	1
合计	2

工会工龄	发言权
1905年起	1
1917年起	1
合计	2

所属其他党派	发言权
社会民主党	2

党内工作	发言权
中央委员	2

工会工作	发言权
中央领导机关成员	1
无专门职务	1
合计	2

代表中无人担任社会和选举职务。

遭受迫害1次。

入狱时间为1年零9个半月。

德 国

有表决权的代表	41
有发言权的代表	16
合计	57

性别	表决权	发言权	合计
男	40	16	56
女	1	—	1
合计	41	16	57

年龄	表决权	发言权	合计
25 岁以下	6	—	6
35 岁以下	18	6	24
45 岁以下	15	9	24
45 岁以上	2	1	3
合计	41	16	57

社会出身	表决权	发言权	合计
工人	32	15	47
农民	—	—	—
职员	1	1	2
知识分子	8	—	8
其他	—	—	—
合计	41	16	57

职业	表决权	发言权	合计
金属工人	16	4	20
纺织工人	2	1	3
建筑工和木工	2	2	4
交通运输工人	3	3	6

（续表）

职业	表决权	发言权	合计
矿工	4	2	6
食品工人	2	—	2
其他类型的生产工人	4	1	5
新闻记者和作家	3	—	3
教师和教授	3	—	3
化学工业工人	1	1	2
玻璃工	—	1	1
职员	1	1	2
合计	41	16	57

目前有36名代表在党和工会内担任有报酬的职务。

教育状况	表决权	发言权	合计
初等	35	15	48
中等	3	1	4
高等	5	—	5
合计	41	16	57

党龄	表决权	发言权	合计
1917年起	2	—	2
1918年起	2	1	3
1919年起	10	6	16
1920年起	23	9	32
1921年起	2	—	2
1922年起	2	—	2
合计	41	16	57

附 录

政龄	表决权	发言权	合计
1895—1900 年	2	1	3
1902 年起	1	1	2
1903 年起	1	—	1
1904 年起	3	1	4
1906 年起	3	—	3
1907 年起	2	4	6
1908 年起	5	—	5
1910 年起	1	1	2
1911 年起	2	1	3
1912 年起	5	1	6
1913 年起	2	2	4
1914 年起	2	—	2
1915 年起	—	1	1
1916 年起	2	—	2
1917 年起	1	—	1
1918 年起	4	1	5
1919 年起	4	2	6
1921 年起	1	—	2
合计	41	16	57

工会工龄	表决权	发言权	合计
1895—1900 年	2	2	4
1901 年起	1	—	1
1902 年起	—	1	1
1904 年起	3	1	4
1905 年起	2	1	3
1906 年起	2	—	2
1907 年起	4	—	4
1908 年起	4	2	6
1909 年起	1	2	3
1910 年起	1	2	3
1911 年起	1	1	2
1912 年起	3	1	4
1913 年起	4	2	6
1914 年起	1	1	2
1917 年起	1	1	2
1918 年起	1	—	1
1919 年起	2	—	2
1921 年起	4	1	5
不是工会会员或者被开除的代表	3	—	3
合计	41	16	57

属于其他党派者	表决权	发言权	合计
社会民主党和独立社会民主党	20	9	29
独立党	8	1	9
社会民主党	10	5	15
德国共产主义工人党	1	—	1
无党派	2	1	3
合计	41	16	57

党内工作	表决权	发言权	合计
中央委员和候补委员	9	—	9
青年团中央委员会委员和候补委员	2	—	2
区委、州委和地区委员会委员	14	9	23
负责工作人员、指导员、组织者和党的机关刊物编辑	22	9	31
无专门职务	—	—	—

工会工作	表决权	发言权	合计
中央领导机关成员	—	6	6
省领导机关成员	2	1	3
地方机关和工厂委员会成员	10	—	10
负责的工会全权代表	5	2	7
无特别职务和被开除者	24	7	31
合计	41	16	57

担任社会和选举职务	表决权	发言权	合计
全国议员	7	—	7
省议员	6	—	6
市和区议员	9	—	9
政府官员	18	—	18
合计	40		40

遭受迫害	表决权	发言权	合计
1 次	12	5	17
1—3 次	9	5	14
3 次以上	—	11	11
合计	21	21	42

荷 兰

有表决权的代表	2
有发言权的代表	1
合计	3

性别	表决权	发言权	合计
男	2	1	3
女	—	—	—
合计	2	1	3

年龄	表决权	发言权	合计
45 岁以下	—	1	1
45 岁以上	2	—	2
合计	2	1	3

社会出身	表决权	发言权	合计
工人	1	—	1
知识分子	1	—	1
其他	—	1	1
合计	2	1	3

职业	表决权	发言权	合计
食品工人	1	—	1
新闻记者和作家	1	1	2
合计	2	1	3

有2名代表目前在党内担任有报酬的职务。

教育状况	表决权	发言权	合计
初等	1	—	1
中等	—	1	1
高等	1	—	1
合计	2	1	3

所有代表均在本国合法居住。

党龄	表决权	发言权	合计
1909年起	2	—	2
1916年起	—	1	1
合计	2	1	3

政龄	表决权	发言权	合计
1895—1900年	2	—	2
1905年起	—	1	1
合计	2	1	3

工会会龄	表决权	发言权	合计
1895—1900 年	1	—	1
1912 年起	—	1	—
非工会会员	1	—	1
合计	2	1	3

属于其他党派者	表决权	发言权	合计
社会民主党	2	1	3

党内工作者	表决权	发言权	合计
中央委员	2	—	2
无专门职务者	—	1	1
合计	2	1	3

工会工作	表决权	发言权	合计
省领导机关成员	—	1	1
负责的工会全权代表	1	—	1
非工会会员	1	—	1
合计	2	1	3

担任社会和选举的职务者	表决权	发言权	合计
全国议员	1	—	1
市政府官员	1	—	1
合计	2	—	2

遭受迫害	表决权	发言权	合计
1—3 次	1	—	1

入狱时间 1 个月零 20 天。

希 腊

有表决权的代表	2
有发言权的代表	1
合计	3

性别	表决权	发言权	合计
男	2	1	3
女	—	—	—
合计	2	1	3

年龄	表决权	发言权	合计
25—35 岁	2	—	2
45 岁以下	—	1	1
合计	2	1	3

社会出身	表决权	发言权	合计
工人	1	1	2
知识分子	1	—	1
合计	2	1	3

职业	表决权	发言权	合计
运输和港口工人	—	1	1
其他工人	1	—	1
新闻记者	1	—	1
合计	2	1	3

目前在党和工会内担任有报酬职务的代表2人。

教育状况	表决权	发言权	合计
初等	—	1	1
中等	1	—	1
高等	1	—	1
合计	2	1	3

所有代表均属合法居住。

党龄	表决权	发言权	合计
1918年起	1	—	1
1919年起	—	1	1
1922年起	1	—	1
合计	2	1	3

政龄	表决权	发言权	合计
1918年起	1	—	1
1919年起	1	1	2
合计	2	1	3

工会会龄	表决权	发言权	合计
1912年起	—	1	1
1918年起	1	—	1
非工会会员	1	—	1
合计	2	1	3

代表中先前无人加入过别的党派。

党内工作	表决权	发言权	合计
中央委员和候补委员	1	—	1
区委、州委和地区委员会委员	—	1	1
负责工作人员、组织者和主编	1	—	1
合计	2	1	3

工会工作	表决权	发言权	合计
中央领导机关成员	1	1	2
非工会会员	1	—	1
合计	2	1	3

代表中无人担任社会和选举的职务。

遭受迫害	表决权	发言权	合计
1次	2	—	2
3次以上	—	1	1
合计	2	1	3

入狱时间为8个月。

丹 麦

有表决权的代表	2
有发言权的代表	—
合计	2

性别	表决权
男	2

年龄	表决权
25—35 岁	1
45 岁以下	1
合计	2

社会出身	表决权
工人	2

职业	表决权
建筑工人	1
皮革工人	1
合计	2

目前有 1 名在党内担任有报酬的职务。
2 名代表合法居住在本国。

教育状况	表决权
初等	2

党龄	表决权
1918 起	1
1919 年起	1
合计	2

政龄	表决权
1903 年起	1
1910 年起	1
合计	2

工会工龄	表决权
1903 年起	1
1908 年起	1
合计	2

属于其他党派者	表决权
社会民主党	2

党内工作	表决权
中央委员	1
无专门的职务	1
合计	2

代表中无人从事工会工作，无人担任社会和选举职务。

2 名代表曾遭受迫害一次。

入狱时间为 2 年零 7 个月。

埃 及

1 名代表有表决权。

性别	表决权
男	1

年龄	表决权
35—45 岁	1

社会出身	表决权
工人	1

职业	表决权
建筑工人	1

教育状况	表决权
初等	1

党龄	表决权
1922年起	1

政龄	表决权
1903年起	1

先前为社会民主党党员。

党内工作	表决权
中央委员	1

工会工作	表决权
中央领导机关成员	1

非议员和市政府官员。
入狱时间为2个半月。

印 度

有表决权的代表	2
有发言权的代表	—
合计	2

附 录

性别	表决权
男	2

社会出身	表决权
知识分子	2

职业	表决权
新闻记者	2

2 名代表目前担任党内有报酬的职务。

教育状况	表决权
中等	1
高等	1
合计	2

党龄	表决权
1920 年起	2

政龄	表决权
1905 年起	1
1915 年起	1
合计	2

代表中无人为工会会员。

属其他党派者	表决权
社会民主党	1
印度民族革命党和社会民主党	1
合计	2

党内工作	表决权
中央委员	1
负责工作人员	1
合计	2

代表中无人担任社会和选举的职务。

1 名代表处于流放中。

爱尔兰

有表决权的代表	1
有发言权的代表	—

性别	表决权
男	1

年龄	表决权
大于 45 岁	1

社会出身	表决权
知识分子	1

职业	表决权
作家	1

未担任党内有报酬的职务。
在本国合法居住。

教育状况	表决权
初等	1

党龄	表决权
1921 年起	1

工会工龄	表决权
1894 年起	1

政龄	表决权
1908 年起	1

曾加入社会民主党。
党内未担任专门职务。

工会工作	表决权
中央领导组织成员	1

非工会议员。
遭受迫害超过 3 次。
入狱时间为 4 年。

冰 岛

有表决权的代表	—
有发言权的代表	1

性别	发言权
男	1

年龄	发言权
25—35 岁	1

社会出身	发言权
知识分子	1

职业	发言权
职员	1

未担任党内有报酬的职务。
在本国内合法居住。

教育状况	发言权
高等	1

党龄	发言权
1923 年起	1

政龄	发言权
1918 年起	1

非工会会员。先前系爱尔兰工党党员。

党内工作	发言权
青年团中央委员	1

非国会议员。

未受过迫害。

西班牙

有表决权的代表	3
有发言权的代表	1
合计	4

性别	表决权	发言权	合计
男	3	1	4
女	—	—	—

年龄	表决权	发言权	合计
25—35 岁	—	1	1
45 岁以下	2	—	2
45 岁以上	1	—	1
合计	3	1	4

社会出身	表决权	发言权	合计
工人	1	1	2
知识分子	1	—	1
其他	1	—	1
合计	3	1	4

职业	表决权	发言权	合计
建筑工和木工	—	1	1
食品工人	1	—	1
新闻记者和作家	1	—	2
合计	3	1	4

无人担任党和工会的职务。

教育状况	表决权	发言权	合计
初等	1	1	2
中等	1	—	1
高等	1	—	1
合计	3	1	4

所有代表均在本国合法居住。

党龄	表决权	发言权	合计
1920年起	2	—	2
1921年起	1	1	2
合计	3	1	4

政龄	表决权	发言权	合计
1885 年起	1	—	1
1908 年起	1	—	1
1910 年起	1	—	1
1914 年起	—	1	1
合计	3	1	4

工会工龄	表决权	发言权	合计
1885 年起	1	—	1
1906 年起	1	—	1
1919 年起	—	1	1
1920 年起	1	—	1
合计	3	1	4

属其他党派者	表决权	发言权	合计
社会民主党	3	1	4

党的工作	表决权	发言权	合计
中央委员会和候补委员	1	1	2
区委、州委和地区委委员	1	—	1
负责干部组织者和编辑	1	—	1
合计	3	1	4

工会工龄	表决权	发言权	合计
负责的工会全权代表	1	1	2
无专门职务	2	—	2
合计	3	1	4

无人担任社会和选举的职务。

遭受迫害	表决权	发言权	合计
3 次以上合计	3	—	3

入狱时间为 4 年零 3 个月。

意大利

有表决权的代表	17
有发言权的代表	12
合计	29

性别	表决权	发言权	合计
男	15	12	27
女	2	—	2
合计	17	12	29

年龄	表决权	发言权	合计
25 岁以下	1	—	1
35 岁以下	13	9	22
45 岁以下	3	1	4
45 岁以上	—	2	2
合计	17	12	29

社会出身	表决权	发言权	合计
工人	8	8	16
农民	—	—	—
职员	2	—	2
知识分子	7	4	11
其他	—	—	—
合计	17	12	29

职业	表决权	发言权	合计
金属工业工人	2	2	4
纺织工人	—	1	1
建筑工和木工	2	1	3
运输和港口工人	1	2	3
农业工人	2	1	3
其他类型的生产工人	2	1	3
职员	2	—	2
新闻记者和作家	5	2	7
教师和教授	1	2	3
合计	17	12	29

目前担任党和工会内职务的有17名代表。

教育状况	表决权	发言权	合计
初等	8	8	16
中等	4	3	7
高等	5	1	6
合计	17	12	29

政龄	表决权	发言权	合计
1890—1895 年	—	2	2
1906 年起	2	—	2
1907 年起	1	—	1
1908 年起	1	—	1
1909 年起	2	—	2
1910 年起	1	—	1
1911 年起	1	—	1
1912 年起	3	2	5
1913 年起	1	—	1
1914 年起	2	1	3
1917 年起	2	1	3
1918 年起	2	1	3
1919 年起	—	2	2
1920 年起	1	1	2
合计	19	10	29

工会工龄	表决权	发言权	合计
1902 年起	1	—	1
1908 年起	—	1	1
1909 年起	—	1	1
1910 年起	—	1	1
1911 年起	1	—	1
1912 年起	—	1	1
1913 年起	2	—	2
1914 年起	—	2	2
1915 年起	2	1	3
1916 年起	1	—	1
1917 年起	2	—	2
1918 年起	1	—	1
1919 年起	1	1	2
1920 年起	—	1	1
1921 年起	1	—	1
非工会会员	5	3	8
合计	17	12	29

在本国合法居住	17
在本国非法居住	12
合计	29

属其他党派者	表决权	发言权	合计
社会民主党	16	7	23
第三国际成员	—	5	5
无党派	1	—	1
合计	17	12	29

党内工作	表决权	发言权	合计
中央委员和候补委员	4	3	7
区委、州委和地区委员会委员	6	5	11
负责工作人员、指导员、组织者和党的机关刊物编辑	5	1	6
无专门职务	2	3	5
合计	17	12	29

工会工作	表决权	发言权	合计
中央领导组织成员	3	2	5
省组织成员地方机关和工厂委员会成员	—	3	3
无专门职务	11	4	15
合计	17	12	29

担任社会和选举的职务者	表决权	发言权	合计
国会议员	1	1	2
省议会议员	1	—	1
合计	2	1	3

遭受迫害	表决权	发言权	合计
1 次	7	2	9
1—3 次	5	9	14
3 次以上	2	—	2
合计	14	11	25

入狱时间为 20 年零 4 个月。

加拿大

有表决权的代表	2
有发言权的代表	—
合计	2

性别	表决权
男	2
女	—
合计	2

年龄	表决权
25—35 岁	1
45 岁以下	1
合计	2

社会出身	表决权
工人	2

职业	表决权
金属工业工人	1
建筑业工人	1
合计	2

教育状况	表决权
初等	2

无人担任党和工会内有报酬的职务。

党龄	表决权
1921年起	1
1922年起	1
合计	2

政龄	表决权
1902年起	1
1920年起	1
合计	2

属其他党派者	表决权
社会民主党	1
无党派	1
合计	2

党的工作	表决权
中央委员会委员	1
无专门职务	1
合计	2

工会工作	表决权
工会全权代表	1
无专门职务	1
合计	2

代表中无人担任社会和选举的职务。

遭受迫害	表决权
1 次	1

入狱时间为 1 个月。

中　国

有表决权的代表	3
有发言权的代表	2
合计	5

性别	表决权	发言权	合计
男	3	1	4
女	—	1	1
合计	3	2	5

附 录

年龄	表决权	发言权	合计
25 岁以下	1	—	1
35 岁以下	—	2	2
45 岁以下	2	—	2
合计	3	2	5

职业	表决权	发言权	合计
运输业工人	1	—	1
其他类型的生产工人	1	—	1
新闻记者	—	1	1
教师和教授	1	1	2
合计	3	2	5

教育状况	表决权	发言权	合计
中等	1	1	2
高等	2	1	3
合计	3	2	5

党龄	表决权	发言权	合计
1919 年起	—	1	1
1920 年起	2	—	2
1921 年起	—	1	1
1922 年起	1	—	1
合计	3	2	5

政龄	表决权	发言权	合计
1910 年起	—	1	1
1920 年起	3	1	4
合计	3	2	5

工会工龄	表决权	发言权	合计
1919 年起	1	—	1
1922 年起	—	1	1
非工会会员	2	1	3
合计	3	2	5

党的工作	表决权	发言权	合计
中央委员会	2	—	2
青年团中央委员	1	—	1
负责工作人员、组织者和主编	—	2	2
合计	3	2	5

代表中无人担任社会和选举的职务。

遭受迫害	表决权	发言权	合计
1 次	2	1	3

入狱时间为 1 年零几天。

拉脱维亚

有表决权的代表	2
有发言权的代表	—
合计	2

性别	表决权
男	2
女	—
合计	2

年龄	表决权
25—35 岁	1
大于 45 岁	1
合计	2

社会出身	表决权
职员	2

职业	表决权
职员	1
新闻记者	1
合计	2

2 名代表目前均在党和工会内担任有报酬的职务。

教育状况	表决权
中等	1
高等	1
合计	2

党龄	表决权
1895 年起	1
1910 年起	1
合计	2

工会会龄	表决权
1912 年起	1
1919 年起	1
合计	2

属其他党派	表决权
社会民主党和俄国共产党	2

党的工作	表决权
中央委员	1
主编	1
合计	2

无人从事工会工作,无人担任社会和选举的职务。

遭受迫害	表决权
1—3 次	1
3 次以上	1
合计	2

入狱时间为 3 年 1 个月、5 年流放。

立陶宛

有表决权的代表	2
有发言权的代表	2
合计	4

性别	表决权	发言权	合计
男	2	2	4
女	—	—	—
合计	2	2	4

年龄	表决权	发言权	合计
25—35 岁	1	—	1
45 岁以下	1	2	3
合计	2	2	4

社会出身	表决权	发言权	合计
工人	—	1	1
职员	1	1	2
知识分子	1	—	1
合计	2	2	4

职业	表决权	发言权	合计
运输工人和海港工人	—	1	1
职员	2	1	3
合计	2	2	4

2 名代表目前均在党内和工会内担任有报酬的职务。

教育状况	表决权	发言权	合计
初等	—	1	1
中等	—	1	1
高等	2	—	2
合计	2	2	4

党龄	表决权	发言权	合计
1918年起	2	2	4

政龄	表决权	发言权	合计
1906年起	1	—	1
1914年起	1	—	1
1918年起	—	2	2
合计	2	2	4

工会工作	表决权	发言权	合计
1916年起	—	1	1
1919年起	—	1	1
非工会会员	2	—	2
合计	2	2	4

属其他党派	表决权	发言权	合计
社会民主党和俄国共产党	2	—	2
无党派	—	2	2
合计	2	2	4

党的工作	表决权	发言权	合计
中央委员	2	—	2
负责干部、组织者和主编	—	2	2
合计	2	2	4

工会工作	表决权	发言权	合计
负责的工会全权代表	—	1	1
无专门职务	2	—	3
合计	2	1	4

代表中无人担任选举职务。

遭受迫害	表决权	发言权	合计
1—3 次	1	—	1
3 次以上	1	1	2
合计	2	1	3

入狱时间为 12 年。

国际工人援助会

有发言权的代表 1 人。

性别	发言权
男	1

年龄	发言权
25—35 岁	1

社会出身	发言权
知识分子	1

职业	发言权
新闻工作者	1

目前担任党内有报酬的职务。
在本国合法居住。

教育状况	发言权
初等	1

党龄	发言权
1918年起	1

政龄	发言权
1905年起	1

工会工龄	发言权
1906年起	1

先前是社会民主党成员。

德国国会议员。

遭受迫害	发言权
1次	1

入狱时间为2年。

墨西哥

有表决权的代表	—
有发言权的代表	1

性别	发言权
男	1

年龄	发言权
25—35 岁	1

社会出身	发言权
知识分子	1

职业	发言权
新闻记者	1

未担任党内有报酬的职务。

教育状况	发言权
高等	1

党龄	发言权
1916 年起	1

政龄	发言权
1916 年起	1

工会工龄	发言权
1916 年起	1

早先加入社会民主党。

党的工作	发言权
中央委员	1

工会工作	发言权
中央领导机构成员	1

不是国会议员和市政府官员。

一次未遭受迫害。

蒙 古

有表决权的代表	—
有发言权的代表	2
合计	2

性别	发言权
男	2

年龄	发言权
25 岁以下	1
35 岁以下	1
合计	2

社会出身	发言权
知识分子	2

职业	发言权
职员	1
新闻记者	1
合计	2

2 名代表目前均在党内担任有报酬的职务，2 人均在本国合法居住。

教育状况	发言权
中等	2

党龄	发言权
1920 年起	1
1921 年起	1
合计	2

政龄	发言权
1918 年起	1
1921 年起	1
合计	2

工会工龄	发言权
1917 年起	1
非工会会员	1
合计	2

属其他党派者	发言权
社会民主党	1
无党派	1
合计	2

党内工作	发言权
中央委员	1
无专门职务	1
合计	2

无人从事工会工作,也不是国会议员,无人遭受过迫害。

挪　威

有表决权的代表	9
有发言权的代表	—
合计	9

性别	表决权
男	8
女	1
合计	9

年龄	表决权
25 岁以下	—
35 岁以下	6
45 岁以下	1
45 岁以上	2
合计	9

社会出身	表决权
工人	5
农民	—
职员	1
知识分子	3
其他	—
合计	9

职业	表决权
金属工业工人	3
建筑工人和木工	1
食品工人	1
其他类型的生产工人	1
职员	1
新闻记者和作家	2
合计	9

目前有5名代表担任党内和工会内有报酬的职务。

所有代表均在本国内合法居住。

教育状况	表决权
初等	5
中等	2
高等	2
合计	9

党龄	表决权
1923年起	9

政龄	表决权
1906年起	3
1910年起	2
1911年起	1
1912年起	1
1913年起	1
1921年起	1
合计	9

工会工龄	表决权
1906 年起	2
1910 年起	2
1911 年起	1
1912 年起	1
1917 年起	1
非工会会员	2
合计	9

属于其他党派者	表决权
加入挪威工党	9

党工作	表决权
中央委员和候补委员	4
青年团中央委员和候补委员	1
区、州和地区党委委员	2
负责干部、指导员、组织者和主编	2
合计	9

1 名代表为挪威议会议员。

遭受迫害	表决权
1 次	2

入狱时间为 4 个月零 9 天。

伊　朗

有表决权的代表	2
有发言权的代表	—
合计	2

性别	表决权
男	2

年龄	表决权
25—35 岁	2

社会出身	表决权
知识分子	2

职业	表决权
新闻记者和作家	1
教师和教授	1
合计	2

2 名代表现担任党内有报酬的职务。

教育状况	表决权
中等	1
高等	1
合计	2

党龄	表决权
1918 年起	2

政龄	表决权
1917 年起	2

工会工龄	表决权
1917 年起	1
非工会会员	1
合计	2

无人曾加入其他党派。

党的工作	表决权
中央委员	2

无人从事工会工作,无国会议员,无人遭受过迫害。

波 兰

有表决权的代表	12
有发言权的代表	4
合计	16

性别	表决权	发言权	合计
男	12	4	16
女	—	—	—
合计	12	4	16

年龄	表决权	发言权	合计
25 岁以下	—	—	—
35 岁以下	5	3	8
45 岁以下	5	—	5
45 岁以上	2	1	3
合计	12	4	16

社会出身	表决权	发言权	合计
工人	5	1	6
农民	—	1	1
职员	2	1	3
知识分子	5	1	6
其他	—	—	—
合计	12	4	16

职业	表决权	发言权	合计
金属工业工人	2	—	2
建筑工人和木工	2	—	2
其他类型的生产工人	3	1	4
职员	2	—	2
记者和作家	2	3	5
教师和教授	1	—	1
合计	12	4	16

这个数字中目前担任党内和工会内有报酬的职务的代表11人。

教育程度	表决权	发言权	合计
初等	3	1	4
中等	4	1	5
高等	5	2	7
合计	12	4	16

党龄	表决权	发言权	合计
1918年起	8	2	10
1919年起	2	1	3
1920年起	2	1	3
合计	12	4	16

政龄	表决权	发言权	合计
1885—1895 年	1	1	2
1895—1900 年	1	—	1
1903 年起	1	—	1
1904 年起	2	—	2
1905 年起	1	—	1
1908 年起	1	1	2
1909 年起	1	1	2
1912 年起	1	—	1
1913 年起	1	1	2
1915 年起	2	—	2
合计	12	4	16

工会工龄	表决权	发言权	合计
1904 年起	—	1	1
1906 年起	1	—	1
1909 年起	—	1	1
1910 年起	1	—	1
1914 年起	1	—	1
1919 年起	1	1	2
1922 年起	1	—	1
非工会会员	7	1	8
合计	12	4	16

加入其他党派者	表决权	发言权	合计
社会民主党和俄共	9	2	11
波兰社会党	2	—	2
波兰人民党	—	1	1
社会主义青年团	1	1	2
合计	12	4	16

党的工作	表决权	发言权	合计
中央委员和候补委员	11	2	12
区委、州委和地区党委委员	1	—	1
无特定职务	—	2	2
合计	12	4	16

工会工作	表决权	发言权	合计
中央领导组织成员	1	—	1
负责的工会全权代表	—	1	1
无特定职务和非会员	11	3	14
合计	12	4	16

代表中无人担任社会和选举的职务。

遭受迫害	表决权	发言权	合计
1次	1	—	1
1—3次	4	—	4
3次以上	7	4	11
合计	12	4	16

入狱时间为52年零2个月，流放2年。
在本国非法居住的14人，合法的1人。

葡萄牙

有表决权的代表	1
有发言权的代表	—

性别	表决权
男	1

年龄	表决权
25—35 岁	1

社会出身	表决权
知识分子	1

职业	表决权
新闻记者	1

现担任党内有报酬的职务。

教育程度	表决权
高等	1

党龄	表决权
1920 年起	1

在本国合法居住。

政龄	表决权
1910 年起	1

非工会会员。
此前加入社会民主党。

党的工作	表决权
中央委员	1

未担任会和选举的职务。
遭受迫害 3 次以上。
入狱时间为 14 个月。

罗马尼亚

有表决权的代表	4
有发言权的代表	2
合计	6

性别	表决权	发言权	合计
男	4	1	5
女	—	1	1
合计	4	2	6

年龄	表决权	发言权	合计
25 岁以下	1	—	1
35 岁以下	2	1	3
45 岁以下	1	—	1
45 岁以上	—	1	1
合计	4	2	6

职业	表决权	发言权	合计
农业工人	1	—	1
印刷工人	1	—	1
职员	1	1	2
新闻记者和作家	1	—	1
教师和教授	—	1	1
合计	4	2	6

3 名代表目前担任党和工会内有报酬的工作。

有 4 名代表在本国合法地居住。

教育程度	表决权	发言权	合计
初等	1	—	1
中等	1	1	2
高等	2	1	3
合计	4	2	6

党龄	表决权	发言权	合计
1919 年起	4	2	6

政龄	表决权	发言权	合计
1895—1900 年	—	1	1
1904 年起	1	—	1
1905 年起	1	—	1
1913 年起	—	1	1
1918 年起	1	—	1
1919 年起	1	—	1
合计	4	2	6

工会工龄	表决权	发言权	合计
1912 年起	1	—	1
1913 年起	—	1	1
1919 年起	—	1	1
1920 年起	2	—	2
非工会会员	1	—	1
合计	4	2	6

参加其他党派者	表决权	发言权	合计
社会民主党	4	2	6

党内工作	表决权	发言权	合计
中央委员和候补委员	3	1	4
区委、州委、地区党委委员	1	—	1
无特定职务	—	1	1
合计	4	2	6

遭受迫害	表决权	发言权	合计
1 次	2	—	2
1—3 次	2	2	4
合计	4	2	6

入狱时间为 5 年零 15 天。

土耳其

有表决权的代表	2
有发言权的代表	1
合计	3

性别	表决权	发言权	合计
男	2	1	3
女	—	—	—
合计	2	1	3

年龄	表决权	发言权	合计
25 岁以下	1	—	1
35—45 岁	1	—	1
45 岁以上	—	1	1
合计	2	1	3

社会出身	表决权	发言权	合计
工人	1	—	1
知识分子	1	1	2
合计	2	1	3

职业	表决权	发言权	合计
金属工业工人	1	—	1
其他工人	1	—	1
新闻工作者	—	1	1
合计	2	1	3

2名代表现担任党内和工会内有报酬的职务。

所有代表均在本国合法居住。

教育状况	表决权	发言权	合计
初等	1	—	1
中等	1	1	2
合计	2	1	3

党龄	表决权	发言权	合计
1920年起	—	1	1
1921年起	2	—	2
合计	2	1	3

政龄	表决权	发言权	合计
1897年起	—	1	1
1920年起	1	—	1
1921年起	1	—	1
合计	2	1	3

附 录

曾加入其他党派者	表决权	发言权	合计
民族自由党	—	1	1
无党派	2	—	2
合计	2	1	3

党的工作	表决权	发言权	合计
中央委员	2	—	2
无特定职务	—	1	1
合计	2	1	3

工会工作	表决权	发言权	合计
负责的工会全权代表	1	—	1
无特定职务及非工会会员	1	1	2
合计	2	1	3

无代表担任社会和选举职务。

遭受迫害	表决权	发言权	合计
1—3 次	1	1	2

入狱时间为 1 年零 2 个月、流放 11 年。

芬 兰

有表决权的代表	6
有发言权的代表	2
合计	8

性别	表决权	发言权	合计
男	6	1	7
女	—	1	1
合计	6	2	8

年龄	表决权	发言权	合计
25—35 岁	2	—	2
45 岁以下	4	1	5
45 岁以上	—	1	1
合计	6	2	8

社会出身	表决权	发言权	合计
工人	4	1	5
农民	—	—	—
职员		—	1
知识分子	2	1	3
其他	—	—	—
合计	6	2	8

职业	表决权	发言权	合计
金属工业工人	2	—	2
建筑工人和木工	1	—	1
皮革工人	1	—	1
印刷工人	—	1	1
新闻记者和作家	2	1	3
合计	6	2	8

5 名代表现在担任党内和工会内有报酬的职务。

教育状况	表决权	发言权	合计
初等	4	1	5
中等	2	1	3
合计	6	2	8

党龄	表决权	发言权	合计
1918 年起	3	2	5
1919 年起	1	—	1
1920 年起	1	—	1
1921 年起	1	—	1
合计	6	2	8

政龄	表决权	发言权	合计
1895—1900 年起	1	—	1
1903 年起	—	1	1
1904 年起	—	1	1
1905 年起	1	—	1
1906 年起	1	—	1
1908 年起	1	—	1
1912 年起	1	—	1
1916 年起	1	—	1
合计	6	2	8

工会工龄	表决权	发言权	合计
1895—1900 年起	1	—	1
1905 年起	1	1	2
1906 年起	—	1	1
1910 年起	1	—	1
1916 年起	1	—	1
1921 年起	2	—	2
合计	6	2	8

曾加入其他党派者	表决权	发言权	合计
社会民主党和俄共	6	2	8

党的工作	表决权	发言权	合计
中央委员	2	2	4
无特定职务	4	—	4
合计	6	2	8

工会工作	表决权	发言权	合计
中央领导和机关成员	3	—	3
无特定职务及非工会会员	3	2	5
合计	6	2	8

代表中无人担任社会和选举的职务。

遭受迫害	表决权	发言权	合计
1次	2	1	3

入狱时间为1年零3个半月。

法　国

有表决权的代表	23
有发言权的代表	13
合计	36

性别	表决权	发言权	合计
男	21	13	34
女	2	—	2
合计	23	13	36

年龄	表决权	发言权	合计
25 岁以下	3	—	3
35 岁以下	8	7	15
45 岁以下	12	5	17
45 岁以上	—	1	1
合计	23	13	36

社会出身	表决权	发言权	合计
工人	14	6	20
农民	—	—	—
职员	5	3	8
知识分子	4	4	8
其他	—	—	—
合计	23	13	36

职业	表决权	发言权	合计
金属工业工人	6	—	6
纺织工人	—	1	1
建筑工人和木工	2	2	4
运输工人和港口工人	2	1	3
职员	3	—	3
国家职员	2	2	4
食品工人	—	1	1
其他类型生产工人	4	1	5
印刷工人	1	1	2
新闻记者和作家	1	4	5
教师和教授	2	—	2
合计	23	13	36

目前有 32 名代表担任党内和工会内有报酬的职务。

教育状况	表决权	发言权	合计
初等	11	6	17
中等	10	5	15
高等	2	2	4
合计	23	13	36

合法居住在本国	33
非法居住	3
合计	36

党龄	表决权	发言权	合计
1919年起	17	7	24
1920年起	4	2	6
1921年起	2	—	2
非党人士	—	4	4
合计	23	13	36

3人为法国工会出席工会国际代表大会的代表，1人为法国黑人大代表。

政龄	表决权	发言权	合计
1901年起	1	—	1
1905年起	2	—	2
1906年起	1	—	1
1908年起	1	—	1
1909年起	2	—	2
1910年起	4	1	5
1911年起	1	—	1
1912年起	2	3	5

1914年起	—	1	1
1916年起	3	1	4
1918年起	1	—	1
1919年起	1	—	1
1920年起	4	2	6
1921年起	—	1	1
无党派	—	4	4
合计	23	13	36

工会工龄	表决权	发言权	合计
1902年起	1	—	1
1906年起	2	1	3
1908年起	1	—	1
1909年起	1	—	1
1910年起	4	1	5
1911年起	1	1	2
1912年起	—	3	3
1913年起	—	1	1
1914年起	1	1	2
1916年起	2	—	2
1917年起	1	—	1
1920年起	4	1	5
1921年起	2	—	2
1923年起	2	—	2
非工会会员	1	4	5
合计	23	13	36

曾加入其他党派	表决权	发言权	合计
社会民主党和俄共	1	2	3
法国社会党	16	4	20
无政府工团主义党	1	—	1
未加入过任何党派	5	3	8
无党派人士	—	4	4
合计	23	13	36

党的工作	表决权	发言权	合计
中央委员和候补委员	7	3	10
青年团中央委员和候补委员	3	—	3
区委、州委、地区党委委员	9	—	9
负责工作人员、指导员和党的机关报刊主编	7	3	10
无特定职务	1	4	5
合计	27	10	8

工会工作①	表决权	发言权	合计
中央领导和机关成员	3	6	9
省领导机关成员	2	1	3
地方机关和工厂委员会委员	4	—	4
负责的工会全权代表	—	—	—
无特定职务	9	7	16

---

① 此表数据有误。原文如此。——编者注

担任社会和选举的职务	表决权	发言权	合计
全国议会议员	3	—	3
市政府官员	1	—	1
合计	4		4

遭受迫害	表决权	发言权	合计
1 次	9	3	12
2—3 次	2	1	3
3 次以上	—	—	—
合计	11	4	15

入狱时间为 6 年零 10 个月。

捷克斯洛伐克

有表决权的代表	20
有发言权的代表	3
合计	23

性别	表决权	发言权	合计
男	17	3	20
女	3	—	3
合计	20	3	23

年龄	表决权	发言权	合计
35 岁以下	9	—	9
45 岁以下	10	—	10
45 岁以上	1	3	4
合计	20	3	23

社会出身	表决权	发言权	合计
工人	9	3	12
农民	2	—	2
职员	5	—	5
知识分子	4	—	4
其他	—	—	—
合计	20	3	23

职业	表决权	发言权	合计
纺织工人	2	—	2
建筑工人和木工	2	3	5
农业工人	2	—	2
其他类型生产工人	2	—	2
职员	5	—	5
新闻记者和作家	6	—	6
教师和教授	1	—	1
合计	20	3	23

有17名代表现在担任党内和工会内有报酬的职务。

教育状况	表决权	发言权	合计
初等	8	1	9
中等	10	2	12
高等	2	—	2
合计	20	3	23

在本国合法居住。

党龄	表决权	发言权	合计
1921年起	20	3	23

政龄	表决权	发言权	合计
1895—1900 年	3	3	6
1902 年起	1	—	1
1903 年起	1	—	1
1904 年起	1	—	1
1907 年起	2	—	2
1908 年起	1	—	1
1909 年起	1	—	1
1911 年起	1	—	1
1912 年起	2	—	2
1913 年起	3	—	3
1915 年起	1	—	1
1917 年起	1	—	1
1918 年起	2	—	2
合计	20	3	23

工会工龄	表决权	发言权	合计
1890—1895 年	—	1	1
1896—1900 年	3	2	5
1903 年起	2	—	2
1904 年起	1	—	1
1906 年起	1	—	1
1907 年起	1	—	1
1908 年起	1	—	1
1912 年起	2	—	2
1913 年起	1	—	1
1915 年起	1	—	1
1919 年起	2	—	2
1920 年起	3	—	3
非工会会员	2	—	2
合计	20	3	23

加入其他党派者	表决权	发言权	合计
捷克社会民主党	13	3	16
德国社会民主党	6	—	6
其他	1	—	1
合计	20	3	23

民族	表决权	发言权	合计
捷克	8	3	11
德意志	6	—	6
斯洛伐克	3	—	3
波兰	1	—	1
匈牙利	1	—	1
罗辛人①	1	—	1
合计	20	3	23

党的工作②	表决权	发言权	合计
中央委员和候补委员	7	1	8
青年团中央委员和候补委员	1	—	1
区委、州委、地区党委委员	5	—	5
负责工作人员、指导员和党的机关报刊主编	8	1	9
无特定职务	—	1	1
合计	21	3	24

---

① 奥、德、波、俄正式文献中指加里西亚的乌克兰人。——编者注
② 此表数据有误，总数大于23人。原文如此。——编者注

工会工作	表决权	发言权	合计
中央领导和机关成员	—	3	3
省领导机关成员	—	—	—
地方机关和工厂工会委员会成员	2	—	2
负责的工会全权代表	1	—	1
无特定职务和被开除者	17	—	17
合计	20	3	23

所担任的社会和选举的职务	表决权	发言权	合计
全国工会议员	3	—	3
合计	3	—	3

遭受迫害	表决权
1 次	5
2—3 次	5
3 次以上	—
合计	10

入狱时间为 3 年零 11 个月。

瑞　士

有表决权的代表	3
有发言权的代表	—
合计	3

性别	表决权
男	3
女	—
合计	3

年龄	表决权
25—35 岁	2
45 岁以上	1
合计	3

社会出身	表决权
工人	3

职业	表决权	发言权	合计
运输工人	1	—	1
职员	2	—	2
合计	3	—	3

目前有 2 人担任党内和工会内有报酬职务的代表。

所有的代表均在本国合法居住。

教育程度	表决权
高等	3

党龄	表决权
1919 年起	1
1920 年起	2
合计	3

政龄	表决权
1904年起	1
1917年起	1
1918年起	1
合计	3

工会工龄	表决权
1900年起	1
1919年起	1
1923年起	1
合计	3

曾参加其他党派者①	表决权
社会民主党	2
未加入任何政党	2
合计	3

党的工作	表决权
中央委员	2
编辑部负责工作人员	1
合计	3

工会工作	表决权
中央领导机关成员	2
工会全权代表	1
合计	3

2名代表为市政府官员。

没有代表遭受迫害。

---

① 本表数据有误。原文如此。——编者注

爱沙尼亚

有表决权的代表	2
有发言权的代表	1
合计	3

性别	表决权	发言权	合计
男	2	1	3
女	—	—	—
合计	2	1	3

年龄	表决权	发言权	合计
25—35 岁	1	1	2
45 岁以上	1	—	1
合计	2	1	3

社会出身	表决权	发言权	合计
工人	1	1	2
农民	1	—	1
合计	2	1	3

职业	表决权	发言权	合计
金属工业工人	—	1	1
建筑工人和木工	—	1	1
新闻记者和作家	1	—	1
合计	1	2	3

3 名代表目前担任党内和工会内有报酬的职务。

教育状况	表决权	发言权	合计
初等	1	—	1
中等	—	1	1
高等	1	—	1
合计	2	1	3

党龄	表决权	发言权	合计
1918 年起	2	1	3

政龄	表决权	发言权	合计
1905 年起	1	—	1
1912 年起	1	—	1
1916 年起	—	1	1
合计	2	1	3

工会工龄	表决权	发言权	合计
1917 年起	1	—	1
1921 年起	1	—	1
1922 年起	—	1	1
合计	2	1	3

曾加入其他党派者	表决权	发言权	合计
社会民主党和俄共	2	1	3

党的工作	表决权	发言权	合计
中央委员和候补委员	2	1	3

代表中无人从事工会工作，无人担任社会和选举的职务。

遭受迫害	表决权	发言权	合计
1次	—	1	1
1—3次	1	—	1
3次以上	1	—	1
合计	2	1	3

入狱时间为3年零6个月、6年流放。

南斯拉夫

有表决权的代表	5
有发言权的代表	1
合计	6

性别	表决权	发言权	合计
男	5	1	6
女	—	—	—
合计	5	1	6

年龄	表决权	发言权	合计
25—35岁	1	—	1
45岁以下	1	1	2
45岁以上	3	—	3
合计	5	1	6

社会出身	表决权	发言权	合计
工人	1	1	2
农民	—	—	—
职员	1	—	1
知识分子	3	—	3
合计	5	1	6

职业	表决权	发言权	合计
建筑工人和木工	1	1	2
职员	1	—	1
新闻记者和作家	2	—	2
教师和教授	1	—	1
合计	5	1	6

5 名代表现在担任党内和工会内有报酬的职务。

教育状况	表决权	发言权	合计
初等	1	1	2
高等	4	—	4
合计	5	1	6

党龄	表决权	发言权	合计
1919 年起	5	1	6

政龄	表决权	发言权	合计
1895—1900 年	1	—	1
1901 年起	1	—	1
1904 年起	2	—	2
1906 年起	—	1	1
1918 年起	1	—	1
合计	5	1	6

工会工龄	表决权	发言权	合计
1901年起	1	—	1
1905年起	—	1	1
1924年起	1	—	1
非工会会员	3	—	3
合计	5	1	6

参加过其他党派者	表决权	发言权	合计
社会民主党	5	1	6

党的工作	表决权	发言权	合计
中央委员	4	—	4
区委、州委和地区党委委员	1	—	1
负责工作人员指导员、组织者和主编	3	1	4
合计	8	1	9

工会工作	表决权	发言权	合计
中央领导机关成员	1	1	2
无特定职务及非工会会员	4	—	4
合计	5	1	6

遭受迫害	表决权	发言权	合计
1—3次	3	—	3
3次以上	2	—	2
合计	5	—	5

入狱时间为9年零3个半月。

爪 哇

有表决权的代表	2
有发言权的代表	—

性别	表决权
男	2

年龄	表决权
25—35 岁	1
45 岁以上	1
合计	2

社会出身	表决权
工人	1
职员	1
合计	2

职业	表决权
运输和海港工人	1
职员	1
合计	2

2 名代表均在本国合法居住。

教育程度	表决权
初等	1
中等	1
合计	2

党龄	表决权
1919年起	2

政龄	表决权
1909年起	1
1915年起	1
合计	2

工会工龄	表决权
1908年起	1
1910年起	1
合计	2

曾加入其他党派者	表决权
社会民主党	2

党的工作	表决权
负责工作人员、组织者和主编	1
无特定职务	1
合计	2

工会工作	表决权
工会全权代表	1
无特定职务	1
合计	2

代表中无人担任社会和选举的职务。

1 名代表遭受过迫害超过 3 次。

入狱时间为 8 个月。

个人代表资格

6 名代表有发言权

性别	发言权
男	6

年龄	发言权
25—35 岁	1
45 岁以下	4
45 岁以上	1
合计	6

社会出身	发言权
工人	1
职员	2
知识分子	3
合计	6

职业	发言权
建筑工人	1
职员	1
新闻记者和作家	4
合计	6

全部6名代表目前均担任党内有报酬的职务。

教育程度	发言权
初等	1
中等	2
高等	3
合计	6

党龄	发言权
1917年起	1
1918年起	2
1919年起	3
合计	6

政龄	发言权
1880—1895年	1
1919年起	1
非工会会员	4
合计	6

工会工龄	发言权
1908 年起	1
1910 年起	1
合计	6

曾加入其他党派者	发言权
社会民主党	6

党的工作	发言权
负责干部和主编	6

其中无人从事工会工作，不是议员。

遭受迫害	发言权
1 次	1
1—3 次	3
3 次以上	2
合计	6

入狱时间为 3 年零 4 个月，流放时间为 8 个月。

共产国际各支部的党员数量

党的名称	第四次代表大会		第五次代表大会	
	党员	候补党员	党员	候补党员
1. 苏联				
俄罗斯联邦	345000	83000	244466	299753
乌克兰	40705	12033	39177	37556
白俄罗斯	2890	600	6433	3605
亚美尼亚	2244	2490	1875	2442
阿塞拜疆	6468	2579	7163	10152
格鲁吉亚	11470	11570	10964	2713

党的名称	第四次代表大会	第五次代表大会	附注
2. 德国	226200	350000（大约）	
3. 法国	78828	50000	5000（候补党员）
4. 意大利	24638	12000	
5. 捷克斯洛伐克	170000	130000	
6. 英国	5116	—	3000（最近报告）
7. 爱尔兰	—	—	50（约数）
8. 保加利亚	4000	—	处于不合法状态
9. 南斯拉夫	处于合法状态	—	
10. 罗马尼亚	2000	2500	
11. 希腊	—	2200	其中候补党员450人
12. 土耳其	300	600	其中候补党员350人
13. 波兰	10000	5000	处于不合法状态
14. 芬兰	—	—	处于不合法状态
15. 爱沙尼亚	2800	3250	处于不合法状态
16. 拉脱维亚	1500	1000	处于不合法状态
17. 立陶宛	—	—	处于不合法状态
18. 瑞典	12143	12000	
19. 挪威	48000（分裂前）	16000（共产党）	

（续表）

党的名称	第四次代表大会	第五次代表大会	附注
20. 丹麦	1200	700	
21. 荷兰	2500	1700	
22. 比利时	517	590	
23. 瑞士	5200	4000	
24. 奥地利	16000	—	
25. 匈牙利	—	—	
26. 冰岛	450	450	
27. 西班牙	5000	5000	
28. 葡萄牙	1500	700	最新报告
29. 美国	8000（共产党）	缺	
	12000	27000	工党（同情党）
30. 加拿大	4810	4000	
31. 澳大利亚	500	250	
32. 南非	200	400	
33. 墨西哥	1500	1000	
34. 阿根廷	3500	3500	
35. 智利	2000	2000	
36. 乌拉圭	1000	600	
37. 巴西	500（合法）	350（地下）	党应当被第五次代表大会接纳加入共产国际
38. 日本	—	—	处于不合法状态
39. 中国	—	800	处于不合法状态
40. 爪哇	—	2000	
41. 印度	—	—	处于不合法状态
42. 朝鲜	—	—	处于不合法状态
43. 波斯	1090	600	处于不合法状态
44. 蒙古	—	4000	同情党
45. 埃及	—	700	
46. 巴勒斯坦	—	100	
47. 青年共产国际	760000	850000	
48. 中美洲共产党	—	50	尚未被接纳

向共产国际第五次代表大会致贺者名单

向共产国际第五次代表大会致贺者名单：

1. 马林全市党员会议暨共青团员第七次代表大会和工人（马林）
2. 萨拉托夫教育工作者代表会议（萨拉托夫）
3. 俄共（布）莫斯科省部支部全体大会（莫斯科）
4. 北高加索军区政治部党员和候补党员全体大会（罗斯托夫）
5. 巴什基尔共和国第四次全巴什基尔消费合作社全权代表代表大会（乌发）
6. 里海轮船公司工人支部暨非党工人大会（巴库）
7. 水运工作人员联合会出版的《在岗报》编辑部（莫斯科）
8. 全国纺织工人工会博戈罗茨克分会主席团（博戈罗茨克）
9. 塞兹兰—维亚济马铁路运输合作社全权代表道路会议（莫斯科，管理局）
10. 琼加尔骑兵师指战员和政工人员（日洛宾）
11. 教育工作者伊热夫斯克市会议（伊热夫斯克）
12. 莫斯科军区司令部和管理局工作人员和红军战士全体大会（莫斯科）
13. 列宁格勒市和省成人普通教育夜校学生会代表会议
14. 俄共（布）哈莫符尼基区委员会
15. 乌发市非党工人代表会议（乌发）
16. 苏维埃全俄中央执行委员会第一联合指挥学校教学步兵营（莫

斯科）

17. 巴尔塔区农业合作社全权代表会议（巴尔塔）

18. 莫斯科第56地方师第十二次代表会议（诺夫哥罗德）

19. 第一骑兵军第22沃罗涅日骑兵团（儿童村）

20. 阿尔泰省大河区区党代表大会（大河）

21. 国际支援革命战士协会博尔塔瓦区代表会议

22. 列宁格勒红旗地方骑兵团轮换人员第一次区代表会议代表——库班庄稼劳动农民代表（吴曼斯克）

23. 吉尔吉斯斯坦工会（奥伦堡）

24. 工农红军和海军托尔马切夫军政学院俄共（布）全体人员（特维尔）

25. 特维尔省第十九次党代表会议

26. 俄共（布）索利加利奇县第十九次例行代表会议

27. 俄共伊万诺沃-沃兹涅先斯克第三次区代表会议

28. 俄共（布）第四次全吉尔斯斯坦代表会议（奥伦堡）

29. 俄共（布）卢加县第十七次代表会议

30. 维亚特卡省帕托金农业合作社管理机关工作人员和社员（弗托罗沃）

31. 莫斯科省苏维埃工作人员全苏工会中国城区委员会代表团

32. 乌兹别克红色报刊（塔什干）

33. 顿巴斯第一国营采矿场女工（弗拉索卡夫）

34. 西部铁路运输消费合作社乌涅恰段第十一次代表会议（乌涅恰）

35. 第87团（多罗戈布日）

36. 中亚苏联人民委员会国家政治保卫局部队机关各支部暨城市民警机关和社会科学系各支部联席会议（塔什干）

37. 残疾人合作社维亚特卡省第十一次全权代表大会（维亚特卡）

38. 农业信贷下伏尔加州公司股东非常全体会议（萨拉托夫）

39. 国家出版社克拉斯诺戈罗茨克造纸厂男女工人和职员

40. 比斯克第五步兵营第三公社社员指挥员

41. 俄共莫尔尚斯克制呢厂支部及非党人士（莫尔尚斯克）

42. 普斯科夫省委扩大全会（普斯科夫）

43. 斯摩棱斯克省财政局共产党支部全体会议（斯摩棱斯克）

44. 基辅组织省委扩大全会（基辅）

45. 俄罗斯共产主义青年团乌拉尔州第三次代表会议（叶卡捷琳堡）

46. 列宁格勒第二综合技术学院无产阶级大学生全体会议（列宁格勒）

47. 共青团布良斯克市组织全体会议（布良斯克）

48. 康斯坦丁斯克工厂工人和职员全体会议（乌拉尔区多莫杰多沃）

49. 莫斯科纳尔瓦区男女工人、红军战士和无产阶级大学生集体会议

50. 正在莫斯科区疗养的 300 名金属工业工人（博尔谢沃）

51. 图拉试验示范学校（图拉）

52. 第 14 下诺夫哥罗德师（下诺夫哥罗德）

53. 莫斯科省莫扎伊斯克县执行委员会暨各乡执行委员会和村苏维埃扩大会议（莫扎伊斯克）

54. 红色上第聂伯罗夫斯克国营轮船公司各车间非党员工人和党员工人（基辅）

55. 第 34 师独立通信连本土战士和指挥人员（托罗茨科斯）

56. 切尔尼戈夫省诺夫哥罗德-谢维尔斯克公共饮食业工会第一次

区代表会议（诺夫哥罗德-谢维尔斯克）

56．苏联人民委员会政治保卫局弗拉基米尔省分局有苏联人民委员会国家政治保卫局非党员、复员军人和红军战士参加的俄共（布）和俄罗斯共产主义青年团全体大会（弗拉基米尔）

57．北高加索军区佩尔西诺夫卡炮兵营地全营共产党员会议（佩尔西诺夫卡营地）

58．科尔切瓦区基姆雷县教育工作者（科尔切瓦）

59．莫斯科警察局骑兵连列宁主义小组全体会议（莫斯科）

60．工会车臣州第一次代表大会

61．第 23 "红色战士" 工厂工人（阿尔汉格尔斯克）

62．莫斯科农产品加工工业第 24 面包房工人和职工全体会议（莫斯科）

63．马尔梅日教育工作者代表大会（马尔梅日）

64．戈梅利省特种部队公社战士（戈梅利）

65．哈莫夫尼基区苏维埃

66．塔什干郊区特罗依茨克兵营 2000 红色新兵会议。（塔什干）

67．保加利亚侨民共产主义小组（莫斯科）

68．特维尔托洛茨基第四共产国际学校（特维尔）

69．第 31 次 "红色印刷工人" 印刷厂俄共（布）和俄罗斯共产主义青年团各支部会议（莫斯科）

70．坦申塔区党代表会议（坦申塔）

71．谢米卡拉科尔斯克州的区和党的代表会议（谢米卡拉科尔斯克）

72．基辅各界保卫者委员会成员全体会议（基辅）

73．图拉各武器弹药工厂生产会议（图拉）

74．莫斯科县警察局和县消防部队暨各俄共（布）县委和县执行

委员会联合群众大会（佩罗沃镇）

75. 在阿尔汉格尔斯克港的外国轮船海员全体会议（阿尔汉格尔斯克）

76. 阿尔汉格尔斯克各制材厂第一次区妇女生产代表会议

77. "射击"学校、国营鲍曼第 5 石印厂工人和第 1 慢性病院红色残疾人（莫斯科）

78. 德国共产党福格特兰厄尔士区区委员会（开姆尼茨）

79. 运输工人工会第四次扩大中央全会（莫斯科）

80. 卡卢加省梅登县伊日诺先乡 1903 年应征入伍的前受军训人员

81. 苏联工农红海军俄共支部党员全体会议

82. 谢尔普霍夫饮料食品工人、公用事业职工和金属工业工人三个联合会全体大会

83. 列宁格勒文职工程师学院大学生和工厂工人全体大会

84. 国营农场工人、职员和农民（古尔祖夫）

85. 十月铁路市区车站俄共（布）和俄罗斯共青团全体人员（列宁格勒）

86. 哈尔科夫省苏梅区艺术工作者（苏梅）

87. 西部军区第 1 机动空军基地航空兵全体会议（斯摩棱斯克）

88. 俄共十月铁路列宁格勒铁路列车全体人员（列宁格勒）

89. 莫斯科—喀山铁路卢科亚诺沃车站工人和职员（卢科亚诺沃）

90. 卡拉巴诺夫"第三国际工厂工人（卡拉巴诺夫）

91. 兹韦尼戈罗德县受扶助的佩尔卢什科夫乡俄共（布）支部

92. 牵引部门第 11 列车段工人和职员（哈尔科夫）

93. 儿童村肺病疗养院患者和职工（儿童村）

94. 少数民族索契地区代表大会（索契）

95. 鞑靼共和国印刷生产工人第一次州代表大会（喀山）

96. 共产国际号巡洋舰全体人员（尼古拉耶夫）

97. 俄共（布）和俄罗斯共青团博洛戈耶市组织党团员和候补党团员全体会议。

98. "波阿莱-齐翁"欧洲共产主义工人党中央委员会（莫斯科）

99. 波尔塔瓦空军基地工人和军人全体大会（波尔塔瓦）

100. 北高加索军区部队佩尔西阿诺夫斯克野营集训第一次红军非党员代表会议（佩尔西阿诺夫斯克野营）

101. 莫斯科地区季节性泥炭采掘男女工人第一次代表会议

102. 奥德萨教育工会教育工作者农村学习班（奥德萨）

103. 明斯克市女工全市群众大会（明斯克）

104. 铁路和水路运输教育工作者会议

105. 俄共（共）扎普鲁德年斯克玻璃厂支部

106. 列宁格勒军区第三次地区党代表会议（列宁格勒）

107. 列宁格勒省执行委员会

108. 沃尔霍夫工程局代表

109. 尼古拉耶夫市苏维埃全体会议

110. 库班区第一次党代表会议（克拉斯诺达尔）

111. 中鲍里索夫（中西伯利亚）农民报职员伊万·诺维科夫

112. 第16印刷厂工人

113. 罗夫诺区达诺夫卡几位公民（罗夫诺）

114. 布拉茨科耶区的一些居民（布拉茨科耶）

115. 绍斯特卡火药厂工人代表会议（绍斯特卡）

116. 基廉斯克县（东西伯利亚）苏维埃第七次代表大会（克拉斯诺亚尔斯克）

117. 基泽尔工地工人和职员（古巴哈）

118. 布良斯克省谢夫斯克县教育工作者代表会议

119. 列宁格勒公用事业工会全体会议

120. 奥德萨第1国立示范儿童城

121. 斯拉维扬斯克全市党的会议（斯拉维扬斯克）

122. 晓基诺区执行委员会扩大全体会议

123. 美国共产党（芝加哥）

124. 电报建设和运行独立营红军战士

125. 马克耶夫卡教育工作者代表会议（马克耶夫卡）

126. 全乌克兰中央执行委员会和人民委员会联席会议（哈尔科夫）

127. 列宁格勒磨粉办事处工人和职员（列宁格勒）

128. 运输协会第三次全权代表会议

129. 失业印刷工人全体会议（莫斯科）

130. 雷西瓦厂各社会组织（雷西瓦市）

131. 谢尔普霍夫县土地和森林工作者全县代表大会（谢尔普霍夫）

132. 北高加索铁路季霍列茨克段第三次代表大会

133. 图拉省"亚斯纳亚波利亚纳"村农民

134. 乡村教师培训班全体会议（特罗茨克市）

135. 特罗茨克市索洛杜欣志愿者专业消防队（列宁格勒）

136. 国内战争伤残者劳动组织列宁格勒合作农民全体会议（列宁格勒）

137. 尼基托戈列茨基消费者协会会员

138. 林业和木材加工工业科学技术工作者第一次科学代表会议

139. 莫斯科—喀山铁路消费者协会第十一次全权代表会议

140. 坦克装甲车厂工人和职员

141. 鲍曼区男女工人

142．喀山市及郊区劳动者会议（喀山）

143．阿尔泰省俄共（布）鲁奇耶沃组织和鲁奇耶沃村非党群众（鲁布佐夫卡）

144．沃龙佐夫-亚历山德罗夫区非党员女农民代表会议

145．戈梅利市苏维埃

146．顿涅茨克省格里希诺市和车站劳动公民

147．列宁共产主义青年团第八次省代表大会（莫斯科）

148．乌曼教育工作者第八次职业代表大会（乌曼）

149．国际支援革命战士协会亚兰斯克第二次全县代表大会

150．列宁格勒第11步兵师第33步兵团红军战士和指挥、政工人员

151．以英国共产党命名的第13军的部队军政会议，该军正在东布哈拉与巴斯马奇叛乱作斗争（新布哈拉）

152．布哈拉共产党中央委员会（布哈拉）

153．特维尔市水运局俄罗斯共产党青年团支部

154．锡安工人犹太人共产主义联合会领导机构

155．列宁格勒《真理报》

156．美国共产党（纽约）

157．"五一"印刷工人联合会工人速成中学学员全体会议

158．"红色无产者"工厂工人和职员全体会议（大布罗姆列伊）

159．"红色橡胶"工厂工人

160．鲍曼区女代表

161．库尔斯克列车车厢修配厂铁路工人

162．"布琼尼"制品厂工人和职员

163．工农红军莫斯科第2炮兵学校全体会议

164．奥尔洛夫第6步兵师轻炮兵营红军战士和指挥、总务、政工

人员全体会议
  165．第 14 榴弹炮师第 2 炮兵学校、全俄中央执行委员会学校学员
  166．索科利尼基区跨社团组织代表大会
  167．第 36 "共产国际"工厂代表会议
  168．弗兰茨·施米德（莫斯科）
  169．鲁扎耶夫卡纽约站铁路工人全体会议（鲁扎耶夫卡）
  170．第 18 "共产国际"公社彼尔姆实验示范学校以俄共（布）命名的少年先锋队队员
  171．科罗夫斯基征集站应征入伍前受训人员
  172．车臣自治州建筑职工联合会第二次代表会议
  173．列宁格勒建筑工人工会第七次省代表大会
  174．哈尔科夫运输业工作人员职工全体会议
  175．莫斯科应征入伍前受训学员

图书在版编目（CIP）数据

共产国际第五次代表大会文献（3）/戴隆斌主编. —北京：中央编译出版社，2015.12
（国际共产主义运动历史文献/王学东主编；39）
ISBN 978-7-5117-2904-0

Ⅰ．①共…
Ⅱ．①戴…
Ⅲ．①共产国际－代表会议－会议文献
Ⅳ．①D165

中国版本图书馆 CIP 数据核字（2015）第 304417 号

共产国际第五次代表大会文献（3）

出 版 人：	刘明清
责任编辑：	侯天保
责任印制：	尹 珺
出版发行：	中央编译出版社
地 址：	北京西城区车公庄大街乙5号鸿儒大厦B座（100044）
电 话：	（010）52612345（总编室） （010）52612339（编辑室）
	（010）52612316（发行部） （010）52612317（网络销售）
	（010）52612346（馆配部） （010）55626985（读者服务部）
传 真：	（010）66515838
经 销：	全国新华书店
印 刷：	北京印刷一厂
开 本：	787毫米×1092毫米 1/16
字 数：	461千字
印 张：	35.75
版 次：	2015年12月第1版第1次印刷
定 价：	230.00元
网 址：	www.cctphome.com 邮 箱：cctp@cctphome.com
新浪微博：@中央编译出版社 微 信：中央编译出版社（ID: cctphome）
淘宝店铺：中央编译出版社直销店（http://shop108367160.taobao.com） （010）52612349

本社常年法律顾问：北京嘉润律师事务所律师　李敬伟　问小牛
凡有印装质量问题，本社负责调换，电话：（010）55626985